청소년
심리 및 상담

백현옥

박영story

머리말

청소년을 만난다는 것은 늘 새롭고 긴장되는 작업입니다. 쭈뼛거리며 상담센터를 들어오던 청소년이 상담이 진행됨에 따라 웃음이 많아지고, 행동이 달라지는 것을 보면 참 신기하기도 합니다. 청소년의 심리를 파악하고, 그들의 마음을 어루만지는 상담을 진행하고 가르치는 일을 하면서 지금까지 느꼈던 내용을 글로 표현해 보고자 합니다.

오늘도 청소년과 관련된 자극적인 기사들이 홍수처럼 넘쳐흐르고 있습니다. 기사들이 그렇듯 긍정적인 내용보다는 부정적인 면이 부각되고, 자극적인 내용이 주를 이루고 있습니다. 단순히 우리가 청소년으로 알고 있는 중·고등학생들뿐 아니라 청소년계에서 다루는 후기 청소년(대학생)들까지 일반적으로 이해되지 않는 행동을 하는 경우들을 꽤나 자주 목격하게 됩니다.

청소년들이 일으키는 범죄와 비행, 일탈들은 어른의 입장에서 바라보기에 매우 당혹스러울 정도로 잔혹하고, 점점 나쁘게 진화하고 있음을 느낍니다. 또한, 청소년들이 피해를 입는 경우 역시 그들의 순진무구함에 놀라움을 금치 못할 때도 있습니다. 같은 시기에 비슷한 또래들이 겪어 가는 이 사회는 과연 어떤 모습일지 가끔 궁금하기도 합니다. 그래서 제가 만나는 청소년들뿐 아니라 많은 청소년들의 심리와 그들이 겪고 있는 문제를 더욱 효과적으로 상담하기 위한 이론적인 부분을 정리해보고자 합니다.

이 책의 구성으로는 내용을 시작하는 PART 1. 청소년 상담의 기본 개념에 대한 내용이 담겨 있습니다. 세부 구성으로는 청소년을 이해하기 위한 방법으로 청소년에 대한 개념과 심리에 대해 정리하고, 그들의 문제 해결을 돕기 위한 방법으로 상담에 대한 개념과 방법을 정리하고, 청소년을 위해 진행하는 청소년 상담에 대한 개념과 유형 등에 대해 설명합니다.

PART 2. 상담의 기초 이론에서는 상담의 기본 이론에 대한 내용이 담겨 있습니다. 세부 구성으로는 상담을 진행하는 과정을 단계별로 정리하였습니다. 기본 이론으로는 상담의 기초가 되는 정신분석학, 정신분석학을 발전시킨 분석심리학, 미움받을 용기라는 책으로 유행했던 개인심리학, 사람에 대한 시선을 비판적에서 긍정적으로 바꾼 인간중심, 정신이나 심리보다는 행동에 초점을 맞추었던 행동주의, 가장 최근에 발전된 이론이자 스스로가 하는 선택을 중요시한 현실치료까지 총 6가지 이론이 정리되어 있습니다.

PART 3. 청소년 상담 실제에서는 PART 1에서 살펴봤던 내용 중에서 청소년 상담을 더욱 세분화하여 정리하였습니다. 세부 구성으로는 청소년 상담이 진행되는 유형을 구분해 두었고, 청소년을 상담하는 상담자가 가져야 하는 윤리적인 내용을 정리하여 두었습니다. 마지막으로 청소년을 대면하기 위해서는 꾸준히 개발해야 하는 프로그램 개발에 대한 내용을 간략하게 첨부해 두었습니다.

이 과목은 청소년지도사 2급 필수과목(청소년문화, 청소년지도방법, 청소년 프로그램 개발과 평가, 청소년 심리 및 상담, 청소년 문제와 보호, 청소년 복지, 청소년 활동, 청소년 육성제도론) 중 하나입니다. 특히 청소년 심리 및 상담 과목은 다른 과목에 비해 청소년들을 이해하고 다가가는 데 있어 가장 기본적인 내용을 담고 있다고 생각합니다.

급변하는 사회와 우리보다 더 빠르게 4차 산업 시대에 적응해 가는 일명 MZ세대를 이해하기 위해서는 더 많은 노력과 시간이 필요하다고 생각합니다. 내 배 아파 낳은 자식도 이해가 안 갈 때가 많은데, 어떻게 이해하느냐 반문하는 사람도 있을 것이라 생각합니다. 그러나 청소년과 함께 하기 위해서는 청소년지도자로서의 나를 이해하고, 청소년 그 자체로서를 이해하고, 함께 하는 우리에 대한 이해가 더해진다면 지금보다는 나은 사회로 나아갈 수 있지 않을까 생각합니다.

2022년 12월
송원대학교 상담심리학과 백 현 옥

차 례

PART 01

청소년 상담의 기본 개념

PART 02

상담의 기초 이론

CHAPTER 04 상담의 과정

CHAPTER 05 정신분석학적 상담

CHAPTER 06 분석심리학적 상담

CHAPTER 07 개인심리학적 상담

PART 03

청소년 상담 실제

PART 01

청소년 상담의 기본 개념

CHAPTER

01 청소년의 이해

사람은 성장하면서 "청소년기(adolescence)"의 발달단계를 거치게 된다. 청소년기를 보내는 방식은 사람마다 모두 다르며, 어떤 시대와 사회에서 청소년기를 보내느냐에 따라서도 달라지게 된다. 시기상으로 청소년기에 머무르고 있는 청소년들은 기성세대가 이해하기 어려운 행동을 하거나 충동적이고 위험한 선택을 하며, 자신의 존재 자체를 드러내려고 한다. 그 행동과 선택은 다소 청소년을 바라보는 어른들로 하여금 불안하고, 불량스러워 보이기도 한다. 그럼에도 불구하고 청소년들은 그러한 행동과 선택을 통해 신체적, 정신적, 사회적 성장을 이루어 나가고 사회에 적응해 나간다.

청소년기를 다른 말로 '과도기적 단계'라고 부르기도 한다. 아동기에서 성인기로 넘어가는 중간 단계라는 뜻이다. 위에서 언급했듯이 이 시기에는 청소년들은 신체적, 인지적, 정서적, 사회적으로 급격한 성장을 경험하게 된다. 그렇기 때문에 청소년을 상담하기 위해서는 발달적 특성을 구체적으로 이해하고 확인하는 것이 필수과정이다.

청소년기의 신체발달은 성장급등기라고 불릴 만큼 키와 체중이 증가하고 성적 발달인 2차 성징이 나타나게 된다. 아동기와 구별할 수 있는 가장 큰 차이는 2차 성징이라고 할 수 있다. 청소년기의 인지발달은 추상적인 사고가 가능해지고, 사고과정에 대한 사고를 할 수 있게 되며, 가설연역적 사고를 할 수 있게 된다. 또한 다양한 행동적 특성을 통하여 청소년기의 발달적 특성을 확인할 수 있다.

1 청소년의 개념적 정의

'청소년'하면 떠오르는 것은 무엇이 있을까? 아마 다양한 이미지들이 떠오를 것이다. 우리나라에서는 청소년이라는 용어를 아동, 미성년자, 학생, 소년, 소녀, 10대와 혼용하여 사용하고 있으며, 청춘, 젊음, 범죄, 반항, 사춘기 등의 이미지가 주로 사용되고 있다. 청소년의 뜻을 살펴보면, 일반적으로 소년과 청년 사이에 있는 발달단계를 지칭하는 말로, 아동기에서 성인기로 성장해 가는 과정에서 겪을 수 있는 신체적, 심리적, 문화적, 사회적 특성을 모두 통합하여 정의하는 개념이라고 할 수 있다.

'청소년'을 지칭하는 영어단어로는 심리적 의미를 지닌 'adolescent', 사춘기의 의미를 지닌 'puberty', 청소년기의 사회·문화적 의미를 지닌 'youth'와 'teenager'가 있다(오윤선, 김미숙, 2022). 'adolescent'는 '성장하다'라는 의미를 가지고 있는 라틴어 'adolescere'에서 유래되었다. 아동기에서 성인기로 성장해 가는 과정인 청소년기에서 겪을 수 있는 다양함을 포함한다고 설명할 수 있다. 'teenager'의 경우 문화적 차이에 따라 13~15세를 low teen, 15~16세 이상을 high teen으로 구분하기도 한다.

청소년을 구분하는 대표적인 기준으로 연령을 선택할 수 있다. 우리나라의 규정을 살펴보면, 법에 따라 차이가 나는 것을 알 수 있다. 「청소년기본법」 제3조에 의하면 9세 이상 24세 이하인 사람을 말한다(법률 제4477호, 1991. 12. 31·제정). 하지만 「청소년보호법」 제2조에서는 만 19세 미만인 사람을 칭한다(동법 제2조제1항). 하지만 영화 및 비디오물의 진흥에 관한 법률」에서 "청소년이라 함은 18세 미만의 자(초·중등교육법 제2조의 규정에 따른 고등학교에 재학 중인 학생을 포함한다)를 말한다"고 규정한다(동법 제2조 제18항). 그리고 「민법」에서는 청소년을 '미성년자'로 정의하고, 특히 제4조에서 "사람은 19세로 성년에 이르게 된다"라고 규정하고 있다. 또한 「소년법」에서는 '소년'으로 정의, '19세 미만인 자'로 규정하고 있으며, 「아동복지법」에서는 '아동'으로 정의, '18세 미만인 사람'으로 규정하고 있다(국가법령정보센터). 각 법률마다 명칭이나 연령 기준이 다르게 된 이유는 법의 성격과 개인적, 사회적인 차이를 고려하였을 것으로 생각된다.

다른 나라들의 기준을 살펴보면, 미국도 법률에 따라 여러 가지 기준으로 연령 기준을 규정하고 있다. 「연방 청소년정책 조정에 관한 법률 2008」은 24세 이하로, 「가출청소년법」은 21세 이하로, 「인력투자법」은 14세 이상 21세 이하로 정하고 있다. 영국의 경우에도 「아동 및 청소년법」을 통해 아동 및 청소년(child and young person)의 연령을 18세 미만으로 규정하였으나 「성범죄법」에서는 아동은 13세 미만, 청소년(young person)은 18세 미만으로 규정하고 있다. 독일의 경우에는 「청소년보호법」에서는 청소년을 14세 이상 18세 미만인 자로 정의하였다. 마지막으로 일본의 경우에는 20세 미만을 「소년법」에서는 '소년'으로, 「민법」에서는 '미성년자(未成年者)'로 규정하였다. 또한 「아동·청년육성지원추진법」을 통해 아동과 청년(若者)이라는 용어를 동시에 사용하며 대상 연령은 30세 미만을 기준으로 정하였다(김기헌 외, 2013).

또한 청소년 시기를 어떤 관점에서 바라보느냐에 따라서도 다르게 정의될 수 있다. 첫째, UN에서 정한 국제 협약, 국제노동기구, 세계보건기구 등에 따라 청소년 연령을 15~24세로 규정하였다(김효연, 2015). 세계은행은 청소년 연령을 12~24세로 규정하고 있다. 둘째, 심리학적 관점에서 구분하는 청소년 시기는 12세나 13세부터 23세나 24세로 정하고 경우에 따라 30세 이상까지 연장된다. 셋째, 학교에 가는 시기에 따라 구분하는 관점으로 초등학교 3~4학년부터 중학교까지를 청소년 초기, 고등학교 재학 기간 연령을 청소년 중기, 대학교 재학 기간을 청소년 후기로 지칭한다.

위에서 살펴본 청소년의 개념을 종합해 보면, 청소년은 12세(혹은 13세)부터 23세(혹은 24세)까지를 연령 기준으로 정할 수 있으며, 각 시기에 따라 초기, 중기, 후기 청소년으로 구분할 수 있다. 이 시기에는 아동기에서 성인기로 넘어가는 시기의 과도기를 경험하게 되며 신체적·정서적·인지적·사회적인 측면에서 발달하는 과정을 겪는 존재이다. 청소년 시기는 다른 시기와 구별되는 독특함을 지니고 있으며, 그 자체로 존엄성을 지닌 존재이다.

2 청소년의 생물학적 발달 특성

1) 청소년 신체 발달의 특성

(1) 신체적 성장

청소년기에는 신장과 체중이 급격하게 늘어나고, 성적으로 성숙하여 남녀 청소년 모두에게서 신체나 외모에서 뚜렷한 변화를 겪게 된다. 사회가 변화함에 따라 청소년들은 이전 시대에 비해 신체적으로 성장이 빠른 것으로 나타났다.

청소년기에는 신장, 체중, 골격, 근육 등 신체의 모든 부분이 급격하게 성장하는 '성장폭발'을 경험하게 된다. 이런 현상은 개인차가 있기는 하지만 일반적으로 여자 청소년이 남자 청소년보다 2년 정도 일찍 나타난다. 신장의 경우, 남자 청소년의 급격한 성장은 빠르면 9세경부터 시작되어 12~13세경에 절정에 이르게 된다. 여자 청소년의 경우, 빠르면 7~8세에 시작되고 급성장은 10세경부터 11세에 나타난다. 체중도 청소년 초기에는 여자 청소년이 남자 청소년보다 크게 증가하지만 후기로 갈수록 남자 청소년의 체중이 급격히 증가한다. 이러한 변화는 정상적인 청소년들의 경우에도 발육 연령과 급속한 성장 기간에는 개인차가 있을 수 있다.

또한 청소년기에는 몸 안에서도 다양한 변화가 일어난다. 눈으로 확인하기는 어렵지만 심장, 소화기관, 혈관 등의 변화와 폐, 근육 등으로 인해 전반적인 신체의 발달이 일어나게 된다. 이때 다양한 신체 변화가 동반되는데, 남자 청소년은 어깨가 벌어지고, 근육이 발달하며 신체적인 힘과 지구력이 증가한다. 여자 청소년은 골반이 넓어지고 지방이 축적된다.

(2) 운동능력의 발달

청소년기에 신체가 급격하게 발달하면서 운동능력도 함께 발달하게 된다. 운동능력은 근육과 밀접하게 관련이 있으며 일상생활에도 많은 영향을 미친다. 운동능력의 발달에 따른 남녀 성차를 보면 그 경향과 특성에 차이가 있다. 대체로 남자 청소년이 여자 청소년보다 우월하며, 이러한 차이는 청소년 후기로 갈수록 커진다. 운동능력 발달에서 볼 수 있는 남녀 차이의 원인으로는 2차 성징에 따르는 신체상의 차이와 골격, 근육 등 신체적인 이유와 사회적으로 규명된 역할에 대한 이해 등의 이유를 들 수 있다.

개인의 신체 발달 차이 때문에 나타나는 운동능력의 차이는 여러 면에 있어서 중요한 의미를 가진다. 특히 행동의 다양한 발달과 밀접하게 관련되어 있으며, 성격 발달에도 영향을 주게 되면서 운동능력의 발달은 사회적 적응에 중요한 역할을 하기도 한다. 운동능력이 잘 발달된 청소년은 자신감, 성취감과 함께 사회적으로 높은 평가를 받게 된다. 따라서 청소년 초기 운동능력의 발달은 이들로 하여금 자존감과 사회성을 발달시키고 심리적 안정 및 건전한 성격의 형성을 가져온다(송종국 외, 2011).

(3) 성적 발달

생식기의 성숙은 청소년기의 가장 크고 중요한 특징 중 하나이며, 다른 성장들과 마찬가지로 생식기의 성숙은 사람마다 개인차가 있다. 이 시기에는 성호르몬의 생성과 분비가 일어나 성적 성장이 발달된다. 이 시기의 1차 성 특징은 생식기능에 직접적 역할을 하고 체형이 변화되어, 남자는 보다 남성다워지고 여자는 보다 여성다워진다.

2차 성징(secondary sexual characteristics)으로 남자는 13~14세경을 전후해서 나타나며, 여자는 12~13세경을 전후해서 나타나는데, 일반적으로 2차 성장(사춘기)은 1차 성장 때보다 각각의 남성의식이나 여성의식을 한 차원씩 더 높여준다. 남자청소년에게 있어서 사춘기에 근접해 가는 최초의 표시는 고환과 음낭의 확대이다. 뒤이어서 음모와 체모가 자라고, 후두와 성대의 크기가 증가해서 목소리가 굵어진다. 15세경에 이르면 절반가량의 10대 소년들이 정자를 생산할 수 있게 된다. 더불어 골격구조와 근육이 단단해지며 피부의 지방이 발달하여 여드름이 발생하고 피지선(sebaceous glands)의 발달로 인하여 피부의 광택이 생기고, 발한과 남성적 채취 등도 느껴진다. 다른 변화와 마찬가지로 성적 성숙은 청소년들에게 중요한 심리적 결과를 일으킨다. 청소년에게 있어서 발기와 부수된 사정횟수의 증가는 자신감과 남자로 전환해가는 신호의 원천이 되기도 한다.

많은 여자청소년들은 월경의 시작을 '여성'이 되어가는 것이고, 성인으로 이르는 문턱을 뛰어 넘는 신호로 여기고 환영한다. 여자들이 사춘기에 접근해 가는 최초의 표시는 가슴의 발육이며, 그와 동시에 음모가 발달하고 자궁과 질의 급속한 성장이 일어난다. 월경은 단순히 생리적 현상이라기보다는 성숙의 표시로서 미래의 어머니가 될 수 있다는 증표이기도 하다. 이러한 생리적 변화는 그들에게 긍정적 태도와 부정적 태도를 동시에 갖게 한다.

유방의 발달은 여자청소년의 사춘기 동안 약간 발달하면서 곧 정지된다. 여자청소년들은 처음에는 유두가 돌출되고, 유두 주위의 유륜이 부풀어 오르기 시작하며 전체적으로 유두 주위 유방이 부풀어 오른다. 청소년기 중반에는 유방이 충분히 발육되어 이내 풍만해짐을 알 수 있다. 유방의 발육은 여자청소년의 각 개인차가 심하게 나타나며 유방 발육이 빠른 여자청소년이 초경도 빨라지는 경향이 있다.

체모는 사춘기를 전후하여 남자청소년과 여자청소년 모두에게서 나타나는 증상이다. 체모는 생식기 가장자리, 겨드랑이 및 가슴에서 나기 시작하며 생식기 주변에 나는 체모는 겨드랑이 밑에서 나오는 것보다 더 빠르게 자란다. 몸에 나오는 털은 남자청소년들이 더 많고 빨리 자라며 여자청소년들의 경우에는 유방이 발달된 후에 나타나게 된다.

여러 가지 2차 성 특징은 청소년기를 정하는 기준이 되며 사춘기에 성적인 성숙 변화가 가장 심하다. 사춘기에 볼 수 있는 생리적·성적 변화는 초경, 유방의 발달, 체모의 발생, 변성 그리고 몽정과 자위행위 등이다.

(4) 성 발달과 성정체성

오늘날 스마트폰이나 각종 매체의 보편화는 성에 대해 불안정한 청소년들을 더욱 혼란스럽게 만들고 있다. 더군다나 사회에서 성적인 것을 접할 수 있는 매체들은 지나치게 상업적이어서 자극적, 시각적, 쾌락적인 면만 강조한다. 이에 따라 청소년들의 성적 욕구의 조절이나 그 의미를 이해하는 것을 더욱 어렵게 만든다.

건전하지 못한 성정체성과 성의식은 관련 행동이나 정서적인 반응에 큰 영향을 미치기 때문에 성적 이탈행동, 성에 대한 비정상적인 개념과 태도를 초래한다. 청소년시기에 성적 정체성이 불확실하고 건강한 성의식을 가지지 못하게 되면 성을 완전히 부정해 버리려는 생각이나 일탈행동을 할 수 있다. 또한 성정체성이 불분명하기 때문에 오히려 이성 친구와 더 많이 사귀게 되고 자발적이 아니더라도 호기심의 일부로 성적인 접촉이나 행동을 하게 되는 경우도 있다. 특히 부모와의 관계가 매우 부정적일 때 부모에 대한 저항과 반항의 한 방편으로 일탈적인 성행동이 일어날 수 있다. 실제 성적인 관계를 갖는 청소년의 경우, 부모에 대한 반항이나 혹은 부모에게서 받지 못한 관심과 사랑을 받아보려는 수단으로서 이성과의 성적인 관계를 갖게 되기도 한다. 따라서 대부분의 첫 성경험이 황급하게 또는 허용이 안 된 장소에서 애정이 부족한 상대와 이루어지는 경우가 많다. 뿐만 아니라 이로 인해 육체적·심리적인 상처와 성적 관계에 대한 불안과 공포를 초래할 수 있다. 그러므로 여러 가지 성 일탈행동을 예방하기 위하여 성에 대한 올바른 의식과 행동규범 등의 성교육을 통해 청소년들로 하여금 육체와 정신의 건강한 조화를 이룰 수 있도록 돕는 것이 중요하다(오윤선, 2010).

2) 청소년의 인지발달

청소년기의 인지발달은 아동기의 적극적 발달에 이어 본격적으로 발달하게 되며 인지과정에 극적인 변화가 일어난다. 청소년기의 초기에는 과도기적 현상으로 아동기적 행동도 많이 나타나지만, 청소년기 중반부터는 인지적 기능이 논리적 기억의 발달, 추상적 사고의 발달, 이상의 발달, 형식추리의 발달, 문제해결 사고의 발달, 비판적 사고 등으로 나타나며, 이 시기의 많은 사고들은 성인과 더욱 유사해지고 아동의 사고와는 다르게 변화한다. 어린 아동들은 논리적으로 생각할 수 있으나 구체적인 사물에 대해서만 그러할 수 있는 반면, 청소년들은 추상적인 개념을 조작하고 이해할 수 있게 된다. 이러한 청소년기의 인지적 발달은 그들이 신체적 발달, 정서적 발달, 사회적 발달 등과 상호 역동적인 관계에서 발달해 가는 것이기에 매우 중요하다.

(1) 사고발달

청소년기 동안 발생하는 인지능력을 피아제는 구체적 조작기에서 형식적 조작기로 변화하는 과정이라고 기술했다. 이는 세상에 대한 사고가 구체적 방식에서 추상적 방식으로 변화하는 것을 말한다. 아동기 말기부터는 구체적 사물에 대해서 논리적으로 생각하다가 청소년기에 들어서면 논리적 개념에서 추상적 개념으로 조작할 수 있게 된다. 그 후 다시 추상적 사고가 발달되면서 개개의 사실이나 현상뿐만 아니라 상호 논리적 관계나 법칙성을 파악함에 따라 그 대상의 본질도 이해하게 된다.

청소년기에는 순수한 논리적 관계나 구조적 관계가 파악되면서 이에 따른 형식적 추리가 가능하게 된다. 이와 같은 인지단계에 도달한 청소년은 가능한 여러 가지 대안들을 사고할 수 있고, 가설적 차원에서 추론할 수 있으며, 비유와 은어도 이해할 수 있게 된다. 또한 자기의 추론과정이나 논거의 준거를 반성하는 능력도 갖게 되며 논술력도 체계화된다.

(2) 상상력 발달

상상이란 과거의 지각적 경험에 의해서 생성된 자료를 객관적 제약을 받지 않고, 재구성하는 심적 과정이라고 할 수 있다. 상상은 구체적 심상의 내용이기 때문에 주관적이고 비현실적이라는 점에서 사고와 구별되며, 또한 현재보다는 미래에 관계된다는 점에서 기억과도 명확히 구별된다. 따라서 상상의 특징은 과거와 현재에 제약을 받지 않는 구체적 표상활동에 있다. 청소년기에는 상상적 또는 이상이 매우 강하여 풍부한 상상을 끊임없이 하게 된다. 또한 낭만적 문학을 좋아하게 되고, 각종 흥미 대상(독서, 음악감상, 컴퓨터게임, 오락, 영화감상 등)을 통해 자신의 상상력을 키우게 되는데, 만약 이때 바람직하지 못한 상상적 생활(운, 미신, 요행, 부정)에 관해 주위의 지도가 없거나 이해가 불충분하면 바람직하지 못한 상상적 생활이 일생을 통해서 지속되는 경우도 있다.

이러한 상상이 미래에 대한 희망과 비전, 그리고 완전한 자기욕구를 나타낼 때, 우리는 이것을 흔히 이상(ideal)이라고 한다. 이상은 우리 청소년에게 노력의 방향을 제시하는 동시에, 현실적 자아와 이상적 자아를 잘 관리하여 합리적으로 분리시켜 준다. 자아를 분리시킨 이상은 현실 자아가 발동하여 자신을 평가하고 비판하며 열등감과 정신적 갈등을 일으켜 청소년들을 불안과 긴장 속으로 몰아넣는 원인이 되기도 한다. 그러므로 청소년기에 정상적 사회인이 되려면 이상과 현실의 조화가 잘되어 어떤 문제든지 현실화해서 잘 해결하도록 노력해야 한다.

3) 정서발달

(1) 정서발달의 특징

정서는 모든 인간행동의 근원으로서 행동의 방법과 방향을 규정하고, 모든 정신생활을 지배한다. 특히 청소년기에는 감정이 강하고 급변하는 시기로서, 신체적 발달과 성적 성숙에 있어서 낙관적 감정과 비관적 감정을 서로 교차시키기도 하고, 자부심과 수치심도 강하며 극단적으로 경험하기도 한다. 이러한 극단적 정서변화는 청소년기에 들어오면서 생기는 여러 문제, 즉 이성문제, 진로문제, 취업문제, 그리고 정치·경제·사회·국가관의 문제 등 지금까지 없었던 여러 가지 새로운 문제에 직면하게 되므로 이러한 문제를 극복하고 적응해야 하는 새로운 과제를 갖게 된다. 이때에 청소년들은 자신의 감정에 보다 관대해져야 하며, 자신이 흥분한 감정을 잘 받아들이고 그러한 감정상태에 대해 너무 과민하게 반응하지 않아야 한다.

청소년기 정서의 특징은 격정적이고 일관성이 없으며, 막연하고 불안정하다. 정서를 자극하는 대상도 성의 차이에 따라 달라질 뿐 아니라, 기쁨이나 슬픔, 노여움에 대해서도 민감하게 반응한다는 것이다. 특히 죽음이나 운명, 학교의 실패, 희망의 좌절, 부모와의 알력, 죄의식 등 추상적인 것 등이 더욱 많아진다.

(2) 정서의 형태

청소년기의 정서발달에서 가장 중요한 정서는 불안과 근심, 고독감, 열등감, 애정 그리고 정조 등이다. 불안정서란 인간만이 갖는 고유한 정서로서 미래에 생길지도 모르는 불쾌한 일을 미리 생각하며 걱정하는 것을 말한다. 이러한 걱정들은 실제적 원인보다는 상상적 원인 때문에 유발한다고 보고 있다. 특히 청소년의 걱정은 그들의 생활영역인 모든 곳에서 걱정을 하지만, 학교생활과 사회관계, 즉 교우관계와 이성 관계 등에서 더 많은 걱정을 하는 것으로 나타났다. 또한 여성의 경우에는 신체적 변화에 대한 걱정이 남자보다 더욱 큰 것으로 나타나고 있다.

청소년기의 고독이나 고립은 그 순간의 자아를 통찰하고, 자기의 본질을 파악하는 데 있어서 매우 중요한 경험 중에 하나이다. 이러한 고독을 청소년들은 한편으로는 그것을 원하기도 하지만, 다른 한편으로는 두려워하기도 한다.

열등감이란 자기를 타인과 비교해서 부족하다고 느낄 때 갖는 고민과 관계가 깊다. 이러한 열등감을 해소하기 위해서 어떠한 보상을 시도할 때 성공하면 자기 동기부여가 되지만, 실패하게 되면 병적 열등감(inferiority complex)으로 빠지기 쉽다. 따라서 이러한 열등감이 재능이나 용기 또는 사회적 관심과 연결되어 진취적이고 삶을 성공적으로 발전하도록 도와주는 계기가 되기도 한다.

애정에 관련된 정서는 자기에게 쾌락을 가져다주는 상대에게 접근하기 위해서 모든 희생을 아끼지 않고, 그 상대자의 세부적인 면까지 주의하려고 노력하는 것을 말한다. 청소년기에 주로 애정을 일으키는 대상은 가정이나 자기에서 외부환경으로 옮겨가 처음에는 비슷한 동성 친구들에게 향하다가 얼마 안 있어 나이가 비슷한 이성에게 애정이나 감정을 느끼게 된다. 이러한 청소년기의 애정발달 경향을 보면 청소년 초기에는 이성보다는 동성에 대한 애정이 깊으나, 청소년 중기부터는 동성에서 자기와 동연령의 이성 전반에 걸쳐 막연한 호기심이나 흥미를 가지며 애정이 나타나기 시작하며 자기보다 나이가 많은 이성에게도 애정을 느끼게 된다. 그러나 우리가 말하는 정상적인 이성 간의 애정관계는 청소년 후기에 가서 형성되며, 이성애(hetero sexuality)도 이때 발달한다.

정조(sentiments)란 개인의 가지고 있는 이념이나 이상, 목적과 같은 지적인 활동에 수반되는 정서의 한 부분이다. 그러나 정조는 정서와 같이 자아를 혼란하게 하는 격정적이고 동적인 것이 아니라, 본능적 감정이 이성을 통해 정화되어 나타난 감정 활동이다.

정조는 개인의 생활 경험이나 소양, 그리고 지식과 교육정도 등 개인의 가치관이 주 기초가 되므로, 대략 정도의 차이는 있지만 누구나 다 가지고 있다. 다만 어떠한 정조를 더 많이 가지고 있느냐에 따라 성격형성에 있어서 중요한 인자가 결정되는 것이다. 또한 정조는 자아의식, 자아이상, 아름다움에 대한 추구 등의 발달과 밀접한 관계가 있기 때문에 청소년기에 올바른 정조형성은 매우 중요하다. 청소년기에 올바른 정조가 형성되면 보통 사람들보다 갈등이나 퇴행, 반항과 저항, 현실도피 등이 적을 뿐 아니라 부적응적인 청소년의 경우에는 탈선과 비행을 미리 예방할 수도 있다.

정조는 지적인 정조, 윤리적인 정조, 심미적인 정조, 종교적인 정조 등 4가지로 세분화할 수 있다.

첫째, 지적 정조(intellectual sentiment)란 논리적 정조(logical sentiment)라고도 표현하며 인지작용에 따른 감정의 총칭이라고도 한다. 지적 정조는 가능한 한 모든 감정을 배제하고 객관적 이성과 법정하고 합리적인 의지를 갖고 있으며 지적 개체 내에 있는 모든 정서에 영향을 미치기 때문에 진리를 좋아하고 허위를 싫어하며 감정이나 모순 또는 의혹에 대한 불만이 해결되면 만족을 얻는 정조로서 학습된 교양을 의미하기도 한다.

둘째, 윤리적 정조(ethical sentiment)란 도덕적 정조라고도 한다. 사회적 행동과 규범을 도덕성에 비추어 평가할 때 나타나는 감정으로 타인 또는 자기의 감정을 평가할 때 나타나는 감정을 의미한다. 이와 같은 윤리적 정조는 도덕적인 사회의 가치와 규범에 따르고, 선악의 가치판단에 따라서 일어나는 자부심이나 수치, 후회, 정의 등의 감정을 나타내기도 한다.

셋째, 심미적 정조(aesthetical sentiment)란 예술적 정조를 의미하며 자연계나 인생 혹은 예술(미술, 음악) 등의 미적 가치를 감상할 때에 일어나는 감정으로서 고상하고 우아한 높은 감정을 의미한다. 이러한 높은 예술적 감각과 감정이 아름다운 예술을 창조하도록 도와주며, 우리 인간은 그러한 예술을 통해 삶의 질을 향상시키고 심리적 정조를 기를 수 있게 된다.

넷째, 종교적 정조(religious sentiment)란 종교가 가치에서 일어나는 감정으로 인간의 나약함이나 유한성에 대한 열등감이나 존재의의를 어떤 절대자에게 의지함으로써 열등감 감정을 극복하고 정서적 안정감을 유지하기 위한 것이다. 따라서 인간이 종교적 체험을 하게 되면 절대자를 신뢰하고 감사히 여기며, 우리의 마음에 있는 근심이나 걱정을 절대자에게 의뢰함으로써, 항상 평화를 유지하게 한다. 인생의 고뇌, 염원, 신앙, 귀의, 달관, 무념, 무소유, 도통 등의 감정이 종교적 정조이다.

4) 청소년의 사회성 발달

(1) 자아의 발달과 자아정체감 형성

청소년기에서 자아란 청소년이 처음으로 자기 마음속의 내면을 향하는 것으로서 대상이나 객체가 자기 존재에 관심을 갖게 되는 것을 스프랑거(E. Spranger)는 자아의 발견이라 하였다. 이러한 자아발견은 청소년기의 생활 태도에 커다란 변화를 일으키면서 다음과 같이 심리적 행동을 나타낸다.

첫째, 탈위성화이다. 루소는 사람은 두 번 태어난다고 하면서 한 번은 종족(인간)으로 태어나고, 또 한 번은 남성 또는 여성으로 태어난다고 하였다. 이와 같이 청소년기는 인생의 재출발의 시점으로 이제까지 부모나 어른의 품속에 있던 심리적 의존에서 벗어나려는 독립의 욕구가 작용하게 된다. 또한 오수벨(D. P. Ausubel)은 아동기까지는 양친 부모의 충실한 보호 아래 존재하였으므로 위성화(satellization)라고 하며 보호받는 욕구가 강하다가 청소년기에 들어서면서 청소년들은 자기의 독립된 지위를 획득하고 싶은 욕구 때문에 과거 약 10년간에 걸쳐 유지되어 온 부모의 위성으로서의 지위를 박차고 독립하게 되는 현상을 위성화(de-sentiment)라고 하였고 '부모로부터 독립을 강하게 하고 싶어 하는 시기'이다.

둘째, 제2의 반항기이다. 심리적 이유나 탈위성화가 이루어지면서 청소년은 독립된 존재로 행동하려 하지만 청소년들은 실제생활에 있어서는 경험이나 능력이 많이 부족하고, 현실을 무시하고 이상적·추상적 사고에 빠지는 수가 많아 부모나 주변의 어른들이 성인대접을 잘 해주지 않는다. 이러한 성인들의 태도를 청소년은 억압과 강제 또는 몰이해와 권위주의로 받아들여 반항하거나 비판적으로 자기주장을 내세우는 일이 많아진다.

셋째, 질풍노도의 시기이다. 청소년기에는 이상적 자아와 현실적 자아 사이에 괴리가 커지면서 갈등과 고민이 많은 시기이다. 따라서 이 시기에 청소년들은 조그마한 일에도 과민하게 반응하는 경우가 많다.

청소년들은 종종 자신의 친구가 자신의 선택이나 의견, 선호하는 행동 유형을 인정하게끔 할 필요를 느낀다. 그들은 계속 자신의 행동이 적절한지에 대한 의문을 가지고, 비판을 참기가 어렵다는 것을 안다.

에릭슨(Erikson)은 자아정체감의 형성을 촉진하는 내적 작용자는 자아이며, 청소년기에 나타나는 자아는 재능이나 소질 또는 기술을 선택하고, 통합하는 능력을 가질 수 있다고 하였다. 청년기 남성의 정체감 형성에는 이념, 직업선택이 핵심이 되는 반면, 청년기여성의 자아정체감은 친밀감이나 인간 상호관계 등이 중요한 역할을 한다.

자아정체감 형성에 포함되는 세 가지 요소로는 첫째, 자기 자신이 과거로부터 현재까지 동일한 존재로 지각하기 위해서는 내적 동일감(inner sameness)과 일관성(consistency)을 가진 존재로 자신을 지각해야 한다. 둘째, 자기와 함께 사회문화 속에 살고 있는 다른 사람이 나에 대한 생각이나 태도가 똑같은 일관성과 동일성을 가지고 지각해야 한다. 셋째, 청소년들은 일관성의 내적·외적 선상에서 일치되는 자신감(confidence)을 가져야 한다. 자아정체감은 자신감이며, 이 자신감이 내적 동일감과 일관성을 유지하려는 어떤 개인의 능력을 타인이 그에게서 발견하는 동일감과 일관성이 일치할 때 생기는 것이다.

자아정체감 형성이 청년기에 문제가 되고 필요한 이유는 청년기는 급격한 신체적 변화와 성적 성숙의 단계이며, 신체적으로는 이미 성인으로 성장했지만 경제적·정서적 요인으로는 부모에게 의존하는 단계이다. 또한 진로문제로 인한 선택과 결정의 시기, 직업선택, 이성문제, 교우관계 등 스스로의 선택이 요구되는 상황에 직면하게 되며 현저한 성장을 보이는 인지능력 때문이다.

에릭슨은 청소년기를 자아정체성(self－identity)이 형성되는 가장 결정적 시기라고 하면서 이 시기의 중요성을 강조했다. 자아정체성의 형성은 그들이 동일시하는 개인 혹은 사회집단에 의해서 강하게 영향을 받으며 자아정체성의 형성과정에서 그들은 사회에 대한 역할을 순응적으로 받아들이기도 하고, 혁신적으로 받아들이기도 한다. 이러한 이중성의 역할 수행 가능성은 그들의 장래에 대한 예기된 목표나 자신의 운명을 통제할 의도와 힘을 갖게 된다고 보았다.

또한 청소년들이 자기존중감 또는 정체감을 획득할 것인지 아닌지를 결정하는 것은 부분적으로 가족 내에서도 발견할 수 있다. 수많은 연구들은 높은 자존심과 명확한 자기존중감 모두 부모에 대한 긍정적인 지각과 보상관계와 연관성이 있음을 보여준다.

(2) 대인관계 발달

① 가족관계

청소년기에 들어오면 청소년들은 부모와 가족으로부터 점점 멀어져 친구를 선호하고 자기 자신에게 의존하려고 한다. 그로 인해 이제까지 생활과 마음의 터전이었던 가정이 청소년에게는 기본욕구인 의식주 욕구 충족을 위한 가정이 되기가 쉽다. 또한 지금까지 절대시 해왔던 부모를 비판적으로 대하기도 하고 부모의 간섭이나 강제 또는 몰이해에 대해서도 반항적으로 행동하게 된다. 그 결과 청소년과 부모들이 함께하는 시간이 매우 짧아졌다. 또한 청소년기 이전까지는 부모에게 의존하여 생활해 오다가 청소년기에 들어서면서부터 독립된 인간으로서 자기 자신의 의지하에 행동하게 된다. 이러한 청소년기의 여러 가지 변화로 청소년들의 부모에 대한 객관적인식이 깊어지면서, 자신이 변화한 독립된 인격체로서 부모－자식 간에 새로운 애정관계가 형성된다.

② 교우관계

어느 시기에나 고민은 다 안고 있지만, 특히 청소년은 다른 세대보다 자기만이 고민이 가장 심각하고 힘들다고 생각한다. 그런데 이런 심각한 문제들을 청소년들은 부모나 교사와 함께 의논하기보다는 자기의 학급친구들에게 털어놓는 경우가 더 많다. 따라서 이 시기에 청소년은 자신들의 인생문제나 고민을 함께 나눌 수 있는 친한 친구를 원하고 필요로 한다.

청소년기의 우정에 대한 변화는 나이가 들어가면서 같은 친구를 계속해서 사귀는 경향이 있으며, 여학생들의 우정이 남학생들의 우정보다 더 오래 지속된다고 하였으며, 그 이유는 남자들의 우정은 개방적이고 넓은 대인관계인 반면에, 여자들의 우정은 오직 한 사람의 단짝 친구를 사귀는 성향이 많기 때문이라고 하였다.

청소년기의 또 다른 특성은 신체와 성 기능의 발달로 이성에 대한 높은 관심과 열망 때문에 모든 청소년들이 이성 교제를 원한다. 이성에 대한 관심은 서서히 청년기가 되면서 인생의 동반자를 구하는 애정으로 발달하게 된다.

현재 우리나라에서도 서구 문화의 영향을 받아 남녀 간의 이성 교제가 많이 보편화되었지만 아직도 남의 눈을 피해 비공개적으로 이루어지고 있다.

호록스는 가장 이상적인 이성 교제를 갖게 되는 과정을 다음과 같이 제시하였다.

첫째는, 송아지 사랑(calf love)이다. 이것은 청소년기 초기에 나타나며, 존경과 숭배, 그리고 사랑의 감정이 혼합되어 나타나는 사랑의 형태로서, 자기의 선생님이나 인기배우, 또는 가수 등 비교적 연상의 이성을 사모한다. 선생님에 대한 첫사랑 감정이 이 사랑에 속한다.

둘째는, 강아지 사랑(puppy love)이다. 연령이 비슷한 이성에 대한 성적 관심이 처음으로 생기면서 이성에 대한 접촉이 처음이므로 어색하고 불안정하여, 마치 강아지들이 장난하는 모습과 비슷하다고 해서 흔히 강아지 사랑이라고 한다. 이런 강아지 사랑은 대체로 고등학교 상급 학년에서 많이 나타나며 교회 등

집단 활동을 통해서 이루어지는 경우가 대부분이다.

셋째는, 연애기(romantic love)이다. 보통 청소년 후기에 나타나며, 두 이성이 서로 만나 대화하고, 데이트하며, 때로는 여행도 같이 가면서 한 대상에게만 열중하는 것을 의미하며 만나는 동안에 감정적 유대가 깊어지면 결혼으로 갈 수 있다.

(3) 사회적 역할의 발달

① 성역할에 대한 정체감

성역할이란 한 개인이 그가 속해 있는 사회에서 남자 또는 여자로서 특정지어질 수 있는 특성인 생활양식, 태도, 가치 및 인간특성과 동일시하는 과정으로 성에 따른 사회의 역할기대를 내면화하는 과정이라고 볼 수 있다. 이러한 성역할은 아동기에서 청소년 후기에 이르기까지 자신의 성에 대한 정체감이 재개념화되고 확고해지는데, 이것은 대략 네 가지의 중요한 경험에 입각하여 이루어진다.

첫째, 아동기에 친밀하고 가까운 동성친구와의 경험은 적절한 성역할 행동에 대한 친구 간의 규범을 일깨워준다.

둘째, 청소년들은 자신의 자아개념에 남자 또는 여자로서 성인의 신체 구조를 통합하여야 한다.

셋째, 청소년기의 호르몬 변화는 생식능력과 더불어 성적 충동을 갖게 하고 강한 이성애를 느낀다.

넷째, 청소년 후기에는 청소년들은 성인 남자와 여자에게 주어지는 성역할 행동에 대한 사회적 기대를 접하게 된다. 예를 들면, 성인 남자에게 기대되는 알맞은 성역할의 행동은 안정된 직업을 갖는 것, 가족을 부양하는 것, 자기에게 책임을 지는 것 등이고, 성인 여자에게 기대되는 성역할 행동은 남편과 아이들을 잘 돌보는 것, 집안일을 잘하는 것, 자기 직업을 갖는 것 등이다.

그러므로 자신의 성에 대한 정체감과 성역할에 대한 개념은 아동기 초기부터 성차를 인식하게 되어 외재와의 교섭을 통해서 아동기가 끝날 때까지 성역할 행동이나 성역할관이 형성된다. 그 후 청소년기에는 아동기에 형성된 것을 제구성하여 새로운 성역할과 자아정체감을 확립해 나가게 되는 것이다. 한편, 성역할 정체감에 영향을 주는 요인에는 생물학적 요인, 문화적 기대, 부모의 역할, 아버지의 역할과 형제의 역할, 또래 교사의 영향, TV의 영향 등을 들 수 있다.

② 도덕성

자아의식이 발달하기 시작하면서 기존의 도덕성이나 관습에 의문을 갖게 된다. 또한 도덕적 판단의 기초가 튼튼하지 못하면 현실에서 유리된 이상적 도덕을 추구하거나 그 시대의 영향을 입어 본질에서 벗어나기도 한다. 그러나 경험을 쌓아감에 따라 사회에 있어서 자기의 입장이나 위치를 이해하게 되어 자주적 행동이나 자율적 행동을 취하면서 그 판단이 사회의 일반적 기준과 합치되게 하며 청소년기의 도덕성은 어디까지나 자율적이다.

③ 직업관

청소년기는 직업에 대한 준비를 하고 직업선택에 대한 의사결정을 해야 하는 결정적 시기이다. 청소년이 자기의 적성과 직업관에 일치하는 직업을 선택, 적응해 나가는 일은 자신의 삶에 형태를 결정하는 중요한 요인이다. 직업은 개인의 일상생활에 거의 모든 것을 지배하고 사회적 지위를 결정할 뿐만 아니라, 그 사람의 가치관도 표현하게 해준다.

직업에 대한 의식의 발달을 밀러(D. C. Miller)와 포름(W. H. Form), 그리고 슈퍼(D. E. Super)는 5단계로 나누고 있다.

첫째, 성장 단계로 0~14세까지이며, 가정과 학교에서 이상 상과 동일시를 통해 자아개념을 확립하고 발전시켜 나간다.

둘째, 탐색 단계로 15~24세의 기간이며, 자기의 탐색이나 직업적 역할 탐색 등이 학교나 레저생활 또는 아르바이트 등의 일을 통해서 이루어진다.

셋째, 확립 단계로 25~44세이며 직업에 대한 적절한 분야를 깨닫고 그 직업에 대해서 흥미와 적성을 확립하고 영구적인 직업으로서 생각하고 노력한다.

넷째, 유지 단계로 45~64세 사이이며, 직업의 세계에서 지위를 갖게 되고,

관심은 그것을 유지하는 일에 집중한다, 이때부터 새로운 분야는 거의 개척되지 않으며 새로운 분야는 두려움을 느껴 쉽게 다가가지 못한다.

다섯째, 쇠퇴 단계로 65세 이상이며, 신체적·정신적 쇠퇴에 따라 직업 활동의 능률이 오르지 않아 일을 그만두는 단계이다. 이 단계는 직접 참가자의 입장에서 관찰자의 입장으로 변하게 된다.

이와 같은 직업의식의 발단 단계에 있어서 청소년기는 탐색 단계에 해당되며 게인즈버그(Geinzberg)는 청소년기는 직업 선택의 방향이 확대되고, 직업에 대한 지식이 증가되어, 직업에 흥미와 일관성이 증가된다고 하였다. 또한 직업 선택에 관련된 특성이 결정화되므로, 직업에 대한 선택이 차츰 현명하게 이루어지게끔 직업의식이 발달한다고 하였다. 청소년기의 직업선택을 위해서는 그의 정보도 중요하지만 자신에 대한 올바른 이해가 우선되어야 한다. 자신의 성격이나 적성, 능력에 대한 이해를 바탕으로 직업을 선택해야 할 것이다.

CHAPTER

02 상담의 정의

오늘날 상담이라는 용어는 다양한 분야에서 사용되고 있지만 상담이 무엇인가에 대한 질문에 대해서 명확하게 대답하기란 쉬운 일이 아니다. 그 이유는 상담에 대한의미가 상담이론과 분야 그리고 학자에 따라서 크게 다르기 때문에 누구나가 쉽게 동의하는 정의를 내리는 것이 쉽지 않다. 그러므로 여러 가지 의미로 쓰이는 상담의 개념을 바르게 이해하려면 상담의 어원적 의미와 각각의 개념들이 기초하고 있는 이론적 배경과 학자들의 정의를 살펴보는 것이 필요하다(오윤선, 2010).

먼저 상담(counseling)이란 용어에 대한 어원을 살펴보면 라틴어의 'consulere'에서 유래되었다. 이는 고려하다(to consider), 조언을 받다(to ask counsel), 조언을 구하다(toask counsel of) 등의 의미를 가지고 있다. 이 외에도 현대적 의미로 상담은 심리치료, 태도 변화, 행동수정, 의사결정, 문제해결, 정보제공 등 전문적 기법에 의한 새로운 기능들을 보유하고 있다(김계현, 2003).

상담에 대한 정의는 학자에 따라 다소 차이가 있지만 대표적인 몇몇 학자의 정의를 살펴보면 다음과 같다.

글라즈(Glanz, 1974)는 상담이란 개인이 가진 문제를 해결하기 위하여 전문적인 도움을 받는 개방적인 면대면(face to face)의 문제해결 장면을 의미한다고 보았다. 비슷한 측면에서 오시포(Osipow, 1987)는 상담이란 내담자가 지닌 능력을 효과적으로 활용하여 문제해결을 할 수 있도록 돕거나, 중요한 생의 결정을 할 수 있도록 돕기 위한 상담자와 내담자 간의 상호작용이라고 정의하였다. 또한 이장호(2001)는 상담이란 도움이 필요한 내담자와 전문적 훈련을 받은 상담자 간의 관계에서 문제해결과 사고, 정서, 행동적 측면의 성장을 위하여 노력하는 학습과정으로 보았다.

상담에 대한 이러한 관점은 내담자와 상담자 간에 수용적이고 구조화된 관계형성을 바탕으로 이루어진다. 그 후 내담자가 자신과 환경에 대한 이해를 증진시키게 되고 내담자 스스로 효율적인 의사결정이 가능해지며 다양한 심리적 특성을 긍정적인 방향으로 변화시킬 수 있다. 결과적으로 내담자의 성장과 발전을 촉진하는 심리적인 협력의 과정을 상담이라고 할 수 있다(박성수 외, 2014).

위와 같은 정의를 종합해 보면 상담이란 도움을 필요로 하는 내담자와 전문적 상담자 사이의 일대일 관계에서 목적 있는 대화를 전개하는 조력의 과정으로, 라포(rapport)를 통하여 여러 가지 당면한 문제와 더불어 의사소통이 이루어져 내담자의 성장 발전을 촉진하고 사회에 잘 적응하도록 돕는 심리적인 상호작용의 관계이다. 결국 내담자의 자기성장을 궁극적인 목적으로 하여 개인을 조력하는 과정이다.

1 상담의 개념

상담은 사람의 변화를 돕기 위한 활동이다. 오늘날 상담이란 말은 법률상담, 이민상담, 투자상담, 금융상담 등 특정분야에 상당한 지식과 경험을 가진 사람에게 문제 해결을 위해 도움을 받는 의미로 사용되고 있다. 이러한 이유로 감정, 생각, 행동, 대인관계 등과 관련된 심리적인 문제 해결을 위해 전문적 도움을 주는 '심리상담'으로 부르기도 한다. 지금까지 다수의 상담이론이 각기 특성을 나타내며 다양한 형태로 창시되었다. 신뢰할 만한 이론은 철학, 관찰, 과학적 연구를 근거로 정교하게 고안되어 그 효과성이 거듭 검증되었다.

상담(相談)이란 한자의 의미를 찾아보면, 먼저 나무 목(木)과 눈목(目)으로 이루어진 '서로 상(相)'은 두 그루의 나무가 눈을 맞대고 마주한다는 뜻을 가지고 있다. 또한 말씀 언(言)과 태울 염(炎)이란 두 글자로 조합된 '이야기 담(談)'은 마치 활활 타오르는 불과 같이 서로 말을 주고 받는다는 의미를 지니고 있다. 이에 따라 그대로 풀이하면 상담이란 두 사람이 마주 보고 열심히 대화를 나누는 행위다. 두 사람이 마주보고 나누는 대화 가운데 한 사람은 도움을 받기 위해, 다른 한 사람은 도움을 주기 위해 대화를 나누는 조력적 면담을 의미한다.

상담은 과학이자 예술이다. 과학적 검증을 통해 효과를 입증된 이론, 기술, 기법, 전략을 적용하여 내담자의 변화를 돕는다는 점에서 상담은 과학이다. 상담자가 마치 조화의 미를 창조하는 예술가처럼 특정 기술, 기법, 전략을 선택, 적용한다는 점에서 상담은 예술이다. 과학자와 예술가로서의 본분을 다하려면, 상담자는 다양한 이론에 대한 지식과 임상적 경험을 갖추어야 한다. 이에 이 장에서는 상담의 이해, 이론의 기초개념, 좋은 이론의 특징, 상담이론의 기능상담이론의 발달, 통합적 접근으로 구분하여 살펴보기로 한다.

상담은 전문적 역량을 갖춘 상담자가 협력관계를 토대로 내담자의 행동, 사고, 감정 변화를 통해 심리적 문제 해소와 성장을 돕는 학습과정이다(강진령, 2021). 이는 상담이론과 실제가 조화를 이루면서 진행되는 과정이다. 이 과정은 대부분 일대일 관계에서 면대면으로 이루어지지만, 집단, 부부, 커플, 가족치료 같이 2인 또는 그 이상의 내담자를 동시에 상담하는 방식으로 이루어지기도 한다. 상담은 내담자의 성장과 성숙을 돕기 위한 돌봄의 관계이다. 인간은 돌봄을 필요로 하는 존재다. 상담자가 아니라도 친구의 어려움을 들어주는 일은 그 자체가 돌봄을 실천하는 것이다. 누군가 관심을 가져주는 사람이 있다는 것은 '군중 속의 고독'을 해소할 수 있다는 의미가 있다. 돌봄은 돌보는 대상의 성장과 자기실현을 돕는 행위로, 지식, 인내, 정직성, 신뢰, 겸손, 희망, 용기가 요구된다(Mayeroff, 1990). 사람의 문제는 대부분 관계에 비롯된다. 상담은 관계를 통해 내담자를 돕는다. 상담의 존재 이유는 삶의 질을 높이는 방향으로 내담자의 변화를 돕기 위함이다. 여기서 변화란 내담자의 비합리적 신념을 합리적 신념으로 원치 않는 행동을 원하는 행동으로 대체하는 것을 말한다. 변화유발을 위한 상담자의 시도는 내담자의 인지부조화를 유발한다. 내담자는 다양한 방법으로 부조화 감소를 위해 노력한다.

2 상담의 구성요소

1) 상담자

상담자는 내담자의 이익을 위해 일하는 전문가다. 상담자의 주요 역할을 내담자가 원하는 변화를 위해 자신의 전문적 지식과 경험을 활용한다. 상담방식에 상관없이 상담자는 내담자에 대한 치료적 개입을 통해 전문가로서의 사회적 책무를 수행한다. 치료적 개입이란 상담자가 상담 관계를 기반으로 기술, 기법, 전략을 적용하여 내담자의 행동, 사고, 감정 변화를 돕는 일련의 활동이다. 특정한 문제해결, 증상해소, 또는 행동, 감정, 사고를 더 잘 다룰 수 있는 개인의 능력향상을 돕는 것도 이 활동에 포함된다. 상담자는 삶에 대한 긍정적, 낙관적 태도를 취하는, 훌륭한 경청자인 동시에 관찰자다. 상담자는 효과적인 의사소통 기술을 활용하여 공감적 이해와 수용적 태도를 언어적, 비언어적 행동으로 내담자와 소통한다.

유능한 내담자는 내담자의 관점에서 문제를 해결한다. 상담자가 내담자를 만날 때, 갖게 되는 질문은 두 가지다. 하나는 내담자의 문제가 무엇인가 (진단)이고, 다른 하나는 내담자를 어떻게 도울 것인가 (처방)다. 이 두 가지는 서로 밀접하게 관련되어 상담목표 달성에 영향을 준다.

2) 상담방법

상담은 상담자의 적극적 경청을 기반으로 이루어진다. 경청만 잘해 주어도 사람은 스스로 많은 문제를 해결한다. 사람의 문제는 대체로 가까운 사람과의 갈등에서 비롯된다. 이에 사람들은 자신의 말에 귀 기울여주고 이해해주는 사람이 없다고 말하곤 한다. 경청은 상대방의 알아차림을 확장하여 스스로 문제를 해결하게 한다. 경청은 이해를 부르고, 이해하면 다투지 않는다. 반면, 다투는 사람은 경청하지 않으니 상대를 이해하지 못한다. 경청은 음성언어와 신체언어로 한다. 사람은 보통 의사소통에서 신체언어를 더 많이 사용한다. 말을 하지 않아도, 얼굴표정이나 제스처로 다양한 메시지가 전달되기 때문이다. 신체언어는 자발적이어서 더 신뢰할 수 있다. 음성언어는 때로 사실을 그대로 기술하기보다 '정신적 조작'이 되기도 한다. 다른 한편으로, 상담은 역설적 특성이 있다.

상담은 '지금 여기'에서의 경험을 중시한다. 이는 내담자의 문제, 즉 과거의 중요한 사건 또는 미래에 예견되는 일을 현재로 가져와서 다루는 것을 의미한다. 지금까지 살아온 시산은 과거, 앞으로 살아갈 시간은 미래, 지금 이 순간은 현재다. 분명하고 중요한 사실은 우리가 현재 살아 있고, 또 앞으로 살아갈 시간이 있다는 것이다. 과거가 기억 속의 현재라면, 미래는 기대 속의 현재다. 따라서 오직 현재만이 존재하고, '지금 여기'에서만이 문제를 다루고 해결할 수 있다. 이런 점에서 삶은 영원한 현재다. 사람들은 과거의 중요한 사건을 기억하지만, 큰 의미가 없었던 일은 기억하지 못한다. 그런가 하면, 미래에 일어날 중요한 일들을 예견하며 불안해한다. 만일 기억에 남는 과거의 사건이 여전히 영향을 미친다면, 이는 기억 속의 현재다. 마찬가지로, 예견되는 미래의 일이 영향을 미친다면, 이는 기대 속의 현재다. 이에 상담에서 다뤄야 할 문제는 내담자의 현재 경험이다

상담은 내담자에게 그의 의도와 상반된 행동을 하게 함으로써 문제해결을 돕는다. 이러한 점에서 상담은 변화의 역설이다. 예컨대, 발표불안으로 고통 받는 사람은 불안을 줄이고자 점차 남 앞에 서는 행동을 피하게 된다. 그러나 상담에서는 이러한 내담자의 입장을 이해해 주기보다 내담자의 의도와 상반되게, 불안을 유발하는 상황에 점진적 또는 즉각적으로 직면하게 하여 회복을 돕는다. 이러한 처방은 사회적 불안을 일으키는 상황을 회피하는 내담자의 악순환을 선순환으로 대체하도록 돕는다는 점에서 변화의 역설이다. 상담이 역설인 이유는 내담자를 선의의 혼돈에 빠지게 하여 새로운 관점에서 자신의 행동, 사고, 감정을 이해하도록 돕기 때문이다. 상담자들은 내담자의 삶의 질 향상을 돕기 위한 상담 원리와 방법을 꾸준히 연구, 개발해왔다. 이러한 기법들은 상담이론에 기초한다. 주요 이론의 창시자들은 경험적 연구를 통해 자신의 이론이 내담자 변화에 효과가 있음을 입증해 왔다.

3) 상담이론

상담은 상담이론을 토대로 이루어진다. 상담이론은 내담자를 돕는다는 전제로 창안되었다. 이론의 창시자들은 내담자의 문제에 대한 관점과 해결방안을 각기 다르게 제시하고 있다. 상담이론의 이해를 돕기 위해 이론, 법칙, 원리, 개념, 상담이론의 정의부터 살펴보기로 한다.

이론은 인간의 생애과정에서 흔히 발생하는 문제를 인식, 규정하기 위해 문제의 원인과 영향을 설명할 수 있고 경험적으로 검증 가능한 체계적 진술이다. 이론은 사실과 사건을 기초로 출발한다. 사실과 사건은 공통적으로 개인의 의지와 인지작용과는 무관하게 발생하는 제반 현상이다. 현상은 인간의 의자와는 무관한 것으로, 시·공간적으로 우주와 역사를 구성하는 기본단위이다(이종승, 1984). 우리가 알든 모르든 주변에서 끊임없이 벌어지는 일들을 현상이라고 한다.

현상을 크게 자연현상, 사회현상, 심리현상으로 나뉜다. 지진, 쓰나미, 계절이 자연현상이라면, 지역 간 갈등, 인종차별, 종교분쟁은 사회현상에 속한다. 반면, 심리현상은 인간의 내면에서 일어나는 제반 현상으로, 이 책에서 소개되는 상담이론의 초점이기도 하다. 이 같은 특정 현상을 설명하기 위한 이론 체계가 지식이다. 주로 과학적 탐구과정을 거쳐 추출된 여러 지식의 총합체가 학문이다. 체계적이지만, 점차 높은 수준으로 추상화되어 구체적 사실이나 실제와 대비되기도 한다. 과학은 관찰에서 시작되고 관찰은 변화의 핵심요인이다. 상담자에게는 관계에 대한 관찰이 요구된다. 이론은 일련의 법칙들로 구성된다.

일련의 검증단계를 거쳐 보편적으로 성립하는 이론적 토대를 '법칙' 혹은 '원리'라고 한다. 이론은 일종의 모형이다. 인간의 심리적 문제의 원인과 영향을 설명할 수 있는 것이 이론이라면, 모형은 이러한 문제를 해결하기 위해 실제를 간략히 정리한 틀이다. 이론은 실제에 바탕을 두고 있고, 실제는 일정한 논리적 근거와 틀이 있다. 따라서 이론을 다루거나 실제에 적용하는 상담자는 실제에 관심을 가져야 한다. 이는 곧 상담자가 상담이론에 해박한 지식을 갖추고 이에 대해 충분히 이해하고 있어야 함을 의미한다. 이러한 이유로 예비상담자들이 상담 수업에서 처음으로 접하는 영역이 상담이론이다.

사람은 태어나면서 주변의 사물과 다양한 현상을 관찰, 경험하며 살아간다. 그러나 경험적 관찰은 사물이나 현상을 주관적 판단에 의해 인식된다. 개념은 개인의 인식, 경험, 판단을 토대로 특정 사물이나 현상에 주어지는 성질이나 속성이다. 이론의 핵심개념은 이론가가 삶의 과정에서 각자의 인식, 경험, 판단을 기초로 인간의 심리적 현상에 나름대로 특정 성질이나 속성을 부가하여 정의한 것이다. 잘 다듬어진 개념은 그 자체로 의미가 있다. 의미는 경험을 통한 사실적 근거가 있기 때문이다. 사실적 근거를 어떤 개념과 연합시키는지는 옳고 그름의 문제라기보다 개념을 사용하는 사람들 사이의 약속에 달려 있다. 개념이 설립되고 정의에 의해 참으로 인정되면, 개념은 의미를 갖게 된다.

상담이론은 내담자 이해의 틀인 동시에 변화, 성장을 돕기 위한 방법과 절차를 제공하고, 문제해결의 가설설정 지침으로 사용하는 로드맵이다(강진령, 2021). 사람은 어떤 존재이고, 어떻게 하면 이들의 변화를 도울 수 있는가? 이 질문에 대한 답변을 체계화한 것이 상담이론이다. 이는 복잡한 임상자료 정리, 상담과정의 체계 수립, 임상적 개입을 위한 개념적 틀을 제공한다. 이를 통해 상담자는 마치 퍼즐 맞추기처럼 내담자의 삶에 관한 조각들을 맞추게 되고, 혼돈상태처럼 보이는 복잡한 상황 속에서도 일정한 패턴의 실마리를 얻게 된다. 또 내담자와 그의 문제를 포괄적으로 조망할 수 있게 하여 치료적 개입에 대한 임상적 직관과 해석의 토대를 제공하는 동시에 새로운 이론 창안에 밑거름이 된다.

상담이론은 직접 관찰할 수 없는 기본가정을 전제로 체계화된 것이다. 그러나 이론은 세부 지침까지는 제공하지 않는다. 그러므로 치료적 개입에는 상담자의 직관과 직감이 요구된다. 지금까지 다양한 상담이론은 사람들의 변화에 기여해 왔다. 상담자로서 어떤 이론적 접근을 적용하더라도 내담자에게 적용하는 방식은 독특하다. 이에 상담자는 자신의 성격, 철학, 배경, 내담자의 요구 등을 고려하여 상담에서 사용할 이론을 정하거나 자신의 상담이론을 개발해야 할 것이다.

3 상담기법

상담기법은 상담을 진행하는 데 있어 가장 기본적이면서도 중요한 요소라고 생각한다. 많은 이론들에서도 자신들이 생각하는 상담기법을 정리하여 이야기하고 있으며, 이것은 상담기법이 이론들을 반영하는 것이라는 반증인 것으로 생각된다. 사실 분류가 상담기법으로 되어 있을 뿐 실제로 내용을 살펴보면 우리가 실생활에서 사용하는 대화의 기술의 한 측면으로도 볼 수 있다. 단지, 상담자가 사용을 하며 그 이후를 예측하고, 변화를 위한 디딤돌의 역할을 하도록 유도한다는데서 차이를 찾을 수 있다.

1) 상담기법의 개념

상담이란 상담자가 도움이 필요한 내담자에게 전문적 지식을 가지고 내담자 자신과 환경에 대한 이해를 증진시키며, 합리적이고 현실적이며 효율적인 행동양식을 증진시키거나 의사결정을 내릴 수 있도록 원조하는 활동이라고 정의한다. 상담은 짧은 단기로도 진행가능하지만, 수십회기에 걸쳐 지속적인 만남을 필요로 한다. 이러한 지속적 만남의 과정을 통해 상담은 시작과 전개, 종결을 맞이한다.

상담을 잘 진행하기 위해서 중요한 것은 '상담관계'이다. 상담자와 내담자의 관계는 보통의 인간관계와는 다른 특징을 갖는다. 우리가 보통 갖는 인간관계에는 태어나면서부터 갖게 되는 부모와 자식 관계가 있고, 성장하면서 또래들과 맺는 친구관계가 있다. 학교에 진학하면서 갖게 되는 교사와 학생 관계도 있으며, 친구관계 외에도 사랑하는 이성과 맺는 연인관계, 일을 함께하지만 친구보다는 친밀도가 낮은 동료관계 등 사람은 살아가면서 다양한 관계를 맺게 된다. 그런데 상담관계는 우리가 맺는 인간관계와는 다른 특징을 갖는다.

상담관계는 다른 관계와 구별되는 몇 가지 특징이 있다. 첫째, 상담자는 진실해야 한다. 상담자 역시 한 인간으로 자기 자신에 대한 충분한 이해가 있어야 하고, 다른 모습으로 가장하지 않는 것이 중요하다. 상담자는 자신에 대해 모든 것이 진실해야 하고, 내담자를 만날 때 역시 진실해야 한다. 전문적인 모습을 지녀야 하는 상담자가 자신의 한계를 인정하고, 자신의 생각을 용기 있게 말할 수 있어야 하며, 이러한 태도는 내담자로 하여금 자신이 존중 받고 있다는 느낌을 받을 수 있어야 한다. 진실한 상담자의 모습은 상담관계를 강화하고 상담을 효과적으로 진행하는 데 도움이 될 수 있다.

둘째, 상담자는 내담자의 방식에 충분히 공감하고 이해할 수 있어야 한다. 상담이라는 과정은 상담자와 내담자가 함께 길을 찾아가는 과정이라 생각한다. 내담자는 길을 잃거나 길에서 벗어나 어려움을 겪기 때문에 상담자를 찾아왔고, 상담이 진행되는 과정은 다시 길을 찾아가고, 넘어지기도 하며, 전혀 새로운 길을 탐험하기도 한다. 그리고 가끔은 상담자와 함께임에도 길을 찾기 어려워 계속 제자리를 헤매기도 한다. 상담자는 내담자와 함께 길을 찾으며, 내담자가 표현하는 모든 것에 관심을 기울이며 내담자가 표현하는 방식과 같이 생각하고 느낄 수 있도록 노력한다. 이러한 공감적인 상담자는 내담자에게 신뢰받고, 그에게 안전한 환경을 제공할 수 있다.

셋째, 상담자는 내담자에게 무조건적, 긍정적 존중을 보여줄 수 있어야 한다. 다시 말해, 내담자가 표현하는 것을 판단하지 않고, 그대로 수용하는 것이다. 단, 내담자의 가치를 무조건 수용하고 받아들인다는 의미와는 다르다. 상담자는 자신의 가치를, 내담자 또한 자신의 가치를 서로에게 존중할 뿐 서로에게 수용하도록 강요하지 않는다. 무조건적 긍정적 존중은 내담자가 상담과정에서 비난이나 비판에서 벗어나 자유롭게 자신에 대해 탐색하고 개방할 수 있는 관계를 만들어 준다.

기법이란 보통 물건을 만들어 내는 기술의 의미로 사용되며, 비슷한 의미로 기술, 방법, 수단, 수법, 테크닉 등의 의미로 사용되는 경우도 많다. 기법은 어떤 과정이 진행되어감에 따라 목적을 효과적으로 달성할 수 있도록 원인을 발견하고 문제점을 해결하여 결과에 도달하는 것이다.

상담기법은 상담자가 사용하는 기술로, 내담자를 상담과정에 잘 참여할 수 있도록 도와주는 역할을 한다. 또한 상담이 목표를 달성하고 효과적으로 진행될 수 있도록 상담자가 활용할 수 있는 것이며, 상담기법을 잘 활용할수록 내담자의 문제를 잘 해결하고, 상담이 진행되어가는 과정 중에서 발생할 수 있는 문제점에 대처할 수 있다. 대부분 상담기법은 상담관계를 형성하는 방법, 대화기술, 면담기술 등의 이름으로 불리고 있다. 즉, 상담기법은 상담관계를 형성하고, 상담자가 내담자에게 도움이 되는 대화를 유지하는 방법이 되고, 내담자의 치료적 변화를 도모하는 면담을 이끌어 갈 수 있도록 한다.

2) 상담기법의 유형

상담기법의 유형은 상담이 진행되는 과정에 따라 각 과정에서 더 많이 쓰이는 상담기법으로 정리하였다. 초기상담에서는 상담관계형성을 위하여 경청, 재진술, 명료화, 반영, 질문, 정보제공 및 조언 등, 내담자에게 충분한 관심을 표현하고 그가 표현하는 것들을 언어적/비언어적 내용들을 정확히 찾아내는 것이다. 중기상담에서는 심층적 공감, 요약, 직면, 즉시성, 피드백, 해석, 저항 다루기, 자기개방 등, 충분한 관계형성을 바탕으로 내담자가 자신을 더 적극적으로 이해하고 탐색할 수 있도록 돕는 것이다.

(1) 초기상담에서 주로 사용되는 기법

① **경청**: 내담자의 말은 물론, 몸짓, 표정, 음성의 변화까지 민감하게 알아차려 상담자가 표현하는 것까지를 뜻함

② **재진술**: 내담자가 말한 내용을 상담자가 다른 말로 바꾸어 기술하는 것

③ **명료화/구체화**: 내담자가 했던 말 중 불확실하거나 모호한 내용을 내담자가 확실하게 알도록 도와주는 것

④ **반영**: 내담자의 말과 행동에서 표현된 감정, 생각, 태도를 상담자가 다른 말로 바꾸어 부언해 주는 것

⑤ **질문**: 내담자의 관점, 생각, 감정을 이끌어 낼 수 있는 질문

⑥ **정보제공 및 조언**: 객관적인 사실을 알려주거나 교육적 성격의 정보를 제공하는 것

(2) 중기단계에서 주로 사용되는 기법

① **심층적 공감**: 겉으로 표현되진 않지만 내담자의 말 속에 포함된 것을 상담자가 파악하는 것

② **요약**: 내담자의 말이 길게 진행되었을 때, 상담자가 자신의 이해도를 표현하기 위해 사용되는 것

③ **직면**: 내담자가 의식하지 못하거나 인정하기 거부하는 생각, 느낌, 모순점에 대해 되물어주는 것

④ **즉시성**: 내담자의 사고, 감정, 행동에 대한 반응으로 상담자가 보고 관찰한 것을 드러내는 것

⑤ **피드백**: 내담자의 사고, 감정, 행동에 대해 상담자가 보고 관찰한 것을 전달하는 것

⑥ **해석**: 내담자가 명확하게 의식하지 못하는 것에 대해 내담자가 자신의 생각을 새롭게 생각하고 설명할 수 있도록 이해의 틀을 제시하는 것

⑦ **저항 다루기**: 내담자가 표현하는 저항을 상담자는 원인을 탐색하고 수용해 주는 것

⑧ **자기개방**: 상담자가 자신의 생각, 가치, 느낌, 경험 등 여러 가지 정보를 내담자에게 드러내 보이는 것

3) 개인상담기법

(1) 정신분석 상담이론

정신분석 상담은 개인의 사고, 감정, 행동이 심리내적 원인에 의해 결정된다고 보며, 무의식 속에 내재되어 있는 갈등과 충동을 이해해야 한다고 가정한다. 정신분석 상담은 무의식을 의식화함으로써 개인의 성격구조를 수정하고, 현실에 맞게 행동하도록 자아를 강화 시키는 것을 목표로 한다.

자유연상: 내담자에게 무의식적 감정과 동기에 대해 통찰하도록 하기 위해 마음속에 떠오르는 것을 의식의 검열을 거치지 않은 채 표현하도록 격려하는 기법이다.

꿈 분석: 꿈은 무의식적으로 구성되는 것으로 잠재적인 내용을 여러 조각으로 나누어 자유연상을 통해 의미를 찾아가는 기법이다.

훈습(working-through): 내담자가 이전에 회피했던 무의식적 자료를 정확히 이해하고 통합하여 일상생활에 적용할 수 있을 때까지 상담자와 함께 연습한다는 의미에서 훈습이라고 한다.

전이: 내담자가 인생 초기의 의미 있는 대상과의 관계에서 무의식적으로 묻어두었던 감정, 신념, 욕망을 자기도 모르게 상담자에게 표현하는 현상이며, 이를 분석하여 내담자의 무의식에 묻혀있던 감정, 신념, 욕망을 정화하고 의식적으로 표현할 수 있도록 한다.

버텨주기(holding): 내담자가 막연하게 느끼고는 있으나 감히 직면할 수 없는 깊은 두려움을 상담자가 상담과정 안에서 적절한 순간, 적절한 방법으로 알려주는 것을 말한다.

(2) 개인심리 상담이론

사람의 행동은 사회적 맥락에서 발생한다고 본다. 사람은 각자의 인지조직, 생활양식을 이해해야 함께 이해할 수 있다. 개인심리 상담은 내담자의 인지적 측면을 수정하여 행동하도록 하고, 사회적 관심, 상식, 용기를 갖도록 하는 데 조력한다.

단추누르기: 단추를 누르는 것처럼 내가 어떤 사고를 갖느냐에 따라 감정이 생긴다는 사실을 깨달음으로써 부정적 감정에 지배되지 않고 통제할 수 있기 위해 사용한다.

스프에 침 뱉기: 내담자가 습관적으로 사용하는 변명, 행동, 생각 등을 더 이상 하지 못하도록 하는 기법이다.

마치 ~인 것처럼 행동하기: 가상장면에서 내담자가 바라는 행동 또는 바람직하게 생각하는 자신의 모습을 상상함으로써 그렇게 되도록 하는 기법이다.

자기 간파: 내담자가 행동의 선택권은 자신에게 있음을 알아차리도록 하는 기법이다.

악동 피하기: 부정적 감정 호소로 상담자를 통제하려는 의도를 간파하여 내

담자의 의도와는 다르게 행동하는 기법이다.

마이더스 기법: 내담자의 신경증적 증상을 과잉동정한다. 이러한 접근은 유머러스하게 진행되도록 하되, 내담자가 아니라 증상을 웃음거리로 만드는 것이다.

(3) 게슈탈트 상담이론

사람은 되어가는 과정에 있는 존재로, 부분의 총합 이상의 존재라고 보았다. 사람은 변화 가능하고 책임질 수 있는 존재, 중립적인 존재이면서도 완전한 정신/감각적 접촉이 가능한 존재로 보는 것이 게슈탈트 상담의 인간관이다. 게슈탈트 상담의 목표는 알아차림과 접촉의 증진, 자신의 통합, 자립과 책임 증진, 성장, 실존적 삶이다.

알아차리기 기법: 지금－여기에서 경험하는 욕구와 감정을 알아차리도록 내담자가 미해결 과제를 해결하는 기법이다. 알아차림의 종류는 욕구와 감정, 신체, 환경, 언어, 책임으로 구분할 수 있다.

빈 의자 기법: 내담자의 문제가 갈등/관계상의 문제일 경우 상담 장면에 함께 하지는 않지만 문제가 되는 사람과 직접 대화를 나누는 형식을 취한다.

자기부분과의 대화: 내담자의 내면을 통합하도록 하는 기법으로, 내담자가 마음속으로 갈등하는 부분, 내담자 내적으로 분열된 부분, 내담자가 속으로 거부하고 부인했던 성격의 부분들 간에 대화를 시키는 것 등이 있다.

(4) 행동주의 상담이론

사람은 가치중립적이며, 학습결과에 따라 행동하는 존재라고 보았다. 행동주의 상담의 초점은 '행동'이며, 상담목표는 부정적인 행동의 소거, 긍정적인 행동의 재학습 및 증진에 있다.

혐오기법: 부적응 행동을 제거하는 방법으로, 제거 대상인 행동에 혐오자극을 제시한다.

타임아웃: 부적응 행동에 대해 긍정적 강화의 기회를 일시적으로 박탈하는 기법이다.

차별강화: 내담자의 다양한 행동 중 하나만을 골라 선택적으로 강화하는 기법이다.

행동조성: 긍정적 행동을 여러 단계로 나누어 강화함으로써 단계적으로 긍정적 행동에 접근할 수 있도록 유도하는 기법이다.

토큰 강화: 긍정적 행동을 할 때마다 토큰(스티커, 환권 등)을 주어 원하는 보상(물건이나 권리)으로 바꿀 수 있도록 행동 수정에 도움이 되는 기법이다.

체계적 둔감법: 불안을 발생시키는 상황들을 단계적으로 상상하여 불안을 감소시키거나 소거시키는 기법이다. 기법을 실행할 때에는 이완된 상태에서 작은 불안부터 하나씩 감소시켜 나가 최종적으로 불안을 느끼는 상황이 더 이상 불안을 느끼지 않는 상황이 되도록 한다.

이완훈련: 이완훈련은 근육이 이완된 상태에서 불안이 일어나지 않는다는 원리에 따라 근육의 긴장을 자유자재로 이완시킬 수 있을 때까지 훈련한다.

노출법: 내담자가 두려워하는 자극/상황에 반복적으로 노출시켜 직면하도록 함으로써 특정 자극상황에 대한 불안을 감소시키는 기법이다.

모델링: 내담자가 타인의 행동을 관찰함으로써 바람직한 행동을 학습/수행하도록 돕는 기법이다.

자기관리(자기조절) 프로그램: 내담자가 자신의 행동을 조절할 수 있도록 인지/행동적 방법을 결합하여 활용하는 기법이다.

자기표현훈련: 의사소통의 3가지 기본 스타일, 소극적/자기표현적/공격적 스타일로 가정하여 인간관계에서 가장 바람직한 표현 방법을 증가시킴으로써 올바른 스타일을 증가시키는 기법이다.

자기교시(지시)훈련: 언어와 행동 간의 관계를 중시하는 기법으로, 내담자가 자신에게 하는 말을 통해 사고와 행동을 바꿈으로 긍정적 결과를 얻고자 한다.

(5) 합리적 정서행동 치료

사람은 세 가지 심리구조, 사고, 정서, 행동으로 상호작용한다고 가정한다. 그 중에서 인지가 인간정서에 가장 중요한 핵심적 요소이고, 인지가 역기능적으로 작동하게 되면 정서장애의 중요한 원인이 된다. 합리적 정서행동치료의 상담목표는 내담자가 가진 비합리적 생각의 교정을 통하여 부적절한 정서를 적절한 정서로, 부정적 행동을 긍정적 행동으로 교정하는 데 있다.

ABCDEF 모델

A **선행사건**: 내담자에게 부정적 감정을 유발하는 촉발 사건

B **신념**: 촉발 사건에 대한 내담자의 신념

상담을 요하는 경우 비합리적 신념을 가지고 있을 가능성이 높음

C **결과**: 비합리적 신념/사고로 인한 부정적 정서적 결과

D **논박**: 비합리적 신념/사고에 대해 확인하고 질문/논쟁/도전 등을 통한 논박

E **효과**: 비합리적 신념에 논박을 통해 합리적 신념으로 대치하게 한 후 느끼게 되는 자기 수용적 태도와 긍정적 감정의 결과

F **감정**: 합리적 신념을 갖게 된 다음에 얻게 되는 자기수용적 태도와 긍정적인 느낌

소크라테스 대화법: 내담자가 막연하게 여겼던 신념들을 상담자의 분석적 질문을 통하여 정리할 수 있도록 돕는 기법이다.

합리정서 심상법: 논박을 통해 정서 변화를 돕는 것으로, 논박 이후 부정적 정서를 적절한 정서로 대체하는 자신의 모습을 상상하는 기법이다.

수치감 공격 연습: 타인을 의식하느라 평소 해보지 못한 행동을 시도하는 기법이다.

(6) 인지행동 상담이론

특정 장애를 발생/유지/악화 시키는 원인 등을 설명하는 심리학적 이론에 기초한다. 사람은 다른 요인보다 '인지'에 초점이 맞추어져 있고, 주관적 현실에 의해 감정과 행동이 결정된다. 인지행동 상담의 상담목표는 사고의 편견, 인지왜곡을 제거하고, 내담자가 바람직한 행동대안을 찾도록 돕는다.

역기능적 사고 기록지: 합리적 정서행동상담이론의 ABC 모델을 사용하여 사

건·상황과 그때의 감정 및 행동을 적어놓고 그 사이에 어떤 생각이 개입되어 있는지 지각하도록 돕는다.

삼단논법: 소크라테스식 문답법의 구체적인 형태로, 신념의 증거, 상황에 대한 관점 변화, 예상되는 결과를 단계적으로 질문하여 부정적 사고의 변화에 도움이 되도록 구성되어 있다.

탈 파국화: 내담자가 일어날 가능성이 적은 결과에 대하여 가정 기법이며, 가능한 결과에 과잉반응할 때 사용된다.

절대성에 도전한다: 내담자의 역기능적 사고에는 '누구나', '항상', '언제나', '결코', '아무도', '어느 누구도', '매일 같이', '단 한 번도'와 같은 절대적 표현에 관해 질문하고 도전함으로써 더 정확하게 인지하고 표현하도록 한다.

대처카드: 내담자는 자신의 사고를 쉽게 변화시키기 어렵기 때문에, 적응적 사고를 기록한 카드를 쉽게 지니고 다니거나 볼 수 있는 곳에 붙여 두고 수시로 읽거나 되뇌도록 하여 사고를 시키는 기법이다.

(7) 현실치료

내담자의 현재 행동에 초점을 두고 그 행동이 내담자가 원하는 것을 얻을 수 있을지 살피는 방법으로, 선택이론을 토대로 사람은 자신의 삶은 행하고, 느끼고, 생각하는 것에 대해 책임이 있다고 가정한다. 현실치료의 상담목표는 내담자가 행동에 책임을 질 수 있고 자신의 욕구를 충족시킬 수 있는 행동을 학습하도록 돕는다.

WDEP 기법

W **욕구탐색**: 내담자가 원하는 것이 무엇인지 탐색

D **전행동 탐색**: 내담자의 전행동(활동하기, 생각하기, 느끼기, 신체반응)을 탐색

E **행동 평가**: 현재 행동이 내담자의 욕구를 충족시키는데 효과적인지 평가

P **계획하기**: 내담자의 행동 중 욕구 충족에 도움이 되지 않는, 비효과적이고 부정적인 것들을 찾아 이를 효과적이고 긍정적인 것으로 바꾸기 위한 계획

4) 집단상담기법

(1) 집단시작을 돕는 기법

참여유도(참여촉진): 집단상담에 아직 참여할 준비가 되어 있지 않거나 두려움을 가지고 있는 경우 집단구성원이 편안하게 자신의 개인적인 관심사를 오픈하며 집단 장면으로 들어올 수 있도록 초대하는 과정이다. 단, 자신을 드러낼 수 있는 기회를 제공하는 동시에 거부할 권리도 있음을 인정해야 한다.

집단상담의 구조화: 집단상담자가 집단구성원들에게 집단상담 참여에 필요한 내용을 설명하는 것을 말한다. 구조화 내용으로는 집단상담 안내(집단상담자에 대한 소개, 집단의 목적과 목표, 집단상담 일정 등), 집단상담 진행방법(집단상담자가하는 역할, 집단구성원의 참여, 집단구성원이 어디까지 개방할지 여부), 집단상담 시 유의사항(집단구성원의 언어와 행동에 대한 책임, 집단에서 지켜야 할 규칙, 비밀유지 등)을 말한다.

(2) 집단분위기 조성 기법

초점 맞추기: 초점 맞추기란 주제, 활동, 집단구성원(사고, 감정, 행동, 경험 등)에 대해 집중적으로 이야기하는 기법이다. 초점 맞추기 기법에서는 초점설정, 초점유지, 초점이동, 초점심화로 구분할 수 있다. 초점설정은 집단상담자의 중요한 임무로, 집단에서 이야기 될 내용을 정하는 것이다. 초점유지는 집단의 목적에 부합되는 내용을 지속적이고 의도적으로 다루는 것이고, 반대로 초점이동은 더 이상 유지할 필요가 없는 내용일 경우 이동시키는 방법이다. 초점심화는 선택된 주제에 대해 더 깊게 다루는 것으로, 작업의 깊이를 더해감에 따라 통찰을 유도하고 자기이해의 폭을 넓혀 건설적인 행동변화를 도출해 내기 위한 방법이다.

피드백: 타인의 행동, 사고, 감정에 따른 반응으로, 관찰된 내용과 관련된 자신의 감정과 생각을 언어적으로 표현하여 되돌려 주는 것이다. 집단구성원들 간에 피드백을 주고받음으로써 자신의 모습을 확인할 수 있는 동시에

자신이 미치는 영향도 확인할 수 있다.

연결과 보편화: 연결은 집단구성원 간의 행동이나 말의 유사점을 지각할 수 있도록 도와주는 것이고, 보편화는 상호작용을 통하여 집단구성원들이 자신과 유사한 감정과 관심을 가지고 있다는 것을 깨닫도록 돕는 방법이다.

차단하기: 부정적인 영향을 주는 의사소통(집단과정을 해치거나 집단구성원의 성장을 저해시키는 것)을 집단상담자가 개입하여 중지시키는 기법이다.

진단: 집단구성원의 행동, 감정, 사고를 유형으로 분류하고 증상유무를 확인하며 어떤 진단적 범주에 속하는지 파악하는 것 이상의 의미한다.

평가: 회기를 마칠 때 그 회기에 일어났던 사건, 다루었던 내용을 자세히 검토하는 기법을 말한다.

5) 가족상담기법

(1) 보웬(Bowen)의 다세대 가족상담

정신분석적 원리 및 실제에 직접적인 영향을 받은 치료적 임상 모델. 상담목표는 가족 구성원을 자아집합체로부터 분리시켜 독립하여 자율적으로 기능할 수 있도록 돕는 것이다.

가계도: 최소한 3세대에 걸친 표식을 통해 문제를 폭넓게 진단하는 그래프적 기법. 가족 구조를 도식화하고, 가족에 관한 정보를 기록하며 가족관계를 표현할 수 있다.

치료적 삼각관계와 탈삼각화

치료적 삼각관계: 내담자들이 가지고 있는 문제 해결을 돕기 위해서 상담자는 중립적이고 객관적인 자세를 유지하면서 삼각관계 과정에 휘말리지 않는 것이다.

탈삼각화: 가족간의 삼각관계에 끌려 들어가고 다른 사람들을 삼각관계에 끌어들이는 모호하면서도 분명한 기법들을 인식하는 것이다.

나의 입장 기법: 정서적 충동에 의해 반응하는 것을 막는 기법으로, 치료과정에서 치료자도 내담자에게 나의 입장을 취한다. 상대방의 행동을 비난하거

나 지적하기보다는 자신의 감정에 초점을 맞추어 표현하는 것이다.

관계실험: 삼각관계 치료에서 삼각관계를 구조적으로 변화시키기 위해 사용하는 기법으로, 가족들에게 가족 체계의 과정을 인식하고 자신의 역할을 탐색하도록 하는 데 도움이 된다. 이 기법은 자신과 상대방 사이에서 어떤 정서과정이 발생되는지를 경험도록 하는 것이다.

(2) 사티어(Satir)의 경험적 가족상담

빙산기법: 가족 구성원의 심리내적 역동을 구체적으로 살펴볼 수 있는 기법으로 개인의 행동과 태도의 내면에 자리잡고 있는 진정한 느낌과 생각, 기대, 열망 등을 자각할 수 있도록 도와주는 기법이다. 빙산은 행동, 대처방식, 감정, 지각, 기대, 열망, 자아로 구성되어 있다.

가족 재구조화

① **원가족 도표**: 가족 중 자녀의 원가족 도표, 가족 중 어머니 원가족 도표, 가족 중 아버지 원가족 도표로 작성하여 각 개인의 심리적 과정뿐 아니라 가족과의 상호작용 및 가족 역동성을 이해하고 평가하게 해준다.

② **가족생활사건 연대기(나의 생활 연대기)**: 출생 후 현재까지 주요 생활사건을 연대별로 나열한 것으로 가계도와 비슷하게 3대 가족들의 중요한 사건을 열거하여 다루는 것이다. 가족 중 자녀를 기준으로 조부모의 출생부터 자신의 현재까지 대가족의 역사 속에서 나타는 의미 있는 사건을 연도별로 기록한다.

③ **영향력의 수레바퀴**: 가족 중 자녀가 성장하는 과정에서 긍정적이든 부정적이든 자신에게 영향을 주었던 사람/사건을 바퀴모양의 그림으로 나타내는 것이다. 내담자를 중심으로 사람과 사건을 연결하여 의식적으로 인식하지 못했던 경험과 관계, 영향 등을 이해할 수 있다.

가족조각 기법: 가족 중 한 사람이 자신이 인식하고 있는 가족의 이미지에 따라 위치, 신체적 표현, 관계 등을 상징적/비유적으로 묘사 시키는 기법이다. 이는 자신이 가진 가족관계, 상호작용 패턴을 위치나 자세로 만들어 표현하

는 것이다.

(3) 전략적 구조주의 가족상담

고된 경험 기법: 증상이 나타날 때마다 내담자가 괴로워하는 일을 수행하도록 지시하는 직접적이며 처방적인 개입이다. 내담자의 욕구와 일치하는 것이어야 하고, 불건전하거나 해를 입히는 일이 되어서는 안 된다.

가장(위장)기법: 내담자가 증상을 가진 '척하고' 부모는 도와주는 '척하는' 연극적인 기법이다. 비교적 부드럽고 덜 직면적인 방법으로, 내담자의 저항 극복을 돕는다.

(4) 밀란의 체계적 모델

의례/의식

홀수날과 짝수날: 가족의 의식을 부모에게 짝수날과 홀수날을 구분하여 처방한다. 예를 들어 아버지는 짝수날, 어머니는 홀수날에 가족이 가지고 있는 의식을 책임지고 거행하도록 한다.

(5) 이야기 치료

문제의 외재화: 사람보다는 문제를 객관화시키는 대화로 구성되며, 내면화된 증상을 인격화시키는 것으로 나타난다.

회원 재구성: '인생=회원으로 구성된 클럽'으로 보고 개인의 전체성은 타인과의 관계를 통해 형체를 갖추게 된다. 여기서 회원은 내담자의 과거/현재/미래의 삶에서 내담자에게 영향력을 행사할 수 있는 사람을 말한다. 회원 재구성에서는 특정 회원을 우대하거나 자격 유지, 등급을 올리거나 내리기, 특정 의견을 존중하거나 무시하기 등의 회원 정비 기회를 갖는다.

6) 진로상담기법

(1) 내담자 특성 파악을 위한 진로상담 기법

생애진로사정: 진로상담에서 정보 수집 단계에서 사용될 수 있는 구조화된

면접 기법으로 상담자가 내담자의 체계적인 다양한 정보를 수집하고 내담자는 자신에 대해 체계적으로 이야기해 나가며 자신의 경험에 대해 정리하고 자기 삶의 방식을 알아가는 과정이다. 생애진로사정은 진로평가(직업경험, 교육과 훈련, 여가활동), 일상적인 하루(독립-의존, 체계적-임의적), 강점과 장애로 구분하여 질문한다.

진로가계도: 내담자의 정보를 수집하는 질적 평가 기법 중 하나로 3세대에 걸친 내담자 가족이 어떤 직업을 가지고 있는지, 진로를 선택해 왔는지, 그로 인해 내담자에게는 어떤 영향을 주었는지 등을 살펴봄으로써 진로 선택과 관련하여 내담자를 더 깊게 이해하는 통로가 된다. 가족상담에서 사용하는 가계도에 직업/진로에 관한 정보를 함께 제시하여 진로상담에서 정보수집에 유용하게 활용할 수 있다.

직업카드 분류법: 다양한 직업이 적힌 카드를 이용하여 진로에 대한 정보제공을 하는 기법이다. 직업카드를 분류하는 작업을 통해 자신의 특성(흥미, 가치관 등)을 탐색하고 직업의 다양성과 종류를 이해할 수 있다. 또한 직업세계를 이해하기 위한 중요한 요소 이해, 직업정보를 구체적으로 탐색할 수 있다. 내담자가 원하는 주제, 아이디어, 이슈, 가치, 느낌 등에 따라 분류할 수 있으며 점수나 규준을 가지고 있지 않기 때문에 거부감 없이 진행 가능하다.

(2) 의사결정 조력을 위한 진로상담 기법

의사결정 유형 검사 활용

진로자서전: 내담자의 학교 선택, 고등학교 졸업 이후의 직업 훈련, 아르바이트를 통한 경험, 고등학교에서 배운 지식과 기술, 자신에게 중요한 타인들에 대해 작성하도록 한다. 이는 내담자가 과거에 진로와 관련하여 어떤 의사결정을 했는지 알아보기 위한 과정이다.

의사결정 일기쓰기: 내담자가 의사결정 기법을 알아보기 위해 일상적인 의사결정, 내담자가 일상생활에서 무엇을 하고, 무엇을 먹고, 무엇을 입을 것인가와 같은 세세한 부분의 결정을 어떤 방식으로 내리고 있는지 기록하게

한다. 일기작성을 통해 자신의 의사결정 기법을 이해하고 자각과 민감성을 증대시키며 의사결정과정에 적극적으로 참여할 수 있도록 한다.

주관적 기대효용 활용: 모든 의사결정은 3가지 과정을 거치게 된다. 첫째, 목표 설정, 둘째, 항목에 대한 선호도, 셋째, 선호도 중 한 가지 선택의 과정이다. 주관적 기대효용은 개인의 선택은 타인이나 사회보다 자신의 행복이나 즐거움, 만족에 대한 감정을 충족하도록 선택하는 것을 뜻한다.

* 주관적 기대효용을 도울 수 있는 지침

목표를 파악한다.
선택 가능한 것들을 사전에 조사한다.
숨겨진 가치를 파악한다.
의사결정의 중요성을 파악한다.
시간과 노력에 대한 계획을 수립한다.
전략을 선택한다.
선택 가능한 것들을 파악한다.
적절한 시기에 계획한 대로 선택한다.

은유로 저항감 다루기: 내담자가 진로상담에서 저항감을 드러내거나 동기가 없는 경우, 은유를 사용하여 내담자의 저항을 낮추고 의사결정을 도울 수 있다. 은유로 활용할 수 있는 소재로는 시, 소설, 동화, 우화, 비유, 노래, 영화, TV 프로그램 등 여러 가지가 있다.

(3) 진로실천 계획을 작성하는 다양한 기법

진로실천 계획서 작성: 직업인, 지역사회 구성원, 가족 구서우언 등 생애 역할에 따라 진로 계획을 세울 수 있다. 시간단위에 따라 한 달, 1년, 5년, 10년 단위로 나누어 계획을 세울 수 있고 개인의 목표에 따라 자격증이나 학위 취득에 대한 계획, 취업, 이직, 승진에 대한 계획 등으로 나누어 작성하기도 한다. 진로실천 계획은 문서화된 형태로 기록한다. 또 한 번 작성하고 계획을 세우는 것으로 끝나는 것이 아니라 상담 과정 중에 지속적으로 관리하여 수정/검토하는 기법을 터득하여 종결 후에도 지속할 수 있도록 격려한다.

CHAPTER

03 청소년 상담의 이해

청소년 상담에 대하여 구체적으로 살펴보면 첫째, 청소년 상담활동의 대상은 청소년 자신과 청소년 관련인(부모, 교사, 청소년 지도사) 및 청소년 유관 기관(가정, 학교, 청소년 고용업체, 청소년 수용기관, 청소년 봉사기관 등)을 포함한다. 다시 말해서 청소년 문제는 청소년 발달과정상의 문제도 있지만, 환경과의 관계에서 발생하는 경우가 많다. 때문에 청소년 상담 대상은 청소년 자신뿐만 아니라 청소년 관련인 및 관련 기관도 그 대상이 될 수 있다(이형득, 1992). 둘째, 청소년 상담은 청소년들이 현재 당면하고 있는 정신적 질병 치료 및 문제해결뿐만 아니라 정신적 질병의 예방 및 건전한 발달 과업을 충실히 달성하여 개인적 성장과 발달을 도모한다(박재항 외, 1993). 셋째, 청소년 상담은 방법적인 측면에서 성인 상담보다 다양한 방법을 사용하여 개인상담, 집단상담, 가족상담 등을 활용하는 경우가 많다. 그리고 교육과 훈련, 자문, 매체 활용 등의 다양한 접근이 용이하다. 청소년 상담은 대부분 청소년 문제와 관련되어 있으므로 일반 상담과는 달리 좀 더 포괄적으로 접근해야 할 필요가 있다. 따라서 청소년내담자의 고유한 발달적·환경적 특성에 맞는 차별화된 다양한 접근을 필요로 한다(김홍순·김청송, 2011).

청소년 상담의 개념을 종합해 보면 다음과 같이 정의할 수 있다. 청소년 상담이란 도움을 필요로 하는 청소년 및 청소년 관련인과 청소년 관련기관을 대상으로 전문적인 상담자와 대면 및 비대면 관계로서 청소년이 직면하고 있는 문제해결, 새로운 학습 그리고 바람직한 발달 및 인간적 성장을 경험하는 과정이라고 할 수 있다.

1 청소년상담의 유형

1) 상담 방식에 따른 분류

(1) 대면 상담

대면 상담은 상담 유형의 분류 중 가장 일반적이고 전통적이다. 대면 상담이란 상담자와 내담자가 직접 만나서 얼굴을 맞대고 언어로 대화하며 내담자의 성장과 발달을 도와주는 과정이다. 대면 상담에서 상담자는 대화를 통해 내담자를 이해하며 변화시킨다. 즉, 대화는 내담자의 성장과 회복을 위한 문제해결 시에 가장 강력한 핵심수단이다. 이 방법은 상담자가 내담자를 직접 만나서 관찰할 수 있기 때문에 내담자가 스스로 보고하는 내용 이외에도 여러 가지 중요한 정보들을 상담에 활용할 수 있다는 이점을 지닌다. 예를 들어, 어떤 내담자는 '아무렇지도 않다'라면서 안색이 변하고 눈물을 글썽일 수 있다. 이러한 언어적 정보와 비언어적 정보 간의 불일치는 얼굴을 직접 대면하지 않고는 확인할 수 없다(이장호, 2001).

(2) 매체 상담

매체 상담은 커뮤니케이션의 발달과 함께 송신자와 수신자 사이에 메시지(message)를 전달하는 매개체의 방법론적인 측면이 포함된 광범위한 개념이다. 매체 상담은 전화, 인터넷 그리고 신문, 잡지, 라디오, 텔레비전, 영화 등의 매스미디어를 매개체로 하여 상담을 진행한다. 최근에 전화 상담과 사이버 상담이 대표적인 매체 상담으로 활용되고 있다.

① 전화 상담

전화 상담은 상담자와 내담자가 전화로 상담을 진행하는 것으로 한국의 많은 상담기관에서 활용하고 있다. 특히 한국청소년상담원을 비롯하여 전국 시·도, 시·군·구에 있는 청소년상담지원센터에서 청소년 관련 문제를 전화로 상담하는 '헬프 콜! 청소년전화 1388'을 운영하고 있다.

전화 상담은 내담자가 도움이 필요한 경우 언제든지 상담이 가능하기 때문에 접근성이 높다는 장점이 있다. 또한 전화 상담은 필요할 때 직접 찾아가지 않아도 상담이 가능하기 때문에 특히 위기상황의 내담자들에게 도움을 줄 수 있다. 그리고 전화 상담의 중요한 장점은 익명성이다. 물론 대면 상담에서도 내담자의 개인 신상에 대한 정보는 철저하게 비밀보장이 되지만 신분이 노출되지 않으면서도 도움을 받고자 할 경우에는 전화 상담이 적절하다고 볼 수 있다.

전화 상담의 여러 장점에도 불구하고 몇 가지 한계점도 있다. 내담자가 자발적으로 전화를 걸어야만 상담이 시작되기 때문에 여기에는 내담자의 적극성과 동기가 요구된다. 또한 전화 상담은 내담자가 다시 전화를 걸지 않는 한 상담이 지속되기 어려워 일회성으로 끝나기 쉽다. 따라서 전화 상담은 자살, 가출, 폭력 등의 위기개입, 진로, 성, 학업 등에 대한 각종 정보제공이나 특정 요구와 문제, 면접상담의 보조 기능을 한다.

② 사이버 상담

사이버 상담은 의사소통의 매개수단으로 컴퓨터 및 스마트폰을 활용하여 인터넷이라는 공간에서 이루어지는 상담을 말한다. 오늘날처럼 인터넷을 많이 이용하는 상황에서 사이버 상담은 매우 유용한 상담 접근방법이라고 할 수 있다. 사이버 상담은 다른 상담에 비해 접근성과 내담자의 객관화, 익명성, 과정의 용이함 등 여러 가지 특징을 가진다.

사이버 상담은 이러한 장점에도 불구하고 몇 가지 제한점이 있는데, 면접상담과 달리 문자로만 의사소통이 가능하다. 이러한 이유로 내담자의 특징적인 비언어적 단서들, 예를 들면 표정, 눈빛, 목소리, 행동, 몸짓, 자세 등 상담에서 중요한 정보를 얻을 수 없기 때문에 상담 진행과정 중 활용 가능한 단서들이 제한적이다. 따라서 사이버 상담은 상담자 입장에서도 깊은 정서적 체험을 이끌어내기 어렵고 공감과 조언 위주의 상담에 그쳐서 본래 상담의 깊이와 장점을 충분히 나타내기는 어렵다.

2) 상담 형태에 따른 분류

(1) 개인상담

개인상담이란 개인이 일상생활에서 당면한 심리적·정서적인 어려움을 전문적인 상담자와 1:1 관계를 통해 자신의 문제를 제시하고 함께 풀어가는 상담과정이다. 개인상담은 위중하거나 복잡한 문제, 내담자와 주변 특정인의 신상을 보호해야 할 경우에 활용된다. 그리고 집단에서 공개적으로 발언하는 것에 대하여 심한 공포와 불안이 있는 내담자에게 적당하다. 이러한 개인상담은 내담자의 필요와 상황에 따라 다양한 상담기법들을 활용할 수도 있다. 또 내담자의 언어적 표현뿐만 아니라 비언어적 메시지와 그 밖의 상황에 대한 관찰이 가능하기 때문에 효율적이다. 따라서 개인상담은 도움을 주고자 하는 상담자와 도움을 받고자 하는 내담자, 즉 개인 대 개인의 관계에서 이루어지는 학습지향적인 과정이다.

그리고 개인상담은 전문적인 지식과 기술을 가지고 있는 상담자가 내담자로 하여금 자기 자신과 환경에 대한 이해를 증진시키고 합리적이고 효율적인 의사결정을 내리거나 행동양식을 증진시킬 수 있도록 도와줄 수 있다. 하지만 개인상담은 내담자가 직접 자신의 문제를 상담자 앞에서 노출해야 하는 부담이 있고 상담자 또한 내담자의 기대에 만족할 만한 상담을 해야 한다는 부담이 따르기도 한다. 개인상담의 특징을 살펴보면 다음과 같다.

개인상담은 비밀이 보장되고 인간적인 접촉과 심층적인 이해가 이루어지는 상황에서 상담자가 내담자를 만남으로써 이루어진다.

개인상담은 내담자에게 무엇이 잘못되었다고 말해 주기보다는 내담자 스스로 문제를 깨닫도록 도와주는 것이다.

개인상담은 상담자의 입장이 아니라 내담자의 입장에서 문제를 보고 해결책을 모색하는 것으로 문제해결을 위한 결정은 내담자에게 주어진다.

개인상담은 언어적인 표현을 중심으로 이루어지며 감정, 태도, 사고 등의 내용이 언어화될 수 있도록 한다.

개인상담은 단순한 정보제공이나 사교적 대화, 충고, 훈화 등과는 달리 장기간에 걸쳐 상담목표가 이루어질 때까지 계속된다.

개인상담의 궁극적인 목표는 내담자의 성장과 발달을 돕고 새로운 학습이 이루어질 수 있도록 하는 것이다.

개인상담은 인간에 대한 이해와 사랑 그리고 인도주의적인 태도를 갖춘 상담자에 의해서 성공을 거둘 수 있다. 따라서 상담자는 인간에 대한 성숙한 태도와 내면세계에 대해 민감하게 이해할 수 있어야 한다.

(2) 집단상담

집단상담은 한 명 또는 그 이상의 상담자와 여러 명의 내담자가 함께 모여 일정기간 동안 정기적으로 만나면서 참여자의 관심사에 대하여 각자의 느낌, 반응, 행동, 생각들을 대화로 서로 교환하는 상담이다. 즉, 집단의 응집력과 치료적 분위기를 통해 상호 이해를 촉진함으로써 긍정적 변화를 모색하는 목적을 가진 집단활동이다.

집단상담은 개인상담과는 달리 집단원들 간의 역동적인 상호작용을 치료적으로 활용할 수 있다. 이에 내담자가 다른 참여자들로부터 도움을 받을 뿐만 아니라 도움을 제공하는 경험도 체험할 수 있다. 집단상담의 한 형태로서 내담자들이 한 가족으로 구성되어 개개인의 내면세계를 이해하기 위한 가족상담도 있다.

특히 내담자가 타인에 대한 이해능력이 부족하고 타인의 시선에 민감한 반응을 보일 경우에 개인상담보다 집단상담이 유용하다. 또한 타인에 대한 배려, 사회적 기술, 자신감 부족, 자기개방 등에 취약한 내담자에게 사용할 수 있다. 내담자들은 타인을 대하는 바람직한 태도나 행동 반응을 집단 내에서 시도하고 그 결과를 확인해 볼 수 있다(오윤선, 2007).

청소년들이 집단치료 프로그램에 참여하는 것은 그 자체만으로도 타인들과 조화롭게 어울리고 흥미와 활력을 얻을 수 있다. 비슷한 시기에 거의 동일한 어려움을 겪는 청소년들이 함께 상호 간의 대화 속에서 자기 혼자만 겪고 있는 어려움이 아니라 위로와 함께 실제적이고 경험적인 조언과 지지를 얻을 수 있다. 이들이 서로에게 주는 위로와 격려는 전문 상담사들이 주는 것과는 또 다른 것으로 상호 입장을 존중하고 공감하며 지지하는 데 기대 이상의 시너지를 발휘하게 된다.

개인상담과 다른 집단상담의 특성은 다음과 같이 세 가지로 볼 수 있다. 첫째, 집단상담은 참여자를 대하는 태도나 방법을 즉시 시도하고 확인이 가능하고 다른 사람과 친밀감을 형성할 수 있다. 둘째, 집단상담은 참여자들이 상호 간에 도움을 주고받는 경험을 할 수 있다. 셋째, 집단상담의 상담자는 개인상담보다 복합적인 과제를 얻게 된다. 즉, 집단상담의 상담자는 내담자의 감정을 공감하고 내담자가 스스로를 통찰하도록 유도해야 하며 특정 참여자의 발언이 다른 참여자 및 집단에 미치는 영향을 예의주시해야 한다.

3) 내담자의 조력수단에 따른 분류

(1) 서신 상담

서신 상담은 상담자와 내담자가 편지를 통하여 심리적 문제에 대해서 도움을 주고받는 상담을 의미한다. 내담자가 대화보다 글을 통하여 자신을 보다 잘 표현할 수 있는 경우와 교도소 등 특정 시설에 수용되어 있어서 다른 상담방식을 이용할 수 없을 때처럼 상담자와 대면이나 비대면을 통해 만날 수 없는 경우에 이루어질 수 있다.

(2) 놀이치료

놀이치료는 전문적 치료자가 내담자의 심리적 문제해결에 도움을 제공하기 위해 체계적인 놀이를 적용하여 대인관계를 형성하는 치료방법을 의미한다.

(3) 미술치료

미술치료(art therapy)는 미술을 심리치료에 적용하는 것을 말한다. 즉 그림,

디자인, 공예 등 다양한 미술 매체를 활용하여 어려움을 겪고 있는 내담자를 심리적으로 진단하고 치료하는 것이다.

(4) 음악치료

음악치료는 심리치료에 음악을 도구로 활용하는 것을 말한다. 즉 음악치료는 음악을 활용하여 내담자의 심리적 문제를 치료하는 활동이다. 음악치료를 위한 활동으로는 즉흥연주, 적극적인 음악감상과 상상, 창작과 작곡 및 노래 만들기, 악기 연주와 합창 및 합주 등이 있다.

(5) 독서치료

독서치료는 내담자의 문제와 관련된 주제의 독서 자료를 활용한 토론, 글쓰기, 미술, 역할극 등으로 상담자와 상호작용을 통하여 내담자의 심리적 문제를 해결하는 활동을 말한다.

(6) 원예치료

원예치료는 식물을 활용하여 신체적, 정신적 문제를 경험하고 있는 내담자의 회복을 돕는 활동이다. 원예치료는 몸과 마음의 질병을 약물 투여나 수술 없이 정원과 경작을 뜻하는 원예를 통하여 고친다는 뜻의 치료의 합성어이다. 원예치료는 씨를 뿌리고, 온갖 정성으로 가꾸어 그 결과로 활짝 핀 꽃을 보면서 사람들이 느끼는 기쁨과 희열을 치료의 목적에 이용하는 것이다(김춘경 외, 2020).

(7) 사이코 드라마

사이코 드라마(psychodrama)는 psyche(정신)와 drama(dram: 저항을 극복하는 행동)의 합성어로 해결되지 못한 마음의 문제를 상상력을 동원하여 드라마적인 상황으로 표출하는 심리극이다. 사이코 드라마는 내담자가 단순히 자신의 문제에 대해 말로 표현하지 않고 주인공이 되어 표현하도록 돕는다.

(8) 이야기치료

이야기치료에서는 인간은 각자가 자신의 이야기에 의해 삶을 영위하고 있다고 본다. 그리고 문제가 문제이지 사람이 문제가 아니라는 신념을 갖고 내담자가 새로운 언어로 스스로의 경험을 설명하도록 조력하는 데 목표를 두고 있다. 이러한 새로운 언어는 내담자로 하여금 문제가 되는 생각이나 감정 혹은 행동에 대한 새로운 의미를 개발하게 해 준다.

2 청소년 상담의 기본원리

1) 개별화

상담자는 내담자 각자의 개성과 개인차를 고려하여 상담에 임하여야 한다. 청소년 상담에서 개별화의 원리는 내담자 개개인의 욕구와 발달 특성 및 상황 등을 고려하여 각 개인을 이해하고 보다 나은 적응을 위해 조력하는 것을 말한다. 이는 상담방법 또한 개인의 차이에 따라 달라져야 함을 의미한다. 청소년 상담에서 개별화 원리를 적용하기 위해서는 다음과 같은 전제가 요구된다.

- 내담자에 대한 편견이나 선입관으로부터 벗어나야 한다.
- 내담자의 행동 유형과 원리에 대해 전문적으로 이해하려고 해야 한다.
- 내담자의 말을 경청하고 세밀히 관찰해야 한다.
- 내담자의 보조에 맞추어 진행할 수 있어야 한다.
- 내담자의 감정 변화를 민감하게 포착해야 한다.
- 내담자와 견해차가 있을 때는 적절한 선택을 해야 한다.

2) 의도적 감정표현

의도적 감정표현의 원리는 내담자가 감정을 솔직히 표현할 수 있도록 상담자가 조력해야 한다는 것이다. 내담자가 자신의 문제와 관련된 감정이나 상담과정에서 느낀 감정을 솔직하게 표현할 수 있을 때 상담은 성공할 가능성이 높아진다. 따라서 청소년 상담자는 온화한 상담 분위기를 조성하여 내담자로 하여금 자신의 감정이 부정적이든 긍정적이든 자유롭게 표현할 수 있도록 해야 한다.

그리고 청소년 상담자는 내담자의 감정표현을 비난하거나 낙심시키는 행동을 하지 않고 끝까지 인내심을 가지며 경청하고 격려해야 한다. 이와 같이 의도적 감정을 표현하도록 돕기 위한 조건은 다음과 같다.

- 압력이나 긴장으로부터 청소년 내담자를 완화시켜 준다.
- 청소년 내담자의 문제점을 이해할 수 있도록 도와준다.
- 허용적인 태도를 조성하기 위해 청소년 내담자의 감정표현을 경청한다.
- 청소년 내담자의 감정표현을 적극적으로 지지하고 격려한다.
- 비현실적인 보장이나 초기에 지나치게 성급한 직면과 해석을 삼간다.

3) 통제된 정서관여

상담자는 통제된 정서를 유지한 채 내담자의 정서표현에 민감하게 반응하고 적극적으로 관여하는 자세를 가져야 한다. 청소년 상담은 대부분 정서적인 면에 관련되어 있기 때문에 상담자는 내담자에게 그 감정을 말로 표현할 수 있도록 지지하여야 한다. 그리고 청소년 내담자의 정서 변화에 민감하게 반응하고 이해할 수 있어야 하며, 적절한 대응책을 준비하고 적극적인 태도로 관여해야 한다.

4) 수용

수용의 원리는 청소년 내담자의 존엄성과 인격의 가치를 존중하며 그들의 강점과 약점, 바람직한 성격과 그렇지 않은 성격, 긍정적 감정과 부정적 감정, 건설적 또는 파괴적 행동 등을 있는 그대로 이해하고 따뜻하게 받아들이는 태도를 의미한다.

하지만 이것은 내담자의 말을 모두 다 동의하고 받아들이는 것과는 엄연히 다르다. 상담자가 내담자의 의견에 동의하지 않는 것과 내담자를 거부하는 것은 다르다고 볼 수 있다. 내담자의 의견에는 동의하지 않지만 내담자를 하나의 인격체로 존중할 수는 있다. 상담자가 내담자의 의견에 동의하지 않을 때는 그러한 사실을 분명히 전달하되 온화한 음성과 자세로 표현하여 내담자를 인격적으로 수용하고 있음을 전달할 수 있어야 한다(오윤선 외, 2022).

청소년 상담자가 권위적이거나 강압적인 태도를 취하면 내담자와 상담관계를 유지하기 어렵다. 따라서 청소년 상담자는 내담자에게 따뜻하고 친절하게 대하고 내담자를 수용하는 자세를 지녀야 한다.

5) 비심판적 태도

비심판적 태도란 내담자의 행위에 대하여 상담자가 판단이나 비판을 하지 않는다는 것을 의미한다. 청소년 상담자는 내담자의 행동과 태도, 가치관 등을 평가할 때 객관적이고 중립적인 자세를 유지해야 한다. 특히 내담자에게 잘못이나 책임성 유무를 따지는 등 심판적인 태도를 가지지 않도록 가치중립적인 태도를 취해야 한다.

문제를 가진 청소년 내담자들은 죄책감, 열등감, 불만감, 고독감 등을 가지고 있기 때문에 타인의 비판에 예민하며 자신을 방어하고 안전하고자 한다. 따라서 상담자는 객관적으로 청소년 내담자의 행동, 태도, 가치관 등을 평가해야 한다. 이때 어떠한 문제에 대하여 나쁘다거나 책임져야 한다는 등의 과격한 표현을 해서는 안 된다. 비판적 태도의 원리가 지켜지려면 다음과 같은 자세가 필요하다.

- 청소년 상담자는 내담자에 대한 선입견을 가져서는 안 된다.
- 청소년 내담자의 보조에 맞추어 상담을 진행해야 하며, 내담자의 발언을 자주 가로막고 성급한 결론으로 이끌어서는 안 된다.
- 청소년 내담자를 어떠한 유형의 틀로 맞추려는 태도를 버려야 한다.
- 청소년 내담자가 상담자에 대하여 적의를 가지거나 부정적 감정표현을 할 수 있다는 것을 주지해야 한다.

6) 자기결정

자기결정의 원리란 어떤 경우이든 상담에서 내담자가 선택하고 결정한다는 것을 의미한다. 청소년 상담자는 내담자가 자신의 가치와 존엄성을 인지하고 스스로 자기결정권을 가지며 문제해결책을 선택하여 의사결정을 할 수 있도록 도와야 한다. 이를 위한 원칙은 다음과 같다.

- 청소년 내담자가 자기수용을 할 수 있도록 도와줄 수 있어야 한다.
- 청소년 내담자의 잠재능력, 즉 장점과 능력을 발견하고 활용하여 인격적 발전을 도모할 수 있도록 도울 수 있어야 한다.
- 청소년 내담자가 자기결정을 할 수 있도록 수용적 태도나 심리적 지지를 보내는 등 상담자는 적절한 분위기를 조성할 수 있어야 한다.
- 청소년 내담자가 자신의 문제를 해결해 나갈 수 있도록 돕고 보조하는 역할을 해야 한다.
- 청소년 상담자는 내담자를 강제적으로 설득해서는 안 된다.

3 청소년 상담자의 자질

1) 인성적 자질

청소년 상담자의 인격적 성숙은 전문적인 지식 이상으로 상담 효과를 결정짓는 데 중요하다. 상담자의 인성적 자질이 기초되지 않으면 상담에서 내담자의 문제해결 및 성장을 저해할 수 있게 된다. 특히 상담자가 자신의 문제와 비슷한 것을 다루다 보면 정서적 동요가 일어나 상담에 도움이 되지 않는 경우가 있다. 따라서 치료적 도구로서 상담자가 되기 위해서는 다음과 같은 인성적 자질이 필요하다.

(1) 청소년에 대한 깊은 이해와 관심

상담은 인간관계를 기초로 하여 인간을 변화시키는 과정이며, 상담자는 그 역할 수행을 위해 다양한 종류의 인간과 상호작용하게 된다. 그러므로 청소년 상담자는 청소년의 행동 및 문제에 대한 깊은 이해와 관심을 갖지 않고서는 상담자 역할을 잘 감당할 수 없다. 따라서 청소년 상담자에게는 청소년 내담자의 행동과 그 이면의 동기에 대해 깊이 이해하고 탐구하는 지적인 관심이 요구된다. 그리고 청소년 상담자는 내담자가 가진 문제가 무엇이든 편견을 가지지 않고 바람직한 필요에 따라서 융통성 있게 도움을 줄 수 있어야 한다. 그러기 위해서는 인간에 대한 사랑과 따뜻한 태도를 기본적으로 갖추고 있어야 한다(김춘경 외, 2020).

(2) 자기 및 타인의 감정이해와 수용능력

청소년 상담자는 충분한 자기이해와 수용능력을 갖추어야 한다. 즉, 자기 자신의 목표, 정체, 동기, 요구, 가치관, 느낌, 장점과 단점 등에 대하여 객관적으로 인식하고 이해하려는 노력을 해야 한다. 그리고 상담자에게는 내담자의 특정 감정의 표현 정도와 상관없이 적절하고 침착하게 수용하며 내담자가 감정을 자유롭게 표현할 수 있도록 조력하는 능력이 필요하다. 만약 내담자의 언어적 · 비언어적 표현에 대한 감정을 인식하지 못하거나 수용하지 못하게 된다면 상담 관계는 소원해지고 내담자는 상담자에게 공감 받고 있다고 생각하기 어렵게 된다. 그러므로 상담자는 내담자의 다양한 감정과 그 정도에 대해 자연스럽게 받아들일 수 있어야 한다. 이에 상담자는 자기 및 타인의 감정이해와 수용능력을 통해서 내담자를 깊이 이해하고 존중하며 인간적 신뢰감을 줄 수 있다.

(3) 정서적 안정감

상담자의 정서적 안정감은 불안정한 내담자와 관계형성에 매우 중요한 요소가 된다. 청소년 상담자의 정서적 안정감은 내담자로 하여금 편안함과 안정감을 가지도록 돕게 된다. 특히 청소년 상담 현장에서는 불안정한 정서를 지닌 청소년들을 많이 접하게 되기에 역전이와 탈진으로부터 벗어나기 위해서는 균형잡힌 정서적 안정감이 중요하다. 청소년 상담자는 완벽한 사람이 아니기에 자신의 문제해결을 위해서 정서적 안정감을 유지하기 위해 노력해야 한다. 그리고 상담자가 자신의 문제해결을 위해서 내담자 경험을 하게 되면 이 또한 상담자의 상담 성과에 긍정적인 영향을 줄 수 있다.

(4) 진실성과 용기

청소년 상담자는 삶에 대한 진실성과 용기가 있어야 하며 삶의 과정과 상담 현장에서 성실하고 정직해야 한다. 진실성은 상담관계에서 주기적으로 자기를 개방하는 자발성을 말한다. 이는 자신의 정서를 모니터링(monitoring)할 수 있는 능력, 즉 정서지능(emotional intelligence)과 관련이 있다. 진실성은 정확한 공감, 무조건적인 긍정적 존중과 함께 상담자의 태도적 자질에 속한다(오윤선 외, 2022). 상담자 자신은 완성된 인격이 아니라 끊임없이 성장하고 형성되는 과정에 있음을 직시하고 실수를 인정할 수 있어야 한다. 때로는 시행착오가 발생하더라도 사실을 인정하고 교훈을 삼으며 힘든 일과 좌절 상황에서도 진정한 용기를 얻을 수 있어야 한다.

(5) 사명의식과 긍정적인 청소년관

청소년 상담자는 청소년 상담에 대한 사명의식과 긍정적인 청소년관을 가지고 있어야 한다(이형득, 1992). 다양한 상황적 문제와 발달적 문제에 직면한 청소년들을 상담하기 위해서는 많은 에너지가 필요하고 투철한 사명의식이 요구된다. 그리고 청소년에 대한 긍정적인 태도와 수용성이 중요하다. 상담자는 이러한 태도를 통해서 청소년에 대해 깊은 관심을 가질 수 있게 되고 그들의 현재 삶과 행동을 인정하고 존중하려는 자세를 가지게 된다.

2) 전문가적 자질

청소년 상담자의 전문적 자질이란 청소년 상담이라는 전문 활동을 하는 데 요구되는 전문적 지식과 기술 그리고 경험 및 이해를 제대로 갖추는 것을 뜻한다. 상담은 일반적인 대화와는 달리 내담자의 주요 심리적 문제해결에 도움을 주는 것이 목표이다. 그리고 내담자가 내면의 자유를 되찾고 개인의 잠재력을 발휘할 수 있도록 성격을 재구조화하여 인간적 발달 및 인격적 성숙을 이루도록 하는 성장 촉진 목표를 지닌다. 따라서 청소년 상담자에게는 내담자의 문제를 해결하고 내담자의 성장을 촉진하기 위해 전문적 자질이 요구된다. 청소년 상담자의 전문적 자질을 살펴보면 다음과 같다(이장호, 2010).

(1) 심리학적 지식과 다양한 상담이론 습득

상담은 인간에 대한 총체적인 이해를 바탕으로 하는 활동이다. 따라서 청소년 상담자는 인간의 생물학적 기초, 지각, 발달, 학습, 성격, 정서와 동기, 정신병리, 사회적 상호작용 등에 대한 지식을 포괄적으로 이해하고 있어야 한다. 뿐만 아니라 발달심리, 성격심리, 학습심리, 지역사회심리 등을 통해서 인간과 관련된 다양한 주제들에 대한 연구와 개념을 알아야 한다(천성문 외, 2021).

그리고 이러한 모든 지식을 바탕으로 발달한 상담이론을 학습해야 한다. 상담이론은 상담 현장에서 비행기의 나침판과 같은 역할을 하므로 상담이론 습득은 매우 중요하다. 상담자는 전문적 이론을 통해 내담자의 심리적 상태를 알 수 있으며 상담의 방향을 정할 수 있다. 나침판 없이 비행 항로를 잡을 수 없듯이 상담이론 없이는 내담자의 문제를 잘 이해할 수 없기 때문에 치료 또한 이루어지지 않는다. 따라서 원활한 상담 진행을 위해서는 상담자가 상담이론에 대한 전문적 지식을 보유하고 있어야 한다. 상담이론은 인간의 생애과정에서 흔히 발생하는 문제를 인식하고 규정하기 위해 문제의 원인과 영향을 설명하고 경험적으로 검증 가능한 일단의 체계적 진술이다. 상담자는 이러한 상담이론을 토대로 내담자의 문제를 조망 · 이해하고, 이론에 근거한 다양한 기법을 적절히 사용하여 상담목표를 성취할 수 있다(강진령, 2021).

(2) 상담방법에 대한 이해

임상 현장에서 상담자의 숙련된 지식과 경험에 따라서 상담의 성공 여부가 결정된다고 해도 과언이 아니다. 전문적인 상담자는 효율적인 상담방법들을 잘 숙지함으로써 내담자에게 바람직한 변화가 일어나도록 잘 짜인 상담을 진행해 나갈 수 있다. 상담은 대체로 초기, 중기, 종결의 세 단계로 각 단계마다 상담자가 주력해야 할 일들이 있기 때문에 이를 숙지하여 상담을 진행해 나가야 한다. 또한 상담의 각 단계들은 일련의 면접들로 구성되기에 전문적인 청소년 상담자가 되려면 상담면접의 구체적 진행방법에 대한 이해를 갖추어야 한다. 그리고 상담의 목적이 내담자가 가진 문제를 해결하는 데 있으므로 문제 유형에 따라 적절하고 효율적인 상담방법을 적용해야한다. 청소년 상담에서 행해지는 문제해결의 구체적 방법은 내담자가 호소하는 문제증상의 종류나 성질에 따라 달라지기 때문에 모든 유형의 문제 증상에 대해 동일하게 적용되는 하나의 상담방법이란 없다. 따라서 각각의 문제 증상들에 알맞은 상담방법을 적용하는 것은 청소년 상담에서 매우 중요하다(김춘경 외, 2020).

(3) 상담실습 경험과 훈련

청소년 상담자가 내담자를 돕기 위해서는 풍부한 상담실습 경험과 훈련지도 경험을 거쳐야 한다. 상담훈련 방법으로는 상담실에서 인턴 및 레지던트 수련과정을 통한 임상 경험은 필수 과정이다. 더불어 상담사례 모임에 참석하여 상담 실제에 대한 학습을 하고, 실제로 상담을 진행하면서 슈퍼비전을 받는 것이 필요하다. 이런 방법으로 상담기술을 수련하는 데는 많은 시간과 인내심이 필요하기 때문에 상당수의 예비 상담자들이 때로 좌절하고 포기하기도 한다. 상담을 배운다는 것은 어린아이가 걸음마를 배우는 것처럼 힘들고 어려운 일임이 분명하다. 그러나 포기하지 않고 꾸준히 훈련해 나가면 습득한 상담기술을 자연스럽게 사용하면서 상담능력이 향상될 수 있다.

(4) 청소년 상담자의 자격취득

전문적인 청소년 상담자가 되기 위해서는 자격취득이 필요하다. 청소년 상담의 자격인증은 크게 국가 인증과 민간 인증의 두 가지로 나눌 수 있다. 민간 차원의 인증은 각종 상담 관련 학회나 기관에서 요구하는 교육을 받고 수련을 통해 획득하는 자격이다. 국가 차원에서 공인하는 청소년 전문 상담자 자격은 전체 청소년 대상의 '청소년 상담사'와 학교에 재학 중인 청소년 대상의 '전문상담교사'가 있다. 여기서는 '청소년 상담사'를 집중적으로 살펴보고자 한다.

국가에서는 청소년 상담자 자격검정을 별도로 진행하여 매년 '청소년 상담사'를 배출하고 있다. 청소년 상담사는 「청소년기본법」 제22조에 의거한 국가공인 자격이다. 법률에는 응시자격 기준, 자격시험 방법, 자격증 취득을 위한 연수, 자격증 발급과 관리 관련 사항, 자격증 취득 후 보수교육 의무규정 등 상세하게 명시되어 있다. 청소년 상담사 취득을 위해서는 자격시험(자격검정)과 자격 취득을 위한 연수(자격연수) 두 단계를 거쳐야 한다. 자격검정은 필기시험과 면접 시험으로 구성되어 있다. 현재는 한국산업인력공단에서 자격검정 업무를 수행하고 있다(「청소년기본법」 시행규칙 제10조제1항).

4 청소년 상담자의 윤리

상담은 인간의 관계에서 이루어지는 것이기에 그 관계에서 다양한 윤리적 문제들이 발생할 수 있다. 따라서 청소년 상담자는 상담윤리를 이해하고 윤리강령과 지침을 잘 준수해야 한다. 상담 윤리는 상담과정에서 상담자가 내담자에 대한 행동방식에 대해 근거를 제공하게 된다. 상담자가 흔히 직면하게 되는 윤리적 쟁점으로는 비밀유지, 사전동의, 다중관계, 성적 관계, 가치관 주입, 전문적 역량과 책임 등을 들 수 있다.

1) 비밀유지

비밀유지는 상담이 진행되는 동안 드러난 정보는 무단으로 공개되지 않는다는 내담자와의 계약과 약속을 지킬 윤리적 의무이다. 이는 상담관계에서 알게 된 내담자에 관한 정보를 내담자의 동의 없이 제3자에게 누설하지 않겠다는 약속을 의미한다. 의도적이든 비의도적이든 이 원칙이 파기되는 순간 윤리적 · 법적 소송의 표적 또는 빌미가 된다(오윤선 외, 2022).

따라서 상담자는 내담자의 사생활과 개인적인 문제 보호를 위해 상담내용은 물론 내담자가 상담을 받았다는 것조차 비밀로 해야 한다. 상담에 대한 비밀이 유지되지 않는다면 내담자는 자신의 문제를 솔직하게 밝히지 않는다. 그리고 상담과정에서 나눈 내용은 내담자 입장에서는 극히 사적인 문제이다. 이러한 비밀보장이 철저하게 보장될 때만 내담자는 상담자를 신뢰하고 상담을 성공적으로 이끌 수 있게 된다. 하지만 예외적인 경우에는 상담에서 내담자의 정보를 공개해야만 하는데 구체적으로는 다음과 같다. 내담자가 자신이나 타인을 해칠 위험이 있는 경우, 아동학대나 성폭력 등 범죄에 대한 내용을 알게 된 경우, 내담자의 보호자 요청이 있는 경우(내담자가 아동일 경우), 내담자가 용인한 경우, 법원이 공개를 명한 경우, 상담자가 수습기간에 슈퍼바이저의 지도를 받고 있는 경우 등은 예외적으로 공개할 수도 있다(오윤선 외, 2022).

2) 사전동의

사전동의는 상담자가 상담에 대해 충분하고 적절하게 설명한 것에 근거하여 내담자가 상담에 동의하는 것을 말한다. 상담에 대한 설명을 통해 상담자는 내담자가 상담에서 무엇을 어느 정도 말할 것인지에 대해 스스로 자기결정권을 존중하는 것을 의미한다. 상담내용을 녹음 또는 녹화하기에 앞서 내담자와 부모(미성년일 경우)에게 그 취지를 설명하고 허락받는 것이 그 예이다. 만일 내담자나 그의 부모가 녹음 또는 녹화를 거부한다면 내담자 또는 부모의 의사를 존중해야 한다. 설령 사전동의를 받았더라도 상담내용에 대한 비밀을 보장하고 내담자를 위한 목적에만 활용해야 한다. 이러한 사전동의가 합법적으로 법적 의미를 갖기 위한 요건으로는 첫째, 내담자가 심사숙고하여 합리적인 결정을 내릴 수 있어야 한다. 둘째, 상담자가 설명하는 내용을 내담자가 충분히 이해할 수 있어야 한다. 셋째, 내담자가 자유롭게 의사결정을 할 수 있어야 한다.

내담자의 정보공개 여부는 어떤 경우에도 심사숙고하여 결정해야 하는데, 미국의 경우에는 1999년에 그래슬리 수정법안(Grassley Amendment)에 미성년자에게 설문지, 관찰분석 또는 평가의 일부로 질문지를 작성하게 하려면 사전에 부모 또는 보호자의 동의를 구해야 한다는 조항이 명시되어 있다. 그래슬리 수정법안은 국내의 상담자들에게도 의미하는 바가 크다(강진령, 2021).

3) 다중관계

다중관계는 상담자가 내담자와 동시에 또는 연속해서 두 가지 이상의 역할을 맡게 되는 것을 의미한다. 다중관계를 비윤리적이라고 규정짓는 이유는 이전의 관계가 전문가로서 객관적인 관계형성을 저해하고, 전문적 노력을 무력화할 수 있기 때문이다(Corey, 2009). 만약 상담이 진행되는 중에 상담자와 내담자 사이에 사업상의 거래가 이루어진다면 상담관계에 여러 영향을 줄 수 있게 된다. 그러므로 상담자는 이전 또는 현재의 내담자와의 사업, 거래, 선물 수령 또는 가족, 친구, 제자, 연인, 고용주 등과 상담관계를 맺는 것을 피하는 것이 바람직하다. 다중관계를 피할 수 없게 될 경우에는 사전동의를 구하거나 다른 전문가에게 의뢰하는 방법을 선택할 수 있다. 이것도 여의치 않을 경우에는 자신의 행위를 기록으로 남겨 다중관계를 통해 내담자에게 해를 입힐 가능성을 제거 또는 최소화하도록 조치해야 한다. 하지만 다중관계가 잠재적 위험을 내포하고 있더라도 이러한 관계가 항상 비윤리적이고 서로에게 해가 되며 착취적 관계로 발전한다고 결론지어서는 안 된다. 왜냐하면 이러한 관계 중에서도 상담이 진실되게 시행된다면 내담자에게 이익이 될 수 있기 때문이다(오윤선 외, 2022).

4) 가치관 주입

코리(Corey, 2009)는 상담자가 상담에서 자신의 가치관의 영향을 최소화하여 상담을 진행하는 방법을 강조하였는데, 이를 위해서는 상담자가 자신의 가치관을 먼저 탐색하고 내담자와의 상담과정에서 자신의 신념과 기준을 인식해야 한다고 제시하였다. 이와 같은 측면에서 상담자의 역할은 내담자를 설득하여 자신의 가치관 쪽으로 이끌어가는 것이 아니라, 내담자가 스스로의 행동을 평가해서 그것이 자신에게 얼마나 도움이 되는지를 알 수 있게 도와주는 것이다. 그리고 상담자는 내담자가 자신의 가치관을 스스로 결정할 권리를 존중해야 한다.

따라서 상담자는 자신의 가치관, 계획, 결정 또는 신념을 내담자에게 주입해서는 안 된다. 상담자가 상담관계에서 자신의 가치관을 내담자에게 주입하거나 받아들이도록 명시적 · 암묵적으로 압력을 넣는 행위는 비윤리적이라고 할 수 있다. 가치관은 개인의 세계관과 문화적 배경을 반영한다. 가치관은 무엇이 좋거나 나쁘고, 옳거나 그르며 즐겁고 괴로운지에 대한 자신만의 고유한 해석이며, 개인마다 다양한 양상을 보인다. 그러므로 상담자는 상담과정에서 가치배제 또는 가치중립적 입장을 취함으로써 자신의 문화적 배경과 가치관이 내담자의 의사결정에 영향을 미치지 않도록 해야 한다. 이를 위해 자신의 가치관, 태도, 신념을 파악하는 한편 내담자에게 어떻게 소통되는지 살펴야 한다. 상담자의 가치관으로 인한 갈등을 예방하기 위해서는 다음 사항을 고려해야 한다. 첫째, 자신과 다른 삶의 방식과 태도를 존중한다. 둘째, 장애가 있거나 성적 선호도가 다른 집단에 대한 편견을 버려야 한다. 셋째, 상대의 의견에 동의하지 않더라도 항상 최상의 서비스를 제공한다. 넷째, 자신의 가치관에 일치시키려고 상대의 가치관 변화를 시도하지 않는다.

5) 전문적 역량과 책임

전문적 역량과 책임은 상담자에게 요구되는 역량, 즉 전문성 정도와 이를 실제로 현장에서 행동으로 실천할 수 있는 정도를 습득·유지할 뿐 아니라 전문적 역량을 지속적으로 계발해야 할 책임을 의미한다. 상담자에게 요구되는 전문적 역량에 대한 핵심은 다음과 같다. 첫째, 자신이 받은 훈련과 자격에 대해 정확하게 밝혀야 한다. 상담자는 적극적으로 자신이 받은 훈련과 전문성에 대해 정확하게 나타내야 할 의무가 있다. 둘째, 내담자의 성별, 민족, 인종, 나이, 성적 지향성, 종교, 장애, 사회경제적 수준 등이 서비스 제공 또는 평가에 영향을 줄 수 있음을 기민하게 인식해야 한다. 셋째, 직무수행에 영향을 줄 수 있는 개인적 문제 또는 성격상 민감한 부분이 있다면 이러한 문제가 내담자와의 관계에 부정적 영향을 주지 않도록 해야 한다. 넷째, 다양한 교육과 연수 기회를 통해 전문지식과 효과적인 상담에 필요한 기술 및 기법을 지속적으로 수련해야 한다.

5 청소년상담 관련 법규

현대사회는 법률주의 행정의 원리에 따라 운영되므로 청소년을 포함한 모든 사회 구성원에게 법과 행정은 중요한 사항이다. 법령과 행정이 불가분의 일원론적 관계에 있다고 보는 시각도 이러한 현상을 반영한 것이다. 우리 사회에서 청소년 계층은 청소년법이 정한 규정 속에서 권리, 의무 배려와 금지 등이 다양하게 나타난다. 따라서 이 장에서는 청소년법의 범주와 특성을 비롯하여 청소년 기본법, 청소년활동진흥법, 청소년 보호법, 「아동·청소년의 성보호에 관한 법률」

등의 입법 취지와 주요 내용을 살펴본다. 또한 중앙정부와 지방자치단체로 연결되는 우리나라 청소년 행정 전달 체계에 대해서도 살펴본다.

1) 청소년과 법의 이해

현대사회는 법치행정 또는 법률주의 행정의 원리를 따른다. 청소년도 국민의 일부를 형성하는 집단이므로 헌법을 위시한 각종 법률과 명령, 시행규칙 등의 적용을 받는다. 다만, 청소년은 신체·심리·정서적으로 발달 과정에 있으며 사회적 약자라는 시각에 근거하여 일반성인과 구별된 법률상 특별한 관심과 보호, 특혜 또는 지위 비행과 같이 특별한 제약과 금지를 받는다. 이러한 문제를 다루기 위하여 여기서는 청소년법의 법원과 기능, 청소년법의 체계, 청소년의 법적 지위와 연령 등을 살펴본다.

(1) 청소년법의 법원(法源)과 기능

청소년법(관계법)이란 청소년을 직접 대상으로 하거나 청소년의 권리, 의무, 보호, 복지와 관련한 조항을 포함하는 모든 법령과 규칙을 지칭한다. 과거에는 '청소년법'이라는 용어보다는 '청소년 관계법'이라는 용어를 주로 사용하였다. 즉, 청소년의 삶과 관련한 일체의 법 모두를 포함하는 개념으로서의 '청소년 관계법'이라는 용어를 사용하였다. 이 용어에 기초한 법률의 범위는 너무 광의적이어서 그 범위에 대한 논쟁과 혼란이 있었다. 청소년기본법을 포함하여 민법, 형법, 근로기준법, 아동복지법, 한부모가족 지원법, 소년법, 초·중등교육법 등이 모두 청소년 관계법의 범주에 속한다고 할 수 있다. 「대한민국 현행 법령집」을 보면 청소년 관계법의 범주로 볼 수 있는 법령은 총 145개가 넘어 법률 간의 상호 중첩, 상호 모순 등의 문제가 나타나고 있는 것으로 평가된다(강병연·황수주, 2011).

현 시점에서 청소년법과 청소년 관계법이라는 용어를 구분하여 사용해야 하는 이유는 어떤 용어를 사용하는가에 따라 법원의 정의가 다르게 나타나기 때문이다. 일반적으로 청소년법(청소년 관계법)의 법원이라 함은 청소년에 관한 실정법의 범위를 어떻게 설정할 것인가와 관련한 문제이다. 협의적 개념으로는 청소년의 연령을 주요 입법 대상으로 하여 제정된 법령이다. 광의적 개념으로는 입법 대상 중 일부가 청소년이거나 청소년의 건전 육성 내용이 일부 포함된 법령을 말한다(한국청소년개발원, 1994). 즉, 협의적 개념은 청소년법으로, 광의적 개념은 청소년 관계법으로 그 용어를 정의하는 것이 타당하다.

따라서 청소년법이란 청소년의 삶과 관련한 법 조항을 전문으로 하는 법률만을 지칭하는 개념이다. 모든 법규는 그 법의 제1조를 목적으로 두어 당해 법규의 입법 취지를 표현하고 있다. 각 법규의 제1조를 살펴봄으로써 청소년법인지 청소년 관계법인지를 구분할 수 있다. 이러한 구분법에 의한 청소년법으로는 청소년기본법, 청소년활동진흥법, 청소년복지지원법, 청소년보호법, 「아동·청소년의 성보호에 관한 법률」, 「학교 밖 청소년 지원에 관한 법률」이 있다.

청소년법은 다음의 기능을 가지고 있다.

첫째, 청소년의 건전 육성, 보호, 복지, 권익 증진, 가정·학교·사회·국가의 책임과 의무를 명시하는 기능을 가진다. 모든 청소년법은 제1조(목적)에 명시되어 있는 법 제정의 취지에 따라 이후의 조항에서는 청소년의 삶의 질 향상과 개선을 위한 다양한 이념, 각종 사업, 청소년기관의 설치·운영, 재원 마련 등의 내용을 규정함으로써 청소년 행정과 정책의 지표적 기능을 가진다.

둘째, 청소년의 법적 지위를 정의하는 기능을 가진다. 각 법률의 입법 취지에 따라 청소년의 연령 구분, 권리와 의무, 또는 가정·학교·사회·국가의 책임과 의무가 다르게 나타나고 있다. 청소년기본법, 청소년복지지원법은 청소년의 연령을 9~24세로 정의하고 있으나, 청소년보호법, 「아동·청소년의 성보호에 관한 법률」은 만 19세 미만자로 정의하고 있다(청소년 기본법 제3조 제1호, 청소년 복지 지원법 제2조 제1호, 청소년 보호법 제2조 제1호, 아동·청소년의 성보호에 관한 법률 제2조 제1호).

셋째, 청소년의 신체, 정신, 정서, 사회적 특수성 등을 고려하여 일반 성인과 구분되는 법적 배려와 혜택의 범위를 설정하는 기능을 수행한다. 청소년보호법은 만 19세 미만자의 유해환경으로부터의 보호를 강조하여 그들에 대한 유해약물 판매(술, 담배 등), 유해업소 출입(노래방, 단란주점 등), 유해매체물유통(비디오 및 게임물 등) 등을 하는 성인에 대한 책임을 묻고 있다(청소년 보호법 제2조).

넷째, 청소년 육성을 위한 청소년시설 · 단체의 설립 · 운영, 청소년 지도자 양성 및 지원, 청소년 재원 조성 등을 규정하는 기능을 가진다. 이에 2018년 기준 전국에 809개소의 청소년 수련시설이 건립 · 운영 중에 있으며, 2017년 기준 45,973명의 청소년지도사가 양성되었다(여성가족부, 2017).

다섯째, 청소년육성정책의 총괄과 연계 · 조정 기능을 수행한다. 청소년기본법 제2장(청소년육성정책의 총괄·조정)은 여성가족부에 관계기관의 공무원 등으로 구성되는 '청소년정책위원회'를 설치·운영하도록 명시하고 있다. 협의회는 5년마다 청소년 육성에 관한 기본계획을 수립하고 정부 부처별로 산발적으로 운영되고 있는 청소년 정책에 관한 심의 · 조정을 하여 청소년정책을 효율적이고 효과적으로 운영하고 있다.

(2) 청소년법의 체계

과거 청소년법의 체계를 논의하면서 청소년 관계법이라는 광의적 개념을 사용할 때에는 헌법 제32조제5항의 "… 연소자의 근로는 특별한 보호를 받는다"는 조항에 따라 여성과 소년의 근로보호를 명시한 근로기준법(근로기준법 제5장), 선거권 연령을 18세 이상으로 정한 공직선거법(공직선거법 제15조 제2항), 아동의 보호 · 지원을 규정한 아동복지법 등을 모두 다루었다. 그러나 앞서 살펴본 바와 같이 청소년법으로 그 범위를 제한함으로써 법체계는 헌법과 청소년법 그리고 기타의 청소년 관계법으로 제한하여 살펴볼 수 있다.

먼저 청소년법의 법원은 우리나라의 법체계상 최상위에 있는 헌법 제34조(사회보장 등) 제4항이다. 헌법은 "국가는 노인과 청소년의 복지향상을 위한 정책을 실시할 의무를 진다"고 하여 청소년 계층에 대한 복리(福利) 규정을 특별히 명시하고 있다. 헌법에 의하여 위임된 청소년정책의 구체적 실현을 위해 최초로 제정된 청소년법이 청소년 육성법(1987)이다. 이 법은 청소년육성이라는 개념을 법률적 용어로 처음 사용함과 동시에 청소년을 9~24세로 규정한 법률이다. 이 법은 미진하였던 청소년 수련활동의 필수 요소인 청소년 지도자 양성 및 지원, 청소년단체 육성, 수련거리 개발, 청소년 육성기금의 조성 등과 관련한 내용을 전면적으로 개정·보완 후 청소년 기본법(1991)으로 개칭되어 현재에 이른다(김광웅 외, 2009).

다음으로 청소년기본법과 청소년활동진흥법, 청소년복지지원법 등 청소년법 간의 체계 논쟁이다. 청소년기본법과 기타 청소년법 간의 체계 논쟁에서 청소년기본법을 특별법으로 볼 것인지, 아니면 헌법의 이념을 구현하는 하위 법령으로서 모든 법률을 동일하게 보는 일반법으로 볼 것인지 하는 논쟁이 있었다. 특별법과 일반법을 구별하는 이유는 법의 적용에서 동일한 사항이 일반법과 특별법 모두에 명시되어 있는 경우에 특별법이 일반법에 우선하여 적용된다는 점 때문이다.

청소년기본법 제4조는 “이 법은 청소년 육성에 관하여 다른 법률에 우선하여 적용한다. 청소년 육성에 관한 법률을 제정하거나 개정하는 때에는 이 법에 부합되도록 하여야 한다”고 명시하고 있다. 청소년기본법을 청소년보호법 등 기타 청소년법에 대한 특별법으로 보아야 한다는 주장은 청소년법의 제 · 개정에서 청소년기본법이 기본 이념을 제공하는 법령임을 강조한 것이다. 즉, 청소년보호법 등이 청소년기본법에 배치되는 규정을 가지는 경우 직간접적인 개폐 효력을 가지는 것으로 보는 것이다. 그러나 청소년기본법은 헌법의 법령으로서 청소년법을 제정하거나 개정할 때에는 청소년기본법이 가지는 법이념의 범위 내에서 이루어져야 한다는 의미로 받아들이는 일반법적 주장이 타당하다.

(3) 청소년의 법적 지위와 연령

청소년의 법적 지위가 가지는 의미가 중요한 이유는 청소년 계층이 가지는 권리, 의무를 비롯한 배려, 혜택 등이 다르게 나타나기 때문이다. 이에 따라 청소년의 지위는 ‘육성 대상으로서의 지위’, ‘보호 대상으로서의 지위’, ‘자격제한 대상으로서의 지위’의 세 가지로 나누어 살펴볼 수 있다(한국청소년개발원, 1994, 한국청소년정책연구원, 2007),

첫째, 청소년이 육성 대상으로서 가지는 법적 지위는 청소년은 미래의 주역일 뿐만 아니라 오늘 우리 사회의 중요한 구성원이며 독립된 인격체로 존중되어 자율과 참여의 기회를 가지는 능동적 삶의 주체적 존재로 보는 의미이다. 청소년의 균형 있는 성장을 위하여 필요한 청소년 활동 환경을 적극 조성하여 청소년의 역량을 강화해야 한다는 의미이다.

둘째, 청소년이 보호 대상으로서 가지는 법적 지위는 청소년은 관련 법률에 따라 경제·사회·신체·심리적 피해 가능성뿐 아니라 유해환경으로부터 보호받는 지위에 있다는 의미다. 즉, 가정, 사회, 국가는 청소년을 둘러싼 모든 생활환경과 여건을 조성할 책임과 의무를 가진다는 의미이다.

셋째, 청소년이 자격 제한 대상으로서 가지는 법적 지위는 청소년은 법규정에 의하여 일정한 권리와 행사 제약을 받는다는 것이다. 청소년 역시 국민의 한 사람이지만 청소년기에 행하는 술, 담배 등을 지위 비행으로 규정하여 제한하는 것이 대표적인 예라고 할 수 있다.

또한 청소년은 각 법률이 정하는 명칭과 연령에 따라 그 권리와 의무 등이 다르게 나타난다. 「영화 및 비디오물의 진흥에 관한 법률」과 「게임산업진흥에 관한 법률」은 청소년을 만 18세 미만의 자로 규정하고 있다. 영화 관련 등급 역시 12세 이상 관람가, 15세 이상 관람가, 청소년 관람 불가 등의 등급으로 규제된다(영화 및 비디오물의 진흥에 관한 법률 제2조 제18호, 제29조 제2항, 게임산업진흥에 관한 법률 제2조 제10호).

이 외에도 공직선거법에서는 선거권을 만 18세 이상으로 규정하고 있으며, 소년법에서는 만 19세 미만(범죄행위)을 소년으로 정의했고, 근로기준법에서는 15세 미만 청소년의 채용금지를 규정하였으며, 형법에서는 14세 미만 청소년의 처벌금지를 규정하고, 민법에서는 만 19세 미만을 미성년자로 규정하고 있다.

이상과 같이 각 법규의 적용 대상과 명칭이 다른 것은 입법정책의 혼돈으로 인한 아니라 법규가 추구하는 입법 취지가 다른 데서 연유한다. 그렇지만 청소년의 법적 명칭과 연령 범위가 다름에 따라 법을 준수하는 국민의 입장 특히 청소년의 입장에서는 많은 혼돈과 이해의 어려움이 있는 것이 사실이다.

2) 청소년법의 입법 취지와 주요 내용

한국의 청소년정책은 1987년에 제정된 청소년 육성법으로부터 시작하여 1991년 청소년 기본법 제정을 계기로 획기적 발전을 이루었다. 물론 그 이전에 미성년자 보호법(1961), 아동복리법(1961) 등과 같이 아동을 비롯한 문제 · 비행 청소년 대상의 보호 · 전도에 초점을 두었던 관련 법령이 있었다. 한국 청소년정책의 출발을 앞의 두 법령으로 보기도 하지만 직접적인 청소년 관련 법령으로 보기에는 다소 무리가 있다는 시각도 있다. 따라서 여기서는 한국 청소년정책의 근간이 되는 청소년 기본법, 청소년활동 진흥법, 청소년복지 지원법, 청소년 보호법, 「아동 · 청소년의 성보호에 관한 법률」을 중심으로 살펴본다.

(1) 청소년 기본법

청소년 기본법은 정부 수립 이래 처음으로 수립된 한국청소년기본계획(1991)을 효과적으로 추진할 수 있는 법적 뒷받침을 마련하기 위해 기존의 청소년육성법을 전면 개정 · 보완하여 제정한 법령이다. 제정 취지는 청소년이 지식 편중의 교육 풍토 아래 나약해져 가는 상황을 개선하여 덕 · 체 · 지의 균형 있는 성장이 가능하도록 하기 위한 청소년 수련활동의 여건과 환경을 조성해 줌으로써 건전하고 유능한 후계 세대로 자라게 하는 데 있다(한국청소년개발원, 1994).

이 법은 청소년육성 · 보호를 위한 미래 지향적 정책 방향 제시 및 추진의 기틀을 마련하였다는 점에서 큰 의의를 찾을 수 있다. 특히 청소년 수련활동의 의미와 내용을 명백히 규정함으로써 헌법 제31조의 '교육받을 권리' 중 수련권이 청소년 기본권으로 확정되었다. 그리고 청소년 복지에 관한 범주와 내용을 정함으로써 헌법 제34조 제4항의 '청소년복지 향상권'이 어느 정도 구현되었다는 평가를 받는다. 청소년 기본법은 1991년 제정 이래 현재까지 수차례의 부분 또는 전부 개정이 있었다.

청소년 기본법의 주요 내용은 제1장(총칙), 제2장(청소년육성정책의 총괄 · 조정), 제3장(삭제), 제4장(청소년시설), 제5장(청소년지도자), 제6장(청소년단체), 제7장(청소년활동 및 복지 등), 제8장(청소년육성기금), 제9장(보칙), 제10장(벌칙) 등 총 10장 66조로 구성되어 있다. 여기서 주목할 점은 2004년 2월 9일 이전의 청소년 기본법을 전부 개정하여 일부 내용이 청소년활동진흥법, 청소년복지 지원법의 제정으로 이어졌다는 점이다. 법을 전부 개정한 이유는 다음과 같다. 첫째, 청소년 활동에 관한 규정이 수련활동에 치우쳐 있어서 국가적 지원의 범위를 지나치게 제한하고 있다. 둘째, 청소년복지 서비스에 대해서는 몇 개의 추상적 규정만을 두고 있어서 실효성이 전혀 없다. 셋째, 유익한 환경의 조성에는 무관심하면서 유해환경의 몇 가지 종류에 대해서는 청소년 보호라는 이름으로 행정기구를 달리함으로써 업무의 혼선이 심각하다. 동법의 주요 내용을 살펴보면 다음과 같다.

청소년 기본법은 기본 이념으로 ① 청소년의 참여 보장, ② 청소년의 창의성과 자율성에 기초한 능동적 삶의 실현, ③ 청소년의 성장여건과 사회 환경의 개선, ④ 민주·복지·통일조국에 대비하는 청소년의 자질향상 등을 설정하고 있다(청소년 기본법 제2조 제2항), 특히 청소년 기본법은 용어 정의를 통하여 '청소년'이라 함은 "9세 이상 24세 이하의 자를 말하고, 다른 법률에서 청소년에 대한 적용을 달리할 필요가 있는 경우에는 따로 그 연령을 정할 수 있음"(청소년 기본법 제3조 제1호)을 명시하여 청소년 보호법(19세 미만), 근로기준법(18세 미만), 소년법(19세 미만) 등 여타 청소년 관련 법령에서 청소년의 연령을 다르게 정의할 수 있는 여지를 두고 있다.

이 법은 '청소년육성'의 개념을 "청소년 활동을 지원하고 청소년의 복지를 증진하며 근로청소년을 보호하는 한편 사회 여건과 환경을 청소년에게 유익하도록 개선하고 청소년을 보호하여 청소년에 대한 교육을 보완함으로써 청소년의 균형 있는 성장을 돕는 것을 말한다"고 정의하고 있다(청소년 기본법 제3조 제2호), 청소년 육성의 개념을 청소년 활동, 청소년 복지, 청소년 보호로 정비하고 과거의 교육과 상호 보완을 개정하여 청소년 활동 영역이 학교교육 등 여러 가지 교육 형태 중의 하나임을 명시하였다.

이 외에도 청소년의 권리 및 책임과 가정, 사회, 국가 및 지방자치단체의 청소년에 대한 책임을 정하여 청소년 육성 정책이 효과적·효율적으로 시행될 수 있는 추진 기반을 제시하고 있다.

청소년 기본법은 청소년 육성 정책에 관한 관계기관 간의 심의·조정과 상호 협력을 위하여 여성가족부에 관계기관의 공무원 등으로 구성되는 '청소년정책위원회'를 두도록 명시하고 있다. 협의회는 청소년정책이 교육부, 고용노동부, 문화체육관광부 등의 정부 부처에서 산발적으로 시행됨에 따라 정책적 효율성이 떨어진다는 그간의 문제점을 고려한 것이다. 한편 지방자치단체는 청소년 육성에 관한 주요 시책을 심의하기 위하여 시·군·구 이상의 행정단위에 '지방청소년육성위원회' 설치를 명시하고 있다(청소년 기본법 제11조).

이 법은 국가가 범정부적 차원의 청소년 육성 정책 과제의 설정·추진 및 점검을 위하여 청소년 분야의 전문가와 청소년이 참여하는 '청소년특별회의'를 매년 개최하여야 함을 정하고 있다(청소년 기본법 제12조). 청소년특별회의는 2005년부터 매년 개최되어 청소년의 삶과 관련한 의제를 선정한 후 대통령에게 건의하는 등 청소년참여정책의 주요 성과로 평가된다.

청소년지도자는 일반적으로 국가자격인 청소년지도사와 청소년상담사로 구분된다. 두 자격 모두 국가가 시행하는 자격검정에 합격하고 연수 기관에서 실시하는 연수과정을 이수한 자에게 자격증을 부여한다.

청소년지도사 자격검정은 필기시험에서 매 과목 100점을 만점으로 하여 매 과목 40점 이상, 전 과목 평균 60점 이상 득점한 자를 합격자로 한다. 단, 청소년 관련 학과에서 2급 자격검정 과목을 이수한 자는 객관식 필기시험을 면제 받고 면접시험만 응시하는 무시험검정제도가 도입되어 실시되고 있다(청소년 기본법 시행령 제20조, 청소년 기본법 시행규칙 제5조).

청소년 기본법은 청소년지도사 및 청소년상담사 자격증을 소지한 자가 시도 및 시·군·구를 비롯한 읍·면·동 이상의 자치단체에서 청소년 육성과 관련한 업무를 전담하는 '청소년육성 전담공무원제도'를 명시하고 있다(청소년 기본법 제25조). 이 제도는 청소년 정책의 효율적 집행을 위한 조치로 일부 지방자치단체에서는 지방자치단체장의 관심이나 예산 확보 여부에 따라 별정직 공무원으로 임용하는 형태로 운영되고 있다.

이 법은 청소년육성에 필요한 재원을 확보하기 위하여 '청소년육성기금' 설치를 명시하고 있다. '청소년육성기금'은 ① 정부의 출연금, ② 국민체육진흥법 및 경륜·경정 법에 의한 출연금, ③ 개인·법인 또는 단체가 출연하는 금전·물품 그 밖의 재산, ④ 기금의 운용으로 생기는 수익금, ⑤ 그 밖에 대통령령이 정하는 수입금 등으로 조성된다(청소년 기본법 제53조, 제54조).

시·도지사 역시 관할구역 안의 청소년 활동 지원 등 청소년 육성을 위한 사업 지원에 필요한 재원을 확보하기 위하여 '지방청소년육성기금'을 설치할 수 있도록 하고 있다(청소년 기본법 제56조).

(2) 청소년활동 진흥법

청소년활동 진흥법은 다양한 청소년활동을 적극적으로 진흥하기 위하여 필요한 사항을 정함을 목적으로 한다(청소년활동 진흥법 제1조). 과거의 청소년기본법은 수련활동과 관련한 내용에 편중되어 있다는 비판이 있었다. 이에 이 법은 청소년활동과 관련한 내용만을 선별·확대하여 제정되었다. 주요 내용은 청소년의 정책 참여를 보장하기 위한 청소년운영위원회 설치, 수련활동을 진흥시키기 위한 청소년수련활동인증제 도입, 청소년 육성을 위한 주요 사업 추진 기구인 한국청소년활동진흥원 설립 등이다.

이 법은 2004년 2월 9일 법률 제7163호로 제정되었으며 전문 8장 72조와 부칙으로 구성되어 있다. 제1장 총칙, 제2장 청소년활동의 보장, 제3장 청소년활동시설, 제4장 청소년수련활동의 지원, 제5장 청소년교류활동의 지원, 제6장 청소년문화활동의 지원, 제7장 보칙, 제8장 벌칙에 관한 규정을 담고 있다.

청소년활동 진흥법은 미래사회의 주역이 될 청소년이 수련활동을 비롯한 문화활동, 교류활동 등 다양한 활동을 통하여 자신의 기량과 품성을 함양하고 꿈과 희망을 마음껏 펼칠 수 있도록 하기 위한 제도적 기반을 마련하였다. 청소년 기본법 중 청소년활동시설, 수련활동, 교류활동, 문화활동에 관한 부분을 별도로 범주화하여 새로이 제정한 법률이다. 주요 내용은 다음과 같다.

먼저 청소년활동의 개념은 청소년 기본법에 명시되어 있는 "청소년의 균형있는 성장을 의하여 필요한 활동과 이러한 활동을 소재로 하는 수련활동·교류활동·문화활동 등 다양한 형태의 활동을 말한다"고 정의하였다(청소년 기본법 제3조 제3호), 청소년활동을 구성하는 하위 개념의 구체적 정의를 살펴보면 다음과 같다(청소년활동 진흥법 제2조 제3~5호)

청소년수련활동: 청소년이 청소년활동에 자발적으로 참여하여 청소년 시기에 필요한 기량과 품성을 함양하는 교육적 활동으로서 청소년지도자와 함께

참여하여 배움을 실천하는 체험활동을 말한다.

청소년교류활동: 청소년이 지역 간·남북 간·국가 간의 다양한 교류를 통하여 공동체의식 등을 함양하는 체험활동을 말한다.

청소년문화활동: 청소년이 예술활동·스포츠활동·동아리활동·봉사활동 등을 통하여 문화적 감성과 더불어 살아가는 능력을 함양하는 체험활동을 말한다.

이러한 청소년활동의 개념에 비추어 볼 때 청소년이 가정, 학교, 지역사회를 비롯한 삶의 공간에서 행하는 모든 활동이 청소년활동에 해당한다고 할 수 있다.

또한 청소년수련시설을 설치·운영하는 개인, 법인, 단체 및 위탁운영단체는 청소년활동을 활성화하고 청소년의 참여를 보장하기 위하여 청소년으로 구성되는 '청소년운영위원회'를 설치·운영해야 한다. 수련시설운영단체의 대표자는 청소년운영위원회의 의견을 수련시설 운영에 반영하여야 한다(청소년활동 진흥법 제4조). 2017년 기준 305개의 시설에 청소년 운영위원회가 설치·운영되고 있다(여성가족부, 2017).

청소년활동을 활성화하는 데 필요한 각종 정책사업·청소년활동 프로그램, 청소년지도자 등의 정책 시행과 지원을 위하여 '한국청소년활동진흥원'을 설치·운영하고 있다(청소년활동 진흥법 제6조). 현재 한국청소년활동진흥원은 사무처, 국립중앙청소년수련원, 국립평창청소년수련원, 국립청소년우주센터, 국립청소년 농생명센터, 국립청소년해양센터 등의 조직을 가지고 있다(http://www.kywa.or.kr).

또한 동법 제7조는 특별시·광역시·도·특별자치도 및 시·군·구에는 해당 지역의 청소년활동을 진흥하기 위하여 '지방청소년활동진흥센터'를 설치·운영할 수 있도록 명시하고 있다. 2018년 기준 17개 시·도에 '지방청소년활동진흥센터'가 운영 중에 있다.

청소년활동시설은 청소년수련시설과 청소년이용시설로 구분된다. 먼저 청소년수련시설로는 청소년수련관, 청소년수련원, 청소년문화의 집, 청소년특화시설, 청소년야영장, 유스호스텔이 있다(청소년활동 진흥법 제10조).

청소년수련관: 다양한 청소년수련거리를 실시할 수 있는 각종 시설 및 설비를 갖춘 종합수련시설

청소년수련원: 숙박 기능을 갖춘 생활관과 다양한 수련거리를 실시할 수 있는 각종 시설과 설비를 갖춘 종합수련시설

청소년문화의집: 간단한 수련활동을 실시할 수 있는 시설 및 설비를 갖춘 정보 · 문화 · 예술 중심의 수련시설

청소년특화시설: 청소년의 직업체험, 문화예술, 과학정보, 환경 등 특정 목적의 청소년 활동을 전문적으로 실시할 수 있는 시설과 설비를 갖춘 수련시설

청소년야영장: 야영에 적합한 시설 및 설비를 갖추고 수련거리 또는 야영 편의를 제공하는 수련시설

유스호스텔: 청소년의 숙박 및 체류에 적합한 시설 · 설비와 부대 · 편익시설을 갖추고 숙식 편의 제공, 여행 청소년의 활동 지원 등을 주된 기능으로 하는 시설

시 · 도지사 및 시장 · 군수 · 구청장은 청소년수련관 및 청소년문화의 집 등을 의무적으로 1개소 이상 설치 · 운영하도록 하며, 개인 · 법인 또는 단체는 시장 · 군수 · 구청장의 허가를 받아 수련시설을 설치 · 운영할 수 있다(청소년활동 진흥법 제11조).

청소년이용시설은 수련시설이 아닌 시설로서 그 설치 목적의 범위에서 청소년활동의 실시와 청소년의 건전한 이용 등에 제공할 수 있는 시설을 말한다(청소년활동 진흥법 제10조). 도서관, 박물관 등이 청소년이용시설에 해당한다.

국가는 수련활동이 청소년의 균형 있는 성장에 기여할 수 있도록 그 내용과 수준을 향상하기 위하여 '청소년수련활동인증제도'를 운영하여야 한다(청소년활동 진흥법 제35조). '청소년수련활동인증제도'는 기본형 활동, 숙박형 활동, 이동형 활동, 학교단체 숙박형 활동으로 구분된다.

또한 청소년 수련활동 프로그램 인증을 위하여 '청소년수련활동인증위원회'

를 한국청소년활동진흥원에 설치·운영하고 있다. 한국청소년활동진흥원은 인증을 받은 수련활동에 참여한 청소년의 활동기록을 유지·관리하고 청소년이 요청할 경우에는 이를 제공하여야 한다(청소년활동 진흥법 제35조, 청소년활동 진흥법 시행령 제20조).

이 외에도 청소년수련시설의 운영대표자는 시설에 대하여 정기 및 수시안전 점검을 실시하도록 하며 그 종사자에 대하여 연 1회 이상 수련시설의 운영·안전·위생 등에 관한 교육을 실시하도록 하고 있다(청소년활동 진흥법 제18조). 또한 국가 및 지방자치단체는 다양한 영역에서 청소년의 문화 활동이 활성화될 수 있도록 하고 전통문화가 청소년의 문화 활동에 구현될 수 있도록 필요한 시책을 수립·시행하도록 하고 있다(청소년활동 진흥법 제61조, 제62조).

(3) 청소년복지 지원법

청소년복지는 가정이나 사회로부터 소외되었거나 적응하지 못하는 청소년뿐 아니라 모든 청소년의 삶의 질 향상과 최적의 성장 및 발달에 목적을 두어야 한다. 청소년복지지원법은 헌법 제34조 제4항의 "국가는 노인과 청소년의 복지향상을 위한 정책을 실시할 의무를 진다"는 조항에 근거하여 2004년 2월 9일에 제정되었다.

지금까지의 청소년복지는 아동복지의 연장선상이나 단순히 청소년 문제의 해결이라는 소극적·보완적 관점에서 다루어져 청소년기에 필요한 자립자활의 기회 제공과 관련한 내용이 간과된 경향이 있었다. 이에 청소년 개인이 인간적으로 존중되고 사회의 한 구성원으로서 생활할 수 있는 복지 향상권을 인정하면서 국가 전체의 제도적 개념에서 청소년복지를 지원하기 위한 필요성이 대두되었다. 청소년복지 지원법은 가출·학업중퇴·비행·저소득계층 청소년 등 특별한 보호가 필요한 청소년에 대하여 직업 능력을 강화함으로써 자립·자활할 수 있는 복지 서비스 내용을 중심으로 제정되었다. 나아가 이 법은 국가 및 지방자치단체는 모든 일반청소년에 대한 건강·안전의 보장 그리고 경제적 자립 지원 등의 복지 서비스를 제공해 주어야 한다는 것을 명시하였다(조성연 외, 2008).

청소년복지 지원법은 청소년 기본법 제49조 제4항의 청소년복지 증진에 관한 사항을 정함을 목적으로 하여(청소년복지 지원법 제1조), 전문 10장 45개 조항과 부칙으로 구성되어 있다. 본문은 제1장 총칙, 제2장 청소년의 우대 등, 제3장 청소년의 건강보장, 제4장 지역사회 청소년통합지원체계 등, 제5장 위기청소년 지원, 제6장 예방적·회복적 보호지원, 제7장 청소년복지지원기관, 제8장 청소년 복지시설, 제9장 보칙, 제10장 벌칙의 10개장으로 구성되어 있다. 주요 내용을 살펴보면 다음과 같다.

청소년 기본법 제3조 제4호는 청소년복지를 "청소년이 정상적인 삶을 영위할 수 있는 기본 여건을 조성하고 조화롭게 성장·발달할 수 있도록 제공되는 사회적·경제적 지원"으로 정의하고 있다. 이러한 법률적 정의는 청소년복지의 대상이 취약·위기청소년뿐만 아니라 일반 청소년까지도 포함한다는 것을 시사한다. 또한 복지에서 청소년의 주체성을 강조한 것으로 청소년의 기본 요구의 충족과 건강한 성장·발달의 촉진은 물론 청소년이 현재사회 구성원의 한 사람으로서 주체적인 삶을 영위하도록 지원해야 한다는 것을 의미한다.

다만, 청소년 기본법 제49조(청소년복지의 향상) 제2항은 "정신적·신체적·경제적·사회적으로 특별한 지원을 필요로 하는 청소년에 대하여 우선적으로 배려하여야 한다"고 명시하여 일반 청소년 대상의 복지도 중요하지만 위기청소년 대상의 복지 지원이 더욱 시급한 과제임을 강조한다. 청소년복지 지원법은 위기청소년을"가정 문제가 있거나 학업 수행 또는 사회 적응에 어려움을 겪는 등 조화롭고 건강한 성장과 생활에 필요한 여건을 갖추지 못한 청소년을 말한다"고 정의한다(청소년복지 지원법 제2조 제4호).

이 법은 국가 또는 지방자치단체가 운영하는 수송시설·문화시설·여가시설 등을 청소년이 이용하는 경우 그 이용료를 면제하거나 할인할 수 있도록 하고 있다. 또한 국가 및 지방자치단체는 ① 국가 또는 지방자치단체의 재정적 보조를 받는 자, ② 관계 법령에 따라 세제상의 혜택을 받는 자, ③ 국가 또는 지방자치단체로부터 위탁을 받아 업무를 수행하는 자가 청소년이 이용하는 시설을 운영하는 경우 청소년에게 그 시설의 이용료를 할인하여 주도록 권고할 수 있다. 이때 이용료를 면제받거나 할인받으려는 청소년은 시설의 관리자에게 주민

등록증, 학생증, 청소년증 등 나이를 확인할 수 있는 증표 또는 자료를 제시하여야 한다(청소년복지 지원법 제3조). 청소년증은 9세 이상 18세 이하의 청소년에게 특별자치도지사 또는 시장 · 군수 · 구청장이 발급할 수 있다(청소년복지 지원법 제4조).

지역사회 청소년통합지원체계는 지방자치단체의 장은 관할구역의 위기청소년을 조기에 발견하여 보호하고 청소년복지 및 청소년보호를 효율적으로 수행하기 위하여 지방자치단체, 공공기관, 청소년단체 등이 협력하여 업무를 수행하는 '지역사회 청소년통합지원체계(CYS-Net)'를 구축 · 운영하여야 한다(청소년복지 지원법 제9조). 지역사회 청소년통합지원체계는 위기청소년에 대한 전화상담, 구조, 보호, 치료, 자립, 학습 등의 서비스를 제공한다.

또한 국가 및 지방자치단체는 모든 청소년이 필요한 사항에 관하여 전문가의 상담을 받을 수 있도록 하여야 한다. 이를 위해 청소년 관련 모든 문제에 대해 365일 24시간 원스톱 서비스를 할 수 있는 'Help Call 1388 청소년상담전화'를 운영하고 있다(청소년복지 지원법 제12조, 여성가족부, 2017).

국가 또는 지방자치단체의 장은 청소년의 가출을 예방하고 가출한 청소년의 가정 · 학교 · 사회로 복귀를 돕기 위하여 '청소년쉼터'를 설치 · 운영하여야 한다. 동시에 학업중단 청소년이 학업에 복귀하고 자립할 수 있도록 지원하여야 한다(청소년복지 지원법 제16조). 이를 위한 청소년복지시설은 다음과 같다(청소년복지 지원법 제31조).

청소년쉼터: 가출 청소년에 대하여 가정 · 학교 · 사회로 복귀하여 생활할 수 있도록 일정 기간 보호하면서 상담 · 주거 · 학업 · 자립 등을 지원하는 시설

청소년자립지원관: 일정 기간 청소년쉼터의 지원을 받았는데도 가정 · 학교사회로 복귀하여 생활할 수 없는 청소년에게 자립하여 생활할 수 있는 능력과 여건을 갖추도록 지원하는 시설

청소년치료재활센터: 학습 · 정서 · 행동상의 장애를 가진 청소년을 대상으로 정상적인 성장과 생활을 할 수 있도록 해당 청소년에게 적합한 치료 · 교육 및 재활을 종합적으로 지원하는 거주형 시설

청소년회복지원시설: 감호 위탁 처분을 받은 청소년에 대하여 보호자를 대신

하여 그 청소년을 보호할 수 있는 자가 상담·주거·학업·자립 등 서비스를 제공하는 시설

국가는 청소년상담 및 복지와 관련한 정책 연구, 사업의 개발 및 운영·지원, 전문 인력의 양성 및 교육 등의 업무를 추진하기 위하여 중앙에 '한국청소년상담복지개발원'을 운영하고 있다. 또한 시·군·구 이상의 행정단위에는 청소년에 대한 상담, 긴급구조, 자활, 의료지원 등의 업무를 수행하기 위하여 '청소년상담복지센터'를 설치·운영하도록 하고 있다.

이 외에도 국가 및 지방자치단체, 청소년의 보호자 등은 청소년의 건강증진과 체력 향상을 위해 최선의 노력을 기울여야 한다는 것을 명시하고 있다(청소년복지 지원법 제5조). 또한 국가 및 지방자치단체는 청소년 본인 또는 청소년의 보호자나 학교장의 신청에 의하여 해당 청소년에 대해 교육적 선도를 실시할 수 있음을 규정하고, 교육적 선도를 실시하는 경우에는 반드시 청소년의 동의가 필요함을 규정하고 있다(청소년복지 지원법 제19조).

(4) 청소년 보호법

청소년 보호법은 음란·폭력성의 청소년 유해매체물과 유해약물 등이 청소년에게 유통되는 것과 유해업소의 청소년 출입 등을 규제함으로써 성장과정에 있는 청소년을 유해한 사회 환경으로부터 보호·구제하기 위한 목적으로 제정되었다(청소년 보호법 제1조).

1990년대 들어 급격한 사회구조의 변화에 따라 청소년의 성장에 미치는 가정과 학교의 영향력은 축소되었으나 사회 환경의 영향력은 상대적으로 증가하였다. 특히 핵가족화 경향에 따른 가족 유대 약화, 학력중심주의로 인한 입시 위주 교육풍토의 만연 등이 복합적으로 작용하여 많은 청소년이 유해환경에 노출되었다. 이에 정부는 1997년 3월 7일 우리 사회에서 청소년 유해환경을 근절하기 위한 청소년 보호법을 제정하여 현재에 이른다.

청소년 보호법은 전문 8장 64개 조항과 부칙으로 구성되어 있다. 제1장 총칙, 제2장 청소년유해매체물의 결정 및 유통 규제, 제3장 청소년의 인터넷게임

중독 예방, 제4장 청소년유해약물 등, 청소년유해행위 및 청소년유해업소 등의 규제, 제5장 청소년 보호 사업의 추진, 제6장 청소년보호위원회, 제7장 보칙, 제8장 벌칙, 부칙으로 구성되어 있다. 주요 내용을 살펴보면 다음과 같다.

청소년: 만 19세 미만인 사람을 말한다. 다만 만 19세가 되는 해의 1월 1일을 맞이한 사람은 제외한다(청소년 보호법 제2조 제1호).

청소년유해매체물: 청소년보호위원회가 청소년에게 유해한 것으로 결정하거나 확인하여 여성가족부장관이 고시한 매체물과 각 심의기관이 청소년에게 유해한 것으로 심의하거나 확인하여 여성가족부장관이 고시한 매체물을 말한다(청소년 보호법 제2조 제3호).

청소년유해약물: 청소년에게 유해한 것으로 인정되는 주류, 담배, 마약류, 환각물질을 말한다. 그 밖에 중추신경에 작용하여 습관성, 중독성, 내성 등을 유발하여 인체에 유해하게 작용할 수 있는 약물 등 청소년의 사용을 제한하지 아니하면 청소년의 심신을 심각하게 손상시킬 우려가 있는 약물 등도 포함된다(청소년 보호법 제2조 제4호).

청소년유해물건: ① 청소년에게 음란한 행위를 조장하는 성기구 등 청소년의 사용을 제한하지 아니하면 청소년의 심신을 심각하게 손상시킬 우려가 있는 성 관련 물건으로서 대통령령으로 정하는 기준에 따라 청소년보호위원회가 결정하고 여성가족부장관이 고시한 것. ② 청소년에게 음란성 · 포악성 · 잔인성 · 사행성 등을 조장하는 완구류 등 청소년의 사용을 제한하지 아니하면 청소년의 심신을 심각하게 손상시킬 우려가 있는 물건으로서 대통령령으로 정하는 기준에 따라 청소년보호위원회가 결정하고 여성가족부장관이 고시한 것(청소년 보호법 제2조 제4호).

청소년유해업소: 청소년의 출입과 고용이 청소년에게 유해한 것으로 인정되는 업소(청소년 보호법 제2조 제5호)

이러한 용어 정의 중 청소년을 만 19세 미만자로 정한 것은 고등학교 졸업 후 대학에 진학하였거나 취업한 자 등은 사회 통념상 성인으로 간주하기 때문이다. 그들이 자유롭게 사회활동을 할 수 있도록 하기 위하여 청소년의 연령을 만 19세 미만으로 하되, 만 19세 미만이라도 당해 연도 중에 만 19세가 되는 자는 청소년에서 제외하였다.

또한 청소년유해업소는 청소년 출입 · 고용금지업소와 청소년 고용금지업소로 구분된다. 먼저 청소년 출입·고용금지업소는 사행행위영업, 비디오물감상실업 · 제한관람가비디오물소극장업 및 복합영상물제공업, 무도학원업및 무도장업, 노래연습장업 등이 해당된다. 청소년고용금지업소는 청소년게임제공업 및 인터넷컴퓨터게임시설제공업, 숙박업, 목욕장업, 이용업, 비디오물소극장업, 만화대여업 등이 해당된다(청소년 보호법 제2조 제5호).

청소년보호위원회와 각 심의기관은 다음 중 어느 하나에 해당하는 경우에는 청소년 유해매체물로 결정하여야 한다(청소년 보호법 제9조).

- 청소년에게 성적인 욕구를 자극하는 선정적인 것이거나 음란한 것
- 청소년에게 포악성이나 범죄의 충동을 일으킬 수 있는 것
- 성폭력을 포함한 각종 형태의 폭력 행위와 약물의 남용을 자극하거나 미화하는 것
- 도박과 사행심을 조장하는 등 청소년의 건전한 생활을 현저히 해칠 우려가 있는 것
- 청소년의 건전한 인격과 시민의식의 형성을 저해(沮害)하는 반사회적 · 비윤리적인 것
- 그 밖에 청소년의 정신적 · 신체적 건강에 명백히 해를 끼칠 우려가 있는 것

단, 청소년유해매체물 여부를 심의할 때에는 사회의 일반적인 통념에 따르며 그 매체물이 가지고 있는 문학적 · 예술적 · 교육적 · 의학적 · 과학적 측면과 그 매체물의 특성을 함께 고려하여야 한다.

방송시간 및 광고 선전 제한은 청소년 유해매체물을 방송하지 못하는 시간을 평일의 경우 오전 7시부터 오전 9시까지와 오후 1시부터 오후 10시까지로 하고, 토요일과 공휴일 및 초등학교 · 중학교 · 고등학교의 방학 기간에는 오전 7

시부터 오후 10시까지로 한다. 다만 방송법에 따른 방송 중 시청자와의 계약에 의하여 채널별로 대가를 받고 제공하는 방송의 경우에는 오후 6시부터 오후 10시까지로 한다(청소년 보호법 시행령 제19조).

청소년유해매체물은 청소년 출입 · 고용금지업소 외의 업소, 일반인이 통행하는 장소 등에는 공공연하게 설치 · 부착 또는 배포할 수 없다. 동시에 상업적 광고 선전물을 청소년의 접근을 제한하는 기능이 없는 컴퓨터 통신을 통하여 설치 · 부착 또는 배포해서도 안 된다(청소년 보호법 제19조).

심야시간대의 인터넷게임 제공시간 제한(청소년 보호법 제26장)은 청소년의 인터넷게임 중독을 예방하기 위해 마련된 제도이다. 일명 신데렐라법(Shutdown제)이라고도 한다. 2011년 5월 19일 도입된 청소년보호법 개정안에 따라 신설된 조항으로 계도 기간을 거쳐 2013년부터 단속을 실시하였다. 인터넷게임의 제공자는 16세 미만의 청소년에게 오전 0시부터 오전 6시까지 인터넷게임을 제공할 수 없다. 여성가족부장관은 문화체육관광부장관과 협의하여 심야시간대 인터넷게임의 제공시간 제한 대상 게임물의 범위가 적절한지를 2년마다 평가하여 개선해야 한다. 2013년 기준 인터넷을 이용하는 PC 온라인 게임과 CD를 통해 접속하는 PC 패키지 게임에 우선 적용되었으나 스마트폰이나 태블릿 PC를 통한 모바일 게임의 경우에는 적용 대상에서 제외되었다.

이 외에도 청소년 유해매체물로부터 청소년을 보호하기 위하여 청소년유해매체물을 판매 · 대여 · 배포하거나 시청 · 관람 ·이용에 제공하고자 하는 자는 그 상대방의 연령을 확인하도록 하고, 청소년 유해업소에서의 청소년고용을 사전에 차단하기 위하여 청소년유해업소의 업주는 종업원 고용 시 연령을 확인해야 한다(청소년 보호법 제16조, 제29조). 또한 청소년 보호법 위반행위를 적극적으로 유발하거나 연령을 속이는 등 그 원인을 제공한 일탈청소년 중 선도 · 보호조치가 필요한 청소년에 대하여는 관할경찰서장 · 소속학교장 · 보호자 등에게 그 사실을 통보하도록 하여 효과적인 선도 · 보호조치가 이루어질 수 있도록 해야 한다(청소년 보호법 제50조).

(5) 「아동·청소년의 성보호에 관한 법률」

「아동·청소년의 성보호에 관한 법률」(이하 청소년성보호법)은 청소년의 성을 사는 행위 및 성폭력 행위를 하는 자들을 강력하게 처벌하여 청소년을 보호·구제하기 위한 목적으로 제정되었다(청소년성보호법 제1조).

청소년성보호법은 몇 단계의 발전 과정을 거쳐 왔다. 먼저 성매매를 규제하기 위하여 1961년에 윤락행위 등 방지법이 제정되었으나 2004년에 「성매매알선 등 행위의 처벌에 관한 법률」과 「성매매방지 및 피해자 보호 등에 관한 법률」로 대체되었다. 또한 성폭력을 규제하기 위하여 1994년에 「성폭력범죄의 처벌 및 피해자보호 등에 관한 법률」이 제정되었다. 그러나 이들 법률은 성매매와 성폭력 전반에 관한 사항을 다루고 있고 특별히 청소년의성보호만을 위하여 제정된 것은 아니었다. 이에 2000년 2월 3일에 「청소년성보호법」이 제정되어 현재에 이른다.

청소년성보호법은 전문 7장 67개 조항과 부칙으로 구성되어 있다. 제1장 총칙, 제2장 아동·청소년대상 성범죄의 처벌과 절차에 관한 특례, 제3장 아동·청소년대상 성범죄의 신고·응급조치와 피해아동·청소년의 보호·지원, 제4장 아동·청소년의 선도보호 등, 제5장 성범죄로 유죄판결이 확정된 자의 신상정보 공개와 취업제한 등, 제6장 보호관찰, 제7장 벌칙, 부칙으로 구성되어 있다. 주요 내용을 살펴보면 다음과 같다.

- "아동·청소년"이란 19세 미만의 자를 말한다. 다만, 19세에 도달하는 연도의 1월 1일을 맞이한 자는 제외한다.
- 청소년, 청소년의 성(性)을 사는 행위를 알선한 자 또는 청소년을 실질적으로 보호·감독하는 자에게 금품 기타 재산상 이익이나 직무·편의 제공 등 대가를 제공하거나 이를 약속하고 성교 행위 또는 유사 성교행위를 하는 청소년의 성을 사는 행위를 한 자를 처벌한다.
- 영업으로 청소년의 성을 사는 행위를 강요한 자와 청소년의 성을 사는 행위를 알선하거나 장소·자금·토지·건물 등을 제공한 자를 처벌한다.
- 아동·청소년 성 착취물을 제작·수입·수출한 자, 영리를 목적으로 판매

· 대여 · 배포하거나 공연히 전시 또는 상영한 자 및 청소년 이용음란물 제작자에게 청소년을 알선한 자 등을 처벌한다.

- 청소년에 대하여 강간, 강제추행 등 성폭력을 가하거나 위계 또는 위력으로 청소년을 간음 또는 추행한 자를 가중 처벌한다.
- 성범죄자 중 관련 법령이 정하는 바에 해당하는 자는 신상 정보를 공개해야 한다. 2010년 1월 1일부터 실시된 신상정보 공개제도의 공개대상자 결정은 법원이 하게 된다. 법원은 아동과 성인 대상 성범죄 사건의 판결과 동시에 공개정보를 등록기간 동안 정보 통신망을 이용하여 공개하도록 하는 명령(이하 "공개 명령"이라고 한다)을 선고하여야 한다. 공개대상자는 ① 아동 · 청소년 대상 성폭력범죄를 저지른 자, ② 「성폭력 범죄의 처벌 등에 관한 특례법」 제2조 제1항 제3호·제4호, 같은 조 제2항(제1항 제3호 · 제4호에 한정한다), 제3조부터 제15조까지의 범죄를 저지른자, ③ 13세 미만의 아동 · 청소년을 대상으로 아동 · 청소년 대상 성범죄를 저지른 자로서 13세 미만의 아동 · 청소년을 대상으로 아동 · 청소년 대상 성범죄를 다시 범할 위험성이 있다고 인정되는 자, ④ 제1호 또는 제2호의 죄를 범하였으나 형법 제10조 제1항에 따라 처벌할 수 없는 자로서 제1호 또는 제2호의 죄를 다시 범할 위험성이 있다고 인정되는 자, 다만 피고인이 아동 · 청소년인 경우, 그 밖에 신상정보를 공개하여서는 아니 될 특별한 사정이 있다고 판단하는 경우에는 공개하지 않는다. 공개기간은 징역 · 금고 3년 초과의 경우 10년, 징역 · 금고 3년 이하의 경우 5년이다. 아동과 성인 대상 성범죄로 공개명령을 받은 자가 교정시설 등에 수용된 기간은 공개 기간에서 제외된다.
- 성범죄자 신상정보 등록 내용 및 절차는 다음과 같다. 법원은 아동 · 청소년 대상 성범죄로 유죄판결을 선고한 경우에는 대상자에게 신상 정보등록 대상자가 된다는 사실과 등록 정보를 제출하라는 내용을 고지하여야 한다. 유죄판결이 확정되어 법원으로부터 관련 사실을 통보받은 자는 40일 이내에 신상 정보를 주소지 관할 경찰서장에게 제출하여야 한다. 다

만 등록 대상자가 교정시설에 수용된 경우에는 교정시설의 장에게 신상 정보를 제출할 수 있다. 등록 대상자가 제출해야 하는 신상 정보는 성명, 주민등록번호, 주소 및 실제 거주지, 직업 및 직장 등의 소재지, 신체 정보(키와 체중), 사진(등록일 기준으로 6개월 이내에 촬영된 것), 소유 차량의 등록번호 등이다. 주소나 직장, 소유 차량 등이 바뀐 경우에는 30일 이내에 바뀐 정보를 관할 경찰서에 제출하여 변경 등록하여야 하며 사진은 1년마다 새로 촬영한 사진을 제출하여야 한다. 관할 경찰서장은 매년 1회 등록 정보의 변경 여부를 확인하여야 하며 등록 대상자가 정당한 사유 없이 제출 정보 또는 변경 정보를 제출하지 아니하거나 거짓 정보를 제출할 때에는 형사처벌을 받게 되고 1년 이하의 징역 또는 500만 원 이하의 벌금에 처할 수 있다.

PART 02

상담의 기초 이론

CHAPTER

04 상담의 과정

현대사회에 들어서면서 상담은 심리적으로 어려움을 겪는 사람들이 흔히 받을 수 있는 서비스로 인식되고 있다. 특히 코로나19로 인한 팬데믹을 겪으며, 얼굴을 마주보고 진행해야 하는 상담이 아닌 전화상담, 사이버상담, SNS를 통한 상담 등 비대면 상담도 증가하고 있다. 청소년들에게 사이버나 SNS를 이용한 상담은 접근이 용이하고 자신의 개인정보를 드러내지 않는다는 장점이 있어 활발하게 이용되고 있다.

뿐만 아니라 심리적 지원을 위한 학교 내 Wee클래스, 교육청에서 운영하는 Wee센터, 여성가족부 산하의 시군구 단위의 청소년상담복지센터들은 대면과 비대면 모두를 활용하여 관할 지역의 청소년들의 정신건강을 보호하기 위해 노력하고 있다.

1 상담의 전반적인 진행과정

상담은 한 회기로 진행되는 단회상담에서부터 50회기 이상 진행되는 장기상담까지 다양하게 구성되어 있다. 대부분 경미한 문제나 사이버 상담 등이 단회로 끝나는 경우가 많고, 일반적인 단기상담은 10~20회기 내외에서 마무리가 된다. 내담자가 조금 더 지지가 필요하거나 문제가 심각한 경우에는 중기상담으로 20~50회기 정도까지 진행이 되고, 더 많은 회기가 진행되는 경우는 장기상담으로 본다. 각 이론의 적용에 따라 회기는 달라질 수 있고, 진행되고 있는 상담은 상담자와 내담자가 협의하에 회기를 조정할 수도 있다.

상담이 단회로 끝나는 경우를 제외하고, 상담은 일반적으로 진행되는 과정이 존재한다. 과정은 상담을 위한 관계를 맺고 목표를 설정하는 초기 단계, 내담자가 가지고 있는 문제 해결을 위한 작업을 하는 중기단계, 목표달성이 되었는지 확인하는 종결단계의 3단계로 나눌 수 있다. 이것이 상담의 일반적인 진행과정이고 대부분의 상담이론 역시 명칭만 다를 뿐 비슷한 과정으로 진행된다. 각 단계에서는 꼭 해야 할 일들이 있는데, 이것을 '단계별 과업'이라고 부른다.

상담이 시작되는 초기 상담은 내담자의 호소내용을 상담자가 잘 들으면서 내담자와 관계를 형성하는 일이 가장 중요한 과업이다. 중기단계에서는 내담자의 문제가 무엇인지를 좀 더 세부적으로 탐색을 하고 상담의 목표를 설정하고 내담자가 자기 자신과 환경을 변화시키기 위해서 여러 가지 대안을 탐색할 수 있도록 그리고 변화시키기 위한 실천계획을 수립할 수 있도록 상담자가 도우면서 이와 같은 일을 다루어야 한다. 자신에 대한 새로운 자각과 실제생활에서 새로운 행동변화가 일어나도록 인도하는 것이 주요 과업이 되어야 하며 이와 같은 일들은 점진적인 발전을 통해서 성숙과 자아실현의 방향으로 나아가게 되는데 이 중간단계에서 가장 많은 시간이 소요된다.

마지막 종결단계 상담의 종결시점을 결정해야 하며 상담의 진행은 내담자와 함께 발전계획과 실천계획을 수립하고 내담자의 실천과 변화가 일어나는 시점에 상담자가 내담자에게 종결에 대한 이야기를 하거나 또는 내담자 측에서 먼저 종결에 관한 제안을 하기도 한다.

2 상담의 진행과정 - 접수면접 단계

1) 상담신청 접수

상담을 신청하는 방법은 여러 가지가 있다. 내담자 또는 보호자에 의해 전화, 이메일, 상담실 방문 등을 통하여 접수를 하게 되고, 상담자는 상담에 대한 안내를 진행한다. 내담자 또는 보호자는 안내에 따라 상담을 받을지 결정하고, 상담을 받기로 결정하면 상담실에 내방하여 상담신청서를 작성하고 접수면접을 하게 된다.

(1) 상담에 대한 안내

상담 안내는 내담자가 상담에 대해서 문의할 때 자세하게 설명하고 안내하는 활동을 의미한다. 안내해야 할 주요 사항은 상담자, 상담기관, 상담서비스의 내용, 상담료, 상담기관의 위치 등이 포함된다. 일반적으로 내담자들은 문제와 관련된 갈등을 해결하기 위해 도움을 받고 싶어 하면서도 동시에 자신의 취약한 부분을 드러내거나 의존적인 상태로 빠져드는 것에 대해 불안해한다. 따라서 상담을 받는 것이 자신에게 안전하고 유익한지와 관련된 정보를 탐색하려고 하며, 자신을 드러내지 않고 익명성을 유지하기 위해서 전화를 사용하는 경우가 많다(천성문 외, 2021).

여기서 상담 접수자는 반드시 상담신청과 관련된 업무만 할 수 있도록 해야 한다. 접수자가 상담 및 치료에 관하여 조치를 하는 것은 금지해야 하고 자신의 역할을 내담자에게 분명하게 알려야 한다. 자칫하면 내담자는 접수자를 상담자로 잘못 인식하여 자신의 문제를 장황하게 늘어놓을 가능성이 있다.

(2) 내담자 맞이하기

사람을 만날 때 첫인상이 중요한데, 접수자의 태도는 내담자에게는 상담에 대한 첫인상으로 기억되어 상담 전반에 영향을 줄 수 있다. 때문에 접수자의 비언어적 태도와 행동이 중요하다. 즉, 정확한 발음과 표현, 깨끗하고 단정한 옷차림, 미소나 적절한 시선 맞추기 등은 내담자에게 긍정적인 인상을 주지만, 지나친 메이크업, 시선거부, 거만한 태도, 무표정, 팔짱끼기 등은 거부감을 줄 수 있다. 그리고 접수자는 내담자를 배려하는 태도로 안내하면서 사적 공간 및 기타 편의를 제공해야 한다.

(3) 상담신청서 작성 및 접수

접수자는 상담신청서 작성하는 방법을 설명해 주고 필요한 경우 신청서 작성을 도와주어야 한다. 단, 최대한 내담자가 자신이 가진 정보를 직접 기입할 수 있도록 해야 하며, 이때 개방형 질문을 통해 더 많은 정보를 이끌어 낼 수 있게 한다. 상담신청서 양식에 일반적으로 포함되어야 될 내용들은 인적사항, 즉 이름, 전화번호, 주소 또는 이메일 주소, 가족사항도 포함이 된다. 또 주 호소 내용이 있는데, 상담을 신청하게 된 가장 주된 이유, 무엇 때문에, 어떤 어려움 때문에 상담을 신청하게 되었는지와 상담 경험 등을 포함한 내용들이다. 접수자는 작성된 상담신청서 내용을 확인한 후 접수 날짜, 접수자 성명, 내담자가 가진 특정 행동 및 관련사항을 기재하고 접수한다.

가) 상담계획서의 필요성

내담자가 가지고 있는 문제에 대한 진단과 내담자에 대한 평가, 접수면접(상담 전 진행하는 면접)을 통한 사례개념화, 상담목표 설정 등을 바탕으로 개입기법, 상담기간, 상담시간 등을 포함한 상담 전략에 대한 계획을 작성한다. 상담계획을 수립하는 과정은 상담의 초점과 방향성을 설정하고 상담목표가 달성되고 있는지 상담을 진행하는 동안 활용할 수 있는 근거자료가 될 수 있다.

나) 상담계획서 작성 기법

상담자는 자신이 가지고 있는 상담이론적 바탕을 내담자가 알 수 있도록 고지해야 하고, 이를 바탕으로 하는 이론적 접근과 개입기법, 구체적인 전략, 상담형식 등에 대한 선정이 이루어져야 한다. 기간전략으로는 전체적인 기간, 상담횟수에 대한 의사결정, 단기상담/장기상담, 상담회기 등에 대한 내용이 기재되어야 하고, 사례관리전략은 내담자의 접수에서부터 상담과정 전반에 걸쳐 사례를 효율적으로 운영할 수 있는 전략에 대한 결정이다.

다) 상담계획서 작성시 고려할 점

① 상담자의 능력을 고려해야 한다.
 : 상담자의 전문적 능력과 받은 훈련이 고려된 계획
② 상담자의 전문분야가 반영될 수 있다.
 : 상담자마다의 전문분야가 다르기 때문에 그에 맞는 계획
③ 상담자의 이론적 배경이 반영될 수 있다.
 : 상담자마다 훈련 받거나 선호하는 이론에 맞는 계획
④ 내담자의 특징과 주변 자원을 고려한다.
 : 특히 내담자의 강점과 활용할 수 있는 점 등을 잘 찾아내는 것이 관건
⑤ 상담계획과 상담목표 등은 관련성이

(4) 면접 의뢰

상담신청 접수과정이 끝나면, 작성된 상담신청서를 첨부하여 접수면접자 또는 상담자에게 내담자를 의뢰한다. 신청을 마친 후에는 빠른 시간 안에 접수면접 또는 상담을 진행할 수 있도록 하는 것이 좋다. 하지만 갑자기 내담자가 방문한 경우, 접수면접자 및 상담자는 내담자와 논의하여 심리검사를 실시하고 상담시간을 효과적으로 배정할 필요가 있다. 이렇게 진행되는 상담신청 접수과정은 일반적으로 약 10~15분 정도 소요된다. 예외의 상황에는 다음과 같은 조치가 필요하다.

첫째, 내담자가 신청서를 작성하지 않으려고 하는 경우, 그 이유를 확인하고 적절한 조치를 취해야 한다. 신청서 작성에 대해서 충분히 설명을 했음에도 불구하고 작성을 거부하면 더 이상 강요하지 않아야 한다. 둘째, 신청접수자에게 상담을 받으려고 하는 경우, 접수자는 내담자에게 자신의 역할을 명확히 설명해야 한다. 셋째, 위기문제를 지닌 내담자가 내방한 경우 접수자는 먼저 내담자를 위기에서 보호한 후에 곧바로 위기개입 전문가에게 의뢰하거나 관련 기관에 연

락해서 내담자가 도움을 받도록 요청해야 한다(김춘경 외, 2016).

2) 접수면접

접수면접은 심리검사, 면접, 행동관찰 등을 통해 내담자에 대한 정보를 수집하고, 그 자료를 토대로 진행된다. 이는 내담자의 특성, 문제 및 증상, 원인, 상담 방향 및 방법에 대해서 개념적으로 설명하고 적합한 상담자를 배정하기 위해서 실시하는 초기 면접을 의미한다(천성문 외, 2021).

(1) 정보수집

상담자가 접수면접을 통해서 파악하는 중요 정보를 분류하여 살펴보면 다음과 같다.

- 청소년 내담자에 대한 기본 정보: 성별, 생년월일, 주소 또는 연락처, 상담 경험, 상담신청 경로 등을 파악한다.
- 외모 및 행동: 내담자의 차림새, 표정, 말할 때 특징, 시선의 적절성, 대화 중 태도, 예의 등을 관찰해야 한다.
- 주호소 문제: 내담자에게 주호소 문제가 처음 발생한 시기와 상황적 배경, 생물학적 특성, 문제가 진행된 과정, 문제의 심각한 정도 등에 대한 이야기를 하도록 한다. 이때 내담자의 이야기와 용어를 그대로 기록하게 되는데 내담자의고유한 상황이 반영될 수 있다.
- 현재 및 최근의 주요 기능 상태: 내담자의 환경적 · 심리적 · 생화학적 기능 등을 비롯해서 현재 및 최근의 주요 기능 상태를 점검한다.
- 스트레스원: 내담자의 스트레스원(stressor)이 되는 상황들을 분석한다.
- 사회적 지원체계: 내담자가 어려운 일이나 억울한 일 등 문제가 생겼을 때 상의할 수 있고 도움을 줄 수 있는 다양한 사회적 지원체계를 파악한다.
- 호소문제 관련 개인사 및 가족관계: 호소문제와 관련하여 개인 및 가족관계에 나타난 행동과 태도 등을 파악한다.

(2) 개념화

청소년 내담자에 대한 정보를 수집한 이후에는 수집된 정보들을 종합하여 심리적 특성이나 능력, 문제 및 증상, 원인, 상담 방향 및 방법 등을 설명해 나간다. 상담에서 내담자에 대한 정보를 수집하는 이유는 개념화를 위한 기초자료를 얻기 위해서이다. 접수면접에서 개념화는 간결하고 분명하며 정확하게 기술되도록 해야 한다. 개념화 내용에는 문제 및 증상에 대한 분류와 명칭, 원인 또는 관련 요인에 대한 설명, 상담 개입 방향 및 방법에 대한 설명이 포함되어 있어야 한다.

3 상담의 진행과정 - 초기단계

초기상담은 상담의 접근법에 따라서는 대부분은 1회기에서 3회기 정도까지 초기상담이 진행이 되며 상담의 접근법에 따라서는 길어지면 5회기, 6회기, 7회기 정도까지 초기상담이 이루어지기도 한다.

첫 만남에서부터 시작해서 내담자의 문제를 파악하고 내담자에 대한 정보를 파악하고 상담의 목표를 상담자와 내담자 간에 합의하고 치료동맹을 형성하고 상담의 구조화가 이루어지고 상담계약을 하기까지의 초기단계의 기간을 가리켜서 초기상담이라고 한다.

첫 상담 시간은 50분 상담을 고수하기보다는 내담자의 문제를 중간에 끊지 않고 융통성 있게 조절하여 문제를 충분히 듣는 것이 좋다. 초기상담에서는 내담자의 문제나 증상이나 관련 내용을 파악하는 일이 이루어지고 내담자에 대한 정보를 탐색하는 일이 이루어져야 된다. 여기서 내담자에 대한 정보라는 것은 상담에서 달성할 목표를 내담자와 상담자 간에 합의하게 되고, 치료계획과 전략을 수립하는 일도 벌어지게 된다.

신청서의 주 내용을 읽으면서 말문을 여는 것도 좋은 방법이 될 수 있다. 상담신청서에 주 호소 문제가 적혀 있는데 그 내용을 읽으면서 말문을 여는 것이 가장 좋다. '대인관계에서 어려움을 느끼시는군요. 어떻게 어려운지 좀 더 이야기를 해주시겠습니까?' 이런 식으로 이야기를 하면 좋을 것 같다. 그리고 내담자의 증상, 예를 들면 말 더듬는 문제로 내담자가 왔다. 또는 대인관계에서 어려움이 있다. 그러면 말 더듬는 문제, 대인관계에서 어려움 이것이 증상인 것이다.

내담자의 증상이 간단하게만 신청서에는 적혀 있는 경우 조금 더 자세한 부분에 대해서 설명을 듣고 이 증상이 언제 시작이 되었는지, 증상의 시작 시기를 알아내는 것이 중요하고 증상이 시작될 당시의 정황에 대해서도 설명을 들어야 한다.

그리고 이러한 증상을 해결하기 위해서 내담자가 그동안 어떤 노력을 해왔는지, 어떤 노력이 효과가 있었고, 또 어떤 노력은 별로 효과가 없었는지 이것들에 대해서도 상세히 알아본다.

1) 상담관계 수립

상담의 기초는 내담자와 협력적인 관계 수립에 있다. 내담자가 상담자와 긍정적인 관계에서 상담과정에 참여해야 상담목표를 성취할 수 있다. 이러한 중요성 때문에 상담에서는 관계 형성을 치료적 동맹이나 작업 동맹으로 이해한다. 때문에 상담자와 내담자의 호의적 관계, 협력, 목적 공유 등을 필요로 한다. 상담자는 공감적 경청(empathy listening)을 통해서 내담자와 상담자 사이에 치료적이고 신뢰적 관계인 라포(rapport)를 안정적으로 만들어 갈 수 있다. 따라서 상담자와 내담자가 좋은 관계를 형성하기 위해서는 몇 가지 고려해야 할 사항이 있다.

첫째, 상담을 하러 온 내담자들은 불안도가 높은 채 상담실로 온다는 점이다.

둘째, 상담자는 내담자 스스로가 문제해결을 위해 기존의 노력을 인정하고 이를 격려할 필요가 있다.

셋째, 상담자는 내담자와 전문적인 동시에 개인적 관계를 이루어야 한다.

넷째, 상담자는 내담자의 욕구와 그가 상담과정을 통하여 얻고자 하는 이득을 살펴봐야 한다.

2) 상담의 구조화

상담은 상담자와 내담자와의 치료적 계약관계로 상담목표와 계획에 대한 합의를 통해서 실시된다. 따라서 상담의 구조화(structure)는 상담자와 내담자의 상담관계를 명확히 하고 방향을 설정하며 상담자와 내담자의 권리, 역할, 책무 등을 보호함으로써 궁극적으로 상담을 성공적으로 이끄는 데 있다.

상담의 구조화를 위해서 먼저 상담시간과 기간 등을 명확히 정하여 책임감 있게 지키도록 권고하고, 상담 중에 내담자의 공격적이거나 불합리한 행동은 금지됨을 알려주어야 한다. 또한 상담비용이나 비밀보장의 원칙 등 윤리적인 차원의 문제도 명확히 해야 한다(박윤수, 1994). 뿐만 아니라 상담자와 내담자가 수행할 역할의 범위를 정하여 서로 실행할 수 있도록 해야 한다. 그리고 내담자의 변화를 위해서는 내담자 자신의 노력이 가장 중요하다. 따라서 상담자는 구조화를 통해 내담자 자신이 가장 중요한 역할을 수행해야 한다는 것을 알 수 있도록 내담자 스스로를 깊이 탐색하고 변화를 위해 노력해야 할 필요성을 주지시켜야 한다(김인규, 2004).

상담자가 구조화를 해주게 되면 내담자 입장에서 마음이 안정되고 상담에 대한 마음의 준비를 하게 되어 어떻게 상담에 임할지 가늠할 수 있게 되며 시기 적절한 구조화는 상담의 목적 구현을 위한 협조적인 기본 구조를 형성할 수 있기 때문에 구조화를 하는 것이다.

3) 내담자 분류와 문제 확인

(1) 내담자 분류

내담자들은 다양한 배경을 가지고 여러 어려움을 호소하기 때문에 특정 기준에 근거하여 분류하게 되면 보다 효과적으로 상담전략을 구안하고 적용하게 되어 상담의 효율성을 높일 수 있게 된다.

(2) 문제 확인

상담자는 내담자가 가진 문제와 증상의 정도 및 상태를 잘 파악해야 한다.

또한 주호소 문제가 발생하게 된 계기와 이에 대한 내담자의 이해를 살펴봐야 한다.

4) 목표 설정 및 상담계획 수립

(1) 목표 설정

문제가 확인되면 내담자와 더불어 상담의 목표를 설정해야 한다. 상담자 입장에서 보면 내담자보다 자신이 상담의 전문가이기 때문에 목표를 자신이 설정하고 싶은 욕구가 있다. 하지만 문제를 안고 있는 사람은 내담자이며, 어떻게 보면 내담자는 해결의 전문가는 아니지만 문제에 대한 전문가이다. 그러므로 상담자는 내담자와 협의하여 상담목표를 정해야 한다. 전문가의 입장에서 내담자에게 목표를 부여한다면 내담자의 참여도와 과제의 실행도가 낮아진다. 따라서 다소 시간이 걸리더라도 목표 수립과정에 내담자를 적극 참여시켜야 한다.

(2) 상담계획 수립

상담자는 내담자와 함께 상담을 진행해 가는 과정에 대한 계획을 수립해야 한다. 일종의 로드맵을 그려 내담자가 상담이 진행되는 방식에 대해 이해하고, 함께 참여할 수 있도록 하는 것이다.

4 상담의 진행과정 - 중기단계

다음 상담의 중기단계에서는 실전단계로 본격적인 치유작업이 이루어지는 상담 기간이라고 볼 수 있다. 내담자 자신이 마음의 문제를 고치는 주역으로 상담의 중기단계에서 이루어야 되는 중심 과제는 변화를 위한 대화하기, 치료 계획을 실천하여 목표 설정하기, 저항 다루기, 중간 점검 등이 주요 과제이다.

상담의 중기에서 하는 일은 초기 단계에서 세운 치료계획, 상담의 목표 이런 것들을 구체적으로 실행에 옮기는 단계다. 집중적으로 내담자의 변화를 위해서 작업을 수행하는 단계이며 내담자의 문제와 관련해서 내담자가 자기 자신과 환경에 대해서 이해와 자각을 증진하는 것 그리고 내담자의 문제 해결, 적응적 행위를 개발해서 실천하는 작업으로, 실행에 옮기는 작업으로 구성된다.

중기에 사용하는 상담자의 언어적 기법들은 내담자의 경험들을 구체화하고 명료하게 인식할 수 있도록 도와줄 수 있는 언어적 기법들을 많이 사용하게 된다.

기법들에는 구체화 탐색을 위한 기법, 자기탐색적 질문을 위한 기법, 요약이나 반영이나 명료화 등을 하기 위한 공감 반응, 해석, 직면의 기법, 이러한 기법들이 상담의 중기 단계에서 많이 활용이 된다.

상담의 중기에 하는 일들을 몇 가지 대표적인 것들이 있다. 상담의 중기에는 문제와 증상의 구체화 작업이 이루어지게 된다. 상담의 초기 단계에서 내담자의 정보수집과 내담자의 문제와 증상을 파악하여 치료계획이 수립되었다. 상담의 중기에는 좀 더 명료화시키고 구체적으로 자세히 탐색하는 작업이 이루어진다. 합의된 문제 해결과 목표를 이루어 나가는 과정이 벌어지고 내 문제가 무엇인지 실체를 명확하게 파악하는 그 자체가 굉장히 치유효과가 있다.

다음으로는 문제와 증상에 관련된 요인들을 검토하고 통찰하는 일이 이루어진다. 현재의 문제와 과거의 경험들 간의 관계를 인식해야 한다. 내담자가 그와 같은 내담자가 호소하는 특정한 문제나 증상들을 가지게 된 데에는 나름의 이유가 있기 때문이다. 문제와 증상을 가져오는 내담자의 중요한 성격적인 경향성들에 대해서도 내담자가 알게 되고 그리고 자기들의 대인관계의 패턴들에 대해서도 인식하게 된다.

성격은 오랜 시간에 걸쳐서 형성되는 것이고 문제와 증상의 원인을 알기 위한 과거탐색이 필요하다. 현재 내부에 존재하는 여러 가지 작용하는 힘들, 내담자가 내담자 자신의 내부에 존재하는 여러 가지 내면의 자신의 정신역동들, 내면의 역동들 이런 것들을 인식하게 된다. 자신의 모습에 대한 인식이 확장되고, 자신의 모습이 어떠한지에 대한 자각이 늘어나고, 이러한 자신의 여러 가지 다양한 자신의 모습들에 대해서 명료하게 알게 되고 이것들을 통합하는 일들이 벌어지게 된다.

세 번째는 저항의 극복이고 네 번째는 대안을 마련하는 일이다. 내담자들이 자신의 문제와 증상을 극복하기 위해서 지금까지 뭔가를 노력을 해왔지만 자신의 문제를 극복하거나 증상을 약화시키는 데 별로 도움이 되지 않았을 것이다. 그래서 상담자의 도움을 통해서 더 효과적인 대안책이나 문제 해결의 방안을 마련하여 적응적이고 합리적인 성향이나 삶의 방식을 이끌어낼 수 있도록 돕는 일이 중기 단계이다.

네 번째는 실천과 훈습의 과정이 일어나게 된다. 과거의 부정적인 경향성과 패턴을 포기하고 조절하여 새롭게 터득한 지혜들을 실천에 옮기고 자신의 것으로 내면화시킬 수 있도록 하는 작업이 일어나야 한다.

다섯 번째는 상담의 중간점검을 하게 된다. 지금까지 해온 상담작업에서 도움이 되었던 것과 별로 효과가 없는 것 개선할 것들은 뭐가 있는지 이런 것들에 대해서 중간점검을 하는 일도 중요하다.

상담을 진행을 하다 보면 내담자는 변화를 하고 싶은 마음과 그대로 안주하고 싶은 마음 이 두 가지 사이에서 갈등을 하게 되고 저항이 일어나게 된다. 저항은 내담자가 무언가를 감추거나 회피하고 드러내지 않는 일체의 행동과 태도 이것을 상담에서 저항이라고 한다.

모든 내담자들은 이와 같은 저항의 마음을 다 가지고 있다. 내담자가 저항을 한다고 해서 그것이 비정상이거나 크게 문제가 있는 것이 아니며 내담자는 상담과정에서 다소간의 저항을 누구나 다 보인다. 저항이 발생하는 원인에 따라 저항의 종류를 두 가지로 나눌 수 있다. 첫 번째는 내담자 자신의 문제가 드러나는 것을 회피하기 위한 저항으로 내담자 자신의 문제 등 내담자에게서 그 원인이 있어서 발생하는 것이며 두 번째는 상담자가 내담자가 원하는 문제를 다루지 못하고 다른 것을 다루고 있거나 내담자를 소홀히 대하거나 내담자 자신의 이야기가 상담자에 의해서 차단되고 권위적인 상담자에 의해서 자율성이 침해되어서 상담자에게서 원인이 있어서 발생하는 저항이다.

상담자는 내담자의 저항이 어디에서 비롯되었는지, 내담자 문제에서 비롯되었는지, 상담자의 문제로 초래되는 저항인지 먼저 이것부터 살펴야 된다. 상담자의 문제로부터 초래되는 저항이라고 한다면 이러한 다양한 여러 가지 원인들 중에서 또는 여기에 지금 언급하지 않은 다른 원인들도 있을 수 있다.

상담자가 저항을 알아차릴 수 있는 단서들의 종류가 있다.

내담자의 긴 침묵에는 저항의 표시로써 하는 침묵도 있기 때문에 저항의 가능성도 열어두고 내담자가 딴청을 할 때, 쓸데없는 말로 시간을 보낼 때, 내담자가 약속을 자주 변경할 때, 상담 약속을 자주 변경할 때, 이것은 매우 대표적인 내담자의 저항의 신호라고 볼 수 있다.

또한 내담자가 지각을 하거나, 상담 약속 시간에 나타나지 않고 연락도 없이 펑크를 내는 경우들이다. 그리고 상담자에게서 알아볼 수 있는 저항은 자기 자신에 대한 좌절감과 죄책감, 내담자에 대한 짜증과 분노, 이런 것도 상담자에게서 알아볼 수 있는 저항의 신호이다. 물론 상담자에 대한 내담자의 부정적인 감정들은 상담자의 잘못이 아니라 내담자의 어린 시절의 주요 인물들과의 관계가 상담자에게 전이되어 나타나는 것일 수도 있다.

내담자가 상담자와의 관계에서 부정적인 감정을 느끼거나 또는 양가감정이 쌓이게 되면 이것을 초기에 가급적이면 빨리 해소시키는 것이 가장 좋다. 그러한 감정을 해소하지 않고 그러한 감정이 쌓이고, 상담자에 대한 부정적인 감정이 쌓이고 누적되게 되면 상담은 헤어나기 어려운 난국에 빠지게 될 수 있다.

그러면 저항을 어떻게 다룰 것인가에 대한 것이다.

첫 번째 단계는 저항을 표현하는 내담자의 방식에 대해서 간단히 언급하는 것으로 시작하는 것이 좋다. 예를 들자면 내담자가 오늘 침묵으로 저항을 표시하고 있다고 한다면 '오늘은 유난히 침묵이 많군요.', '이야기를 하기 싫은 것 같이 보이기도 하고.' 부드러운 말투로 사용해야 한다.

상담은 중간 중간에 적절한 지점에서 한 번씩 점검과 평가가 이루어져야 한다. 상담에 대한 점검과 평가는 종결 단계에서만 하는 것은 아닙니다. 상담자는 전문가로서 자신의 상담 진행에 대해서 매 시간 점검하고 평가하여 잘못된 방향으로 나가지 않도록 스스로 조처를 취해야 한다. 매 회기마다 상담이 끝난 후에 그 시간에 이루어진 상담을 점검하여 놓치거나 실수한 부분과 부족한 부분을 점검하는 것도 중요하다.

상담의 초기 단계에서 중기 단계로 넘어가기 전에, 그리고 상담의 중기 단계에서 상담의 종결 단계로 넘어가기 전에, 그리고 종결하기 전에, 국면이 바뀔 때와 상담의 진척이 없다고 느껴질 때, 상담이 껄끄러울 때도 전체의 과정과 흐름을 세밀하게 점검할 필요가 있다.

점검을 할 항목들은 내담자가 원하는 문제를 다루고 있는가? 내담자의 문제에 대한 상담자의 평가와 사례개념화는 적절한가? 계속적으로 상담자는 점검을 해야 한다. 그리고 상담 목표를 세웠다고 끝이 아니라 중간 중간에 상담 목표가 적절했는지, 이 내담자의 문제와 잘 부합되었던 것이었는지 계속 점검을 해야 된다.

5 상담의 진행과정 - 종결단계

종결이란 상담목표가 도출된 후 내담자가 자신의 문제를 해결할 수 있다는 자신감을 가지게 되고 상담과정을 마감하는 것을 의미한다. 종결은 상담목표 달성 이후 진행하는 것이 적절하지만 실제 상담에서는 그렇지 못한 경우 조기에 종결(drop-out)될 수 있다. 종결 진행시에 내담자 자신이 문제를 해결해야 한다고 스스로 받아들이면서 보다 깊은 통찰을 할 수 있다. 다른 한편으로는 상담자의 지지를 잃게 될까 두려운 양가적 감정을 가질 수 있다.

종결(termination)은 상담 전체 과정 중 다른 부분과는 확실히 구분되는 중요한 단계이다. 자신이 가진 모든 어려움을 토로하고 의지하던 상담자와의 신뢰관계를 마치는 것은 내담자에게 중요한 일이다. 때문에 일부 청소년 내담자들은 처음으로 경험해 보는 관계의 긍정적 분리가 될 수 있다. 이러한 관계의 종결은 결코 간단하지는 않다. 왜냐하면 이에 따른 상실감이나 불안감 또는 욕구의 포기로 인한 좌절감 등이 일어날 수 있기 때문이다. 이와 관련된 감정들을 능숙하게 다루며 극복하도록 돕는 것은 상담의 최종 결과에 큰 영향을 주게 된다.

상담자는 종결 단계를 각별히 중요하게 다루어야 한다. 왜냐하면 이 단계에서 내담자의 분리 경험은 내담자가 미래에 상실과 관계의 분리들을 잘 해결할 수 있는 능력에 영향을 주기 때문이다. 동시에 내담자는 자신감과 독립 가능성을 가지고 상담을 마칠 수 있을 것인가를 결정한다. 결국 종결 단계를 어떻게 다루느냐에 따라 상담과정에서 이루었던 효과가 증가되거나 반대로 축소될 수 있다.

상담의 종결단계에서는 상담의 성과, 지금까지 상담을 진행해오면서 달라진 것과 무엇을 얻었는지, 변화된 것이 무엇인지, 이런 것들을 평가하는 시간을 반드시 가져야 된다. 그 다음에 소정의 목표가 달성되었는지, 상담의 초기단계 때 상담자와 내담자 사이에 목표로 합의한 것이 이루어졌는지, 그 중에 어떤 것들이 이루어졌는지, 다 이루어졌으면 좋고, 다 이루어지지는 못했지만 몇 가지 중요한 목표는 이루어졌는지, 이런 것들을 점검하게 되고 남은 문제는 무엇인지, 그래서 상담이 추가적으로 더 필요한지의 여부 이런 것들을 모두 검토하게 된다. 그 다음에 마무리하는 작별이 이루어지게 되며 상담의 성과를 평가하기, 종결 후의 삶에 대해서 대처하기로 순환적 그리고 각각의 단계가 보완적이다.

상담의 큰 3가지 단계에서 상담의 초기단계, 중기단계, 상담의 종결 그 마지막 단계인 상담의 종결단계에서는 초기상담이나 중기단계와는 다른 각별한 의미가 있다. 상담의 종결단계에는 이제까지 상담자의 도움을 받으면서 내담자가 생활하던 것을 마감하는 단계라고 볼 수 있다. 어느 정도 문제가 극복되어서 상담자나 상담의 도움 없이도 내담자가 스스로 자신의 어려움들을 극복할 수 있는 역량이 생겼을 때 상담을 종결하는 것이 좋다.

종결은 상담을 끝내고 헤어지는 과정에서 이루어지는 마무리 작업이기 때문에 그동안 상담과정에서 진행된 여러 가지 것들을 정리하는 단계를 거쳐야 되고 종결 이후의 삶을 준비하는 작업과 상담자와 내담자 사이의 이별과정을 다룰 수 있어야 된다. 내담자의 삶에 현저한 변화를 보이면서 상담의 목표가 어느 정도 이루어졌다고 판단이 되면 본격적인 종결 작업을 준비하면서 상담의 성과를 평가하는 작업도 중요하다.

상담의 초기 부분부터 중기과정을 거쳐서 말기까지 왔는데 지금까지 상담에서 이루어진 것들 그리고 특별히 상담자와 내담자가 합의해서 상담의 목표로 설정했던 것들이 어느 정도 달성이 되었는지, 내담자가 얻은 것이 무엇인지 이런 것들을 상담의 성과라고 하는데 이런 것들을 평가하는 과정을 반드시 종결단계에서 거쳐야 한다.

상담초기에 내담자와 상담자 사이에서 합의된 문제들, 상담의 목표들이 어느 정도 극복되고, 달성되었는지. 그리고 아직 남은 문제는 무엇인지 이런 것들을 점검을 하게 된다.

상담의 초기부터 어느 정도 내담자의 자율성과 독립심을 키워주는 작업이 시작된다고 볼 수 있다. 내담자의 홀로서기를 돕는 작업이자 종결을 위한 기초 작업은 상담의 초기 부분부터 이미 시작되었다고 볼 수 있다. 그리고 상담의 본격적인 치료 작업의 중간 중간에도 내담자의 변화를 검토하는 중간 점검들을 거치게 되며 상담의 목표 달성 정도를 중간 중간에도 한 번씩 점검하고 확인하는 단계들을 거치게 된다. 이와 같은 상담의 중간단계에서 이루어지는 내담자의 변화를 검토하는 과정이라든가, 목표 달성 정도를 중간에 한번 평가하고 논의하는 과정에서 미래의 종결에 대해서 암시하는 것이 가능하다고 볼 수 있다. 상담에 대한 동기가 저하되거나 상담에 대한 참여 열의가 줄었을 때, 그리고 상담에서 별 변화가 없이 지지부진하게 상담이 무의미하게 지속되는 느낌이 들 때도 적절한 대처방안이 무엇이냐 하면 상담에 대해서 지금까지 이루어진 것들에 대해서 한번 평가하는 시간을 갖고 종결에 대한 암시를 해서 동기를 북돋고 열의를 되살리는 작업을 할 수 있다.

상담의 종결은 내담자가 보고하는 변화들이 상담자와 내담자가 이전에 합의한 상담목표의 달성과 일치한다고 판단되는 경우일 때가 가장 바람직하고 이상적인 경우라고 볼 수 있다. 내담자가 종결을 제안하는 사유가 현실적이고 합리적인지 그 근거를 상담자는 반드시 평가해야 한다. 내담자가 종결을 제안하면서 상담에 대해서 실망했다. 그래서 포기하고 싶다고 솔직하게 이야기하기보다는 포장해서 이야기하는 경우들이 많다. 그동안 많이 좋아졌다고 이야기한다든지, '그동안 많이 도움이 되었다'라고 예의를 갖추어서 이야기하는 경우들이 많다. 의례적인 인사치레로 부정적인 감정을 포장해서 이야기하는 경우들이 많기 때문에 이것도 잘 살펴봐야 된다.

그 다음에 또 두려움에 대한 회피로 종결을 제안하는 경우에는 속에 감추었던 자신의 진짜 문제가 상담이 진행되면서 드러나게 될까봐 두려워서 그것을 회피하고 싶어서 종결을 제안하는 경우도 있다. 다음은 또 다른 경우에는 상담자가 보기에 내담자에게 현저한 향상이 보여서 종결을 제안하는 경우도 있다.

종결을 하게 될 때도 일정한 구조화를 거쳐서 종결을 하는 과정을 밟는 것이 바람직하다. 대략은 한 달 반에서 두 달 정도의 기간을 여유 있게 남겨놓고 종결에 대한 논의를 시작하는 것이 좋으며 종결 준비를 거치는 데는 약 4~6회 정도의 상담회기를 남겨 놓고 종결 준비를 거치는 것이 일반적으로 가장 좋다고 일컬어진다.

의존적인 내담자라든지, 자율성이나 독립성에 대한 준비가 아직 갖추어지지 않은 내담자일 경우에는 좀 더 충분한 준비 기간 확보가 필요한 경우가 있을 수 있다. 이러한 상황을 잘 살펴서 내담자에 따라서 종결 준비를 위한 기간을 좀 더 길게 가져야 되는 경우들도 있기 때문에 내담자에 따라 일정 조정이 필요하다고 볼 수 있다.

상담의 종결 과정에서 상담자와 내담자가 함께 합의해서 회기와 회기 간의 간격을 늘려가면서 그동안 상담에서 이룩한 변화와 목표 달성한 것들을 평가하는 시간을 갖고 상담을 통해서 학습한 내용들을 정리하는 시간을 반드시 거쳐야 한다.

종결 작업에서 상담에 대한 평가가 이루어져야 한다. 상담자는 지금까지 어떤 과정을 거쳐서 상담이 진행되었는지 내담자에게 간단히 정리해주고 상담을 통해서 내담자가 얻은 변화와 진척을 점검하여 함께 합의한 목표가 어느 정도 달성이 되었는지를 점검하는 시간을 갖는다. 내담자가 거기에 대해서 어느 정도 만족하고 있는지 함께 확인하고 남은 문제는 무엇이고 미진한 것들이 무엇인지도 함께 정리하는 시간을 가지면서 상담의 당사자인 내담자의 주관적인 의견과 상담자의 전문가적 판단도 중요하다.

다음 종결 작업에서 해야 될 것은 재발 가능성에 대해서 안내하는 작업이다. 내담자가 취약해지는 힘든 상황에 처하거나 또는 심한 스트레스를 받게 되면 과거의 반응 양식이 다시 되살아날 수 있다. 상담에서 충분히 연습하고 충분히 습득하였다고 하더라도 문제상황이 다시 재발할 수 있는 것은 자연스러운 일이고 누구에게나 벌어질 수 있는 당연한 것이다.

종결 후에 재발 가능성에 대해서 공지하여 증상이 재발했을 때는 자신을 힘들게 하는 것이 무엇인지, 무엇 때문에 증상이 다시 재발하게 되었는지 내담자 스스로가 좀 더 그 문제상황에 대해서 거리를 두고 관찰할 수 있도록 돕는 것이 중요하다. 증상이 재발했을 때 상담에서 터득한 지혜를 활용해서 혼자 극복하는 경험이 생기게 되면 앞으로 내담자의 대처 역량이 보다 더 높아질 수 있다. 또한 종결 후에 내담자 혼자 다루기 어려운 상황이 발생했을 때 추가적으로 상담을 받을 수 있다는 정보를 내담자가 알고 있으면 크게 위안이 되고 내담자가 안정감을 갖는 데 중요하다.

다음은 종결 보고서를 작성하는 과정이다. 상담이 종결된 다음에 종결 보고서를 작성해서 반드시 자료 파일에 끼워 넣어야 한다.

종결의 여러 가지 형태들은 크게 4가지 종류들이 있다. 여기 첫 번째, 목표 달성에 의한 합의 종결, 두 번째로 목표 달성 이전의 종결, 세 번째 종류가 조기 종결, 네 번째는 때늦은 종결이다. 먼저 첫 번째 종류인 목표 달성에 의한 합의 종결이다. 상담의 초기 단계에 상담자와 내담자 사이에 함께 합의했던 상담의 목표들이 충분히 달성되고 이와 같은 목표가 달성이 된 다음에 상담자와 내담자가 충분히 합의를 거쳐서 아름답게 종결이 마무리 지어지는 종결이라고 볼 수 있다. 가장 이상적으로 이루어진 상담이라고 볼 수 있다. 상담자가 제안을 할 수도 있고 내담자가 제안을 할 수도 있다. 누가 제안하든 상관은 없다.

두 번째는 목표 달성 이전의 종결이다. 첫 번째 경우와는 반대되는 경우라고 볼 수 있다. 목표가 달성되지 않았는데 상담을 종결하게 되는 경우이다. 먼저 첫 번째 경우는 상담자와 내담자의 목표가 불일치해서 목표달성 이전에 종결이 이루어지는 경우이다. 상담자와 내담자 간의 실제 목표 수준의 차이가 있는 경우들이 될 수 있다.

상담을 계속할지 말지는 내담자의 뜻을 따르도록 하는 것이 중요하고 상담자가 강요하지 않아야 한다. 적절한 종결 시점을 타협해서 점진적으로 종결 작업을 진행하는 것이 중요하다. 두 번째 경우는 상담 진행상의 문제로 인한 종결이다. 상담을 진행하는 데 있어서 어려움, 매끄럽지 못한 어려움이 있어서 상담을 종결하는 것이 더 나은 경우들이 있을 수 있다.

내담자의 특성상 더 이상의 효과를 기대하기 어려운 경우인데 내담자가 자기의 정서적인 부분들, 감정들을 노출하는 것이 어려운 내담자의 경우는 사실상 상담이라는 것이 진행되기가 어렵다. 다음 세 번째 경우는 환경 변화에 의해서 피치 못하게 상담이 목표 달성이 이루어지지 않았지만 종결해야 되는 경우이다.

다음, 종결의 여러 가지 형태 중에서 세 번째 경우인 조기 종결이다. 두 번째 목표 달성 이전의 종결과는 좀 다른 경우라고 볼 수 있다. 둘 다 목표가 달성되기 이전에 그만둔다는 점에서는 비슷하지만 조기 종결이라는 것은 좀 다른 경우이다. 초기 상담 도중에 내담자에 의해서 상담이 중단되는 경우를 조기 종결이라고 일컫는다. 목표 달성을 위한 치료적 개입을 시작하기 이전에 상담이 중단되는 경우를 조기 종결이라고 한다. 상담자는 이런 경우에 조기 종결의 원인을 자기 자신에게 일단 두고서 그간의 상담 과정을 꼼꼼히 살펴보고 점검을 하면서 내담자의 입장에서 조기 종결을 결심하게 된 이유를 한 번 평가해보는 과정이 필요하다.

네 번째는 반대로 때늦은 종결이다. 때늦은 종결은 앞의 첫 번째 경우나 또는 두 번째 경우나 세 번째 경우와는 반대로 종결을 할 시간이 되었는데도, 종결이 미루어지고 지지부진하게 끌고 있는 경우를 말한다. 합의한 상담목표가 달성이 되었는데도 불구하고 종결하지 않는 경우가 여기에 해당된다고 볼 수 있다.

내담자가 상담자와의 상담관계에 빠져서 거기서 헤어나지 못하는 경우와 상담자에 대한 긍정적인 감정, 상담자에 대한 애정도가 친밀감, 존경심, 애착 이런 것들이 발전하게 될 수 있다. 이런 것들을 깨고 싶지 않아서 계속 유지하고 싶어서 종결을 미루고 끌고 있는 경우가 있을 수 있다. 그리고 종결 이후에 혼자서 세상을 살아갈 것에 대한 두려움과 상담에 대한 의존성 때문에 상담을 종결을 갖지 못하고 끌고 있는 경우가 있을 수 있다. 상담에서 습득한 것을 일상생활에 적용할 수 있도록 돕는 과정이 필요하다. 종결과정을 훈습할 수 있는 충분한 회기를 할당해서 여유를 가지고 종결 과정에서 내담자의 취약한 심경을 다루고 대상 상실의 문제를 잘 대처할 수 있도록 도움을 주고 상담을 마무리를 하는 것이 좋다.

종결도 단계를 밟아서 진행해야 하며 갑작스런 종결은 바람직하지 않다. 약 3회기 정도의 종결시간을 두고 마무리 작업을 거쳐서 3회기 후에는 '우리가 종결을 하도록 합니다'라고 종결지점 및 종결시점을 결정하는 것이 좋다.

그동안 상담을 통해서 어떠한 성과들이 이루어졌는지 상담에서 초기에 합의한 목표가 얼마만큼 이루어졌는지를 점검하는 시간을 가져야 한다. 그리고 종결에 따른 감정을 다루고 추후 상담약속을 하고 마무리를 짓게 된다.

각 단계별로 어떤 중점과제들에 초점을 맞추어 다루어야 되는가? 그 중점과제는 첫 번째 단계에서는 친밀감의 형성과 구조화, 이것이 중점과제이다. 두 번째 단계에서는 공감하기가 중점과제이고 세 번째 관계에서는 문제점의 규명과 상담의 목표설정을 중점과제로 다루어야 된다.

네 번째 단계에서는 대안을 탐색하고, 문제점을 풀어가기 위해서 대안을 탐색하고 계획을 세우고 실천하는 단계이며 다섯 번째에서는 실생활에서 그와 같은 변화, 내담자에게서 일어난 변화 또는 성장, 발전, 성과 이런 것들이 실생활의 여러 장면에서 일반화될 수 있도록 초점을 맞추는 단계이다. 그 다음 여섯 번째로 마지막으로 상담의 효과를 평가하고 상담관계 종결에 초점을 맞추는 이것이 중점과제이다.

CHAPTER

05 정신분석학적 상담

정신분석에서는 개인의 사고, 감정, 행동이 심리적 원인에 의해 결정된다고 본다. 프로이트는 개인이 겪는 갈등은 내부에 존재하는 어떤 정신적 원인이 작용한 결과이며, 따라서 그러한 원인이 제거되지 않는 한 심리적 문제는 결코 해결되지 않는다고 본다. 특히 무의식은 인간정신의 가장 깊고 중요한 부분이며 개인의 행동을 이해하는 단서가 된다. 프로이트는 인간의 의식 밖에 있는 무의식이 정신세계의 대부분을 차지하며, 인간의 행동을 지배하고 행동 방향을 결정한다고 믿었다. 따라서 개인의 행동을 결정하는 정신적 원인의 실체, 즉 무의식의 내용과 그 과정을 분석하는 것은 정신분석의 핵심이라고 하였다. 그는 개인의 성격구조를 변화시키고, 본능적 충동에 따르지 않고 보다 현실적인 행동을 선택할 수 있도록 자아를 강화시키는 데 치료의 초점을 두었다. 이 장에서는 프로이트의 기본 개념을 중심으로 인간의 심리구조를 이해하고, 욕동에 따른 성격발달 과정과 심리분석 과정에 관련된 주요 개념들을 살펴보고자 한다.

1 주요학자의 생애와 업적

지그문트 프로이트는 당시 오스트리아 모라비아 지방의 프라이베르크에서 직물상을 하던 유대인 야곱 프로이트와 야말리 나타우젠 사이에서 3남 5녀 중 맏이로 태어났다. 그의 부모는 당시의 경제적 어려움에도 불구하고 아들의 명석한 지적 능력을 키워주기 위해 모든 노력을 기울였으며 그가 유대교적 이상에 따라 지혜로운 학자가 되기를 원했다.

1859년 프로이트 일가는 오스트리아 비엔나로 이주하여 그곳에서 자녀들의 교육적 뒷바라지를 하였다. 프로이트는 김나지움에 재학하는 동안 학업성적이 우수하여 거의 매년 수석을 차지하였을 뿐만 아니라 고전적이고 아름다운 문장력으로도 주목을 받았다. 1873년 비엔나 대학교 의과대학에 입학하여 1881년 26세 때 의학박사 학위를 취득했다.

의과대학 재학기간 동안 그는 비엔나 대학교 생리학 실험실의 책임자이자 19세기의 위대한 생리학자 중 한 사람이었던 에른스트 폰 브뤼케 교수의 지도하에 생리학을 공부하면서 그의 급진적인 견해에 매료되었다. 그 외에도 "에너지는 변형될 수는 있어도 파괴될 수는 없으며, 따라서 에너지가 체계의 한 부분에서 사라지면 그것은 반드시 체계의 다른 부분에 나타난다"라는 헬름홀츠의 에너지 보존의 법칙에 영향을 받았다. 프로이트는 이와 같은 역학의 법칙들을 인간의 심리현상에도 적용시켜 역동심리학으로서의 정신분석을 창안하였다.

프로이트의 학문적 관심은 의학과 관련된 다양한 영역으로 확장되었다. 1874년부터 1876년까지 프란츠 브렌타노의 철학 세미나에 참석했으며 그 외 물리학, 생물학, 동물학 등의 분야에도 호기심을 갖고 몰두하였다. 1975년부터 1878년까지는 스승 카를 클라우스의 동물학 실험실에서 일하기도 하였는데, 클라우스는 다윈의 진화론을 지지하는 헤켈 학파에 속해 있었다. 이러한 학문적 인연은 후일 프로이트의 발생학적 사고에 영향을 미쳤다.

프로이트는 1884년 종합병원 신경과 의사로 자리를 잡게 되면서 점차 전문가로서의 입지를 구축하였고, 이듬해에는 프랑스 파리에 건너가 당시 히스테리 최면술 연구로 명성을 얻고 있던 소르본느 대학교의 쟝 마르탱 샤르코가 일하던 병원에 머물게 되었다. 19세기 중반의 프랑스에서는 히스테리, 몽유병, 다중성격 등과 같은 증상을 치료하기 위해 최면술을 적용하는 것이 유행이었다. 프로이트는 자신의 임상 경험을 통해 최면술에 의한 히스테리 치료효과에 대해서 회의를 갖게 되었지만, 그럼에도 불구하고 당시 샤르코의 강의와 임상적 실험에 깊은 흥미를 느꼈다. 샤르코와의 만남은 프로이트로 하여금 신경학자에서 정신병리학자로 전환하게 하는 중요한 계기가 되었다. 파리에서 돌아온 후 발표한 일련의 논문들은 정신병리에 대한 전통적인 관점에 반하는 내용이었는데, 그는 히스테리 증상은 뇌의 기질적인 문제가 아니며 충격적인 경험을 소화할 수 없기 때문에 유발된다고 주장하였다.

1886년에 비엔나로 돌아온 프로이트는 마르타 베르나이스와 결혼하여 세 딸과 두 아들을 두었는데, 세 딸 가운데 안나 프로이트는 후일 유명한 아동정신분석가가 되었다. 비엔나에서 프로이트는 의사인 요제프 브로이어로부터 환자가 자신의 증세에 관해 이야기하는 것만으로도 히스테리 증상이 치료된다는 새로운 방법을 알게 되었다. 그리하여 그는 브로이어의 방법인 정화법을 시도하여 그것이 환자 치료에 효과적임을 알게 되었고, 브로이어와 함께 정화법 치료사례들에 관한 저서 [히스테리에 관한 연구]를 출판하기도 하였다. 그러나 이 저서가 완성된 후 두 사람은 히스테리에 있어서 성적 요인의 중요성에 관한 견해 차이로 결국 결별하게 되었고, 프로이트는 최면요법이나 정화법과는 또 다른 자유 연상법을 개발하여 임상치료에 적용하기 시작하였다. 그는 성적 갈등이 히스테리 증상의 원인이라고 하는 자신의 주장을 굽히지 않았다는 이유로 마침내 1896년에 비엔나 의사회로부터 탈퇴당하기도 하였다.

프로이트는 어머니와의 관계에서는 비교적 갈등이 적었으나 아버지와의 관계는 복잡했다. 1896년 아버지의 죽음을 겪으면서 프로이트는 의식적-무의식적 죄의식으로 매우 고통스러워했다. 그는 당시 자신의 꿈의 의미를 탐색함으로써 성격발달의 역동에 대한 새로운 통찰을 얻을 수 있었다. 이것은 그가 자기 분석에 몰입하게 된 결정적인 계기가 되었으며 후일 정신분석을 구축하는 태동이 되었다. 또한 이 시기에 프로이트는 환자로부터 얻는 자료들을 확인하기 위해 자기 자신의 무의식을 집중적으로 분석하기 시작하였다. 자신의 꿈을 분석하고 자신의 마음에 떠오르는 온갖 생각들을 탐색함으로써 자기 내면의 역동을 이해할 수 있었다.

그리하여 프로이트는 환자들과 자기 자신의 분석으로부터 얻은 지식을 근거로 정신분석의 기초를 이루는 개념을 발전시켰다. 그 결과로 1900년 그의 이론에 관한 최초의 위대한 업적인 [꿈의 해석]이 출간되었다. 이 저서가 출판된 후 프로이트는 정신병리학회로부터 무시되었지만 곧 의료계뿐만 아니라 일반 대중들 사이에서 명성이 높아지게 되었다. 1902년에는 젊은 의사들이 정신분석의 이론과 실제에 관심을 갖고 연구하기 위해 모여들어 정기적인 모임을 갖게 되었고, 후일 이 모임은 비엔나 정신분석학회로 발전하게 되었다.

1909년 프로이트는 미국의 클라크 대학교 총장 스탠리 홀의 초청을 받아 미국으로 건너가서 여러 차례 강연을 하는 등 세계적으로 유명해지기 시작했다. 이 시기를 전후하여 추종자들이 늘어나기도 했지만, 한편으로는 브로이어, 아들러, 융 같은 동료와 후학들이 프로이트가 인간행동의 동기로서 성적 충동을 주장하는 입장에 반대하여 자신들의 독자적인 이론이나 학파를 만들기도 했다.

1914년 무렵에는 히스테리 환자들이 실제 일어난 것처럼 보고하는 외상 혹은 무의식적 환상이 병의 원인이 된다는 점을 간파하고 새로운 사실을 깨닫게 되었다. 실재적 현실 외에도 심리내적인 현실이 존재한다는 것이다. 여기서 프로이트는 무의식적 환상의 기능과 그것이 지닌 힘을 발견하게 되었다. 아동들도 무의식적인 환상과 더불어 성에 관심을 갖게 되며 그들 나름대로 성에 대한 미숙한 해석을 함으로써 의미를 왜곡시킬 수 있다는 아동기 성욕이론을 정립하였다. 이로 인해 프로이트는 아동의 순수성에 대한 금기를 깼다는 이유로 사회적 비난과 질타를 받았다.

1920년대에 접어들어서는 무의식과 억압에 관해 집중적으로 연구하였고, 그 후 종교, 도덕성, 문화 등의 주제에 관심을 갖고 연구하며 다수의 저서들을 출판하였다.

프로이트는 매우 창조적이고 열정적으로 일에 몰입하여 하루에 무려 18시간이나 연구에 전념하는 경우도 자주 있었다. 이러한 집필의 결과로 정신분석에 관련된 그의 전집은 총 24권이나 된다. 그의 학문적 생산성은 구개암에 걸렸던 생애 후반까지 계속되었다. 생애 마지막 20년 동안 그는 수십 번의 수술을 받았으며 끊임없는 고통 속에 살다가 1939년 런던에서 숨을 거두었다.

2 인간관

프로이트에 의해서 창시된 정신분석은 인간 심리에 대한 결정론과 무의식이라는 기본적인 두 가지 개념에 기초를 두고 있다. 인간행동은 비합리적인 힘, 무의식적 동기, 생물학적이고 본능적인 충동에 의해 영향을 받는다. 19세기에 다윈은 [종의 기원]을 통해 진화론을 주창하였는데, 프로이트의 정신분석은 인간을 생물학적 존재로 보는 당시의 시대정신을 반영하고 있다.

먼저 프로이트의 결정론적 관점에 의하면 아무런 원인도 가지지 않는, 즉 저절로 발생하는 현상이란 없다. 그 어떤 원인이 반드시 있었기 때문에 그 결과로 인간은 기쁘고 괴롭고 또 분노한다. 사람들의 희로애락을 결정하는 것은 외부의 환경적 조건이라는 견해를 가진 학자들도 있지만, 프로이트는 이와 정반대의 입장을 취했다. 즉, 인간 행동을 결정하는 것은 환경의 외적 조건보다 오히려 개인의 심리적 조건이라는 것이다. 이러한 심리결정론에서는 개인의 사고, 감정, 행동이 심리적 원인에 의해 결정된다고 본다. 개인이 겪는 갈등은 내 부에 존재하는 어떤 정신적 원인이 작용한 결과이므로 그 원인이 제거되지 않는 한 심리적 문제는 결코 해결되지 않는다. 따라서 개인의 사고, 감정, 행동을 결정하는 정신적 원인의 실체를 규명하고자 하는 것이 정신분석이 추구하는 궁극적 목표다.

인간은 현재 자신의 행위를 결정하고 그에 따른 책임을 질 수 있는 주체적 존재라기보다는 과거 성장기 동안의 생활 경험에 의해 전적으로 영향을 받는 존재다. 정신분석에서는 생애 초기 6년 동안의 발달적 경험을 강조하고 있는데, 과거 어린 시절의 경험과 심리성적 에너지는 무의식적인 동기와 갈등으로 잠재되어 있다가 개인의 현재 행동에 영향을 미친다고 본다.

인간에 대한 이러한 결정론적인 관점은 우리로 하여금 주어진 어떤 현상을 있는 그대로 이해하는 것에서 한 걸음 더 나아가 이면의 그 무엇을 발견하려는

'분석적 태도'를 취하게 한다. 적절하고 타당한 원인을 이해할 때까지는 '원인이 무엇인가?'라는 질문을 끊임없이 던지는 자세가 필요하다.

또한 정신분석에서는 개인이 즉각적으로 자각하거나 통제할 수 있는 범위를 넘어서 있는 그 어떤 힘, 즉 무의식의 영향을 받는다고 보았다. 프로이트는 비이성적인 힘인 본능적 추동이나 무의식적 동기가 인간의 행동을 결정한다고 주장한다. 삶의 목표가 고통을 피하고 쾌락을 추구하는 데 있으므로, 인간 행동은 생물학적인 욕구와 본능을 충족시키려는 욕망에 의해 동기화되며 비합리적인 무의식의 지배를 받는다. 본능은 프로이트 이론의 핵심으로서 원초아 내에 저장되어 있는 심리 에너지로 구성된다. 프로이트는 본능을 크게 삶의 본능과 죽음의 본능의 두 가지 범주로 분류하였다.

먼저 삶의 본능이란 즐거움, 쾌락, 만족을 추구하는 모든 활동을 뜻한다. 프로이트는 그의 초기 이론체계 내에서 성적 에너지를 일컫는 용어로 리비도를 사용하였지만, 후기에는 성적 에너지뿐만 아니라 모든 삶의 본능의 에너지를 지칭하는 용어로 리비도의 개념을 확장시켜 사용하였다. 삶의 본능은 굶주림, 갈증, 배설, 성욕 등과 같은 유기체가 생존하는 데 필요한 기본적인 것들이며, 또한, 성장, 발달, 창조성을 추구함으로써 개인과 인류의 생존과 발전을 기여한다.

다음으로, 죽음의 본능이란 인간은 때로 자기 자신이나 타인을 죽이거나 해치려는 무의식적 소망을 갖고 있는 것을 뜻한다. 인간의 공격적 욕구는 바로 죽음의 본능에서 비롯된다.

이와 같은 프로이트는 삶의 본능과 죽음의 본능이 인간으로 하여금 특정행동을 하도록 추동하는 강렬한 결정요인이라고 보았다.

3 주요개념

1) 의식수준

프로이트는 정신세계를 심층적으로 분석했다. 그는 정신분석이론을 정립하는 과정에서 지형학적 모형에 근거하여 정신세계와 성격구조를 설명하고자 하였다. 정신의 지형학적 모형은 정신의 형태, 구조, 생성원인, 발달을 탐색하고 더 나아가 그것들의 역할과 기능을 밝혀내는 데 목적이 있다. 프로이트는 인간의 정신 영역을 의식, 전의식, 무의식의 세 가지 의식 수준으로 설명한다.

(1) 의식

의식은 개인이 현재 각성하고 있는 모든 경험과 감각, 즉 사고, 지각, 감정, 기억 등을 포함한다. 의식 영역은 전체 정신세계 중에서 극히 일부에 불과하며, 따라서 일상생활의 일부분만이 의식의 범위에 속한다. 생리적 욕구나 심리적 욕구가 존재할 때 혹은 외부 자극이 존재할 때, 개인이 그 욕구나 자극 대상에게 관심을 집중함으로써 의식 작용이 발생한다. 그러나 의식 속에 있던 내용은 개인의 주의나 관심이 다른 곳으로 돌려지게 되면 곧 전의식이나 무의식 속으로 사라져 버린다.

(2) 전의식

전의식은 지금 현재에는 의식되고 있지 않지만 조금만 노력하면 곧 의식 속으로 떠올릴 수 있는 생각이나 감정들을 포함한다. 그래서 전의식을 '잠재의식' 혹은 '이용 가능한 기억'이라고도 한다. 예를 들어, 길을 가다 만난 동창생의 이름, 지난주에 일어났던 사건, 자신의 생일, 부모의 고향, 자신이 좋아하는 음식 등과 같이 조금만 신경 쓰면 알아낼 수 있는 정신세계다. 프로이트는 전의식이 의식과 무의식을 연결해 주는 가교 역할을 한다고 보았다. 일상생활의 경험 중에서 우리가 의식적으로 주의를 기울이지 않게 되는 것들은 전의식으로 사라지고, 그 후에는 더 깊은 무의식 속으로 사라진다.

(3) 무의식

무의식은 자신의 힘으로는 의식 속으로 끌어올리기 어려운 심적 내용을 포함하며, 용납될 수 없는 생각, 감정, 기억 혹은 충동이 억압되어 있는 곳이다. 의식상태에 두기에는 너무 위협적이거나 고통스러운 경험들은 대부분 무의식상태로 잠복하게 된다. 지극히 무섭거나 극도로 창피하거나 너무 괴로웠던 심리적 경험들은 계속해서 기억하기보다는 차라리 잊어버리는 것이 낫다. 기억, 즉 의식으로부터 없애 버리는 것이다. 그렇게 할 수 있는 한, 계속해서 무서워하거나 창피해하거나 괴로워할 필요가 없다. 하지만 없애 버리고자 했던 기억들은 결코 완전히 사라지지는 않는다. 그러한 기억들은 무의식의 저장고 속에서 마음의 방어가 약해지기만을 기다리고 있을 뿐이다. 무의식의 저장고에 있어야 할 고통스러운 기억들이 마음의 방어력이 약해진 틈을 타고 의식 상태로 올라오려고 하는 과정에서 심리적 증상이 드러난다. 이러한 측면에서 볼 때 심리적 증상은 무의식의 활동 결과라고 볼 수 있다. 무의식은 인간 정신의 가장 깊고 중요한 부분이며 개인의 행동을 이해하는 단서가 된다. 프로이트는 인간의 의식 밖에 있는 무의식이 정신세계의 대부분을 차지하며 인간의 행동을 지배하고 행동 방향을 결정한다고 믿었다. 따라서 무의식의 내용과 그 과정을 분석하는 것은 정신분석의 핵심이라고 할 수 있다.

프로이트 이전에 이미 18세기와 19세기의 많은 철학자들은 무의식적인 경험이 행동에 영향을 미칠 수 있다고 주장했다. 그러나 프로이트는 이러한 철학자들과는 달리 무의식의 세계를 보다 과학적, 경험적으로 연구했으며, 무의식이란 추상적이고 가설적인 것이 아니며 구체적으로 검증할 수 있는 현실이라고 주장했다.

프로이트는 우리의 의식구조를 빙산에 비유하였다. 마치 빙산의 대부분이 수면아래에 가려져 있는 것처럼 마음의 대부분은 의식 표면 아래에 있는 무의식 영역에 속해 있다고 하였다. 무의식에 대한 연구와 이론은 '모든 심리적 현상은 의식적인 것'이라는 신화를 뒤엎고, 인간이 의식하는 것은 빙산의 일각에 불과하다는 점을 인식시켜주었다. 심리적 현상을 모두 의식적인 것으로 환원할 수는 없다는 것이다. 무의식은 인식되지 않지만 행동에 지대한 영향을 미치며 신경증적 증상이나 행동의 근원이 된다.

이와 같이 프로이트는 인간의 심리세계를 세 개의 층으로 구분하고 가장 깊은 곳에 있는 무의식을 강조했기 때문에 그의 정신분석을 심층심리학이라고 한다. 인간의 정신세계는 마치 빙산처럼 대부분 의식으로 떠오르지 않고 무의식 속에 잠겨 있다. 심층심리학은 이와 같은 무의식을 연구하며, 일상적인 정신생활을 무의식에 근거하여 설명하고자 한다.

2) 성격구조

프로이트는 1923년에 출판한 자신의 저서 [자아와 원초아] 서문에서 성격의 구조론이라는 용어를 처음 사용하였다. 구조론에 의하면 인간의 성격은 원초아, 자아, 초자아의 세 부분으로 이루어진다. 출생 시의 인간은 본능적인 욕구를 포함하는 원초아 상태라고 할 수 있다. 그러나 성장하는 동안 현실과 접촉하게 되면서 점차 현실 적응, 불안에 대한 방어, 마음의 평형조절, 본능적 욕구조절 등의 기능을 담당하는 자아가 발달하게 된다. 그리고 도덕적 교훈과 이상을 포함하는 초자아는 4~5세 즈음 형성된다.

프로이트는 인간의 심리세계를 에너지 체계로 보았는데, 위의 세 가지 성격 구성요소 중 어느 곳에 더 많은 심리적 에너지가 집중되는가에 따라 그 개인의 행동 및 성격 특성이 결정된다. 한정된 심리적 에너지를 서로 많이 차지하기 위해 삶의 매 순간에 원초아, 자아, 초자아는 성격구조 안에서 서로 갈등적인 상황에 놓이게 된다.

(1) 원초아

원초아는 독일어의 3인칭 대명사 'es(그것)'에서 유래된 용어다. 생물학적 구성요소로서 심리적 에너지의 원천이자 생득적, 생물학적 반사 및 충동과 본능이 자리 잡고 있는 곳이다. 세 가지 성격구조 중에서 가장 강력한 힘을 지니고 있는 원초아는 쾌락의 원리에 따라 고통을 최소화하고 유기체의 긴장해소를 궁극적인 목적으로 한다.

원초아는 식욕, 배설욕, 성욕, 수면욕 등과 같은 본능적 욕구를 즉각적으로 충족시키기 위해 외부의 현실이나 도덕을 고려하지 않은 채 비논리적이고 맹목적으로 작용한다. 그러나 현실에서는 본능적 욕구를 있는 그대로 충족시키기 곤란한 상황들이 대부분이기 때문에 결국 그 욕구들은 무의식적으로 억압될 수밖에 없고, 그러한 무의식화된 욕구들은 숨겨진 채로 개인의 의식적인 삶에 영향을 미친다. 한편 원초아에는 욕구를 충족시켜 주는 대상의 이미지를 떠올림으로써 긴장을 해소하려는 일차적 과정이 적용된다. 예를 들어, 배가 고플 때 맛있는 음식을 머릿속에 떠올리는 것이나 혹은 꿈을 꾸는 것이 이에 해당된다.

(2) 자아

자아는 현실세계와 접촉하는 성격의 한 부분이다. 자아의 주된 임무는 원초아에 담긴 내적인 본능적 욕구, 초자아의 도덕적이며 양심적인 요구, 그리고 현실세계 간의 갈등을 중재하는 일이다. 원초아와 초자아 간의 갈등을 조절하고 외부 세계와의 상호작용을 유지하는 자아는 성격의 집행자로 불리기도 한다. 원초아가 외부 현실을 무시하고 무의식 수준에서 기능한다면, 자아는 객관적 현실세계와 중재하기 위해 노력한다.

자아는 욕구를 만족시키거나 긴장을 감소시킬 대상을 발견할 때까지 에너지 방출을 지연시키는 현실의 원리에 의해 작동되며, 유기체의 욕구를 만족시키기 위해 합리적이고 현실적인 방법을 사용한다. 자아는 현실적 사고 과정을 통해 작용하고, 반응할 환경의 특성을 검토하고 선정하며, 어떤 욕구를 어떤 방법으로 충족시킬 수 있을 것인지를 판단한다. 자아는 원초아의 본능적 욕구들이 현실에 잘 부합되지 않는 한 그것의 직접적인 충족을 허락하지 않는다. 이 경우 자아는 현실에 맞는 보다 합리적인 방식으로 욕구를 충족시키는 방법을 택한다. 만약 그것도 가능하지 않는 경우, 자아는 본능적 욕구들이 전혀 의식되지 못하도록 억압시켜 버린다.

(3) 초자아

초자아는 성장하는 과정에서 부모로부터 영향을 받은 전통적 가치관, 사회규범과 이상, 그리고 도덕과 양심이 자리잡는 곳이다. 초자아는 성격의 도덕적, 사회적, 판단적 측면을 반영한다. 원초아가 쾌락을 지향한다면, 초자아는 완전과 완벽을 지향한다. 또한 자아가 현실을 추구한다면, 초자아는 이상을 추구한다. 따라서 초자아는 도덕이나 가치에 위배되는 원초아의 충동을 견제하며, 자아의 현실적 목표들을 도덕적이며 이상적인 목표로 유도하려고 한다. 성격의 도덕적 기능에 해당되며 현실보다 이상을, 쾌락보다는 완성을 위해 당위의 원리에 따라 작용한다.

무엇이 옳고 그른지, 어떤 것을 해야 하고 어떤 것을 하지 말아야 하는지 등을 판단하는 것은 모두 초자아의 임무다. 인간이 무언가 잘못된 행동을 했을 때 수치심과 죄책감을 느끼는 것은 모두 초자아의 작용 때문이다. 초자아는 양심과 자아이상이라는 두 가지 하위체제를 갖고 있다. 양심은 잘못된 행동에 대해 처벌이나 비난을 받는 경험에서 생기는 죄책감이며, 자아이상은 옳은 행동에 대한 긍정적 보상을 받는 경험을 통해 형성된다. 양심은 충동이 바람직한 형태로 표출되도록 유도하고 본능적인 욕구 충족을 억제하는 기능을 하며, 이러한 것이 실패했을 때 자아를 처벌하는 역할을 한다. 한편 자아이상은 행동규범을 제시하는 역할을 하며 성실성이나 충실성과 같은 부모의 목표와 가치관을 동일시함으로써 형성된다. 흔히 아동의 좋은 행동은 부모로부터 보상을 받고 나쁜 행동은 처벌을 받는다. 이러한 경험을 통해 처벌받은 행동을 양심의 일부가 되고, 긍정적인 행동은 자아이상의 일부가 된다.

성격구조는 이러한 세 가지 요소 중에서 어느 요소가 더 많은 심리적 에너지를 갖고 통제력을 확보하고 있는지에 따라 개인의 행동 및 성격 특성이 결정된다. 예를 들면, 자아나 초자아보다 원초아가 심리적 에너지를 더 많이 갖고 있는 경우, 그 개인은 논리적이고 현실적이거나 규범적이기보다는 욕망의 충족에 더 많은 관심을 두고, 소망을 충족시키거나 긴장과 고통을 즉각적으로 해소시키려는 방식으로 행동하는 경향성을 나타낸다. 반면 초자아가 심리적 에너지를 상대적으로 더 많이 좌우하는 경우, 그 개인은 소망의 충족이나 현실적 대안을 선택하기 보다는 오히려 완벽성을 추구하고 사회적 규범에 부합되는 행동을 하려는 경향성을 나타낸다.

3) 불안

불안은 정신분석에서 매우 중요한 개념으로서 그 어떤 것을 하도록 동기화시키는 긴장상태를 의미한다. 한정된 심리적 에너지에 대한 원초아, 자아, 초자아 간의 갈등이 통제 수위를 넘어설 때 불안이 유발된다. 불안은 원초아나 초자아가 자아에게 위험이 임박했음을 알리는 신호로서, 적절한 반응양식을 모색하라는 일종의 경고다. 통제할 수 없는 불안은 자아를 위협하게 되는데, 이때 자아가 합리적이고 직접적인 방법으로 불안을 제거할 수 없는 경우에는 비현실적인 방법, 즉 자아방어기제에 의존하게 된다. 불안에는 현실적 불안, 신경증적 불안, 도덕적 불안의 세 가지 유형이 있다. 세 가지 불안은 모두 개인에게 불쾌한 경험이라는 점에서 공통점이 있다. 그러나 현실적 불안은 원인이 외부에 존재하는 반면 신경증적 불안과 도덕적 불안은 그 원인이 개인 내부에 존재한다는 점에서 차이가 난다.

(1) 현실적 불안

자아가 외부세계의 현실을 지각하여 느끼는 불안으로 실제적인 위험으로부터 개인을 보호하는 데 기여한다. 현실적 불안은 불안의 원인이 외부에 있다고 해서 객관적 불안이라고 하며, 기본적으로 공포와 유사한 특징이 있다. 불안의 정도는 실제 위험에 대한 두려움의 정도와 비례한다. 예를 들어, 맹수가 덮쳐올 때 느껴지는 불안이나 차가 과속할 때 느껴지는 불안이 이에 해당된다. 현실적 불안은 위험을 피하기 위해 무엇인가를 해야 한다는 경고를 담고 있다는 측면에서 적응적인 가치가 있다. 예컨대, 교통사고에 대한 불안은 안전운전을 하게 만들며, 낙제에 대한 불안은 공부에 집중하도록 만든다. 이러한 현실적 불안은 신체적 상해나 물질적, 심리적 결핍을 예방하는 데 기여한다.

(2) 신경증적 불안

원초아와 자아간의 갈등에서 비롯된 불안이다. 신경증적 불안은 막대한 힘을 가진 원초아에 의해 충동적으로 표출된 행동 때문에 혹시 처벌받지 않을까 하는 무의식적 두려움이다. 원초아의 충동이 의식으로 분출되어 나온다는 위협에 대한 반응이다. 성욕과 공격성의 지배를 받는 원초아의 본능적 충동을 자아가 통제할 수 없을 것이라는 두려움과 긴장감에 따른 정서 반응이라고 할 수 있다. 자아가 원초아의 본능적 위협을 감지할 때 언제나 불안을 느낀다. 신경증적 불안이 과도할 경우에는 신경증이나 정신병으로 발전되기도 한다.

(3) 도덕적 불안

초자아와 자아간의 갈등에서 비롯된 불안으로서 본질적으로 자신의 양심에 대한 두려움이다. 도덕적 불안은 도덕적 기준에 위배되는 생각이나 행동을 했을 때 유발된다. 만약 도덕적 원칙에 위배되는 본능적 충동을 표현하도록 동기화되면 초자아는 수치심과 죄의식을 느끼게 되는데, 이때 죄의식이심할 경우 자신의 죄를 속죄받기 위해 고의적으로 처벌받을 행동을 저지르기도 한다. 예를 들어 범죄 후 쉽게 검거되도록 범죄 현장에 증거를 남기는 행동은 그 개인이 내면의 죄의식을 견디지 못해 처벌을 받고자 하는 불안감에서 비롯된 것이다. 과도한 도덕적 불안은 신경쇠약을 초래하기도 한다.

4) 자아방어기제

인간은 기본적으로 불안을 원치 않으며 그것으로부터 벗어나기를 원한다. 따라서 인간은 불안으로부터 자신을 보호하기 위해 다양한 방어기제를 사용한다. 자아가 불안을 의식적인 수준에서 적절하고 합리적으로 다룰 수 없을 때는 무의식적으로 현실을 거부하고 왜곡하는 방어기제가 동원된다. 원초아 속에 포함되어 있는 사회적으로 용납될 수 없는 욕구나 충동 등의 사실적 표현과 이에 맞선 초자아의 압력 때문에 발생하는 불안으로부터 자아를 보호하기 위한 전략과 탈출구라고 할 수 있다.

자아방어기제는 불안을 극복하고 불안에 압도되지 않도록 자아를 보호하는 기능을 함으로써 실패에 대처하고 긍정적인 자아상을 유지하는 데 도움이 된다. 방어기제는 고통으로부터 개인을 보호한다는 점에서 적응적 가치가 있지만, 방어기제를 지속적으로 과도하게 사용하여 현실을 회피하는 생활양식이나 성격 특성으로 굳어지게 될 때에는 자기 성장을 방해하는 병리적인 것이 된다. 모든 방어기제에는 두 가지 공통점이 있는데 현실을 부정하거나 왜곡시킨다는 점과 무의식 수준에서 작용된다는 점이다. 방어기제의 대표적인 유형은 다음과 같다.

(1) 부인

부인 혹은 거부는 힘든 현실의 외상적 상황을 무시함으로써 불유쾌한 현실을 깨닫기를 거부하는 것이다. 즉, 의식화된다면 도저히 감당하지 못할 생각, 욕구, 충동, 현실적 존재를 무의식적으로 부정하는 것을 뜻한다. 전쟁이나 재난과 같은 비극적 상황에 직면했을 때 이를 받아들이기에는 너무 고통스러운 나머지 현실에 대해 스스로 눈을 감아 버린다. 암으로 죽어 가면서도 자신은 암이 아니고 의사의 오진이라고 주장하거나, 애인이 자신을 버렸으나 아직도 자신을 사랑한다고 믿는 경우가 이에 해당한다.

(2) 억압

억압은 고통스럽거나 위협적인 경험, 생각, 감정 등을 의식으로부터 분리하는 것이다. 사회적, 윤리적으로 용납될 수 없다고 생각하는 욕구나 충동 그리고 생각들을 자신의 무의식 속으로 감춰 버린다. 예를 들어, 어머니가 살해되는 장면을 목격하는 것과 같은 외상적인 사건은 너무나 고통스러운 경험이기 때문에 의식으로부터 제거되고 무의식 속으로 억압된다. 그러나 억압된 내용은 무의식 속에 남아 있어서 현재 행동의 동기로 작용한다. 사건이나 경험을 완전하게 억압한다는 것은 어렵기 때문에 그러한 억압된 욕망은 종종 꿈, 농담, 말의 실수 등으로 간접적으로 나타나기도 한다. 한편 억압은 무의식적인 과정이며 의식적으로 잊으려고 하는 억제와는 구별된다.

(3) 투사

투사는 자기 스스로 혹은 사회적으로 용납되지 않는 충동이나 생각을 무의식적으로 다른 사람이나 사물에게 전가하는 것이다. 자신의결점을 타인이나 환경의 탓으로 돌려 비난함으로써 자신의 결함이나 약점 때문에 갖게 되는 위협이나 불안으로부터 자아를 보호하고자 하는 방어기제다. 예를 들어, 자신의 성적이거나 공격적인 충동을 '내가 아닌 다른 사람들'이 가지고 있다고 본다. 그리하여 딸에게 성적 매력을 느끼는 아버지는 딸이 자신을 유혹한다고 주장할 수도 있다. 그렇게 함으로써 그는 자신의 수용될 수 없는 욕망을 인식하거나 다룰 필요가 없게 된다.

(4) 치환

치환 또는 전위는 자신의 본능적 충동을 위협적인 대상이 아닌 보다 안전한 대상에게로 이동시켜서 발산하는 것이다. 치환은 원래의 대상 혹은 사람에게 심리적 에너지를 향하기 어려울 때 다른 대상 혹은 사람에게로 향하게 하는 것이다. 직장 상사로부터 심한 추궁을 당한 남편이 퇴근 후 집으로 돌아와서 아내와 자녀들에게 화풀이를 하거나, 시어머니에 대한 불만과 공격심을 직접적으로 표현하는 대신 설거지하면서 그릇 닦는 소리를 요란하게 내는 행위가 치환의 예다. 또는 부모에게 꾸중을 들은 형이 동생에게 자신의 분노와 욕구불만을 표출하는 것이나 강아지를 발로 걷어차는 것도 이에 해당된다.

(5) 반동형성

반동형성은 받아들일 수 없는 충동이나 욕구로부터 벗어나기 위해 그와는 정반대되는 행동을 하는 것을 의미한다. 불안을 야기하는 욕망에 정반대되는 의식적 태도나 행동들을 과장되게 함으로써 자신의 그러한 욕망들을 인식했을 때 야기되는 불안에 직면할 필요가 없어지게 된다. '미운 아이 떡 하나 더 준다'는 속담은 반동형성에 해당된다. 미운 사람에게 더욱 잘해줌으로써 자신의 부정적인 생각이나 태도가 드러나지 않도록 감추는 것이다. 사랑이라는 가면으로 깊은 증오심을 숨길수도 있고, 지나친 친절로 잔혹성을 은폐할 수도 있다. 강한 성적 충동을 감추기 위해 오히려 성에 대한 지나친 혐오감을 드러내는 행동을 하거나 좋아하지 않는 손님을 더욱 극진하게 대접하는 주인의 행동은 전형적인 예다.

(6) 합리화

합리화는 용납되기 어려운 충동이나 행동을 도덕적, 합리적, 논리적으로 설명함으로써 비판으로부터 자신을 보호하여 자존심을 유지하고자 하는 일종의 기만형 방어기제다. 그럴듯한 이유를 들어 자신의 무능이나 실패를 두둔하고자 하는 것으로서 고의적인 거짓말이나 변명과는 다르다. 예를 들어, 이솝우화에서 여우가 포드를 먹고 싶어 하지만 키가 모자라 딸 수 없어서 못 먹게 된 포도를 쳐다보면서 "저 포도는 아직 익지 않아서 신맛이 너무 강해. 난 안 먹을 거야"라고 말하는 경우가 이에 해당된다.

(7) 승화

승화는 억압된 충동이나 욕구의 발산 방향을 사회적으로 인정되거나 가치 있는 쪽으로 옮겨 실현함으로써 그 충동이나 욕구를 충족시키는 행동기제를 의미한다. 즉, 성적 에너지를 사회적으로 허용되고 때로는 칭찬까지도 받을 수 있는 다른 경로로 전환하는 것이다. 예를 들어, 공격적 충동을 체육활동으로 전환하면 내면의 욕구를 표출할 수 있는 것뿐만 아니라 부수적으로 다른 사람들의 칭찬까지도 받을 수 있게 된다. 공격성을 권투로 해소한다든지, 혹은 성적 리비도를 그림이나 예술로 해소하는 행위도 이에 해당된다. 욕구의 표출 상대를 대치시켰다는 점에서는 치환과 유사하지만, 승화의 경우에는 대치된 욕구 충족의 대상이 보다 높은 문화적인 가치를 지닌다.

(8) 퇴행

퇴행은 현재의 심리적 갈등으로 좌절을 경험하게 되면 이를 피하기 위해 이전의 발달 단계로 되돌아가는 것을 뜻한다. 심각한 스트레스나 극단적 곤경에 직면할 때 미성수하고 부적절한 행동에 매달림으로써 불안에 대처하려고 한다. 예를 들어, 동생이 태어나자 갑자기 잠자리에 오줌을 싸거나 어리광을 부리는 경우가 이에 해당된다. 초등학교에 처음 입학해서 새로운 학교환경에 적응하지 못하는 아동들의 경우에는 울기, 손가락 빨기, 선생님에게 매달리기 등과 같은 유아적 행동을 나타내기도 한다.

(9) 동일시

동일시는 자기보다 더 훌륭하다고 판단되는 인물 혹은 집단과 강한 정서적 유대를 형성하여 부분적으로 전반적으로 그들의 행동을 모방하는 것이다. 기본적으로 열등감을 느끼게 될 때 자신을 성공적인 사람이나 조직과 동일시함으로써 자신이 가치롭게 지각되기를 바란다. 그리하여 자기 가치감을 고양시키고 자기 실패감으로부터 스스로를 보호한다. 청소년이 유명 연예인의 복장이나 행동을 모방해서 따라하는 것이나 자녀가 동성 부모의 행동을 모방하여 성역할 행동을 하는 것도 일종의 동일시 행동에 해당된다.

(10) 보상

보상은 자신의 부족한 부분을 감추기 위해 약점을 지각하지 않거나 혹은 어떤 긍정적인 특성을 발전시키는 것이다. 체격이나 성격의 다른 측면을 발전시킴으로써 열등감이나 나약함을 감추는 것에서도 찾아볼 수 있다. 학업성적이 부진한 학생은 명랑한 성격을 발전시킬 것이며, 신체적으로 장애를 가진 사람은 다른 신체적인 영역에서 두각을 나타낼 수 있다. 보상기제는 개인의 자아개념에 부정적인 영향을 미치는 것들을 보상하기 위해 긍정적인 특징들을 과장하는 것으로서 직접적으로 적응적 가치가 있다.

(11) 주지화

주지화는 불편한 감정을 조절하거나 최소화하기 위해 지나치게 추상적으로 사고하거나 일반화함으로써 감정적 갈등이나 스트레스를 처리하고자 하는 방어기제다. 예를 들어, 감정을 억누르고 장황한 논리를 주장하는 경우나 어머니의 죽음이 받아들이기 어려울 정도로 슬프기 때문에 다른 사람에게 마치 신문에 난 기사를 전하듯 무감각하게 이야기하는 경우다.

5) 심리성적 발달단계

인간의 성격은 구강기, 항문기, 남근기, 잠복기, 성기기의 다섯 단계를 거치면서 발달해 나간다. 이러한 심리성적 발달 단계에 의하면 개인의 성격은 출생 이후부터 약 6세경까지 해당되는 유아기 동안의 경험들에 의해 그 기본 구조가 형성되며 그 후 정교화 과정을 거치면서 발달해 나간다. 심리성적 발달단계는 생물학적 발달 측면에서 볼 때 생존의 본능적 쾌락이 집중되는 단계라고 할 수 있다.

리비도는 성적 추동 에너지를 의미하는데, 출생 시에 나타나는 리비도는 일련의 단계를 거쳐 발달해간다. 프로이트는 쾌락을 주는 성적 추동 에너지가 신체의 어느 부위에 집중되는가에 따라 발달의 각 단계를 명명하였다. 삶의 본능이자 성적 본능이 지니고 있는 리비도는 출생 직후 먼저 입에 집중되며, 점차 성숙해 감에 따라 항문과 생식기 등의 다른 신체 부위로 옮겨 간다.

프로이트가 말하는 성이란 단순히 성교만이 아니라 쾌감을 주는 모든 것을 포함한다. 예를 들어, 빠는 것, 배설이나 보유하는 것, 만지는 것과 같은 신체 운동뿐만 아니라 심지어 물거나 꼬집거나 하는 잔인한 행동까지도 포함된다. 그리하여 발달단계의 명칭들도 각 발달시기에 있어서 성적 흥분이 가장 민감한 신체 부위에 따라 명명된 것이다.

각 발달단계에서 추구하는 욕구가 적절하게 충족되면 다음 단계로의 이행이 자연스럽게 이루어지고 건강한 성격을 형성하게 된다. 그러나 각 단계에서 욕구가 지나치게 충족되거나 결핍되면 다음 단계로 넘어가는 데 지장을 초래하게 되고, 성인이 되어서도 그 단계에 고착이 되어 성격 형성에 문제를 갖게 된다. 고착은 심리성적 발달의 초기 단계를 원만하게 거치지 못했을 때 특정 발달단계와 대상에 얽매여 있는 상태를 뜻한다.

(1) 구강기

구강기는 출생 시부터 약 1세까지의 시기로, 리비도가 입에 집중되어 입을 통한 쾌감으로 만족감을 느낀다. 이 기간 동안 만족의 주요 원천은 먹는 것으로 성격으로 민감한 부위인 입술과 구강을 자극한다. 배고플 때 괴로움을 느끼게 되면 젖을 빨고 삼키는 행동을 통해 사회적, 물리적 환경에 접촉하고, 구강 부위는 그러한 접촉을 매개하는 일차적 수단이 된다. 유아는 리비도의 일차적 대상인 어머니의 젖을 빨면서 어머니에게 전적으로 의존한 상태에서 이 세상에 대한 지각을 배우게 된다.

이 구강기를 어떻게 보내느냐는 장차 성격 특질 형성에 큰 영향을 준다. 이 시기에 고착된 성격을 구강형 성격이라고 하는데, 구강기에 욕구가 과잉 충족되거나 과잉 결핍되면 후일 성장하여 의존적이거나 자기중심적인 구강형 성격이 되며, 폭음, 흡연, 과식 등 입에 관련된 문제 행동적 특성을 나타낸다. 그러나 요구가 적절하게 충족될 경우 자신감, 관대함, 신뢰감, 독립성의 안정된 성격 특질을 갖게 된다.

(2) 항문기

항문기는 약 2~3세에 해당되며 리비도가 항문 근처에 집중되어 배변이나 배뇨와 같은 본능적 욕구가 쾌락의 근원이 된다. 아동의 관심은 신체 그 어느 부위보다도 항문이나 요도에 집중되며, 이때 아동은 생전 처음으로 외부환경에 의해 자신의 욕구와 충동이 억제됨을 경험하게 된다. 이 시기의 성격 형성은 본능적 충동인 배설과 외부적 현실인 배변훈련과 관련되어 결정된다. 아동에게 있어서 배설물을 방출하는 것은 쾌락이지만, 이시기에 접어들면서 배변훈련의 시작과 함께 그러한 쾌락을 지연시키는 것을 배우게 된다. 아동은 이제 즉각적인 배설을 통해 느끼던 만족감을 어느 정도 지연시키는 것을 배워야 한다. 대소변을 참거나 배설할 때 쾌감을 느끼게 되는데, 배설조절과 같이 자신의 신체 근육을 자율적으로 조종하고 통제하는 것을 통해 능정적인 성격을 발달시킨다.

그러나 배설행동을 두고 부모와 갈등을 겪으면서 부모에 대한 애증, 즉 양가감정을 갖게 되기도 한다. 배변훈련에 따른 칭찬과 처벌은 이 시기 아동의 성격 형성에 큰 영향을 미친다. 배변훈련을 둘러싼 부모와 아동간의 갈등은 다음과 같은 상황에서 유발되거나 한층 더 심각해질 수 있다.

만약 배변훈련이 순조롭게 진행되지 않으면 아동은 배변훈련에서 느끼는 좌절감에 대해 두 가지 방식으로 반응할 수 있다. 먼저 부모가 금지한 시간과 장소에 고의적으로 배변을 함으로써 부모의 요구를 거절하는 것이다. 만약 아동이 이러한 행동을 좌절을 감소시키기 위한 대안적인 행동으로 여기고 자주 하다보면 항문공격형 성격을 발달시키게 된다. 아동이 배변훈련의 좌절에 반응할 수 있는 두 번째 방식은 배설을 보유하는 것이다. 배변을 자신의 신체 내에 보유함으로써 만족을 느끼고 부모를 통제하고자 하는 아동은 후일 고집이 세고 구두쇠와 같은 특성을 나타내는 항문보유형 성격으로 자라나게 된다.

따라서 이 시기에 배변훈련이 적절하게 이루어지면 자율적이고 창조적인 성격이 형성되어 긍지감이 높고, 독립적이며, 수치심이 없고, 자기주장을 하는 원만한 성격이 된다. 그러나 배변훈련을 너무 빨리 시작하거나 지나치게 엄격하면 오히려 완고하고, 완벽을 추구하며, 고집스럽고, 때로는 지나친 순종을 보이는 등 항문 고착형 성격을 갖게 된다.

(3) 남근기

남근기는 약 4~6세에 해당되는 시기로서 리비도가 생식기에 집중된다. 이 단계에서 아동은 자신의 성기를 만지거나 환상을 통해 쾌감을 느낀다. 남근기의 갈등은 아동이 반대 성인 부모에 대해 지니고 있는 무의식적 근친상간의 욕망과 관련이 있다. 거세불안, 오이디푸스 콤플렉스, 남근선망, 엘렉트라 콤플렉스 등과 같은 심리적 현상이 나타난다. 거세불안과 오이디푸스 콤플렉스는 남아가 환상과 행동을 통해 반대 성의 부모에게 갖게 되는 성적 소망에서 비롯된다. 남아는 아버지를 경쟁자이며 위협적 존재로 여긴다. 또한 그는 아버지와 어머니가 특별한 관계에 있음을 지각하고, 아버지에 대해 질투심과 적개심을 갖게 된다. 이때 연약한 남아는 힘 있는 적대자인 아버지가 자신의 남근을 잘라내지 않을까 두려워하게 되는데, 이를 거세불안이라 하며 그 결과로 나타나는 갈등이 오이디푸스 콤플렉스다.

점차 남아는 이성의 부모에 대해 갖고 있는 욕망과 동성의 부모에 대해 갖고 있는 적대감으로 인해 죄책감을 느끼고, 결국 동성의 부모와의 동일시를 통해 이 갈등을 해소해 나가게 된다. 오이디푸스 콤플렉스를 해결하기 위해 남아는 아버지를 강한 동일시의 대상으로 받아들인다. 이 동일시 과정을 통해 부모의 규범과 그가 속한 사회의 규범을 내재화하게 되고 점차 자아와 초자아가 발달한다. 그러나 아버지와 동일시하면서 이러한 오이디푸스 콤플렉스를 원만하게 해결되지 못하면 퇴행적 행동이 나타나고 여아처럼 행동하는 등 후 일 청소년기 성정체감확립에 큰 혼란을 겪을 가능성이 높다.

남아의 거세불안과 상반되게 여아는 남근선망을 갖는다. 여아는 남아에게 있는 남근이 자신에게 없다는 것을 발견하고 자신의 성기를 잃어버렸다고 믿으며 남근을 부러워한다. 오이디푸스 콤플렉스에 대응되는 여아의 콤플렉스는 엘렉트라 콤플렉스라고 한다. 여아는 이 시기 동안 사랑의 대상을 점차 어머니로부터 아버지에게로 옮겨 가기 시작한다. 어머니에게 남근이 없다는 것을 발견하고는 그에 대해 부정적인 감정을 느끼며 남근 선망을 갖게 된다. 이때 여아는 남근이 있는 아버지의 관심과 애정을 끌기 위해 어머니와 경쟁하게 되는데, 만약 어머니와 더 이상 경쟁할 수 없음을 깨닫게 되면 어머니와의 동일시를 통해 어머니의 행동 특징을 모방하고 초자아를 발달시키게 된다.

남근기의 발달이 순조롭지 않으면 남아의 경우 거세불안이 해결되지 않아 권위에 지나치게 복종하고 두려워하거나 매사에 경쟁적이 된다. 여아의 경우에도 남근선망에 의한 열등감이 해소되지 않아 지나친 경쟁심을 보이기도 한다. 그러나 이 시기를 원만하게 넘기면 건강한 성정체감을 확립하게 되고 성적 호기심을 생산적으로 사용할 수 있게 된다.

(4) 잠복기

잠복기는 약 7~12세에 해당되는 시기로 잠재기라고도 한다. 이 시기에는 리비도가 휴지기에 접어들기 때문에 성적이고 공격적인 욕구나 충동적 욕구가 외부적으로 표현되지 않고 통제된다. 아동의 관심은 외부 세상과 인간관계로 옮겨간다. 본능적 욕구가 잠재화되므로 이성에 대한 관심은 감소하고 오히려 동성의 친구들과 어울리게 되는 사회화가 이루어진다. 정신 에너지는 자아를 발달시키는데 사용되어 학업에 관심을 쏟고 장차 삶을 영위하는 데 필요한 기술 습득과 훈련에 집중된다. 또한 아동의 관심은 가족들로부터 벗어나 외부 환경으로 확대되어 친구들과 교사, 지역사회 내 타인들에게 관심을 갖게 된다. 학교활동, 취미, 스포츠, 우정관계 등을 통해 성적 충동을 승화시킨다.

이 시기를 무난히 넘기면 학업이나 활동에 있어서 성취감을 느끼고 대인관계도 원만해져 자신감과 적응능력이 높아진다. 그러나 이전 발달단계의 과제들이 미해결상태로 남아 성적, 공격적 충동이 잘 제어되지 못한다면 학업에 지장을 받게 되고, 누적된 학업 실패는 열등감을 유발한다. 또한 두려운 나머지 내면의 충동들을 과도하게 제어하다 보면 오히려 성격발달을 정체시키게 되고, 외현상 조숙한 듯 보이지만 실제로는 심각한 강박적 성격으로 발전할 가능성이 높다.

(5) 성기기

심리성적 발달의 마지막 단계인 성기기 혹은 생식기는 사춘기 이후 시기를 일컫는데 사춘기에 시작되어 성인기 내내 지속된다. 이 단계에서 나타나는 청소년의 발달 특징은 급격한 신체적 성장에 따른 호르몬의 변화다. 따라서 이전 단계에 잠재되어 있던 리비도가 다시 활성화되어 성적 욕구가 강해지고 이성에 대한 관심과 인식이 증가한다.

또한 부모로부터 심리적으로 독립하여 독자적인 주체성을 확립하고 급격한 신체발달을 정신적으로 원만하게 통합해야 하는 발달과제를 갖고 있다. 성인기를 준비하기 위해 부모로부터 심리적 독립을 추구하고 근친상간이 아닌 성숙한 이성관을 확립하며, 독자적인 정체성을 모색하고, 자신에게 부여된 역할을 맡아 실험적으로 수행해 나가는 시기다.

4 상담의 목표와 과정

1) 상담목표

정신분석은 내담자의 무의식을 의식화하고 자아를 강하게 하여 본능의 요구보다는 현실에 바탕을 둔 행동을 취할 수 있도록 조력하는 데 그 목표가 있다. 무의식의 역할을 이해하는 것은 행동의 본질과 동기를 파악하는 데 있어 핵심적이다. 무의식 속에 억압된 충동들은 비록 인식되지는 않지만 행동에 직접적으로 혹은 간접적으로 영향을 미친다. 억압된 무의식의 내용은 모든 신경증적 증상이나 부적응의 근원이 된다. 따라서 정신분석을 통해 증상의 의미, 행동의 원인, 그리고 적응을 방해하는 억압된 감정이나 충동을 규명하고 그것을 자유롭게 표현할 수 있도록 촉진함으로써 무의식을 의식화시킨다. 내담자는 자신의 현재 행동의 적절성과 부적절성을 탐색할 수 있게 되고, 나아가 자신의 문제행동의 원인을 통찰할 수 있게 된다. 또한 정신분석은 개인의 성격구조를 변화시키고, 본능적 충동에 따르지 않고 보다 현실적인 행동을 선택할 수 있도록 자아를 강화시키는 데 초점을 둔다.

2) 상담과정

(1) 초기 시작단계

내담자가 분석에 적절한 사람인지와 그가 제시한 문제가 정신분석에 적합한지를 평가하여 상담계약을 맺고, 상담관계를 발전시키며, 내담자의 문제에 대한 기본적인 역동을 파악하는 단계다. 니콜라이는 분석에 적합한 내담자의 다섯 가지 능력을 제시하였다. 첫째, 치료동맹을 맺을 수 있는 능력이 있어야 한다. 둘째, 치료작업을 위한 충분한 시간과 경제능력이 있어야 한다. 셋째, 치료적 퇴행을 견딜 수 있는 능력과 퇴행으로 인한 불안을 극복할 수 있는 능력이 있어야 한다. 넷째, 전이신경증을 형성할 수 있어야 한다. 다섯째, 환상과 현실을 구별할 수 있는 능력이 있어야 한다.

(2) 전이의 발달단계

정신분석은 곧 내담자의 전이와 저항을 분석하는 작업이라고 할 만큼 전이는 중요하게 다루어진다. 내담자가 과거에 부모나 다른 사람들에게 느꼈던 감정을 현재의 상담자에게 동일하게 느끼는 것을 전이라고 한다. 상담자는 분석과정 동안 중립적이고 익명적인 태도를 유지함으로써 상담자에 대한 내담자의 전이를 유발시키고, 유발된 전이를 내담자가 지닌 문제 상황과 관련하여 해석해 준다. 한편 상담자가 내담자와의 관계에서 갈등을 느끼고 내담자를 싫어하거나 좋아할 수가 있다. 이러한 현상을 역전이라고 하는데, 상담자가 과거에 경험한 인물에 대한 느낌을 현재의 내담자에게 치환시키는 것이다. 역전이가 발생하면 상담자 자신의 감정이 부각되어 내담자 문제에 대해 객관적 태도를 유지하기 곤란하며 이로 인해 상담에 방해가 된다 따라서 상담자는 내담자에 대한 자신의 감정에 주의를 기울이면서 역전이가 일어나지 않도록 조심해야 한다.

(3) 전이의 훈습단계

정신분석의 중기단계의 초점은 내담자로 하여금 전이신경증을 훈습하게 하여 전이와 저항을 분석하는 데 있다. 훈습은 내담자의 통찰을 변화로 이끄는 것을 방해하는 저항을 반복적이고 점진적으로 정교하게 탐색하는 것을 의미한다. 이 단계에서는 상담자로부터 얻은 통찰이 내담자 자신의 문제해결에 효과적으로 적용될 수 있도록 내담자가 자신의 행동과 태도를 변화시키고자 노력한다. 내담자는 훈습을 통해 통찰의 효과가 일상생활에 일반화되도록 한다.

(4) 전이의 해결단계

전이의 분석이 종결되는 단계로서 상담자에 대한 내담자의 무의식적이고 신경증적 애착을 해결하게 된다. 내담자가 상담자에 대해 형성한 애착과 의존 등의 문제를 해결할 수 있도록 조력하며, 상담의 종결에 따른 내담자의 감정을 처리하는 데 관심을 둔다.

5 상담의 기법과 적용

1) 상담기법

정신분석의 대표적인 기법으로는 자유연상, 꿈분석, 전이분석, 저항분석, 해석, 훈습 등이 있다.

(1) 자유연상

자유연상은 정신분석 기법 중에서도 핵심적인 것인데, 내담자로 하여금 마음속에 떠오르는 것이면 무엇이든지 이야기하도록 하는 방법이다.

아무런 제한 없이 고통스러운 것이든 즐거운 것이든 어떤 내용이나 논리적이고 조직적이고 의미 있는 이야기가 아니더라도 그리고 아무리 사소한 것이라 하더라도 의식에 떠오르는 것이면 모든 것을 이야기하도록 한다. 억압된 무의식의 내용을 탐색하기 위해 사용하는 기법으로서 어떤 검열이나 자기비판도 개입되지 않아야 한다.

대개 내담자는 긴 안락의자에 눕고 상담자는 내담자의 옆이나 머리 뒤에 보이지 않는 위치에 앉는다. 긴 안락의자를 사용하는 것은 내담자로 하여금 이완시키게 하고 어린 시절에 되돌아가는 퇴행이 일어나도록 해 주어 분석에 효과적이기 때문이다. 이때 상담자가 내담자의 머리 뒤에 앉는 것은 내담자로 하여금 혼자라는 느낌을 갖게 하고 자신의 감정이나 주의에 집중하도록 하여 사고의 흐름을 방해하지 않기 위해서다. 상담자는 내담자에게 마음을 비우고, 아무리 우스꽝스럽고 사소하고 어리석고 고통스럽고 부적절한 것이라 하더라도 마음속에 떠오르는 대로 무엇이든지 모두 이야기하라고 지시한다.

이때 내담자는 어린 시절의 경험이나 잊혀진 장면, 사건을 떠올리거나 그러한 경험과 관련된 억압된 감정을 표현하기도 한다. 주로 어린 시절의 성적인 경험이나 충격적인 사건이 억압되어 있는 경우가 많은데, 이러한 억압된 내용은 불안과 신경증을 유발시킨다. 내담자는 이러한 기억을 떠올리는 것에 대해 저항하지만, 분석과정을 통해 이와 같은 저항이 내담자 자신도 의식하지 못하는 어떤 정신적인 힘에 의해서 이루어진다는 것을 깨닫게 된다. 상담자는 자유연상 기법을 적용하여 내담자가 연상하는 내용으로부터 내담자의 증상과 관련되는 무의식적 자료들을 끌어내고, 그 의미를 해석해 주며, 내담자로 하여금 자신의 문제 증상과 관련된 무의식적 내용들을 이해하는 통찰을 얻도록 한다.

(2) 꿈분석

내담자의 무의식적 자료는 자유연상 외에 꿈 분석을 통해서도 얻을 수 있다. 잠을 자는 동안에는 무의식에 대한 자아의 방어가 약해지므로 억압된 욕구와 본능적 충동들이 의식의 표면으로 보다 쉽게 떠오른다. 프로이트는 꿈을 "무의식에 이르는 왕도"라고 하였다. 꿈은 그날 낮에 경험한 일, 잠자면서 듣는 소리나 감각적인 자극, 배고픔과 같은 신체적인 상태, 잠재적 사고나 욕구 등 다양한 요인에 의해 형성될 수 있다. 프로이트에 의하면 잠재된 생각과 소망은 자아의 무의식적인 방어와 초자아의 무의식적인 검열을 통해 응축되고 전위되고 꿈으로 상징화된다. 신경증적인 증상이 그렇듯이 꿈도 잠재적 소망과 무의식적인 방어 간 타협의 소산이다. 소망과 방어 간의 타협이 잘 안되면 꿈은 '수면의 수호자'로서의 역할을 할 수 없게 되고, 따라서 잠자는 동안 방어가 허술해져서 억압된 내용들이 표면화된다.

꿈은 무의식적인 소망, 욕구, 두려움 등이 표출된 것이다. 꿈 분석은 꿈의 내용이 갖는 상징들을 탐구하여 숨겨져 있는 의미를 파악하는 작업이다. 꿈은 '현시적 내용'과 '잠재적 내용'의 두 가지 수준의 내용을 담고 있다. 현시적 내용은 바로 꿈속에 나타나는 구체적인 꿈의 내용들을 뜻한다. 반면 잠재적 내용은 너무나 고통스럽고 위협적인 것들로서 무의식적인 동기들을 담고 있으므로 숨겨져 있고 상징적으로 드러난다. 따라서 꿈을 분석할 때에는 꿈의 현실적 내용이 아니라 상징적으로 드러나 있는 동기와 갈등, 즉 잠재적 내용에 초점을 둔다. 또한 내담자로 하여금 꿈이 시사하는 현재 상황에 대한 이해뿐만 아니라 과거의 중요한 타인과의 경험도 인식하도록 돕는다. 상담자는 꿈 분석을 통해 내담자의 무의식 속에 억압되어 있는 욕구를 찾아내고 내담자로 하여금 해결되지 않은 자신의 문제들에 대한 통찰력을 얻도록 도와준다.

(3) 전이분석

정신분석에서 상담자의 주된 업무의 하나는 내담자의 전이를 유도하고 그것을 해석하는 것이다. 전이란 내담자가 인생 초기의 의미 있는 대상과의 관계에서 발생했으나 억압되어 무의식에 묻어 두었던 감정, 신념, 욕망을 자기도 모르게 상담자에게 표현하는 현상을 뜻한다. 정신분석이 진행되면 내담자는 과거에 경험한 타인과의 관계, 특히 부모나 주요 양육자와의 관계에서 형성된 경험들을 상담자를 통해 재현하는데, 이러한 전이가 결정적인 치료요소가 된다. 내담자는 상담자에게 감정을 전이함으로써 현재의 어려움을 야기시키는 초기의 인생 갈등을 정서적으로 다시 경험하게 된다.

전이는 내담자가 상담자에게 부여하는 모든 투사의 총합이라고 할 수 있다. 그러나 상담자에 대한 내담자의 감정이나 태도를 무조건 전이로 생각해서는 안 된다. 내담자의 반응행동이 현재 상황에 비추어 보아 실제적인 이유가 있는 행동이라면 그것은 전이가 아니다. 상담관계에서 전이현상이 발생하면 내담자는 상담자에 대한 지각이 왜곡되어 상황에 걸맞지 않는 경험과 행동양식을 나타낸다. 과거의 의미 있는 대상과의 관계 양상이 활성화되어 과거 경험들이 상담자의 실제 관계에서 다시 생생해진다. 전이에는 긍정적 전이와 부정적 전이의 두 가지 형태가 있다. 긍정적 전이는 내담자가 상담자를 특별히 좋아하고 이상적인 인물로 보게 되는 것을 뜻한다. 반면 부정적 전이는 내담자가 상담자를 이유 없이 두려워하거나 미워하게 되는 것을 의미한다. 두 가지 형태의 전이 모두 해결되지 않은 아동기의 갈등이 재현되고 있는 것으로 본다.

정신분석의 성공 여부는 내담자의 전이를 이해하고 어떻게 다루느냐에 달려 있다. 내담자로 하여금 전이되는 감정의 실제와 환상 사이를 구별할 수 있도록 도와주며, 이러한 전이분석을 통해 왜곡된 관계를 재정립하도록 돕는다. 즉, 상담자의 분석을 통해 전이 감정이 해소되면 내담자는 과거의 영향으로부터 벗어나게 되고 보다 정서적으로 성숙한 상태에 도달할 수 있다.

(4) 저항분석

저항이란 내담자가 상담에 협조하지 않는 모든 행위를 뜻한다. 정신분석 초기에 내담자는 억압된 감정이나 생각들을 회상할 수 없거나 혹은 그 표현을 주저하는 경향을 보인다. 상담 약속을 어긴다거나, 특정한 생각, 감정, 경험 등을 드러내지 않거나 상담과정에서 아무런 의미도 없는 말만 되풀이 하거나 중요한 내용을 빠뜨리고 사소한 이야기만 하거나 하는 것도 저항의 한 형태다. 정신분석에서는 내담자가 저항을 하는 데에는 그럴 수밖에 없는 이유가 있다고 여긴다. 내담자가 자신의 억압된 충동이나 감정을 자각하게 되면 불안이 유발되는데, 이때 이러한 불안으로부터 자아를 방어하고자 하는 무의식적 역동성이 곧 저항으로 나타난다. 무의식의 저장고에 숨겨진 내용들을 인식하는 것은 내담자에게 고통스러운 일이다.

일반적으로 사람들은 고통스러운 것을 회피하고자 한다. 그렇기 때문에 내담자가 저항을 보인다는 것은 곧 내담자의 억압된 고통스러운 무의식적 자료가 의식의 표면으로 올라오려 하고 있음을 뜻한다. 이러한 측면에서 저항은 치료적인 의미를 지닌다고 볼 수 있다. 저항은 상담의 진전을 저해하고 내담자가 무의식적 욕구를 적극적으로 표출하는 것을 방해하므로 저항을 분석하고 해석하는 작업은 중요하다. 따라서 내담자의 갈등을 근본적으로 해결하기 위해서 상담자는 내담자의 저항의 이유를 지적하여 내담자로 하여금 직면하게 해야 한다. 상담자는 내담자의 주의를 집중하게 하고 저항들 가운데서도 가장 명백한 저항현상을 해석해 준다. 저항을 분석하는 목적은 내담자가 자신의 저항행동의 원인을 통찰하도록 도와줌으로써 그것을 잘 처리할 수 있도록 하는 데 있다.

(5) 해석

해석은 내담자가 자유연상에서 보고한 자료, 꿈의 자료, 실언, 증상, 전이, 저항 등의 내용과 그 의미를 깨닫도록 지적하고 설명하고 가르치는 상담자의 치료활동을 뜻한다. 해석을 통해 상담자는 내담자의 무의식적인 내용을 의식화하도록 촉진하며 내담자로 하여금 자신의 무의식에 대한 통찰을 얻게 한다.

해석은 몇 가지 원칙에 따라 이루어져야 효과를 거둘 수 있다. 첫째, 해석을 시도하는 시기의 적절성이다. 적절하지 못한 때에 해석을 하면 내담자가 거부반응을 일으킬 수 있기 때문이다. 해석하려는 내용이 내담자의 의식 수준에 가까이 왔을 때 하는 것이 원칙이다. 내담자가 해석을 받아들일 준비가 되어 있지 않는데도 상담자가 때 이른 해석을 하는 것을 조기 해석이라 한다. 아무리 정확한 해석이라 하더라도 내담자가 미처 수용할 준비가 되어 있지 않다면 통찰의 효과를 기대할 수 없고 강한 저항만 불러일으키게 된다. 둘째, 내담자가 소화해낼 수 있을 정도의 깊이까지만 해석해야 한다. 상담자는 내담자 스스로 미처 깨닫지 못했지만 견딜 수 있고 자신의 것으로 인정할 수 있을 것 같은 표면적인 자료부터 시작해서 심도 깊은 내용으로 점진적으로 확대시키면서 해석 수준을 조절하는 것이 필요하다. 셋째, 저항이나 방어의 저변에 깔려 있는 무의식적 감정 및 갈등을 해석하기에 앞서 그 저항과 방어를 먼저 지적해 줄 필요가 있다.

해석은 일반적으로 네 단계로 이루어진다. 첫째, 내담자를 특정 사실이나 체험에 직면하게 한다. 둘째, 직면한 사실이나 사건, 의미 등에 대해 보다 날카롭게 초점을 잡아 명료화한다. 셋째, 상담자는 여러 상황과 정보, 그리고 지금 여기에서 일어나는 경험들을 파악하고 유추한 것을 전체적인 맥락 속에서 추론하여 내담자에게 설명해 준다. 넷째, 분석과정에서 해석된 것을 총합하고 해석과 더불어 유발된 저항을 극복해 나간다.

(6) 훈습

정신분석이 진행되면서 내담자는 자신의 갈등과 심리적 방어기제를 이해하기 시작하고 이에 대한 통찰을 갖게 되지만, 내담자가 한 번 통찰했다고 해서 바로 마음속의 갈등이 사라지거나 심리적 문제가 즉각 해결되는 것은 아니다. 지금까지 익숙하게 사용해왔던 방식대로 자아가 작용하기 때문이다. 상담을 통해 얻은 통찰은 실생활 속에서 실천에 옮겨져야만 그 효과를 거둘 수 있다. 따라서 내담자가 인지적 차원에서뿐만 아니라 감정적으로 자신의 갈등을 이해하고 자각하여 내적으로 심리적인 변화가 나타나기까지는 지속적으로 훈습 작업이 이루어져야 한다. 훈습이란 내담자가 이전에는 회피했던 무의식 자료를 정확히 이해하고 통합하여 일상생활에 적용할 수 있을 때까지 상담자로부터 반복적인 해석과 지지를 받는 과정을 말한다. 익숙해질 때까지 이 과정을 연습한다는 의미에서 훈습이라고 한다.

CHAPTER

06 분석심리학적 상담

프로이트와 더불어 20세기에 무의식이론인 심층심리학을 이끌었던 대표적 인물은 카를 구스타프 융이다. 융은 프로이트와 직업적으로 또 개인적으로 6년간 함께 지내며 정신분석에 심취하여 무의식적 동기의 개념을 발전시키기 위해 노력했다. 이 기간 동안 프로이트는 융을 그의 황태자, 즉 그의 후계자로 보았다. 그러나 초기에 그들의 협력적 노력에도 불구하고 그 후에 융은 프로이트와 결별하였다. 그 이유는 융이 프로이트의 무의식에 대한 환원주의적이고 심리성적인 견해에 반대했고, 또한 프로이트가 초자연적인 것으로 여겼던 현상에 대해 융은 크게 관심을 가졌기 때문이다.

융은 프로이트가 평생을 통해 주장한 심리성적 발달과 인생 초기에 성격이 결정된다는 결정론에 반대하여 인간 정신에 대한 분석을 주관적 체험과 현상학을 바탕으로 체계화하여 보다 새롭고 정교한 이론을 만들었다. 그것이 바로 분석심리학이다. 융은 인간 정신의 소인인 원형이 유전된다는 것과 원형들로 구성된 집단 무의식의 개념을 바탕으로 분석심리학을 개발하였다. 융도 프로이트처럼 정신을 의식과 무의식의 구조로 보았지만, 인간이 생물학적 본능에 의해 지배되는 것 이상으로 인류의 역사를 통해 발달된 인간의 정신구조를 이해하려고 시도하였다.

무엇보다는 융은 인류 역사를 통해 발달해 온 정신과 개인이 속한 문화적 영향을 바탕으로 형성된 타고난 정신적 소인의 중요성을 강조하였다. 그는 개인의 인생은 무의식의 자기실현 역사이고, 무의식에 있는 모든 것은 표현되려고 노력하며, 성격은 무의식의 조건에서 발현되기를 갈망한다고 보았다. 그리고 융은 언제나 자기 자신의 '마음의 의사'임을 자처하였고, 인간 심리를 해석할 때는 그 해석이 논리적으로 타당한지의 여부보다는 해석을 받은 당사자에게 얼마나 효과적이었는지가 중요하다고 보았다.

1 주요학자의 생애와 업적

카를 구스타프 융은 1875년 7월 26일 스위스 동북부에 위치한 보덴 호수 근처의 작은 마을인 케스빌에서 태어났다. 아버지는 복음주의 개혁 목사였다. 융은 자신이 문제 있는 양친의 틈에서 자라난 외로운 아이였다고 기술하였다. 어머니는 지배하려 드는 성격이었고, 아버지는 실패자라는 것에 대해 생각하면서 종교적 신앙의 진실을 회의하며 많은 시간을 보냈다. 융은 아동기의 많은 시간을 꿈의 의미와 그가 경험했던 초자연적인 환상에 깊이 빠져서 보냈다. 융의 일부 아동기 경험들은 훗날 그의 이론화에 매우 중요한 역할을 했다. 유년시절과 청년 시절을 통해 그의 가장 큰 즐거움은 자연을 탐구하고 희곡, 시, 역사, 철학 등과 같은 그 자신이 선택한 책들을 읽는 것이었다.

융이 처음에 사랑한 것은 고고학이었으며, 그 관심은 이후의 연구에 큰 자취를 남겼다. 그러나 그는 어느 날 꿈에서 의사가 되겠다는 확신을 얻었고, 1902년에 바젤 대학교에서 [이른바 신비적 현상들의 심리학과 병리학에 대하여]라는 논문을 쓰고 의학박사 학위를 받았다. 취리히 대학교의 정신병 진료소에 임명되어 정신분열증 연구로 유명한 블로일러 밑에서 일했다. 1903년 엠마 라우셴바흐와 결혼하여 다섯 자녀를 두었다. 1905년에 융은 바젤 대학교에서 정신병리학을 강연했다.

인간의 마음에 대한 융의 호기심은 바로 프로이트의 연구와 연관되었다. 융은 1900년에 프로이트의 [꿈의 해석]을 읽은 후 정신분석학에 관심을 가지고

1906년 프로이트와 서신 왕래를 시작했고, 이듬해인 1907년에 프로이트를 만나 13시간 동안 대화를 나누었다. 융과 프로이트는 서로를 크게 존경하였고, 1909년에 미국으로 같이 강연 여행을 떠나기도 했다. 사실상 프로이트는 융을 아들처럼 대하며 자신의 후계자로 지명하였고, 국제정신분석학회의 회원들에게 융을 초대회장으로 뽑아주도록 설득하여 1911년에 융은 국제정신분석학회 회장이 되었다. 그러나 융은 프로이트의 이론에 모두 동의하지는 않았는데, 특히 모든 무의식적 사건을 성적 충동으로 환원시키려 하는 것을 반대했다. 융은 무의식이 종교적, 정신적 욕구를 포함해 여러 종류의 욕구들을 지니고 있다고 보았다. 1912년에 융은 자신의 독자적인 견해를 펴기로 결심하였고, 1913년에 마침내 두 사람은 결별하였다. 융은 1914년 국제정신분석학회의 회장직을 사임하고 몇 달 후 학회에서 아주 탈퇴했다. 그때부터 융은 계속해서 자신의 이론을 분석심리학이라 칭하고, 그 후 그의 순수한 이론적인 체계를 언급할 때 '복합심리학'이라 했다. 복합심리학이란 용어는 그의 이론이 단순한 의식심리학 또는 모든 것을 단순히 본능적인 요소의 결과로만 보는 프로이트 학파의 정신분석학과 같은 다른 심리학 이론과 비교해서 지극히 복잡한 정신적 상황에 관한 것이라는 점을 강조하기 위해 사용한 것이다.

프로이트와 헤어지고 나서 융은 그의 발판을 잃게 되었고, 내적 혼란으로 고통을 받았으며 이는 약 3년 동안 지속되었다. 그는 무시무시하고 매우 상징적인 꿈을 꾸기 시작했으며, 깨어 있는 동안에도 무서운 시각적 체험을 하게 되었다. 예를 들면, 그는 알프스가 점점 커지고 거대한 노란색 파도가 수천 명의 사람들을 휩쓸어 바다를 핏빛으로 만드는 환상을 보았다. 그 다음해에 제1차 세계대전이 일어났는데, 그는 자신이 본 환상이 자신을 초월한 어떤 사건들에 대한 메시지를 전달해 주는 것으로 믿었다.

융은 자신이 정신병 수준에까지 이르렀음을 깨달았으나 그럼에도 그는 무의식−내부로부터 솟아나 그를 부르는 모든 것−에 자신을 맡기기로 결심했다. 이는 그에게 일어나는 일들을 이해할 수 있는 유일한 기회였다. 그래서 그는 점차 더 깊은 심연으로 빠져 들어감을 종종 느끼게 하는 가공할 내적 여행을 시작했다. 각 영역에서 그는 태고의 상징과 심상들을 보았으며, 아득한 옛날로부터 온 악마, 유령, 묘한 형상들과도 이야기를 나누었다. 이 기간 동안 외부 세계의 지지기반이 되어 준 것은 그의 가족과 전문가로서 쌓아온 그의 기량이었다. 그렇지 않았더라면 내부에서 솟아나는 심상들로 인해 틀림없이 완전히 미쳐버렸을 것이라고 융은 말했다.

약 4년 후, 그는 서서히 자신의 내적 의문의 목표를 발견하기 시작했다. 이는 융 자신이 기하학적 도형들, 즉 원과 사각형으로 구성된 상징들을 그리고 있음을 점차 깨닫게 되었을 때였다. 나중에 그는 이 상징들을 '만다라'라고 불렀다. 이 그림은 어떤 기본적인 통일성이나 전체성, 다시 말해 그의 존재의 중심에 이르는 통로를 나타내고 있다. 융은 자신이 정신병적 상태에 있을 때의 일들에 대해 "나는 내를 어디로 데려가는지도 모른 채 나 자신을 어떤 흐름에 맡겨야만 했다. 하지만 내가 만다라를 그리기 시작할 무렵 모든 것들, 다시 말해 내가 지나온 모든 통로와 내가 밟아온 모든 발걸음이 어느 한 점, 곧 하나의 중앙점을 거슬러 올라감을 보았다. 만다라가 그 중심임이 점차 내게 뚜렷해졌다"라고 말했다.

이처럼 융은 자신의 균열을 새로운 개인적 통합에 이르는 데 필요한 내적 여행이라고 이해하기 시작했다. 그러나 그런 생각을 굳히게 된 것은 약 8년 후 그가 묘하게 중국풍으로 보이는 만다라를 꿈꾸고 나서 그 이듬해에 만다라를 생의 통일성의 표현이라고 논하는 중국 철학서를 받게 된 때였다. 따라서 그는 자신의 체험이 영적 전체성에 대한 무의식적인 보편적 물음과 합치되고 있음을 믿게 되었다.

융은 무의식과 그 상징들에 대한 탐구를 그의 나무지 생애 동안 중심적 과제로 삼았다. 그는 꿈과 환상을 꾸준히 탐색했고, 또한 여러 문화의 신화와 예술을 폭넓게 연구하면서 그것들 속에서 보편적이고 무의식적인 갈망과 긴장의 표현을 발견하고자 했다. 융은 생애의 마지막을 개인치료, 여행, 독서, 공부를 하며 보냈다. 이러한 경험을 통해 그의 관찰은 자신의 계속적인 자기분석 및 자기반성과 결합되었고, 이는 막대한 양의 저서를 출간하고 수많은 강연을 이끌었다.

융은 1961년 6월 6일 스위스의 퀴스나흐트의 자택에서 사망하였다. 그의 저서들은 크고 작은 것을 모두 합해서 130편이나 되고, 그 가운데 책으로 된 것은 35권이다. 그의 저서들은 대부분 구라파 언어와 몇 개의 다른 언어로 번역되어 처음에는 심리학과 거리가 먼 것 같은 과학에서까지도 계속적으로 증가하는 관심을 받아왔다. 융의 전집은 영국과 미국에서도 출판되었다.

융이 다른 동료들과 함께 집필한 마지막 저서인 [인간과 그의 상징]은 그가 죽기 전에 써서 죽은 후에 출간되었는데, 이 책에서 그는 삶의 마지막 부분에서 초점을 두었던 문화, 영혼성, 원형들 간의 교차에 대해 설명하였다. 국제분석심리학회가 1966년에 취리히에서 융의 이론에 관심을 갖고 있는 사람들을 교육하는 기관으로 창설되었다. 국제분석심리학회에서는 융 학파의 분석자가 되기를 원하는 사람들을 위한 국제 공인 자격 코스를 제공하고 있다. 융의 아이디어, 특히 내향성과 외향성이라는 성격 지향성과 사고와 감정, 감각과 직관의 네 가지 심리적 기능에 대한 설명으로 잘 알려진 [심리적 유형]은 성격유형검사로서 널리 활용되고 있는 MBTI의 큰 기초가 되었다. 융의 아이디어는 아동 놀이치료, 미술치료, 심리치료에서의 상징적 삶의 통합에 영향을 주었다.

2 인간관

융은 어떤 다른 이론가보다도 무의식을 상당히 강조하였다. 프로이트가 성격 형성에 있어서 무의식의 효력이 중요하다고 우리에게 일깨워 준 사람이라면, 융은 우리 모두가 가지고 있는 그 감추어진 내적인 삶을 보다 깊은 차원으로 이끌어준 사람이다. 융은 무의식의 부분으로서 인간 각자가 삶을 영위해 가면서 쌓아가는 경험뿐만 아니라 모든 인간의 종족과 인간 이전의 동물 조상들이 축적한 경험도 포함시켰다. 따라서 그는 인간을 긴 역사의 산물로, 생물학적 유전뿐 아니라 문화적, 정서적 유전을 선조로부터 물려받은 존재로 보았다.

융에 따르면 인간의 많은 고통과 절망, 그리고 무감각하고 목표도 없고 무의미하다는 느낌들은 성격의 무의식적 기초와 접촉 상실로 인해서 초래되는 것이다. 그리고 그러한 접촉 상실은 주로 과학과 이성을 삶의 지표로서 신봉하는 추세가 증가되고 있는 탓이다. 우리는 너무 한쪽에만 치우쳐 있어서 무의식을 희생시켜 버리고 의식적, 합리적 존재임을 강조하고 있는 것이다. 우리는 미신적인 신앙으로부터 해방되었으나 그 과정에서 영혼의 가치와 자연과의 합일을 상실하였다. 바꾸어 말하면, 우리는 비인간화되어 버렸다. 그래서 우리는 자신을 의미가 없는 혹은 사람과의 관계를 맺지 않는 존재로 느끼며 무용성과 공허감에 압도되어 있다고 느낀다는 것이다. 융은 이러한 우리 시대의 일반적인 신경증은 과거와의 영적 결합의 상실로 인한 직접적인 결과이며, 그 치료방법은 성격의 무의식 세력과의 접촉을 회복하는 길 밖에 없다고 보았다.

인간의 본성에 대한 융의 견해는 프로이트의 견해와는 다르다. 융은 인간의 성격이 어떤 아동기의 경험과 원형에 의해 부분적으로 결정될 수 있다는 점에서는 프로이트와 견해를 같이하지만, 근본적으로 결정론적 입장은 아니며 인간의 자유의지와 자발성을 인정하고 있다.

천성이냐 양육이냐에 대해서 융은 중간쯤의 입장을 취하고 있다. 자기실현을 향한 충동이나 경향성은 타고난 것이지만, 경험과 학습에 의해서 촉진될 수도 있고 방해받을 수도 있다고 보았다.

삶의 궁극적, 필연적 목적은 융의 여러 저술에서 분명하게 설명되어 있는데, 프로이트의 긴장완화의 목적과는 상당히 다르다. 융에 의하면 인간 성격의 목적은 개성화 또는 자기실현에 있다. 그는 개성화의 과정을 독특한 개인, 단 하나의 동일체적 존재가 되어 가는 것이라고 정의하였다. 개성화의 과정은 또한 자기 자신이 되어간다는 뜻이 내포되어 있어서, 우리는 개성화를 자신답게 되는 것 또는 자기실현으로 해석할 수 있다. 융은 이러한 목적을 완전히 성취하기란 좀처럼 어렵지만 끊임없이 인간으로 하여금 그 목적을 추구하도록 동기를 부여한다고 말했다.

융은 또한 아동기 경험의 중요성에 대해 프로이트와는 다른 입장을 갖고 있다. 그는 아동기 경험이 인간의 성격에 영향을 미치기는 하지만 전적으로 인간의 성격 형성을 좌우하지는 않으며, 인간은 중년기의 경험 및 미래에 대한 희망과 기대에 의해서 보다 많은 영향을 받는다고 보았다.

융은 각 개인은 독특한 존재이지만 인생의 전반부에만 그러하다고 믿었다. 개성화 혹은 자기화 수준이 중년기에 어느 정도 달성되면 성격의 한 측면이 계속해서 지배하지 않는 이른바 '보편적 성격'을 발달시킨다는 것이다. 그때 개인의 독특성은 사라지며, 개인은 더 이상 특정의 심리적 유형에 속하는 것으로 묘사될 수 없게 된다.

비록 융은 사회심리적 이론가들만큼 인간성에 대해 그렇게 낙천적이지는 않았지만, 프로이트보다는 긍정적이고 희망적인 인간상을 우리에게 제시하였다. 인간성에 대한 융의 낙천적 태도는 그의 성격발달에 대한 견해에서 잘 나타나 있다. 그에 따르면 개인은 끊임없이 성장하고, 발달하고, 확장하고, 개선하며, 앞으로 나아가고자 노력하는 존재다. 인간은 개별적으로나 집단적으로 앞을 바라보면서 앞을 향해 나아가며, 프로이트가 가정했던 것처럼 발달과 변화 및 진보는 아동기에 멈추는 것이 아니라 끝이 없는 영원한 과정이라는 것이다. 이처럼 융은 인간을 항상 지금 이 순간보다 더 좋아지고 나아지려는 희망을 갖고 있는 존재로 보았다.

3 주요개념

융의 분석심리학적 이론을 이해하는 데에 기초가 되는 몇 가지 주요 개념들을 살펴보기로 한다.

1) 정신구조

융의 분석심리학에서는 인격 전체를 정신이라고 부른다. 프시케라는 라틴어는 본래 영 또는 혼을 의미했으나 근대에 와서는 정신의 과학을 심리학이라고 말하는 것처럼 정신을 의미하게 되었다. 정신은 의식적, 무의식적인 모든 사고, 감정, 행동을 포함한다. 정신이라는 이 개념은 인간은 본래부터 하나의 전체라는 것이 융의 근본 사상임을 뒷받침해준다. 융에 의하면 인간은 이미 전체성을 갖고 있고 하나의 전체로서 태어나며, 인간이 일생을 통해 해야 할 일은 타고난 전체성을 최대한 분화, 일관성, 조화를 이루도록 발전시키는 것과 그것이 제각기 흩어져 제멋대로 움직이고 갈등을 일으키는 여러 체계로 분열되는 것을 막는 것이다. 정신분석학자로서 융이 해야 할 일은 환자가 잃어버린 전체성을 되찾고 정신을 강화하여 장래의 분열에 저항할 수 있도록 돕는 것이었다. 그러므로 융에게는 정신분석의 궁극적인 목표가 정신통합인 것이다.

정신은 다양하지만 상호작용을 하는 수많은 체계와 수준으로 이루어져 있다. 융의 견해에 따르면 정신은 세 가지의 분리된, 그러나 상호작용하는 체계인 의식 부분인 자아와 무의식으로 이루어져 있다. 융은 정신에 있어서 의식부가 중요하기는 하지만 무의식보다는 훨씬 더 중요하다고 보았다. 그는 무의식을 인류의 창조적 노력과 정신적 열망의 근원이라고 가정하면서 무의식부에는 개인무의식과 집단 무의식이라는 두 가지 수준의 무의식이 있으며, 집단 무의식이 정신의 가장 중요한 부분이라고 생각했다.

(1) 자아

자아는 의식적인 마음이며, 언제 어느 때나 우리가 알 수 있는 지각, 기억, 사고 및 감정으로 되어 있다. 우리는 일생을 통해 광범위한 자극을 계속적으로 받고 있으며 그 자극이 너무도 많기 때문에 효율적으로 다 주위를 기울일 수 없다. 따라서 우리 주변에 있는 갖가지 자극들 중에서 선택해서 지각하지 않으면 안 된다. 우리는 해롭거나 위협적인 자극들은 물론 무의미하고 부적절하고 보잘 것 없는 자극들을 걸러내지 않으면 안 된다. 자아는 이러한 중요한 기능을 수행한다. 감각이나 관념 혹은 기억이 자아에 의해 의식 속으로 인지되고 받아들여지지 않는다면 보이지도 들리지도 사고되지도 않을 것이다. 따라서 자아는 '의식에 이르는 문지기'로서 의식을 지배하고 있다고 할 수 있다.

우리 의식의 상당 부분은 외향성의 태도와 내향성의 태도에 의해서 결정된다. 이 두 가지 태도는 세상을 보는 방법이 서로 정반대이며, 융의 이론에서 가장 잘 알려진 부분이다. 외향적인 태도를 가진 사람은 객관적 현실의 외부 세계를 지향한다. 그들은 대인관계가 솔직하고, 사교적이며, 타인들과의 진실한 교제를 즐기는 영향이 있다. 반면에 내향적인 태도를 가진 사람은 내적, 주관적인 삶에 방향을 두며, 내성적이고 위축되어 있고 부끄러워하는 경향이 있다. 이 두 가지 태도는 외부 대 내부의 상반된 방향을 나타내고 있는데, 융은 모든 인간은 모든 인간은 어느 한쪽의 부류에 속할 수 있다고 느꼈다.

사람이 살아감에 있어서 이들 태도 중의 어느 하나가 우세하여 행동과 의식을 지배하게 되는 것이 보통이다. 이 말은 다른 태도가 완전히 무시된다는 뜻이 아니다. 그 태도는 여전히 존재하며, 다만 의식의 부분으로서 존재하지 않을 뿐이다. 그것은 개인무의식의 부분이 되며 그 속에서 여전히 행동에 영향을 미칠 수가 있다.

의식부에는 외향성 혹은 내향성 외에도 다른 것이 있다. 융은 이를 심리적 기능이라고 소개했다. 이 역시 우리 주변의 세계와 내부의 세계, 즉 우리의 외적 세계와 내적 세계를 지각하고 반응하는 방식이다. 융은 모든 외향적인 사람들 혹은 모든 내향적인 사람들이 똑같은 것은 아니라는 것, 다시 말해 그들은 세계에 대한 태도가 합리적이냐 혹은 비합리적이냐 하는 점에서 다르다는 것을 발견하였다. 합리적 기능은 사고하기와 느끼기가 있다. 이들은 실제로 정반대의 기능이지만, 둘 다 경험에 대해 판단하고 평가하며 또 경험을 조직하고 분류한다. 비합리적 기능에는 감지하기와 통찰하기가 있는데, 이들은 이성을 사용하지 않는다. 감지하기가 감각기관을 통해서 현실을 경험하는 것이라면, 통찰하기는 육감이나 일종의 비감각적인 경험을 토대로 하고 있다는 점에서 둘은 정반대의 기능인 것이다.

세계에 대한 우리의 기본적인 지향이라는 점에서 보면, 한 가지의 태도만이 지배적인 것과 마찬가지로 기능에 있어서도 한 가지의 기능만이 의식부에 지배적이고 다른 세 기능은 개인무의식의 부분이 된다. 합리적 기능과 비합리적 기능의 상반성 때문에 그 두 가지 기능 중 어느 한쪽 기능만이 한 인간에게 있어서 지배적이며, 또한 언제 어느 때나 사고와 감정 중에서 그리고 감각과 직관 중에서 어느 하나만이 우세하다. 결국 두 가지 태도와 네 가지 기능이 상호작용하여 여덟 가지의 심리적 유형이 형성된다. 외향적이거나 내향적인 사람은 네 가지의 기능들 중에서 어느 하나의 기능에 의해 지배받을 수 있다. 예컨대, 외향적인 사람은 감각형의 기능을, 내향적인 사람은 사고형의 기능을 수행할 수 있다.

(2) 개인무의식

개인무의식은 무의식부에서 보다 상부에 있고 보다 표면에 있으며, 본질적으로 의식 속에 더 이상 남아 있지는 않지만 쉽게 의식부로 떠오를 수 있는 자료의 창고 혹은 저장소다. 이 자료는 중요한 것이 아니기 때문에 의식적인 인상을 주기엔 너무 약해서 의식에 도달할 수 없는 망각된 기억들과 너무 위협적인 것이어서 자아에 의해 억압 혹은 억제된 기억들과 외상들로 이루어져 있다.

주어진 시간에 우리가 얼마나 많은 경험을 의식할 수 있는가에 대해서는 한계가 있다. 어느 순간에든 한 가지 혹은 두세 가지의 생각과 경험밖에 주의를 기울일 수가 없다. 다른 기억이나 생각들은 현재 몰두하고 있는 기억이나 생각들을 위해 자리를 양보하려고 옆으로 밀려나지 않으면 안 된다. 예컨대, 우리는 수많은 정보를 가지고 있다. 우리는 우리의 전화번호를 알고 있지만 항상 그것을 생각하고 있지는 않다. 그러나 우리가 필요로 할 때는 즉시 의식부 안에서 인식될 수 있도록 상기해 낼 수가 있다. 이처럼 의식부와 개인 무의식 사이에는 서로 빈번한 왕래가 있다. 지금 공부하고 있는 분석심리학의 내용으로부터 지난 밤에 했던 일의 기억이나 내일 할 일에 대한 계획으로 여러분의 주의가 옮겨질 수도 있다. 우리는 개인무의식을 우리의 감정, 사고 및 기억들을 모두 담고 있는 서류철에 비유할 수 있다. 별 노력 없이 특정의 기억을 뽑아내어 잠시 검토한 후 제자리에 갖다 놓고 다음 생각이 날 때까지 잊어버리는 것이다.

개인무의식의 한 가지 중요한 국면은 융이 콤플렉스라고 부른 것인데, 이것은 하나의 공통된 주제에 관한 정서와 기억 및 사고의 무리다. 어떤 의미에서 콤플렉스란 전체 정신 속에 있는 보다 작은 정신이며, 어떤 것에는 강하게 집착하는 특성을 갖고 있다. 예컨대, 우리가 어떤 사람이 열등 콤플렉스를 갖고 있다고 말할 때는 그 사람이 열등감 혹은 권력에 사로 잡혀 있으며, 이러한 집착이 그의 행동에 크게 영향을 미친다는 것을 의미한다. 그러나 콤플렉스를 가진 사람은 콤플렉스가 인식되는 의식부의 부분이 아닌 개인무의식 속에 있기 때문에 자기가 콤플렉스에 의해서 얼마나 통제 받고 있는가를 알지 못한다. 콤플렉스는 실질적으로 우리 주변의 모든 것, 즉 세계를 어떻게 지각하며 어떤 가치와 흥미와 동기를 가질 것이냐 하는 것을 결정한다.

요컨대, 개인무의식은 살아가면서 축적되어 있는 억압된 기억, 환상, 소망, 외상, 욕구의 저장소로서, 개인 무의식에는 성격의 착한 면과 악한 면을 모두 갖고 있는 음영이 존재한다. 융은 성격의 그림자 측면을 분석을 통해 통합함으로써 정신 치유와 완전성이 이루어질 수 있다고 믿었다.

(3) 집단 무의식

융은 처음에는 콤플렉스가 외상적인 어린 시절의 사건에서 생긴다고 믿었으나 후에 훨씬 더 깊은 경험에서 비롯된다는 것을 깨닫게 되었다. 그는 콤플렉스가 종의 진화사에서 어떤 경험, 즉 유전기제를 통해서 한 세대에서 다음 세대로 전달되는 경험에 의해서 영향을 받는다고 느꼈다. 마치 우리 각자가 자신의 과거의 모든 경험을 모아서 정리, 보존해 온 것처럼 인류도 그렇게 해 왔다는 것이다. 이러한 보편적인 진화 경험의 저장소인 집단 무의식은 정신의 가장 접촉하기 어려운 가장 깊은 수준에 존재하며 개인의 정신의 토대가 된다. 초개인적 구조로서 이미지, 상징, 신화가 원시인으로부터 현대인으로 전수된 원형의 가상 창고인 집단 무의식은 현재의 모든 행동을 지시하며, 따라서 정신에 있어서 가장 강력한 힘을 발휘한다.

그러나 이러한 아주 오랜 옛날의 인간경험들은 무의식적인 것이며, 따라서 우리는 그것을 인식하지 못한다. 우리는 의식적으로 그것을 기억하거나 상상하지 못한다. 대신에 이러한 아주 오랜 옛날의 경험들은 우리 모두에게 조상들과 똑같은 방식으로 지각하고 사고하고 느끼는 소인이나 경향성으로 존재한다. 이러한 경향성이 우리의 행동에 실제로 나타나는지의 여부는 앞으로 직면하게 될 특정의 경험들에 달려 있다. 예컨대, 우리의 원시 조상들이 어두움을 두려워하였고, 그리하여 우리는 그와 같은 방식으로 행동하는 하나의 소인을 물려받는다. 이 말은 우리 각자가 자동적으로 어두움을 두려워하는 인간으로 성장한다는 것을 뜻하는 것이 아니라 밝은 것을 두려워하기보다는 어두움을 두려워하는 것이

보다 쉽게 학습된다는 뜻이다. 이러한 경향성은 존재하며 그 소인을 현실화시킬 적당한 경험만을 필요로 한다. 융은 "그가 태어날 세계의 모습은 하나의 허상으로서 이미 그의 내부에 타고난다"라고 하였다.

또 하나의 예로, 융의 이론에 의하면 우리는 어떤 정해진 방식으로 어머니를 지각하는 소인을 갖고 태어난다. 어머니가 일반적으로 과거 세대의 어머니들이 행동했던 것처럼 행동한다는 것을 생각해 보면, 우리의 소인은 우리가 경험하고 있는 현실과 일치할 것이다. 타고난 우리 세계의 본질은 우리가 경험을 지각하고 반응하는 방식을 사전에 결정해 준다. 융은 여러 문화권의 탐구를 통해서 어느 장소, 어느 시대나 이러한 공통된 경험과 유사한 주제 및 상징성을 갖고 있다는 것을 알았다. 그는 또한 이러한 주제들이 자기의 환자들의 환상과 꿈속에서 반복되고 있다는 것을 알아냈다. 고대와 현대 사이의 이러한 일치성은 그로 하여금 어떤 경험들은 수많은 세대를 통해 반복되어 왔기 때문에 영혼 속에 새겨져 있다고 믿게 하였다.

이처럼 종족 기억이라고도 불리는 집단 무의식은 융이 제안한 독창적인 개념으로 분석심리학의 이론체계에서 가장 핵심적인 개념이다. 집단무의식에는 사람들이 역사와 문화를 통해 공유해 온 모든 정신적 자료, 즉 인류의 보편적인 종교적, 심령적, 신화적 상징들과 경험들이 저장되어 있다. 인간 정신의 기초를 형성하는 집단무의식의 기본구조는 원형으로, 융은 이러한 구조를 생물학적으로 기초가 되면서 타고난 것이라고 믿었다. 집단무의식은 직접적으로 의식화되지는 않지만, 인류 역사의 산물인 신화, 민속, 예술 등이 지니고 있는 영원한 주제의 현시를 통해 간접적으로 관찰될 수 있다.

2) 원형

보편적인 경험들은 인간 내부에 있는 심상으로서 나타나거나 표현되는데 융은 이를 원형이라 불렀다. 그의 정의에 따르면 원형이란 인간의 꿈, 환상, 신화 및 예술에서 반복해서 나타나는 우리 조상들의 경험을 대표하는 원시적인 정신적 이미지 혹은 패턴이다. 융은 그의 연구과정에서 탄생, 죽음, 권력, 신, 악마, 현세의 어머니 등과 같은 많은 원형들을 구분하여 논의하였다. 여러 세대를 통해서 전형적이고 계속적으로 반복되어 온 경험만큼이나 많은 원형들이 있다. 원형은 꿈, 신화, 동화, 예술 등에서 나타나는 상징을 통해서만 표현된다. 원형은 인간이 갖는 보편적, 집단적, 선험적인 심상들로 융의 분석심리학에서 성격의 중요한 구성요소이다.

융은 있음직한 원형들 중에서 몇 개의 원형은 우리의 삶에 특히 중요하다고 믿었다. 원형들은 보다 충분히 발달되고 영향력이 있는 것으로, 그 중에는 다음과 같은 것들이 포함된다.

(1) 페르소나

페르소나라는 말은 본래 배우가 극중에서 다른 얼굴이나 특정한 역할을 관객들에게 표현하기 위해서 쓰던 가면을 가리키는 말이다. 융은 그와 같은 의미로 우리 자신을 우리가 아닌 다른 어떤 것으로 표현하기 위해서 혹은 우리 자신을 숨기기 위해서 쓰는 가면이라는 의미로 페르소나라는 말을 사용하였다. 그것은 연기를 할 때와 마찬가지로 상황이나 사람에 따라서 그때그때 요구에 맞추어서 어떤 행동이나 태도를 취하는 것이다.

우리는 살아가면서 많은 역할을 수행하며, 따라서 많은 가면을 쓴다. 판사가 법정에서 쓰는 가면과 여배우와 함께 식사를 할 때에 쓰는 가면은 다른 것이다. 상황에 따라 적절하다고 생각하는 것에 적응하여 다른 사람들이 자신에게 기대한다고 생각되는 방식으로 행동하기 때문이다. 우리 모두가 그러한 수법을 쓰고 있기 때문에 다른 가면을 쓴다는 것이 꼭 해로운 것만은 아니며, 융 역시도 페르소나가 현대생활의 여러 가지 사건에 대처하기 위해서 유용하며 필수적이기까지 하다고 믿었다.

그러나 페르소나는 매우 해로울 수도 있다. 만약 어떤 사람이 페르소나가 정말 자신의 본성을 반영하고 있는 것이라고 믿게 된다면, 그 사람은 더 이상 단순히 그 역할을 하고 있는 것이 아니라 그 역할 자체가 되어 버린다. 그렇게 되면 결과적으로 그 사람의 자아는 오로지 페르소나와만 동일시하여 정신의 다른 측면들이 충분히 발달하지 못하게 된다. 그 사람은 진정한 자기로부터 소원하게 되어 팽창된 페르소나와 축소된 다른 정신의 측면들 사이에 긴장이 생긴다. 이러한 현상은 심리적 건강에 도움이 되지 못한다. 융은 그러한 사람들이 전 생애를 거짓으로 살아왔고, 진정한 자기를 표현하지 않음으로써 자기 자신을 속여왔다는 것을 보통 중년기 무렵에 자주 깨닫게 된다는 것을 알아냈다.

건강한 정신의 목표는 페르소나를 수축시키고 정신의 다른 측면을 발달시키는 것이다. 물론 모든 역할은 기만적이다. 건강한 사람들과 건강하지 못한 사람들의 차이점은 건강하지 못한 사람들이 다른 사람들은 물론 자기 자신도 속인다는 것이다. 건강한 사람들은 자기가 어떤 역할을 하고 있다는 것을 알고 있으며 동시에 자신의 진정한 내적 본성을 알고 있다.

(2) 아니마와 아니무스

연관된 한 쌍의 원형으로 아니마와 아니무스가 있다. 모든 사람은 생물학적으로나 심리학적으로 모두 이성의 특징과 성격을 지니고 있다. 생물학적인 면에서 양성은 모두 이성의 호르몬을 분비하고 있으며, 심리학적인 면에서 모든 사람은 남성적 혹은 여성적 방식으로 행동할 수 있다는 것이다. 다시 말해서, 여성의 성격은 남성적인 성분을 포함하고 있고, 남성의 성격은 여성적 성분을 포함하고 있다는 것이다. 이처럼 융은 남성의 여성적 성격 측면과 여성의 남성적 성격 측면을 원형에 귀착시켰다. 남성 속의 여성적 원형은 아니마, 여성 속의 남성적 원형은 아니무스라고 불렀다.

이러한 원형들은 남녀가 수없이 오랫동안 함께 생활해 온 경험으로부터 발달된 것인데, 함께 생활하는 과정에서 양성은 모두 이성의 성격을 일부 습득하게 되었다. 이러한 원형들을 통해서 우리는 어느 정도 이성을 이해할 수 있다. 다시 말하면, 원형은 이성에게 반응하고 이성을 이해하도록 동기화시키는 집단적 심상으로 작용한다. 남자는 그의 아니마 덕택에 여성의 성질을 이해할 수 있고, 여자는 그녀의 아니무스 덕택에 남성의 성질을 이해할 수 있다. 정신적 건강을 위해서는 이러한 원형들이 가지는 중요성은 두 원형이 우리 모두 각자에게서 표출되어야만 한다는 것이다.

즉, 남녀 모두 자신의 성별에 맞는 성격을 나타내면서 동시에 남성은 부드러움과 같은 여성적 성격을, 여성은 공격성과 같은 남성적 성격을 표현해야 한다는 것이다. 어떤 사람이 자신의 양성적 본성을 모두 표현할 수 없다면 건강한 성격이 이루어질 수 없다. 만약 그러한 표현이 이루어지지 않는다면 중요한 이성적 성격은 잠복되어 발달하지 못할 것이며, 따라서 성격의 일부가 억제되고 한쪽으로 치우치게 된다. 그리고 융의 견해에 의하면 정신적 건강을 손상시킬 수 있는 이런 편중성은 정신 전체의 충분한 발달과 표현을 저해한다. 정신의 모든 측면들을 조화롭게 발달되어야만 하며, 어떠한 측면도 다른 측면을 희생시켜 가면서 성장되어서는 안 된다.

(3) 음영

음영은 본능적으로 번식과 생존에 초점을 둔 정신의 초도덕적, 인류발생 이전의 동물적인 측면으로 인간의 어둡고 사악한 측면을 나타내는 원형이다. 그것은 자아나 자기상과 반대되는 개념으로, 우리 자신이 용납하기 어려운 특질과 감정들로 구성되어 있다. 이를 테면 지킬 박사에게 있어서 하이드 씨인 것이다. 남자가 흉악한 살인자의 꿈을 꾸거나 여자가 야릇한 창녀의 꿈을 꾸는 경우와 같이, 꿈에서의 음영은 동성의 인물에 투사된다. 우리는 일상생활에서 난처한 상황에 처했을 때 음영을 흔히 볼 수 있는데, 예를 들어 "내가 그랬다니 말이나 돼?" 하며 불쑥 욕을 내뱉는 경우다. "사람들이 그런 꼴을 하는 건 정말 못 보겠어"와 같이 음영은 비난하는 말 속에 투사되기도 한다. 그렇게 격렬하게 비난하는 것은 우리 자신에게 있는 그런 속성을 자각하지 않으려고 방어하고 있음을 시사해 주기 때문이다.

대부분의 경우 음영은 긍정적인 자기상과 반대되기 때문에 대체로 부정적이다. 부정적인 측면에서 음영은 사회가 사악하고 죄가 크고 부도덕하다고 생각하는 모든 충동을 포함하고 있다. 그런 까닭에 음영은 인간의 어두운 측면으로서, 다른 사람들과 사이좋게 지내기 위해서는 억압되어야만 한다. 만약 우리가 이러한 동물적이고 원시적인 충동을 억압하지 못한다면 사회의 관습이나 법률과 충돌하기 쉽다. 그러나 의식적인 자기상이 부정적인 정도를 포함하는 정도에 따라 무의식적인 음영은 긍정적이 된다. 예를 들어, 자신이 매력적이 아니라고 생각하는 젊은 여성은 아름다운 숙녀에 대한 꿈을 꾼다. 그녀는 꿈에서 본 그 숙녀를 어떤 다른 사람으로 생각하지만 실상은 아름다워지고자 하는 그녀 자신의 소망이 나타난 것이라 볼 수 있다.

음영은 동물 본능의 근원일 뿐만 아니라 자발성, 창조성, 통찰력 및 깊은 정서 등 완전한 인간성에 필수적인 모든 특성의 원천이기도 한다. 음영이 완전히 억압당했을 때 정신은 융이 상당히 가치 있다고 생각했던 경험의 원천인 과거의 본능적 지혜로부터 차단당하여 무기력하고 생기가 없어지게 된다. 따라서 긍정적이건 부정적이건 간에 음영에 접하는 것은 중요하다. 자아가 음영의 힘을 조절하여 부정적인 면과 긍정적인 면이 균등하게 표현되도록 할 수 있을 때, 사람은 생기 있고 활력적이며 열정적이고 정서와 의식이 강렬하여 신체적, 정신적 영역에 모두 주의를 기울이고 반응하게 된다.

(4) 자기

자기는 아니마와 아니무스와 같은 정신의 갈등적 측면들을 통합한 정신의 측면이다. 융은 자기 발달을 인생의 궁극적 목표라고 생각했다. 자기는 정신의 모든 측면의 통일성, 통합성 및 전체성을 향해 노력하는 것을 말한다. 자기가 발달되었을 때 그 사람은 자기와 세계가 조화되어 있다고 느낀다. 발달하지 못했거나 불충분하게 발달된 자기는 정신을 여러 토막으로 풀어 헤쳐 완전한 정신적 건강의 도달을 방해한다. 자기 원형은 정신의 모든 부분을 한데 묶어 균형을 유지하도록 하는 정신의 중심인 의식과 무의식의 양극성 사이의 평형점이다.

완전한 자기인식이나 자기실현은 어렵고도 힘들고 시일이 오래 걸리는 과업이며 완전히 성취하기는 거의 불가능하다. 인간은 대부분 그것을 위해 끊임없이 노력을 하지만 거의 도달할 수 없는 삶의 목표다. 이와 같이 자기는 항상 목표를 미래에 두어 사람을 앞으로 끌어당기기 때문에 동기를 유발시키는 힘으로서 작용한다. 자기 인식을 위해서는 자기에 대한 객관적인 지식을 얻는 것이 필요하다. 먼저 자기의 본성을 완전히 알지 못하고서는 자기 자신을 충족시킬 수 없다고 융은 말했다. 이것이 자기 인식으로 접근해 가는 데 그토록 오랜 시간이 걸리는 이유다. 자기 자신에 대한 지식을 갖기 위해서는 훈련, 인내, 지속성 및 여러 해 동안의 고된 작업이 필요하다. 자기 인식을 위해서 요구되는 또 하나의 필요조건은 정신의 모든 체계가 충분히 나타나 발달하는 것인데, 이것은 중년층에 가서야 비로소 이루어진다. 그래서 융은 중년기를 인간의 발달단계에서 정신적 건강을 성취하기 위한 결정적 시기라고 보았다.

융은 자기가 원형적 특성을 지니며, 또한 꿈, 신한, 동화 속에서 지도자나 영웅이나 구세주 인물의 형상을 취하거나 원, 사각, 십자가 등과 같은 전체 상징들을 통해 나타날 수 있다는 것을 우리에게 보여주고 있다. 자기란 중심점일 뿐만 아니라 의식과 무의식을 포함하는 범위다. 자아가 의식의 중심이듯이, 자기는 이러한 총체성의 중심이다. 그러므로 자기는 의식적인 자아보다는 상징적 범위다.

3) 동시성

동시성은 융이 사건을 초자연적인 성질로 보기 위해 사용한 주요개념으로, 그는 동시성을 비인과적 관계들의 원리로서 설명하였다. 그는 단순히 인과적으로는 서로 관련지을 수 없고 분명 어떤 다른 진행관계 속에 놓여 있는 심리적 유사 현상들이 있으며, 이러한 관계는 본질적으로 상대적 동시성이라는 상황 속에서 주어진 것이라고 보았다. 시간이란 결코 어떤 추상개념이 아니라 오히려 구체적인 연속체처럼 보이기 때문에 동시적이라고 표현할 수 있다는 것이다. 그러한 연속체는 상대적 동시성 속의 다양한 장소에서 인과적으로 설명될 수 없는 유사점을 지니고 있는 자질이나 기본 조건을 내포하고 있는 것으로, 동일한 생각들과 상징들 혹은 심리적 상태들이 동시에 나타나는 경우에 해당된다.

이와 같이 융은 어떤 의미 있는 사건들 중에는 인과성의 결과에 의한 것도 아니며 또 인간의 의도에 의한 결과도 아닌 경우가 있다고 믿었다. 대부분의 심리학자들과 일반인들은 이러한 사건들을 우연의 일치에 의한 것이라고 보지만, 융은 이러한 사건들이 우리가 우리의 집단무의식을 통해 다른 사람들 및 자연과 연결되어 있음을 나타내는 것이라고 보았다. 요컨대, 융이 제안한 동시성 원리는 가능한 인과관계가 전혀 없이 내적으로 지각된 정신적 사건에 일치하는 물리적인 외적 사건이 동시에 일어난다는 것이다. 즉, 인간 정신 내의 주관적 경험과 외부 현실에서 같은 시간에 다른 장소에서 일어나는 객관적 사건 간에 의미 있는 관계가 있음을 주장하는 것이 바로 동시성이다.

4) 확충

확충이란 인류의 거의 모든 시대에 걸친 종교사, 문화사, 정신사의 영역에서 나온 동류의 혹은 유사한 그림 모티브들을 통해 꿈과 같은 체험을 확장시키고 심화시키는 것이다. 확충의 목적은 꿈, 공상, 환각, 그림 등 인간에게서 생긴 모든 상징적인 의미와 원형의 근원을 이해하는 데 있다. 융의 확충방식에서는 개개의 꿈 모티브들이 상과 상징, 전설과 신화 등의 유사한 의미를 지닌 동류의 자료를 통해 확장되며, 그로써 그것들의 의미 가능성과 다양한 측면이 보여주는 온갖 뉘앙스를 갖고 나타나는데, 그것을 통해 결국 각각의 꿈 모티브들의 의미가 뚜렷해진다. 그런 다음 그렇게 확실시된 각각의 의미요소는 꿈 모티브들의 전체 사슬이 명확해져서 결국 자체적으로 최종적인 통일성이 입증될 수 있을 때까지 가장 가까운 의미 요소와 재차 결합된다. 이에 분석자의 임무는 대화를 통해 환자 혹은 내담자들이 이러한 상의 내용들과 친밀해 지도록 하면서 다단계적인 치료의 길로 안내하는 것이다.

5) 개성화

자기 속에서의 전체화가 어떻게 이뤄지는가를 설명하기 위해 융은 개성화란 개념을 사용하였다. 그에 따르면 개성화는 개별 존재가 되는 것을 의미하며, 또 개성이라는 것을 우리가 지닌 가장 내면적이고 비길 데 없는 최후의 유일무이한 특성으로 이해할 때 고유한 자기가 되는 것을 의미한다. 그러므로 그는 개성화를 자기화 혹은 자기실현으로 해석할 수 있다고 하였다. 결국 개성화의 과정이란 독특한 개인, 단 하나의 동일체적 존재가 되어 가는 것이라고 정의할 수 있다.

4 상담의 목표와 과정

1) 상담목표

융은 자기 자신과의 합일, 동시에 바로 우리 자신의 인류와의 합일을 상담과 심리치료의 목표로 삼고 있다. 그는 그가 만든 이론의 틀 속에서 이러한 성숙과정을 앞에서 설명한 '개성화'라고 지칭하였다. 융은 이러한 개인성의 자립화 과정이 자유롭게 인정되는 곳에 진정한 공동체가 존재한다고 생각했다. 한편으로는 그러한 공동체 없이는 자신의 내부에서 존재 근거를 발견하는 자립적인 개인도 지속적으로 발전할 수가 없다고 보았다. 융은 또한 개인성과 공동체의 힘 사이의 균형을 찾고자 노력하듯이 기쁨과 고통의 균형을 요구하고 있다. 극한의 고통과 아픔, 운명적인 일이 받아들여지는 것에서 삶은 비로소 전체성과 충만함을 찾는다는 것이다. 그렇기 때문에 상담과 심리치료의 가장 중요한 목표를 환자를 불가능한 행복 속으로 옮겨 놓는 것이 아니라 그에게 고통을 견딜 수 있는 강성과 철학적 인내를 얻을 수 있게 해 주는 것이다.

한편 치료에 대한 융의 접근을 분석하면서 라이초크는 "심리치료의 목적은 환자에게 인생이 전적으로 의식에 의해서만 지배된다는 순진한 믿음을 포기하고 의식과 무의식 사이의 중간에서 성격의 새로운 중심점을 찾도록 설득하는 것이다. 이 과정은 자아 대 그림자의 양극성을 인정하는 것에서 시작하며 궁극에는 … '성격의 중심점'에서 균형을 찾게 된다. 이 균형 잡기에서도 자아도 그림자도 선호되지 않는다"라고 말하였다.

이상에서 엿볼 수 있듯이 융의 분석심리학에서 추구하는 상담 및 심리치료의 목표는 내담자 혹은 환자로 하여금 무의식적으로 작동하는 정신원리를 의식화하고 개성화 혹은 자기실현화 과정을 촉진하는 것이다.

2) 상담과정

목표를 도달하기 위해서 융이 제안한 상담 및 심리치료의 과정은 다음과 같은 고백, 명료화, 교육, 변형의 네 단계로 구분된다.

(1) 고백단계

이 단계의 주요한 특징은 내담자의 강렬한 정서 방출과 치료적 동맹형성이다. 내담자는 자신의 개인사를 고백함으로써 정화를 경험하며 의식적 및 무의식적 비밀을 치료자와 공유한다. 치료자는 비판적이고 공감적인 태도를 유지한다. 내담자는 자신의 제한점을 치료자와 나누면서 모든 사람이 약점을 가지고 있다는 것을 자각하면서 인류와의 유대감을 느낀다. 고백을 통해 내담자와 치료자의 치료적 동맹관계가 이루어지면서 내담자는 전이를 형성하게 된다.

(2) 명료화 단계

이 단계의 목표는 내담자가 정서적 또는 지적으로 자신의 문제에 대한 통찰을 얻게 하는 것이다. 내담자가 갖는 증상의 의미, 아니마와 아니무스, 그림자, 현재 생활 상황과 고통 등이 명료화된다. 또한 현재 겪는 정서적 어려움이나 비현실적 생각과 환상이 아동기에 어떻게 시작되었는가에 대한 해석이 이루어진다. 이 단계에서 전이와 역전이가 탐색된다. 치료의 성공은 전이의 장려에 달려있다. 융에 따르면 전이는 심리치료의 급소다. 전이는 무의식의 원형적 자료가 치료자에게 투사되는 치료자와 내담자 간의 정서적 화학 작용으로, 내담자의 개인적 과거나 아동기의 관계에 의해서 결정된다. 심리치료는 치료자와 내담자가 전이적 및 역전이적 투사 내에서 어느 정도 변화되는가에 따라서 그 효과가 달라진다. 전이를 이해하는 과정에서 내담자는 치료자가 명료화하는 무의식적인 내용을 표면으로 이끌어낼 수 있게 된다. 내담자는 명료화 과정을 통해 문제의 기원에 대해 알게 된다.

(3) 교육단계

이 단계에서는 내담자가 사회적 존재로서 부적응적 또는 불균형적 삶을 초래한 발달과정의 문제에 초점이 맞춰진다. 고백과 명료화 단계에서 초점이 개인무의식에 맞춰진다면, 교육단계에서는 내담자의 페르소나와 자아와 초점이 맞춰진다. 그리하여 슬기롭게 현실적인 사회 적응을 할 수 있도록 돕는다. 많은 경우에는 내담자는 이 단계를 마치고 치료를 종결한다.

(4) 변형단계

이 단계에서는 내담자와 치료자 간의 역동적인 상호작용을 통해 단순히 사회에 대한 적응을 넘어서 자기실현으로의 변화가 도모된다. 이런 점에서 융은 변형단계를 자기실현 기간으로 기술하였다. 이 단계에 있는 내담자는 의식적 경험과 무의식적 경험에 가치를 둔다. 요컨대, 변형단계의 초점은 내담자의 의식과 무의식을 포함한 전체적 성격의 주인인 자기의 실현을 이루기 위한 과정, 즉 개성화를 지향하는 과정에 맞춰진다.

5 상담의 기법과 적용

융의 상담기법은 과학적이면서도 초자연적인 접근을 모두 포함하고 있다. 그는 다양한 문화와 시대를 탐구하여 그 문화와 시대의 상징, 신화, 종교, 관습에 대한 언급하였다. 융은 환자들의 환상과 꿈을 통해서, 그리고 연금술과 투시 및 점성술에 대한 탐색을 통해서 자신의 독특한 심리치료 이론의 기초를 형성하였다.

융의 치료방법은 색다르면서도 때로는 혼란스럽기조차 했다. 그는 프로이트가 했던 것처럼 환자들을 침대 위에 눕히지 않았다. 융은 “나는 환자들을 침대에 두길 원하지 않는다”라고 말했다. 보통 그와 환자는 안락한 의자에 앉아 서로 얼굴을 마주 보면서 대화를 나누었으며, 융은 종종 환자가 말하고 있는 동안에 창문 너머로 호수를 응시하기도 했다. 때로는 환자를 그의 요트에 태운 채 치료를 시도하기도 했다. 또 간혹 기분이 좋지 않을 때는 예약 환자가 오면 “오늘 진료할 수 없습니다. 집에 돌아가 자기 스스로 치료하기 바랍니다”라는 무례한 말을 하기도 했다고 한다.

기본적으로 융은 단어연상검사, 증상분석, 꿈 분석의 세 가지 기법을 사용하였고, 그 외에도 사례사, 상징의 사용, 그림치료와 같은 기법을 사용하기도 하였다.

1) 단어연상검사

실험대상 인물에게 일련의 단어들을 읽어주고 각 단어에 대해 그때그때 연상되는 것을 말하게 하며 소요된 반응시간을 측정하는 단어연상검사는 심리학에서 널리 사용되어 온 실험적, 임상적 도구다. 1900년대 초에 융이 처음으로 이 기법을 사용했는데, 그는 정서를 이끌어 낼 수 있는 100개의 단어들을 선정하였다. 융은 환자가 각 자극단어에 반응하는 시간과 각 자극단어의 정서적 효과를 알아보기 위해 생리적 반응을 측정하였다.

융은 이 기법을 환자들의 콤플렉스 혹은 저항과 갈등의 영역을 드러내기 위해 사용했다. 단어연상검사가 진행되는 중에 환자들은 강한 정서적 반응을 일으키는 관념이나 기억의 한 무리인 콤플렉스에 부딪히게 된다. 융은 단어연상검사에서 특정 단어에 대한 환자의 반응시간 지연, 연상 불능, 부자연스러운 연상 내용 등이 그가 명명한 잠재된 감정의 복합체인 콤플렉스와 비롯된다는 것을 발견했다. 융은 또한 단어연상검사를 적어도 두 차례의 절도죄를 지은 용의자를 검거하기 위한 거짓말 탐지기로 사용하기도 하였다.

2) 증상분석

증상분석 기법은 환자가 경험하고 있는 증상들에 초점을 두면서 환자로 하여금 증상에 대해 자유연상을 하도록 하는 것이다. 이 기법은 프로이트의 정화법과 유사한 것이다. 증상에 대한 환자의 연상과 그에 대한 치료자의 해석이 이루어지는 사이에 증상들이 종종 호전되고, 때로는 말끔히 사라지기도 한다.

3) 꿈분석

프로이트의 견해와 마찬가지로, 융은 꿈분석이 '무의식에 이르는 왕도'라고 보았다. 그러나 꿈분석에 대한 융의 접근은 그가 꿈의 인과적 요인들 외에 다른 많은 것에 관심을 두었다는 점에서 프로이트의 접근과는 다르다. 융은 꿈이 무의식적 소망 이상의 것을 나타내고 있다고 믿었으며, 두 가지 기능 혹은 목적을 갖고 있다고 보았다. 첫째, 꿈은 미래 예견적이라는 것이다. 즉, 꿈은 개인이 가까운 미래에 예상하고 기대하는 경험과 사건을 준비하도록 도와준다는 것이다. 앞에서 설명한 바와 같이 두 사건이 논리적으로 인과관계가 없이 동시에 혹은 근접한 시간에 독립적으로 일어나지만 서로 밀접하게 관련된 의미를 가지는 현상인 동시성의 개념은 꿈의 예견성을 뒷받침해 주는 것이다. 예를 들면, 어떤 사람이 오랫동안 보지 못했던 친구를 꿈에서 보고 다음 날 그 친구가 전날 밤에 죽었다는 소식을 듣는 경우다. 둘째, 꿈은 보상적이라는 것이다. 즉, 꿈은 어떤 정신구조의 지나친 발달을 보상함으로써 상반되는 정신과의 균형을 유지하도록 도와준다는 것이다. 이런 점에서 꿈은 적응을 위한 노력이며 성격의 결함을 교정하려는 시도다. 예를 들면, 매우 수줍어하는 사람이 파티에서 자신이 매우 사교적이고 활발한 역할을 하는 꿈을 꾸는 경우나 사업에 실패한 사람이 벤처기업을 세워 성공한 꿈을 꾸는 경우다.

융은 꿈을 이해하기 위해 일련의 꿈을 분석하는 접근 방식을 취하였다. 다시 말해서, 융은 프로이트가 했던 것처럼 각각의 꿈을 개별적으로 해석하기보다는 환자가 일정한 기간에 걸쳐 보고하는 일련의 꿈들을 분석하는 것을 더 선호했다. 이런 방식에 의해서 그는 환자의 꿈들에서 지속적으로 반복해서 나타나는 주제, 논점, 문제를 발견할 수 있다고 믿었다. 융은 또한 꿈분석에 있어서 프로이트의 자유연상 기법 대신에 확충법을 사용하였다. 확충법은 환자와 분석자가 상징들의 이해를 확장하려는 시도로 어떤 주제가 탐색될 때까지 같은 상징들을 계속해서 재평가하고 재해석하는 치료기법이다. 자유연상법에서는 환자가 꿈의 한 요소에서 시작하여 하나의 기억이나 사건으로서 원래의 요소가 이끄는 연상이 또 다른 연상을 불러일으켜 그 연상들이 쌓여 일련의 연상을 점점 발전시키게 된다. 융은 원래의 꿈요소가 여전히 남아 있기를 선호했으며, 꿈의 숨겨진 내용과 드러나는 내용을 구별하려고 노력하지 않았다. 대신에 그는 환자에게 하나의 주제가 나타날 때까지 그 요소에 대한 연상이나 반응을 반복하라고 요구하였다.

4) 사례사

사례사는 환자의 심리적 장애의 발달사를 추적하기 위해 주로 사용된다. 융은 이 기법이 종종 환자로 하여금 태도의 변화를 일으키는 데 도움이 된다는 것을 발견하였다. 그는 환자로 하여금 과거의 경험에 대해 회상해보게 함으로써 현재의 신경증을 설명할 수 있는 발달 패턴을 확인하여 생애사를 구성하도록 요구한다. 그래서 그는 자신의 사례 연구를 '생애사의 재구성'이라고 일컬었다.

5) 상징의 해명

융의 정신모형은 자기와 원형의 개념에 의존한다. 따라서 융은 내담자의 사고, 감정, 행동을 유발하는 충동적 힘의 역동성과 패턴을 상징적으로 생각하고 이해할 수 있는 능력을 강조하였다. 이러한 패턴은 환자의 꿈, 증상, 환상 등에서 상징적이거나 간접적인 형태로 나타날 수 있다. 치료자가 심리적으로 숨은 의미를 이해할 수 있는 능력은 우리의 문화적 저장고인 신화, 동화, 예술작품, 문학, 종교 등에서 발견되는 많은 상징들을 이해함으로써 향상될 수 있다.

상징은 정신의 표현이며 인간성의 모든 면의 투영이다. 상징은 종족적 및 개인적으로 획득되고 저장된 인류의 지혜를 표현하려고 할 뿐만 아니라 개인의 장래의 상태를 미리 결정하고 있는 발달의 여러 수준을 나타낼 수도 있다. 인간의 운명, 정신의 장래의 발전은 상징에 의해 그 자신에게 나타난다. 그러나 상징에 포함되어 있는 지식은 인간에게 직접 알려져 있지 않기 때문에 이 중요한 메시지를 발견하기 위해서는 상징을 해독해야만 한다. 융에 의하면, 상징의 해독은 두 가지 중요한 목적에서 유용하다. 하나는 상징은 만족되지 않은 본능적인 충동을 만족시키려는 시도를 나타내고 있기 때문에 그 위장된 소망적 욕구를 알아낼 수 있다는 것이다. 다른 하나는 상징은 위장 이상의 것으로 원시적 본능 충동이 변형되어 붐화적인 또한 정신적인 가치를 알아낼 수 있다는 것이다.

상징에는 본능에 의해 인도되는 과거 지향적인 측면과 초월적인 성격의 궁극적 목표에 의해 인도되는 미래 지향적 측면이 있다. 이것은 동전의 양면과 같아서 어느 면을 사용해도 상징을 분석할 수 있다. 과거 지향적인 분석은 상징의 본능적 기반을 해명하고, 미래지향적인 분석은 완성, 재생, 조화, 순화 등 인류의 동경을 해명한다. 전자는 인과론적, 환원론적 분석이고, 후자는 목적론적 분석이다. 상징의 완전한 해명을 위해서는 양자가 모두 필요하다. 융은 상징이 넘쳐흐르려는 본능적인 충동과 욕구의 산물에 불과하다는 견해에 이끌려 상징의 미래 지향적인 측면이 무시되어왔다고 생각했다.

6) 그림치료

융이 사용한 또 다른 치료기법은 그림치료다. 그는 환자로 하여금 무의식적 감정이나 사고를 표현하도록 장려하기 위한 하나의 수단으로 그림을 그리게 하였다. 융은 환자가 그린 그림이 예술적인 가치는 거의 없지만 그의 가장 깊숙한 곳에 자리하고 있는 자기를 표현하는 아주 중요한 수단이 된다고 믿었다. 다시 말해서, 융은 환자가 그린 그림은 그로 하여금 꿈속에서 보았던 상징을 명료화하고, 그가 지닌 문제에 적극적으로 대처하도록 하는 데 도움이 된다고 보았다. 융에 의하면 그림은 실제로 치료적 효과가 있으며 자기실현으로 이끄는 출발점이 된다.

7) MBTI

성격에 대한 융의 접근방법과 밀접하게 관련되어 있는 평가방법은 브릭스와 마이어스가 1920년대에 개발한 MBTI이다. 브릭스는 인간의 성격에 있어서 유사점과 차이점에 관심을 갖게 되었고, 그 문제에 대하여 그녀 자신의 독자적 연구를 수행하였다. 1923년에 그녀는 융의 [심리적 유형]이란 책을 읽고 자신의 성격에 대한 관점이 융의 관점과 매우 유사하다는 것을 알게 되었다. 그리하여 그녀는 융의 심리적 유형에 이론적 기초를 두고 딸인 마이어스와 함께 오늘날 성격에 대한 연구 및 응용 목적을 위해 널리 사용되고 있는 자기보고식 성격유형 검사를 개발하였다. 그 이후로 MBTI는 융의 심리적 유형에 관한 연구를 수행하기 위한 기본적인 방법이 되었다.

CHAPTER

07 개인심리학적 상담

프로이트, 융과 함께 심층심리학의 대부로 불리는 아들러는 프로이트와 동시대인으로 9년간 비엔나 정신분석학회에서 프로이트와 함께 정신분석을 연구하였다. 그러나 아들러는 두 사람간의 입장차이로 관계가 지속되지 못하고 결별한 후 자신만의 이론을 발전시켰다. 프로이트의 인간관이 비판적이고 부정적인데 반해, 아들러는 긍정적이고 낙관적인 인간관을 가지고 있다. 프로이트는 인간의 성격을 자아, 초자아, 원초아로 구분하고 이 부분들을 서로 배타적인 관계에 있기 때문에 인간은 그것들 사이의 갈등에서 벗어날 수 없는 존재로 보았다. 반면 아들러는 인간의 특성을 갈등의 관계로 보지 않고, 자신만의 독특한 생활양식에 의해 생의 목표를 설정하여 전체성과 통일체를 형성하는 존재로 보았다. 그는 개인의 분리될 수 없는 특성을 강조하기 위해 자신의 연구를 개인심리학이라고 명명하여 성격의 전체성을 강조하였다. 당대에는 프로이트의 그늘에 가려 빛을 보지 못했으나, 아들러의 사상은 꾸준히 많은 상담자들에게 인정을 받아 오늘날 많은 심리상담 이론에 큰 영향력을 미치며 계속해서 발전하고 있다.

이 장에서는 인간을 긍정적으로 보면서 인간이 지닌 가능성과 장점을 적극 개발하여 인간의 긍정적인 변화를 돕는 아들러의 개인심리학의 이론과 실제에 관해 살펴보기로 한다.

1 주요학자의 생애와 업적

알프레드 아들러는 1870년 2월 7일 비엔나 근교의 펜칭에서 중산층의 유대인 상인인 아버지 레오폴트와 가정주부인 어머니 파울린 사이에서 4남 2녀 중 차남으로 태어났다. 어린 시절 아들러는 구루병과 폐렴 등을 앓아 병약하게 지냈고 형 지그문트에 대한 질투심으로 열등감을 지녔다. 동생의 탄생으로 어머니의 사랑을 동생에게 빼앗기면서, 아들러는 아버지의 보살핌을 받았고 아버지와 친밀한 관계를 유지하였다. 이런 경험은 프로이트의 오이디푸스 콤플렉스를 받아들이는 것을 어렵게 만들었다. 아들러는 3세 때 자기 침대 옆에서 동생이 죽는 것을 경험하게 되는데, 자신의 병약함과 동생의 죽음은 아들러로 하여금 아주 어린 시절부터 의학에 대한 관심을 갖게 하였다.

학창 시절 아들러는 매우 평범한 학생이었고, 수학을 낙제하여 재수강을 하기도 했다. 선생님으로부터 상급학교 진학을 포기하고 구두제화공 기술을 배울 것을 권유 받기도 했는데, 그때 선생님과 상담을 했던 아들러의 아버지는 학업을 계속할 수 있도록 아들러를 격려하였고, 아들러는 분발하여 최우수 학생으로 고등학교를 졸업하였다. 이후 그는 1888년 명문 비엔나 대학교에 입학해서 의학을 공부하게 되었다.

아들러는 의학을 공부하면서 정치, 경제, 사회학 등을 두루 섭렵하였고, 사회문제와 사회적 위치에 대해서도 관심을 가졌으며, 특히 마르크스의 저서를 많이 읽었다. 그는 사회주의 학생연합의 회원으로도 활동하였다. 1897년에 러시아에서 온 라이샤 티모페예브나와 결혼하여 세 명의 딸과 한명의 아들을 두었다.

아들러는 1989년에 안과의사로 첫 개업을 하였다. 안과의사의 경험에서 그는 눈이 나쁠수록 탐욕스러운 독서가가 되기를 원한다는 놀라운 사실에 주목했고, 모든 인간의 발전은 사람들이 무의식중에 자신의 열등성을 극복하려고 열심히 노력하는 가운데 이루어진다는 진리를 발견했다. 그 후 일반내과에서 신경학과 정신의학으로 전환하였다.

1902년 가을, 프로이트는 아들러를 자신의 토론 그룹에 초대했고, 후에 이 모임은 1910년 아들러가 의장이 된 비엔나 정신분석학회로 발전했다. 초기에 프로이트와 아들러는 조화로운 관계를 보였다. 그러나 아들러는 자신의 이론에 대한 엄격한 충성과 획일화에 대한 프로이트의 압력이 원인이 되어서 1년 후인 1911년에 정신분석학회를 탈퇴한다. 그 후 대부분이 사회주의적이고 교육적인 이념을 강조하는 그의 추종자들과 함께 '자유정신분석학회'라는 모임을 결성하고, 1912년에 '개인심리학'의 개념을 가지고 '개인심리학회'를 탄생시킨다.

아들러는 군의관으로 제1차 세계대전에 참전하였다. 제1차 세계대전 이후에는 오스트리아 정부의 부탁으로 신경증 학생들과 그 부모들이 상담을 받을 수 있는 아동상담소를 설립하였다. 이는 현재 지역사회 정신치료소의 선구자적 역할을 한 것으로 볼 수 있다. 그때 그는 교사, 사회사업가, 의사 그리고 다른 전문가들을 양성하는 현장실습 장소로 비엔나의 공립학교에 최초의 아동상담소를 설립하였다. 아동상담소에서 아들러는 부모교육, 부모상담 프로그램, 교사교육, 집단상담의 새로운 장을 개척하였다. 그 시대에는 혁명적인 시도로, 아들러의 아동상담소는 비엔나와 전 유럽에 걸쳐 빠르게 확산되었다. 아들러는 의사, 교사, 부모와 같은 많은 청중들 앞에서 집단치료와 가족치료를 실시함으로써 내담자와 공식적으로 일한 최초의 사람이었다. 그는 다른 전문가들이 상담의 상호과정을 직접 관찰하여 배울 수 있도록 하기 위해 모의실험 상황을 개최하였다.

아들러는 미국, 네덜란드, 프랑스, 스웨덴, 벨기에, 체코, 독일, 유고슬라비아, 영국, 스코틀랜드 등을 순회하면서 수없이 많은 강연을 하였는데, 이때 많은 추종자들을 만났다. 1926년 미국에서의 첫 순회강연을 가진 이후로 그의 방문은 점점 빈번해졌다. 유럽에서 나치의 압제가 시작되었던 1935년, 사회적으로 평등한 사회에 관한 급진적인 사상을 가졌던 아들러는 미국으로 망명할 수밖에 없었다. 그는 1937년 스코틀랜드 에버딘에서 순회강연 중에 사망하였다. 아들러의 죽음 이후로 그의 연구에 관한 관심은 점점 퇴조되었으며, 아들러의 제자들은 나치정권과 제2차 세계대전으로 유럽대륙과 그 외 지역으로 흩어지게 되었다. 그 들 중 상당수는 미국으로 건너갔는데, 당시 미국에서는 아들러의 사상에 대해 아주 심한 거부반응을 나타냈다.

제2차 세계대전 이후에 개인심리학은 다시 르네상스를 맞이했다. 루이스,

라트너, 스펄버, 특히 드라이커스와 그의 많은 미국 동료들과 학생들에 의해 아들러의 개인 심리학은 다시 조명받기 시작했고, 그 이후 오늘날까지 엄청난 발전을 이루고 있다.

개인심리학의 영향은 자녀양육, 결혼과 가족치료, 학교상담, 인간관계 개선, 부모교육 및 부모상담 등 수많은 분야에서 찾아볼 수 있다. 오늘날 개인심리학은 많은 심리치료 접근들의 선구자로 인식되고 있다. 뉴욕 시의 개업의인 그의 아들 커트는 자신이 생각하기에 심리치료와 상담에 대한 그의 아버지의 혁신적인 공헌중에서 가장 중요한 예들을 모아서 제시하였다. REBT의 선구자로 알려진 엘리스는 아들러를 '최초의 인본주의 심리학자'로, 실존상담자인 바텀은 아들러를 '실존주의 심리학의 창시자'로 불렀고, 의미치료의 창시자인 프랭클은 "아들러는 실존주의 정신운동의 선구자이며, 아들러가 성취하고 달성한 바는 코페르니쿠스의 발견에 버금간다"라고 하였다. 욕구이론으로 유명한 매슬로도 "해가 갈수록 아들러가 점점 더 옳다는 생각을 하게 된다. 그 시대가 아들러를 따라잡지 못했다고 말하고 싶다"라고 하였다. 이 밖에도 아들러의 이론은 로저스의 인간중심, 프랭클의 실존주의, 엘리스의 합리－정서적 접근. 번의 교류분석, 글래서의 현실치료, 그리고 행동치료와 인지행동치료 등의 상담이론에 큰 영향을 미쳤다. 또한 신프로이트 학파로 불리는 에릭슨, 프롬, 호나이, 설리번, 번 등은 아들러와 관계를 맺지는 않았으나 일찍이 아들러가 강조한 인간발달에 있어 사회적 과정의 중요성을 재발견하여 많은 부분에서 아들러와 같은 입장에서 그들의 이론을 전개하고 있어 그들을 신 아들러학파로 불러야 한다는 주장도 있다. 신프로이트 학파에 속한 학자들 중에서도 아들러의 사회적 영향을 강조하는 특성은 호나이와 프롬에게, 성격의 통일성을 강조하는 점은 올포트에게, 그리고 인간의 창조적 힘과 과거보다는 미래의 목적이 더 중요하다는 주장은 매슬로에게 영향을 주었다. 프롬과 호나이, 설리번은 개인심리학을 자신의 체제에 통합했는데, 너무나 많은 부분을 통합했기 때문에 엘런버거는 호나이의 심리학을 아들러의 가르침과 프로이트의 용어를 결합한 것이라고 말할 정도다. 이론을 도그마화 하려 했던 프로이트와는 달리, 아들러는 이론의 체계화보다는 문제를 지닌 자를 실제로 돕는 데 이론의 중점을 두었다.

2 인간관

아들러는 인간을 단일하여 분할할 수 없으며 그 자체로서 통합된 총체적인 존재로 보았다. 또한 가치롭고 사회적으로 동기화되며 창의적이고 독립적인 행동을 할 수 있는 존재임을 강조했다. 아들러 학파의 개인심리학 이론을 뒷받침하는 주요 인간관은 다음과 같다.

1) 전체적 존재

아들러는 의식과 무의식, 마음과 육체, 접근과 회피, 양가감정과 갈등의 양극성 개념을 부정하고 인간은 목표를 향해 일정한 패턴으로 인생을 사는 역동적이고 통합된 유기체라고 보았다. 그는 사람의 행동, 사고, 감정을 하나의 일관된 전체로 보았다. 인간을 전체적으로 보아야 한다는 입장을 주장하기 위해서는 그는 자신의 이론을 '개인심리학'이라 칭하였다. 여기서 개인이란 내담자 한 사람에게 초점을 맞춘다는 뜻이 아니며, 라틴어에서 따온 나눌 수 없는 전체성의 의미를 지닌 개인을 뜻한다. 앞서 아들러를 극찬한 매슬로도 아들러의 전체성 개념에서 개인심리학파의 우수성을 보았다. "내겐 해가 갈수록 아들러가 더욱더 옳다고 느껴진다. 사실이 밝혀짐에 따라 그의 인간에 대한 이론은 더욱 강한 지지를 받는다. 나는 특히 어떤 면에서는 이 시대가 아직 그를 쫓아가지 못하고 있다고 말하고 싶다. 내가 말하는 것은 그의 전체성에 관한 강조다."

2) 사회적 존재

아들러는 인간이 본질적으로 사회적 존재이며, 사람의 행동은 사회적 충동에 의해서 동기화되기에 인간의 행동을 이해하려면 사회적 맥락 속에서 해석해야 한다고 제안하였다. 인간은 '사회적 관심'을 발달시킬 능력을 갖고 태어나며, 사회적 관심이 있기 때문에 다른 사람을 이해하고 공감하며 그들과 협동하고 기여할 수 있다는 것이다. 사회적 관심은 훈련을 통해 개발될 수 있고 정신건강의 준거가 된다. 아들러는 긍정적인 생의 의미가 사회적 관심 안에 놓여 있다고 강력하게 믿었다. 이 개념은 다른 사람과의 협동, 복지에 대한 관심, 사회에 대한 헌신, 인간성에 대한 가치 등을 포함한다.

미성숙한 사회적 관심을 가진 사람들은 범죄, 괴롭힘, 정치적 영향력, 신체적 강인함, 경제적인 힘 등으로 타인을 착취할 수도 있고 고독한 사람이 되어 삶의 많은 영역에서 타인과 관계를 맺지 않고 살 수도 있다. 아들러는 사회적 관심을 지능보다 우위에 두었다. "우리의 문명 속에서 실제적으로 모든 사람은 자신의 개인적인 기술을 열심히 발달시키고 있지만, 정말 중요한 행위는 개인의 우수함에 있는 것이 아니라 그 우수함이 사회에 얼마나 유요하게 기여하는가"에 있다. 예술에 대해서도 아들러는 프로이트와 차이를 보인다. 프로이트는 예술가가 성적 억압에 대해서도 아들러는 프로이트와 차이를 보인다. 프로이트는 예술가가 성적 억압에 의해 동기화된다고 주장하였으나, 아들러는 위대한 예술가는 청중과 맞닿고 청중을 기쁘게 하고자 하는 소망으로 동기화될 수 있다고 보았다.

3) 목표지향적, 창조적 존재

인간이 목표지향적이라는 주장은 아들러를 또 한 번 프로이트와 분리시켜 놓았다. 프로이트는 우리는 미래가 아닌 과거에 의해 움직인다고 보았다. 아들러는 목표, 계획, 이상, 자기결정 등이 인간 행동에 있어서 아주 실제적인 힘이 된다고 주장한 반면, 프로이트는 이런 개념들은 실제로 무의식적 갈등에 의해 진작된 행동에 대한 합리화라고 주장하였다. 더 나아가 목표를 지향하는 인간은 자신의 삶을 창조할 수 있고 선택할 수 있으며 자기결정을 내릴 수 있는 존재로 보았다. 인간은 유전과 환경에 반응하는 반응자가 아니라 자기가 선택한 목표를 향해 운명을 개척하고 창조해 나가는 행위자라고 보았다. 인간은 유전과 환경을 능가하는 제3의 힘, 즉 창조력을 갖고 있기 때문에 무한한 가능성을 갖고 목표를 향해 도전할 수 있는 것이다. 인간의 독특성은 이러한 '창조적 힘'에 달려 있다고 볼 수 있다. 인간은 자신의 경험에 스스로 의미를 부여하고, 자신의 삶에 부여한 의미에 따라서 삶의 태도와 방식을 달리한다. 그러므로 아들러에게 중요한 것은 개인에게 주어진 환경 자체가 아니라 개인이 그 환경을 어떻게 느끼고 어떻게 해석하는가다.

4) 주관적 존재

아들러는 현상학적 관점을 수용하여 개인이 세계를 어떻게 인식하느냐 하는 주관성을 강조한다. 그는 인간을 단순한 반응자가 아닌 창조자로 본 것이다. 아들러는 "모든 경험은 여러 가지의 해석을 낳을 수 있다. 두 사람이 비슷한 경험에서 동일한 결론을 끌어낼 수 없다는 것을 알게 될 것이다"라고 했다. 현실은 객관적이지 않고 주관적이며 공통적이지 않고 개인적이라는 생각은 구성주의자의 견해다.

경험의 총체는 너무 거대해서 완전히 볼 수 없다. 우리는 각자 세계와 그 안에 살고 있는 것에 대한 인지지도를 가지고 있고, 이 지도에 따라 사건의 위치를 정한다. 우리가 주의를 기울이거나 무시하는 것은 그것들이 우리가 가진 인지지도의 지형학에 맞는가에 따라 결정된다. 이는 우울한 사람의 환경에서 분명히 나타나는데, 우울한 사람은 길을 걸을 때 눈부신 햇살이 아니라 도랑 사이의 쓰레기에 눈길을 주고 걷는다. 여러분도 영화를 보거나 책을 읽을 때 여러분의 친구들이 하는 것과는 다른 방식으로 현상학적 경험을 했을 것이다.

우리가 세계를 인식하고 해석하는 방식은 우리가 행동하는 방식을 결정한다. 어린 시절 불행한 경험도 사람마다 상당히 상반되는 의미를 가지게 하고 전혀 다른 결과를 가져다 줄 것이다. 불행한 경험을 한 사람의 경우, 어떤 사람은 이후 그 경험에 머무르지 않고 그것을 발판으로 불행을 이겨내기 위해 열심히 살아 성공하게 된다. 그 사람은 '내가 겪었던 불행한 상황을 우리 아이에게 다시 경험하게 할 수는 없어. 내 아이들에게는 좀 더 행복한 삶을 살게 해 주어야 해.'라고 생각하며 노력했을 것이다. 그러나 다른 사람은 '인생은 불공평해. 다른 사람들은 잘 사는데. 세상이 날 이렇게 만드는데, 내가 어떻게 세상을 더 좋게 할 수 있겠어?'라는 식으로 생각하며 과거의 불행을 계속 반복하며 살아간다. 이 사람들 모두는 각자의 해석에 타당한 이유가 있다. 분명한 것은 그들이 자신들의 해석을 바꾸지 않는 한 그들의 행동은 바뀌지 않을 것이라는 사실이다.

3 주요개념

1) 열등감과 보상기제

아들러는 열등감이 인생 전반에 걸쳐서 커다란 영향을 미치고 있음을 통찰하고, 열등감이 인간의 삶에 미치는 영향, 특히 열등감과 인간의 정신병리 현상의 관계를 밝혔다. 그는 인간의 심층심리에 자리 잡고 있는 열등감이 모든 병리현상의 일차적 원인이라고 해석하고, 많은 정신병리 현상은 열등감에 대한 이차적인 반응으로 보았다. 그래서 그는 열등감의 개념 없이 정신병리학을 이해한다는 것은 불가능하다고 하면서, "열등감에 관한 연구는 모든 심리학자, 심리상담자 그리고 교육학자들에게 학습장애아, 노이로제 환자, 범죄자, 자살자, 알코올중독자, 성도착증자를 이해하는 데 없어서는 안 되고 또 없어질 수 없는 열쇠임을 증명해 보인다"라고 하였다.

아들러는 인간은 누구나 열등한 존재로 태어나므로 인간이 된다는 것이 곧 열등감을 갖는 것이라고 말했다. 아들러는 계통발생학적으로 인간이 육체적으로 약한 종족에 속한다는 것과 개체 발생학적으로도 인간이 생애 초기에는 육체적으로 아주 약한 존재로서 타인의 도움 없이는 생존조차 할 수 없는 무력한 존재라는 사실에 주의를 기울였다. 아들러에게는 열등함이 중요한 것이 아니라 이러한 생득적인 열등함을 인간이 어떻게 받아들이고 대응해 나가느냐가 더 중요하다. 즉, 열등감은 객관적인 원인에서보다는 주관적으로 어떻게 느끼는가가 더 결정적인 영향을 미친다. 여기서는 주관적 감정이 개인심리학의 열등감을 이해하는데 중요한 역할을 한다. 이런 맥락에서 아들러는 열등성과 열등감의 차이를 분명히 할 것을 강조한다. 느낌이란 항상 주관적 해석이고, 일정한 가치판단에 의존하며, 결코 객관적으로 실제로 지니고 있는 열등함과는 전혀 다른 것이다.

아들러는 인간이 열등감을 어느 정도 경험하느냐에 따라서 열등감을 갖는 것은 필요하고 나아가 바람직하다고까지 한다. 아들러는 "열등감은 연약한 인간에게 자연이 준 축복이다"라고 하면서 열등 상황을 극복하여 우월의 상황으로 밀고 나아가게 하는 힘을 지닌 강한 열등감은 인간이 지닌 잠재능력을 발달시키는 자극제 또는 촉진제로서의 역할을 한다고 강조한다. 더불어 이에 대해서 많은 역사적 인물들을 실례로 제시하고 있다. 역사적으로 위대한 사람들은 열등감을 지녔던 사람들이 많다. 그들은 열등감을 극복한 결과 성공할 수 있게 되었다. 말더듬이였던 데모스데네스는 자기의 신체적 열등감을 극복하기 위해 피나는 노력을 하여 당대의 유명한 웅변가가 되었다. 이외에도 학력이 없었던 링컨, 신체에 대한 열등감을 지녔던 루스벨트, 가난했던 록펠러, 청각장애의 베토벤, 저능아 소리를 들었던 소크라테스 등이 열등감을 극복하여 성공한 사람들이다.

아들러는 인간의 모든 문화사도 인간의 불안과 열등감을 극복하고자 노력했던 역사라고 보았다. 새처럼 하늘을 날 수 없다는 열등감이 인간을 우주로 갈 수 있게 만들어 주었고, 표범처럼 빨리 달릴 수 없다는 열등감이 인간에게 자동차를 안겨다 주었으며, 허약한 신체를 가졌다는 열등감이 인간을 지구의 생물 중 가장 뛰어난 의학을 가진 존재로 만들어 주었다는 것이다. 만약 인간이 열등감을 느끼고 이를 극복하려는 노력을 하지 않았다면 인간은 참으로 하찮은 존재로 살고 있을 것이며, 인류의 역사는 이렇게까지 발전하지 않았을 것이다. 그리하여 인간의 발달을 위해 무한한 에너지를 제공해주는 것이 열등감이라고 볼 수 있다.

아들러는 교육의 기초와 그 가능성도 열등감에서 찾는다. 아동은 자신의 약함을 극복하려는 욕구에서 교육적 도움을 받아들이게 된다. 그래서 자신의 환경적 요구에 적응하여 자신의 약함을 가능한 한 빨리 극복하려는 노력을 하게 된다. 이와 같이 아들러에게 있어 열등감은 인간의 성장과 발전, 나아가 인류 문명의 발전에 있어 매우 중요한 개념이다. 열등감이 이와 같이 긍정적이고 생산적인 것으로 인식될 수 있는 것은 열등개념과 꼭 붙어다니는 보상개념 때문이다.

2) 우월의 추구

프로이트가 인간의 행동동기를 긴장을 감소시키고 쾌락을 얻는 것으로 보았다면, 아들러는 긴장의 감소를 목표로 보지 않고 도리어 완전에의 추구라는 더 많은 에너지와 노력을 요구하며 긴장을 증가시키는 것이 인간 행동의 동기로 보았다. 아들러는 열등감을 극복하기 위한 노력을 선천적인 것으로 보았다. 자기

완성을 위한 필수요인으로 열등감을 제시하고 이러한 노력 때문에 인간은 끊임없이 발전할 수 있다고 했다. 인간은 기본적으로 자신의 약점 때문에 생기는 긴장과 불안정감, 그리고 남보다 열등하고 하위에 있다는 사실을 참기 힘들어 한다. 그래서 열등의 감정을 극복 또는 보상하여 우월해지고, 위로 상승하고자 하는 목표를 달성하고자 노력한다. 보상은 인간의 열등감을 조정하는 효과가 있다. 인간은 자신의 열등감을 보상하는 방향으로 행동한다고 하였다. 그렇다면 그 보상은 어디까지 이르는가? 아들러는 보상의 궁극적인 목적을 우월의 추구라고 하였다. 우월의 추구는 삶의 기초적 사실로서 모든 인간이 문제에 직면하였을 때 부족한 것은 보충하며, 낮은 것은 높이고, 미완성의 것은 완성하며, 무능한 것은 유능하게 만드는 경향성을 말한다. 마이너스에서 플러스로의 우월에의 충동은 끝이 없고, 이것은 완전을 위한 투쟁으로 이어진다. 우리 안에 있는 진리에 대한 추구, 삶의 문제를 해결하고자 하는 만족되지 않은 욕구는 완전을 향한 갈망을 보여준다.

인간의 우월 추구를 향항 보상은 긍정적 또는 부정적인 경향을 취할 수 있다. 이는 초기 어린 시절에 받았던 인상과 경험, 즉 아동이 어린 시절에 얼마나 깊은 불안감과 열등감을 느꼈는가와 삶의 문제를 극복하는 데 있어 주변 인물이 어떠한 모델이 되어 주었는가에 따라 각기 다른 보상 형태가 이루어진다고 한다. 아동이 어린 시절 열등감 때문에 억압받지 않고 생의 유용한 측면에서 성공의 가능성을 찾는 동안에는 권력을 획득하려는 소망이 실제의 성숙과 발전을 위한 노력으로 실현될 수 있고, 이렇게 새로 얻은 능력은 아동의 인성을 강하게 하고 객관적 열등성을 계속해서 극복할 수 있게 한다. 그러나 잘못된 교육 상황이나 부적절한 환경이 아동의 열등감을 더욱 심화시켜 아동이 삶의 유용한 측면에서 정상적인 방법으로 더 이상 자신의 열등감을 극복할 수 없다고 믿게 되면 비뚤어진 방향의 보상을 시도하게 된다. 이 점에 대해 아들러는 다음과 같이 서술한다. "열등감을 지나치게 억압하면 위험하다. 그렇게 되면 아동은 미래의 삶이 실패하지 않을까 하는 불안 속에서 단순한 보상으로 만족하지 않고 더 많은, 더 먼데 놓여 있는 보상을 획득하려고 한다. 이때 그의 권력과 우월성의 추구는 정도를 넘어 병적으로까지 치닫게 된다."

아동은 스스로 성장할 수 있다는 가능성을 확인할 때, 즉 자신의 열등함이 학습과 정의 자극제로서 작용할 수 있다고 판단될 때만 극복의 노력을 한다. 아동이 계속해서 자신의 약함을 재인식하게 되는 어려운 삶의 상황이나 교사의 교육적 미숙함 등은 아동으로 하여금 삶에서 성취감을 느끼거나 자신의 부족함을 극복할 수 있는 가능성을 더 이상 발견하지 못하게 한다. 이런 상황에서 아동은 비현실적이 되고, 심리적 병리 영역에 속하는 발달장애, 열등 콤플렉스로 발달하게 된다.

아들러는 자신의 열등감에 강하게 사로잡혀 열등 콤플렉스에 걸린 사람이 절대적 안전과 우월성을 획득하기 위해 노력하며, 자신이 다른 사람들보다 훌륭하거나 위에 있다고 생각하는 거짓 신념을 구체화시키는 것을 관찰했고, 이런 현상을 우월 콤플렉스라고 명명하였다. 우월 콤플렉스는 정상적인 우월성 추구와는 다른 것으로 강한 열등감을 극복하거나 감추려는 하나의 '위장술 또는 속임수'라고 볼 수 있다. 그들의 왜곡된 보상노력은 열등감을 더욱 강화시키는 악순환을 되풀이하게 한다.

3) 가상적 목적론

프로이트가 현재를 과거의 산물로 간주하는 결정론적 입장을 가진 것과는 달리 아들러는 결정론을 전적으로 부인하거나 무시하지는 않았으나 그보다는 목적론을 더 중요하게 생각했다.

아들러는 인간을 이해하는 데 있어서 인간이 추구하는 에너지의 원천보다 궁극적 목표가 더욱 중요했다. 그는 인간을 자신에게 중요하다고 지각된 목표를 향해 나아가는 존재로 그렸다. 그래서 아들러는 행동을 이해하는 데 원인이란 용어를 사용하는 것을 거부하고 목적론적으로 설명을 한다. 즉, 모든 행동에는 목적이 있고, 설명하기 어려운 행동들도 일단 그들의 무의식적 목표나 목적을 알게 되면 이해할 수 있다고 보았다.

아들러는 개인의 행동을 이끄는 마음속의 중심목표를 가상적 목표라고 하였다. 아들러는 사람은 가상 속에서 생활한다는 한스 바이힝거의 관점을 그의 목적론에 결부시켰다. 바이힝거는 그의 책 [마치~인 것 같은 철학]에서 인간은 현실적으로 전혀 실현 불가능한 '마치 ~인 것 같은' 상황이 절대적으로 진실인 것처럼 행동하고, 많은 가상적인 생각에 의해서 살고 있다는 흥미로운 견해를 제시하였다. 예를 들면, '모든 사람은 동등하게 만들어졌다.' '목적이 수단을 정당화한다'와 같은 허구는 현실보다도 더 효과적으로 사람들을 움직이게 한다는 것이다.

프로이트의 결정론적 입장과는 대립되는 아들러의 목표개념은 주관적 요인을 강조한다. 목표는 현재에 경험될 수 있는 객관적인 것이 아니고, 개인이 미래에 투사하는 동기화되고 주도하는 가상적인 것이다. 목적론에다 가상적 개념을 덧붙여서 심리적 사건의 내적, 주관적 인과관계의 원리를 강조하였다. 그리고 그 목적은 현실적인 것이다. "아들러의 가상적 (주관적)목적은 비록 목표가 의식되지 않는다 하더라도 현실적인 목적이다."

개인심리학에서 말하는 가상적 목적론에는 무의식적 개념이 들어 있다. 아들러는 최종 목표가 개인에 의해 개별적으로 만들어지지만 일반적으로 쉽게 이해되지 않는다고 믿었다. 이 외에도 목표는 개인의 열등감에 대한 보상적 측면이 있다. 개인이 열등감을 자각하는 순간 시작되어 환경에 보다 잘 적응하고 현재의 어려움을 극복하고자 하는 우월에의 욕구를 통해서 가상적인 목표를 만들어 내게 된다. 이 가상적 목표를 추구해 나가면서 자신의 열등감을 극복하고 완전으로 나아가게 된다. 열등감이 클수록 극복하는 데 필요한 목표가 더 필요하다. 목표 자체가 하나의 보상일 수 있다.

아들러는 목표는 성격통합의 원리가 된다고 보았다. 그것은 성격이 작용하는 데 기본적인 지배원리가 된다. 인간은 자기 스스로 계획을 세우고, 행동은 그런 목표의 맥락하에서 통합된다. 또한 목표는 개인이 현실세계를 지향하는 데 초점이 된다.

아들러는 인간의 행동이 과거의 경험보다 미래에 대한 기대에 의해서 더 좌우된다고 생각하였다. 인간의 성격에 대해 강력한 목적론적 접근을 취해 왔기 때문에 미래의 목표를 설정하는 것은 중요하다고 했다. 아들러는 개인의 모든 심리현상은 그의 허구적/가상적 최종목적을 이해함으로써 설명될 수 있다고 주장하였다. 인간의 궁극적 목적은 가상으로, 실현이 불가능할지도 모르나 행동의 원인, 충동, 본능 등을 넘어서 행위의 최종 설명이 될 수 있다. 즉, 최종의 목적만이 인간의 행동을 설명할 수 있다는 것이다. 이 최종의 목적 때문에 인간은 무엇을 진실로 수용하게 될 것인가, 어떻게 행동할 것인가, 그리고 사건들을 어떻게 해석할 것인가를 취한 창조적 힘을 갖는다.

4) 공동체감

아들러에게 인간의 열등감 극복과 모든 정신과 문화의 발달은 공동체감 형성과 사회적 관심 없이는 절대로 불가능하다. "인간의 불안은 단지 협력을 통해서만 제거될 수 있다. 이는 개인을 공동체와 묶는 것이다. 자신을 타인과의 연합에서 인식하는 자만이 인생을 평안하게 살아갈 수 있다." 아들러의 개인심리학에서 가장 특수한 위치를 차지하는 부분은 공동체감이다.

공동체감은 개인의 완전에의 욕구가 완전한 사회로의 관심으로 대체된 것으로, 인간은 사회에 결속되어 있을 때 안정감을 갖게 된다. 강한 열등의식을 지닌 인간은 사회적 승인을 받지 못함에 따라 계속해서 고립될지 모른다는 불안 속에서 살게 된다. 아들러는 인간이 경험하는 많은 문제들은 자신이 가치있게 여기는 집단에서 받아들여지지 않을까 하는 두려움과 관련된 소속감을 느끼지 못할 경우 불안하게 되고, 소속감을 느낄 때 인간은 자신의 문제에 직면하고 용기를 가지고 문제를 다룰 수 있게 된다고 한다.

아들러의 개인심리학은 인간의 행복과 성공은 사회적 결속과 깊은 관계가 있다는 믿음에 근거한다. 이에 대하여 아들러는 다음과 같이 말하고 있다. "문화라는 도구 없이 원시의 밀림에서 혼자 사는 인간을 상상해 보라. 그는 다른 어떤 생명체보다 생존에 부적합할 것이다. 인간의 생존을 위해서 가장 좋은 방법은 공동체 안에 있는 것이다. 그리고 공동체감은 모든 자연적인 약점을 보상하는 데 반드시 필요하고 또 바른 것이다."

아들러는 신경증, 정신병, 범죄, 알코올, 문제아동, 자살 등의 모든 문제는 사회적 관심이 부족하기 때문에 발생한다고 설명한다. 그는 공동체감이 제대로 발달되었는지의 여부를 정신건강의 척도로 사용하고 있다. 예를 들어, 신경증이란 사회적 관심이나 유익한 행동에 대한 관심이 없이 오로지 자기중심적인 우월성을 추구하고자 하는 것이다. 아들러는 신경증을 높은 열등감을 없애기 위해 개인적인 안전을 추구하고자 노력하는 과정에서 생겨나는 '자기고양' '개인적인 지력' '힘' '즐거움을 얻는 것' '개인적인 우월감' 등을 추구하는 것으로 간주하였다. 이와 같은 신경증이 있는 사람은 자기소유와 힘, 영향력 등을 증가시키려 하고 다른 사람을 깎아내리고 속이고자 애쓰는 사람이라 할 수 있다.

아들러에 의하면 공동체감은 인간이 사회적 존재로 살아가면서 해결해야 할 삶의 과제를 해결할 수 있는 동기를 제공해 준다. 삶의 과제와 관련해서는 모든 인간은 세 개의 인연을 가지고 있고, 이와 관련하여 세 가지 삶의 과제를 지니게 된다고 본다. 세 가지 인연이란 약한 육체를 지닌 인간이 지구라는 환경과 관계하고 있다는 사실, 자신의 약함과 불완전성 그리고 한계성 등에 의해 다른 인간과 맺는 인연, 인류의 생명을 지속한다는 점에서 두 이성의 만남, 즉 다른 성과의 인연을 말한다. 이 세 가지 인연은 세 가지 삶의 과제, 즉 직업, 우정(사회) 및 이성교제/결혼의 과제를 제시한다. 모삭과 드라이커스는 아들러가 암시한 네 번째와 다섯 번째 과제를 제시했다. 네 번째 과제는 우주, 신과 유사한 개념에 대한 반응으로 인간의 영적인 자기를 다루는 것이다. 다섯 번째 과제는 주체로서의 자기와 객체로서의 자기에 성공적으로 대처하는 것과 관련된다.

5) 생활양식

생활양식은 사람들이 행동하고 사고하고 느끼는 이유와 삶의 목적, 자아개념, 가치, 태도 등 개인의 독특성을 설명하는 아들러의 독자적 원리로서 그의 이론의 핵심이 된다. 생활양식은 인생의 초기에 개인의 경험을 조직하고 이해하고 그것을 예언하고 통제하기 위해서 발달시켜온 개인의 인지조직도다. 생활양식은 어릴 때부터 자신의 열등감을 극복하고 우월 또는 완전의 목표를 이루는 과정에서 스스로 창조한 자기 나름의 독특한 생활로, 보통 4~5세에 그 틀이 형성되고 그 후에는 거의 변하지 않는다. 옐리와 지글러는 생활양식을 우월성 추구의 개념을 더 확장시키고 다듬은 아들러의 역동적 성격이론을 가장 잘 나타낸 개념으로 평가한다. 생활양식은 창조적 자아의 힘, 주관적인 통각 경향, 무의식, 목적 지향적인 전체성, 불변성, 예견성 등 개인심리학의 주요 개념들로서 그 구조를 설명할 수 있다. 아들러는 인간이 유전과 환경의 영향을 받지만 궁극적으로 생활양식은 개인의 창조물로서, 환경에 대한 개인의 독특한 해석이라는 점을 강조한다. 어린 시절의 여러 경험이 생활양식 형성에 영향을 끼치기는 하지만 더 중요한 것은 어린 시절의 중요한 사건이 아닌 과거 사건에 대한 지각과 해석이다. 즉, 그는 인과론적 원인론을 거부하고, 인간이 목적지향적인 존재이며 창조적인 존재임을 강조한다.

생활양식에서 가장 중요한 것은 자신의 경험을 인식하는 방법이다. 컴퓨터의 디폴트처럼 생활양식은 변화될 수 있긴 하지만 확실한 결심을 하고 분명한 노력을 통해서만 가능하다. 아들러는 생활양식의 변화가 생활양식 내에서의 변화를 만드는 것보다 훨씬 더 어렵다고 생각한다.

대부분의 사람들은 이러한 생활양식을 무의식적으로 따른다. 무의식적이라 하더라도 생활양식의 모든 표현은 목적 지향적이다. 개인의 생활양식을 통해 그가 추구하는 우월의 목표와 그의 독특한 방법 그리고 자신과 세계에 관한 자신의 의견을 이해한다는 것이 개인심리학의 기본 원리다.

아들러는 각 개인의 독특성을 이해하는 것이 중요하다고 생각하기 때문에 생활양식 유형론을 적극 지지하지 않지만 그것이 인간의 행동을 이해하는 데 도움이 된다는 점은 인정하였다.

아들러의 생활양식 유형은 사회적 관심과 활동성 수준에 따라서 구분된다. 사회적 관심이 부족하고 활동 수준도 낮아 자신은 물론 사회에 무익한 생활양식 유형으로는 지배형, 획득형, 회피형이 있고, 사회적 관심이 높으면서 높은 활동 수준을 보이는 생활양식 유형으로는 사회적으로 유용한 형이 있다.

유형별 특성을 간단히 살펴보면, 지배형의 사람들은 사회적 자각이나 관심이 부족한 반면 활동성은 높은 편이다. 그들은 타인을 배려하지 않고 부주의하고 공격적이다. 그들의 공격성은 경우에 따라서 자신에게 향하기도 하여 알코올 중독, 약물중독, 자살의 가능성도 나타낸다. 기생형/획득형의 사람들은 자신의 욕구를 다른 사람에게 의존하여 충족시키는 이들로, 자신의 문제를 스스로 해결하려 하기보다는 남에게 의존하여 기생의 관계를 유지하는데 자신의 힘을 탕진한다. 도피형/회피형의사람들은 사회적 관심과 활동성이 다 떨어지는 유형으로 삶의 문제를 아예 회피함으로써 실패의 두려움에서 벗어나려고 한다. 그들은 문제에 대한 의식도 없고 사람들과 관계에도 관심을 두지 않는다. 사회적으로 유용한 형은 사회적 관심과 활동성이 모두 높은 유형이다. 이 유형의 사람들은 삶의 과제에 적극적으로 대처하며, 자신의 삶의 문제를 잘 발달된 사회적 관심의 틀 안에서 타인과 협동하여 해결할 수 있는 능력을 갖추고 있고 적절한 행동을 한다. 여기서 사회적 관심은 높고 활동성이 낮은 유형은 실제로 존재할 수 없는 유형이다. 그 이유는 사회적 관심이 높다는 것은 어느 정도의 활동성이 있음을 의미하기 때문이다.

6) 가족구도와 출생순위

한 사람의 생활양식을 이해하기 위해서는 그 개인이 다른 가족원들과 어떤 역학 관계에 있는지, 다른 가족들은 무슨 역할을 하는지, 그리고 어떻게 내담자가 그의 삶을 해석하는지, 즉 그가 그 자신과 삶에 관해 끌어내는 결론들은 무엇인지를 알아야 한다. 개인의 생활양식을 탐색하고자 할 때 가족 구도는 그에 관한 많은 것을 예측할 수 있게 도와준다. 가족구도와 출생순위에 대한 해석은 어른이 되었을 때 세상과 상호작용하는 방식에 큰 영향을 미친다. 아동기에 타인과 관계하는 독특한 스타일을 배워서 익히게 되면 성인이 되어서도 그 상호작용 양식을 답습하기 때문이다.

'가족구도'는 가족의 사회심리학적인 형태를 설명하는 것으로, 각각의 가족 구성원의 성격 특성들, 감정적인 유대, 출생순위, 구성들 간의 지배와 복종, 연령차이, 성, 가족의 크기 등이 가족구도의 요인이 된다. 가족구도 요인 중에서 출생순위는 특별히 아동의 생활양식 형성에 큰 영향을 미친다. 출생순위를 안다는 것은 내담자를 이해하는 데 있어 매우 중요한 보편적 법칙을 제시해 주고 있다. 상담자가 내담자의 역동성을 알기 위해 가족 내 내담자의 지위를 고려하는 것은 필수적이다. 아들러는 한 가정의 형제들 간의 경쟁을 설명한다. 그는 열등의 경험이 출생의 순위를 통해서 조건 지어져 나갈 수 있음을 제시해 준다. 태어날 때 이미 라이벌이 있느냐 없느냐에 따라 서로 다른 상황에서 태어난 아동은 다른 형제를 제치고 부모의 사랑을 차지하는 데 있어서나 가정에서 자신의 위치와 세력을 확실히 하기 위해서 서로 경쟁하게 된다. 형제 간의 권력 다툼의 과정에서 겪은 실패와 성공, 기대와 실망, 가능성과 장해 등의 경험은 아동의 생활양식을 설정하는 데 영향을 준다.

아들러는 많은 사람들이 한 가족 내 자녀들이 왜 그렇게 서로 다른지 놀라워한다는 사실을 관찰했다. 가족 내의 자녀들이 같은 환경 속에서 성장한다고 가정하는 것은 잘못된 생각이다. 가족 구성원 전체가 공통으로 지닌 특성이 있지만 출생순위 때문에 각자의 심리적 환경은 다른 형제들과 차이가 난다.

아들러는 출생순위가 한사람의 생활양식이나 성격형성 과정에 매우 중요한 요인임을 강조하였다. 그는 인간이 태어날 때부터 출생순위에 따라 서로 다른 환경, 즉 형제 간 관계와 부모의 양육태도면에서 서로 다른 인간관계 구도 속에서 살아갈 수밖에 없는 현실이 인간의 성격에 커다란 영향을 미친다는 사실을 통찰하고 출생순위로 인간의 성격 또는 생활양식을 파악하였다. 맏이로 태어난 아이는 부모의 사랑과 관심을 독차지 하면서 누리던 소중한 것을 동생에게 빼앗기는 경험을 하게 된다. 셋째가 태어나면 형제구도는 또 달라진다. 형제자매 수가 늘어남에 따라 부모와의 관계와 형제자매 간의 관계가 달라지고 그 지위나 위치상에 변화가 온다. 열등감을 인간 이해의 핵심 요소로 제시하고 있는 아들러에게는 출생순위가 한 인간의 열등감 형성과 열등감 극복 기제를 습득하는 데 있어서 매우 중요한 변인이 된다. 이와 같이 출생순위에 따른 개인 특성에서의 차이는 출생순위 자체가 직접적인 변인이라기보다는 출생순위에 따른 부모의 양육태도나 기대에서의 차이, 태어날 때부터 다른 심리사회적 지위와 경쟁적 구도 등 다양한 변인들이 영향을 미쳐 드러나는 현상이다. 아들러가 말하는 출생순위는 심리적 출생순위다.

심리적 출생순위는 일반적으로 한 사람의 지각방식이며, 가족 구성원 내에서 자신의 위치를 해석하는 것으로 정의된다. 개인은 출생순위 때문에 그 출생순위의 사람들에게 공통되는 어떤 특성이나 패턴들을 반드시 보이는 것은 아니다. 그보다 개인의 심리적 위치가 더 중요하다. 모든 사람은 자신의 가족 안에서 스스로 인식된 위치가 있다. 이렇게 인식된 위치는 가정의 출생순위의 순서를 나타내는 실제적 출생순위와 같을 수도 있고 다를 수도 있다. 예를 들어, 맏이가 심한 정신지체라면 둘째 아이가 뒤를 이어 받아 맏이의 역할을 할 것이다. 또 아이가 사산된 이후에 태어난 아동의 경우는 보통의 경우보다 더 특별한 맏이로 키워질 수 있다.

출생순위에 따른 성격 특성을 살펴보면, 맏이는 리더가 될 수 있는 책임감이 있다. 전형적으로 이러한 아동은 사회적으로 적절한 방법으로 행동하고 즐겁게 사는 성인으로 성장한다. 일반적으로 그들은 규칙을 고집하고 다른 사람 앞에 나서려고 한다. 그러나 동생이 태어나면 자신이 좋았던 자리에서 쫓겨났음을 알게 된다. 맏이는 더 이상 독특하거나 특별하지 않다. 맏이는 새로운 인물이 '자신이 누리고 있던 사랑'을 훔쳐갔다고 믿을 수 있다. 이와 관련하여 맏이에게는 '폐위당한 왕'이라는 별명이 붙여진다.

둘째 아이는 맏이의 성취에 도달하기 위한 방법을 발견하거나 다른 의도를 통한 중요한 위치를 발견하기 위해 맏이의 심리적 위치와 경쟁해야만 한다. 예를 들어, 맏이가 학문적 성취와 즐거움을 통해서 중요성을 발견한다면, 둘째 아이는 맏이와 경쟁하거나 혹은 스포츠를 통해서 중요성을 발견하거나 강한 사회적 관계를 개발하는 능력을 발전시킬 것이다. 이러한 아동은 맏이를 따라잡기 위해서 경주하는 듯하며, 경쟁심이 강하고 대단한 야망을 가진 성격이 된다. 만약 셋째 아이가 태어난다면 둘째 아이는 중간 아이가 된다. 드라이커스와 솔츠에 따르면 둘째 아이는 셋째인 동생 앞에 서기 위한 행동을 해야 하며, 맏이인 형과 구별되는 분명한 행동을 하기 위해 노력이 필요하다. 중간 아동은 맏이와 셋째 아이가 하는 것처럼 특별한 위치를 가지지 않는다는 것을 느낄 수도 있고, 이에 낙담한 중간 아이는 인생은 불공평하다는 삶의 느낌을 가지거나 속았다는 느낌을 가질 수도 있다. 그러나 중간 아이는 갈등이 있는 가족상황을 결합시키는 조정자나 평화의 사도가 될 수도 있다.

한편 독자는 거의 대부분 항상 관심의 중심에 있고, 자신의 삶 속에서 중요한 어른과의 관계를 바탕으로 생활양식을 형성한다. 독자는 맏이의 생활양식 특성과 많은 부분이 유사하다. 독자는 맏아들처럼 높은 성취 동기를 가지고 있지만 다른 형제들과 나누거나 협동하는 것을 배우지 못할 수 있으며, 어른으로부터 더욱더 많은 압력을 느낄 것이다.

7) 신경증적 생활양식: 응석의 생활양식

응석의 생활양식이 개인은 물론 사회의 정신병리화 현상을 유발시킬 수 있는 가장 위험한 요인으로 지적한 학자는 아들러다. 응성의 생활양식은 실제로 신경증적 생활양식을 일컫는 말이다. 그는 이미 20세기 초에 아동의 응석태도와 그것을 부추기는 부모의 과잉보호적 양육태도를 가장 위험한 아동양육태도라고 지적하였다. 더욱이 그의 후기 저술에서는 신경증적 생활양식을 아예 응석의 생활양식으로 대치할 정도로 아동기에 있어 응석의 생활양식이 개인의 성격 형성에 미치는 악영향을 강력하게 경고하였다. 아들러에 의하면 응석은 심리적인 발달을 방해하는 가장 중요한 근원이다. 프로이트는 오이디푸스 콤플렉스가 그의 신경증과 정신병리학에서 주요한 위치를 자치하는 것만큼이나 아들러의 응석의 생활양식은 그의 정신병리학에서 매우 중요한 요인이 된다.

아들러는 오이디푸스콤플렉스를 응석받이 교육의 예술적 산물이라고 비난했다. 프로이트에 의하면 엄마의 사랑을 독차지 하고 싶어서 아버지를 제거하려는 아들의 소망으로 아버지에 대한 미움을 나타내는 것이라 하였으나 아들러는 이는 성적 소망을 나타내는 것이 아니라 엄마에 의해 버릇없이 길들여져서 유약해진 아이의 욕구에 관한 것이라고 해석하고 있다. 즉, 자신의 세력과 자신의 활동 범위를 제한하는 아버지와의 권력다툼이라는 것이다. 어머니에 의해 응석받이가 되고, 그래서 스스로 어머니로부터 풀려날 수 없는 아이는 자신의 아버지를 가족에서 쫓아내려고 하고 아버지로부터 경쟁의식이 생기게 된다. 이와 같은 모자 간의 공생관계는 아이에게 요구되는 사회 접촉을 계속해서 방해하게 된다.

아들러가 응석받이들의 생활양식에서 심리정신적으로 위험한 요인으로 지적한 것은 그들에게 많은 사랑, 선물, 애정과 관심을 지속적으로 많이 제공하는 것이 아니라 부모가 아동의 주변을 돌면서 그들의 과제를 빼앗아 자녀들의 삶의 모든 문제를 제거하는 것이다. 아동이 전혀 자율적인 경험을 하지 못하는 상황과 발달단계에 적합한 어려움들을 해결해야 할 특권이 면제된 상황에서 아동은 공생적 삶을 사는 데 큰 문제를 가진 기생인간과 같은 존재가 된다. 아동은 자신의 노력으로 자신의 삶의 과제를 해결하는 과정을 거치면서 열등감을 극복할 능력을 얻게 되고 공동체감을 형성하게 되는데, 아동의 노력이 부모의 작업으로 대치될 경우 부모에 의해 그런 기회를 박탈당함으로써 열등감은 더욱 심화되고 공동체감의 형성은 방해를 받게 된다.

응석의 생활양식을 가진 자는 인생의 과제도 잘 수행하지 못한다. 공동체감을 발달시키지 못한 응석받이는 이성 친구나 결혼 파트너를 선택하는 데서부터 문제에 봉착한다. 그들은 다른 사람과의 협동작업이나 다른 사람을 배려하는 능력을 키우지 못한다. 배우자의 중요성이 그들의 인생계획에서는 절대로 배제되어 있다. 응석받이는 사랑을 받기만 하지 나누어 주지 못한다. 배우자도 그들에게는 사랑의 대상으로서 동등한 파트너가 아니라 그를 지지하고 보호해 주는 다른 어머니와 누이 혹은 하인의 역할을 해줄 사람으로 인식된다.

응석받이는 동반자관계에서 쉽게 무시당함을 느낀다. 무시당한 느낌으로 불쾌함을 드러내고 다른 사람을 비난하면서 결국은 부부폭력으로 가게 된다. 부부관계의 성생활에서도 많은 문제를 지니게 되는데, 아들러는 성도착, 동성연애, 대물성 성적 도착증, 관음증, 학대음란증, 피학대 음란증, 정상적 성역할 수행에 대한 저항 등을 자신의 낮아진 자존감을 고양시키는 수단으로 사용한다고 보았다. 이성을 가까이 할 때, 응석의 생활양식을 가진 자는 불완전한 사람이라는 두려움 때문에 자위, 조루, 성불능, 성도착 등의 성문제를 나타내기도 한다. 항상 다른 사람의 보조를 원하고 자신의 기여 없이 다른 사람의 덕으로 살려고 하는 응석의 생활양식을 가진 자들은 직업문제에서 벗어나거나 공동의 인간 관심 밖에서 일하고자 한다. 직업문제에서 그들은 직업 선택을 계속 미루거나 직장을 자주 바꿈으로써 직업문제 해결에 대해 거리감을 표한다. 응석받이는 자기가 겪을 수 있는 실패를 미리 거부하곤 한다. 어린 시절 응석 상황은 실패 상황에 대한 면죄부라고 할 수 있다. 그들이 바라는 것은 직업이 아니라 우월을 쉽게 증명하는 것이다. 그들은 그들에게 문제가 제시되는 것 자체가 불공평하다고 느끼기 때문에 문제에 직면하는 것 자체를 좋아하지 않는다. 그들을 삶이 불공평하고 어려우며 처벌이라고 생각한다. 자신의 지배에 복종하지 않는 직업이 마음에 들리가 없다. 그래서 그들을 직장에서도 불만이 많고 만족하지 못한다. 그들은 다른 사람에 의해 지지 받거나 도움 받기를 원한다. 어린 시절 대부분 경험했던 지지와 쉽게 처리했던 경험은 자기 자신의 능력을 신뢰하는 데 방해가 된다. 부모가 모든 것을 대신해 주던 것에 익숙해 있었기 때문에 자율적으로 일을 처리할 수 있는 것에 대해서는 스스로를 믿지 못한다. 응석받이의 적응에 어려움을 분명히 볼 수 있는 곳은 학교다. 자율성과 책임감, 공동체감이 강조되는 학교는 응석받이에게는 낯선 곳이고, 모친에의 기생적인 무의식적 태도, 공동체감 부족, 비자율적, 협동심 부족, 자신의 과업능력에 대한 낮은 신뢰도, 친구와 교사에 대한 불안 등 학교라는 공동체는 응석받이에게는 긴장과 불안을 유발시키는 곳이다.

4 상담의 목표와 과정

1) 상담목표

아들러의 상담모델은 의료모델이 아닌 성장모델이라 할 수 있다. 아들러는 사람이 지닌 문제는 사람과 불리된 것이 아니기에 심리 상담은 전인격적 치료가 필요하다고 말했다. 그는 아픈 사람과 건강한 사람 사이에 분명한 선이 있다고 말하는 것을 너무나 싫어했다. 개인심리학에서는 내담자를 병든 존재나 치료받아야 할 존재로 보지 않기 때문에 상담의 목표도 증상 제거보다는 열등감을 극복하고, 잘못된 생의 목표와 생활양식을 수정하며, 사회에서 다른 사람과 상호작용할 수 있도록 타인과 동등한 감정을 갖고, 공동체감을 증진시키는 것으로 설정한다. 구체적인 상담목표는 열등감 극복하기, 자신의 독특한 생활양식 이해하기, 잘못된 삶의 목표 수정하기, 공동체감 향상시키기 등으로 종합해 볼 수 있다.

2) 상담과정

아들러 상담과정은 다음의 4단계로 구성되어 있다.

(1) 관계형성하기

1단계: 내담자가 상담자에게 이해받고 받아들여진다고 느끼도록 내담자와 공감적 관계를 형성하는 관계 형성단계

아들러 학파에서는 상담자와 내담자가 적극적 파트너로서 평등하고 상호 협력적인 관계를 맺는다. 내담자와 상호 신뢰와 존경을 가지는 것이 중요하다. 상담자에게는 효과적인 도움을 주는 관계를 맺기 위해 필요한 조건, 즉 평등한 존중, 평등한 권리, 평등한 책임감을 제공해 줄 책임이 있다. 내담자는 '상담받는' 소극적인 수용자가 아니라 협력적인 관계에서 적극적으로 개입해야 하는 당사자다.

평등과 책임을 강조하는 것은 '치료받기 위해 상담받으러 간다'라는 일반적인 생각과는 반대되는 것이다. 아들러 상담에서 내담자는 그들이 그들 자신의 행동에 책임이 있다는 것을 인식해야 한다.

1단계에서 주로 사용하는 상담기술은 참여, 경청, 목표의 확인과 구체화, 공감이다. 다른 상담과 마찬가지로, 내담자와의 치료적 관계는 무엇보다 내담자에게 관심을 가지는 행동과 주의 깊은 경청을 통해 형성할 수 있다. 적절한 관심과 경청은 상담관계에서 상호 신뢰와 존경을 개발하는 데 필수적이다. 이러한 분위기는 내담자로 하여금 분명히 이해되고 수용되는 변화와 움직임에 대해 상담자가 강조하는 가정에 잠재력을 증강시킨다. 내담자를 무조건적으로 수용하고, 내담자가 누구인지에 대한 이해를 함께 발달시키며, 내담자의 강점과 능력을 알려주고, 원한다면 변화할 수 있다는 것을 믿도록 격려한다. 내담자들은 그들 자신이 변화의 힘을 가지고 있다고 믿는 상담자의 신뢰를 알아차리게 된다. 이러한 믿음은 내담자로 하여금 그들이 종종 '할 수 없는' 것이라고 보았던 것

이 실은 '하지 않았던' 것이라는 사실을 깨닫도록 돕는 것으로 입증된다. 또한 아들러 상담의 기본개념에서 강조했던 인간행동의 목적성 이해는 상담초기부터 나타난다.

상담초기에 상담자는 내담자들이 도움을 구하고자 하는 이유에 대해서 질문한다. 가장 많이 쓰는 질문은 "만약 이러한 문제가 없었다면 당신의 인생은 어떻게 달라졌겠습니까?"이다. 이러한 질문의 다른 형태로 "당신은 지금 무엇을 하고 있습니까?" 혹은 "만약 문제가 없다면 당신이 지금 할 수 없었던 것 중 무엇을 할 수 있겠습니까?"라고 말할 수도 있다. 이러한 질문은 내담자가 '자신이 가진 문제'로 인해서 어떤 기본적인 생활과제를 회피하고 있는지를 파악하려는 의도에서 제시한다.

(2) 개인의 생활양식탐색하기

2단계: 내담자가 그의 생활양식을 결정하는 동기나 목표는 물론 내담자의 신념과 정서를 이해할 수 있도록 돕는 생활양식 탐색단계

두 번째 조사단계에서는 생활양식을 이해하는 것과 생활양식이 생의 과업에서 개인의 기능에 영향을 미치는 방식을 이해하는 것이 중요한 목표다. 생활양식은 자신과 타인에 관한 신념, 지각 그리고 감정에 의거해 세워진 구조, 개인의 구성개념이다. 상담자는 내담자의 신념, 지각, 감정을 확인하기 위해 그의 이야기를 주의 깊게 듣는다.

상담자는 가족과 다른 사회적 환경 내에서 그것이 처음부터 어떻게 개발되었는지, 어떤 기본적 확신이 작동하고 있는지, 생활양식이 내담자의 공동체, 직업, 사랑 등에 참여하는 것을 어떻게 방해하고 있는지 등을 포함해 내담자의 생활양식을 이해하려고 한다. 이런 이해를 구하는 것을 생활양식 조사 혹은 생활양식 사정이라 한다. 이는 대체로 자유 형식과 구조화된 형식으로 진행된다. 상담자는 새로운 내담자에게 자신의 삶의 이야기를 해보라는 간단한 질문을 한다. 우리 전체 삶의 이야기를 한꺼번에 할 수 없기 때문에 대략 우리가 겪어온 사건들과 사람들이 지금 중요하다고 여기는 것들을 이야기한다. 상담자는 삶의 이야기에서 포기나 성취 같은 주제를 골라낼 수도 있고, 이야기의 전반적인 정서적 색채에 이름을 붙이기도 한다. 이런 건들이 생활양식에 대한 주제에 색채가 된다. 생활양식은 자기 자신과 타이, 세계, 현실에 대한 주관적인 인식이나 신념에서 비롯된다. 생활양식은 자아개념, 자아이상, 세계상, 윤리적 확신으로 설명할 수 있다.

생활양식에 관한 조사에서 주로 쓰이는 기법은 가족구도 사정, 초기회상, 꿈분석, 기초적인 실수에 관한 분석 등이 있다. 아들러는 내담자를 전체적으로 사정하기 위해 구조화된 면접을 사용했다. 구조화된 면접을 통해 내담자들이 삶의 이야기 중에서 놓치는 것을 빠뜨리지 않으려 노력했다. 면접은 가족구성을 조사하고, 가족 구성원들의 특수한 사회적 위치를 조사하는 것에 중점을 두고 있다. 면접 질문에 아들러 학파의 주요 개념이 많이 반영되어 있다.

(3) 통찰력 가지기

3단계: 내담자의 잘못된 목표와 자기 패배적 행동을 자각하도록 돕는 통찰 단계

세 번째 단계는 통찰력을 가지는 것이다. 상담자는 내담자의 가족 내에서의 위치와 초기 현상, 꿈, 삶의 우선순위 등에 대한 자료들이 수집되면 각 영역을 분리해서 요약하여 내담자의 자신에 대한 관점, 세상에 대한 관점, 그리고 생애 동안 어떻게 행동할지에 관한 무의식적인 결정들에 대한 몇 가지 가설을 형성한다. 이러한 가설들은 내담자와 함께 확인할 필요가 있다. 대부분의 사람들은 그들이 뭔가 잘못되어 있다고 생각하고 상담을 받으러 온다. 상담은 개인이 자신들의 잘못된 생각을 자각하고 왜 자신이 그런 방식으로 행동하는지를 이해하도록 돕기 위한 것이다. 상담자는 내담자를 만나서 사정과정에서 모은 증거들을 가지고 함께 해석을 해 나간다. 내담자가 자신의 생활양식, 현재의 심리적 문제, 잘못된 신념 등 기본적 오류를 깨닫도록 하고 그것이 내담자에게 어떻게 문제가 되는지를 해석한다. 이에 대해 내담자는 동의할 수 있고 그렇지 않을 수도 있다.

일단 상담자가 내담자의 말을 적극적으로 듣고 전체적 통합의 원리를 적용

함으로써 내담자의 생활양식을 이해하게 되면, 상담자는 내담자가 생활양식에 영향을 주는 그의 기본 신념과 인식을 자각함으로써 상담자와 같은 이해에 도달하도록 도울 수 있다. 이때 상담자는 자신의 제안을 강요해서는 안 된다. 내담자에게 생활양식을 이해시키고 그것이 어떻게 해서 그렇게 된 것인지를 분명히 보여주는 바로 그런 의사소통이 상담관계에 깊은 영향을 주는 치료적 효과다. 무엇이 내담자로 하여금 좀 더 효율적으로 행동하지 못하도록 하는지에 대한 통찰은 내담자가 겉으로 드러난 모순을 해결할 수 있도록 도움을 준다. 이로써 내담자는 그들의 잘못된 목적을 버리고 효율적인 행동양식을 추구하게 된다.

(4) 재정향 돕기

4단계: 내담자가 문제행동이나 문제상황에 대해서 대안들을 고려해서 변화를 실행하도록 돕는 재정향 단계

네 번째 단계는 해석을 통해 획득된 내담자의 통찰이 실제 행동이 전환되게 하는 단계다. 이는 행동을 유발하기 위한 다양한 능동적 기술들이 사용되는 단계로 내담자가 가장 어려워하는 단계다. 상담자는 내담자가 잘못된 생각을 여전히 유지하고자 할 때 그것을 지적할 수 있다. 달성할 수 있는 과제를 내담자와 함께 정한다. 이러한 것들은 사적인 논리에 대한 도전이고, 내담자가 자신의 삶에서 가지고 있던 장애물을 깨트리는 것이다. 또한 그것은 내담자를 위한 새로운 행동들이다. 상담자는 내담자가 새로운 행동을 어떻게 경험했는지 들을 수 있어야 하고 내담자가 변화를 성취해 가는 것을 축하해 줘야 한다. 이는 내담자가 변화하려는 열망이 얼마나 강한가에 달려 있다. 내담자가 과거의 잘못된 신념, 행동, 태도를 버리고 새로운 생활양식과 사회적 관심을 갖도록 도와야 한다. 상담자는 내담자에게 사회적 접촉을 시범으로 보여주고 내담자가 그것을 다른 사람에게 실시해 보도록 격려한다.

내담자는 삶의 요구에 직면할 용기를 얻어야 한다. 이는 오랫동안 지녀온 확신인 회피적 행위와 불가능한 목표 추구를 포기하는 일이 될지도 모른다. 재정향은 통찰을 행동으로 전환시킨다. 내담자는 회피해 왔던 위험을 감수하는 것

이 생각보다 나쁘지 않다는 것을 발견하게 된다. 유리한 점에 초점을 두는 것이 또 하나의 재정향 임무다. 많은 내담자들이 자신의 문제에 너무 깊이 몰두하여 자신의 강점을 개발하는 것을 잊어버린다. 약점을 받아들이는 것은 필요하지만 강점을 보충하는 것에 더 많이 집중해야 한다.

5 상담의 기법과 적용

아들러는 상담기술에 대해서는 거의 언급하지 않았으나, 그의 후학들이 아들러의 이론에 기초하여 구체적인 기술을 발달시켰다. 개인심리학에서는 내담자에게 스스로 변화할 수 있는 능력이 있다고 믿기 때문에 그러한 믿음을 내담자에게 보여줄 수 있는 상담기법을 사용한다.

1) 질문기법

상담에서 질문은 전통적으로 진단적 또는 치료적 목적으로 설명되어 왔다. 진단적 질문은 증상과 초기생활을 결정한 요소에 대한 정보를 도출해 내는 반면, 치료적 질문은 한번이나 그 이상의 접수면접과 회기평가 후에 이루어지고 통찰과 변화에 초점을 둔다. 아들러 상담에서 활용되는 주요한 질문 유형에는 순환질문, 반사질문, 전략질문 등이 있다.

2) 격려

상담자가 가져야 하는 기본적 자세로, 용기를 북돋아주는 과정이다. 내담자들은 대부분 높은 기대를 바탕으로 실현 불가능한 목표를 세우거나, 다른 사람의 삶과 비교하거나, 비판적으로 평가하거나, 과도하게 통제하는 행동 등을 통해 스스로 실망하는 경험을 할 수 있다. 상담자는 격려를 통해 내담자의 증상을 개선할 수 있다.

3) 마치 ~인 것처럼 행동하기

마치 ~인 것처럼 행동하기(acting as if)란 내담자가 불가능하다고 생각하는 것을 마치 성공한 것처럼 행동해보도록 유도하는 기법이다. 예를 들어, 내성적인 내담자가 바라는 '인싸'처럼 행동해보도록 권하는 것이다. 내담자가 새로운 시도를 해야 하는 상황에 효과적으로 작용할 수 있다.

4) 단추 누르기

단추 누르기는 내담자가 어떠한 상황적 이미지를 떠올리고, 이에 대한 자신의 감정을 생각해 보게 하는 과정이다. 내담자는 단추 누르기를 통해 긍정적인 감정과 부정적인 감정 사이에서 어떠한 감정을 선택할지 스스로 결정하게 된다. 이 과정에서 내담자는 스스로 감정을 통제할 수 있다는 사실도 깨달을 수 있다.

5) 스프에 침 뱉기

상담자는 내담자의 반복되는 부정적인 행동을 파악하고, 그 행동을 통해 감정적으로 위안을 받고 있는지 확인한다. 스프에 침뱉기는 그 위안에 지속적으로 태클을 걸어 환상을 깨고 차단하는 방법이다.

CHAPTER

08 인간중심 상담

인간중심 상담에서는 내담자를 인간유기체로서 계속해서 변화하고 성장하려는 동기를 가진 선한 존재로 보고 있다. 내담자들은 모두 자신의 환경 속에서 자신을 실현하려는 동기를 가지고 움직이고 있으며 환경이 이를 촉진하기만 하면 스스로 그러한 경향성을 실현하는 방향으로 움직여 나가는 긍정적이고 능동적인 존재로 본다. 인간중심 상담에서는 창시자인 칼 로저스의 생애와 업적을 소개하고 인간중심 상담의 기본 원리와 인간관, 기법 및 적용을 다룬다. 이 장에서는 인간의 근본적인 선함과 자신의 존재 가능성을 실현하려는 기본적인 경향성을 신뢰하고 상담을 통해 이를 촉진할 수 있다는 인간중심 상담의 신념과 이에 따른 상담 목표와 과정을 가능한 한 이해하기 쉽게 제시하고자 한다.

1 주요학자의 생애와 업적

인간중심 상담을 창시한 칼 로저스는 1902년 1월 8일 출생했다. 그는 1924년에 위스콘신 대학교에서 학사학위를 취득하고 1928년에 컬럼비아 대학교에서 석사학위를 취득했다. 그리고 1931년에 컬럼비아 대학교에서 철학박사 학위를 취득하고 1927년에는 뉴욕에 있는 아동 지도 연구소의 심리학 특별연구원으로 직업활동을 시작했다. 1940년에는 오하이오 주립대학교 심리학 교수로 일했다.

그는 인본주의 심리학의 대변인이라고 할 수 있으며 그 자신이 발전시킨 사상을 반영한 개인적 삶을 살아왔다. 즉, 그는 늘 의문을 가지는 자세로 살았으며, 변화에 대한 진정한 개방, 개인적으로나 직업적으로 미지의 세계를 향해 기꺼이 접하려는 용기로 살아왔다. 그는 자서전에서 자신의 유년기 가족 분위기를 가족의 유대를 강조하고 드러나지 않는 강한 애정으로 자녀들의 행동을 강하게 통제하며 종교적 규범을 엄격히 따르는 분위기로 기술했다.

로저스는 아버지의 농장에서 자라면서 많은 식물들이 자라는 모습을 보면서 성장한 것, 학부 초반에 농학을 전공한 것은 인간 역시 하나의 유기체로서 자신을 실현하려는 경향을 가지고 자기실현의 과정을 밟게 된다고 보는 그의 인간관, 그리고 상담자는 각 개인이 이러한 자기실현의 경향을 밟아가도록 촉진적 환경을 제공하는 역할을 해야 한다고 보는 그의 상담이론에 기본적인 영향을 준 것으로 보인다. 그는 아버지의 직업과 유사한 농학으로 대학공부를 시작했으나 학생 주최의 감동적인 종교학회에 참석한 후 전공을 신학으로 바꾸었다. 대학교 2학년 때 학생 대표로 선발되어 국제세계학생기독교연합회의 국제학회에 참석한 것은 그에게 아주 중요한 경험이 되었고, 이후 그는 부모님의 종교적 영향으로부터 벗어나면서 당시 미국에서 가장 진보적인 유니온 신학대학에서 종교적 사역을 준비하는 공부를 했다. 유니온 신학대학에서 그는 학생 주도적인 수업을 요구하였는데 이것이 받아들여져서 강사가 강의를 진행하되 학생들이 필요한 경우 참석하는 방식의 수업을 경험했다. 이러한 경험은 개인의 자유가 확보되는 것을 중요하게 여기는 그의 성향과 잘 부합하는 것이었다. 로저스는 당시 막 등장한 심리학과 정신과학 강의에 매료되기 시작하여 유니온 신학교 건너편에 있는 컬럼비아 대학의 교육대학원에서 강의를 더 듣기 시작했다. 교육학 공부를 병행하면서 그는 리타 홀링워스 교수 밑에서 아동들을 상담하기 시작했다. 이 과정에서 그는 자신을 아동 상담자로 여기게 되었고, 아동지도 연구소에서 인턴을 하고 아동학대 방지협회의 아동연구부서에서 심리학자로 고용되어 비행 및 부적응 아동 및 청소년을 상담하였다. 그는 이 기간을 자신의 상담 이론을 정립하는 소중한 기회로 회고하고 있다. 일련의 상담 경험을 통해 그는 무엇이 상처를 주는지, 어떤 문제가 중요한지, 어떤 경험이 깊이 뿌리 박혀 있는지, 어떤 방향으로 나아가야 할지를 아는 사람은 바로 내담자라는 인식을 분명히 하게 되었다. 그는 상담자로서 자신의 영리함과 박식함을 드러내고 싶은 욕구를 없앨 수 있다면 상담과정의 변화에 있어서 내담자에게 더 효과적으로 의지할 수 있음을 배웠다. 로저스는 1940년 오하이오 주립대학에서 교수직을 제의받아 상담 실제와 연구를 통해 그만의 독특한 견해를 발전시킬 수 있었다. 교수직으로 있는 동안 그는 논란이나 찬사를 가져오는 여러 편의 논문과 책을 썼으며, 점점 더 내담자들과 깊은 치료적 관계를 맺는 법을 배우게 되었다. 자신의 상담접근이 명확해져 가는 과정에서 그는 자신의 생각이 동양 사상과 유사하다는 점을 발견하게 되었다.

로저스는 1964년 캘리포니아 라호야에 있는 서부행동과학협회에 임원으로 참여하면서 1960년대 동안 만남의 집단운동을 활발히 육성했다. 1968년 그는 동료들과 함께 라호야에 상담소를 개소하고 상담분야에서 인간적 접근법의 기수로서 미국뿐 아니라 전 세계에 영향을 미쳤다. 그는 개인의 변화뿐만 아니라 국제적 외교 분야에 참여하여 핵보유 경쟁에 대한 글을 기고하기도 했다. 1970년에 그는 [칼 로저스 참만남집단]을 출간하여 명성을 얻었다. 노년기에 그는 일상생활에 집중하면서도 세계공동체가 직면한 문제에 관심을 쏟았다. 한 대규모 집단 경험을 묘사하는 과정에서 처음으로 '인간중심'이란 용어를 사용했다. 1970~1980년대에 긴장과 갈등이 빈번하였던 여러 나라를 여행하며 자신의 사상을 전달하면서 활발하게 활동하던 그는 1987년 2월 4일 85세를 일기로 세상을 떠났다. 그러나 그가 남긴 사상은 상담의 중심 이론이 되면서 그 후에도 많은 상담 연구자와 실무가들에게 지대한 영향을 미치고 있다. 그의 저서 [상담과 심리치료]는 임상심리학의 탄생에 중요한 역할을 했으며 인간중심 상담 접근법의 미래 기틀을 잡는 주요한 공헌을 했다.

로저스의 이론은 실존적 관점의 많은 개념이나 가치를 공유하고 인본주의 심리학에 뿌리를 두고 있다. 기본적인 가정은 사람은 본질적으로 신뢰할 수 있고, 상담자의 직접적인 개입 없이도 자신을 이해하고 자신의 문제를 해결할 수 있는 충분한 능력을 가지고 있으며, 구체적인 상담관계를 통해 자기 지시적 성장을 할 수 있다는 것이다. 그는 상담자의 태도와 인간적 특성, 내담자와 상담자 관계의 질이 상담성과의 중요 결정인이라는 점을 강조했다.

1942년에는 상담에서의 지시적 접근이나 전통 정신분석적 접근에 대한 반발로 '비지시적 상담'이라는 용어를 제시했다. 비지시적 상담이란 상담자의 온화함과 반응성, 감정이 자유롭게 표현될 수 있는 허용성과 어떠한 강압이나 압박도 받지 않는 분위기를 특징으로 하는 상담관계를 중시한다. 1951년 그는 '내담자 중심 치료'라는 용어로 그의 접근명을 바꾸면서 초기의 견해와 놀이치료, 집단중심 심리치료, 집단중심 심리치료, 집단중심 지도력과 실제, 학생중심 교수 등에 관한 내용을 포함하여 성격과 행동 이론을 집필했다. '비지시적 상담'이란 명칭이 가진 부정적이고 소극적인 특성보다 내담자 자신 안의 성장유발 요인들에 초점을 둔 긍정적인 것으로 강조점을 부각시키기 위하여 '내담자중심 상담'으로 접근명을 변경한 것이다. 후에 그는 이를 다시 '인간중심'으로 변경하였는데, 인간중심이론에서는 내담자의 현상학적 세계에 초점을 두어서 사람들의 행동을 가장 잘 이해하려면 그 사람의 내적 준거체계를 이해해야 한다고 보았다. 이러한 관점에서는 내담자를 변화하도록 이끄는 기본동기는 내담자의 실현 경향이라는 점을 강조한다.

로저스는 1957년 시카고 대학교 시절의 임상 경험을 바탕으로 성립된 '필요충분 조건'과 새로운 과정이론이 정신분열증 환자에게도 적용가능한지를 연구하였다. 1960년대 '진정한 자기가 되는 것'에 초점을 두게 되는데, '진정한 자신이 되는' 과정은 달리 표현하자면 경험에의 개방, 자신에 대한 신뢰, 내적 평가, 지속적 성장의지 등으로 볼 수 잇다. 로저스의 이론은 1970~1980년대 교육, 산업, 집단, 긴장 이완, 세계평화를 위한 노력 등 광범위한 영역에 적용되기 시작하였다. 그의 이론은 사람들이 타인과 자신에 대한 통제를 획득하고, 소유하고, 나누고, 포기하는 방식에 대한 관심을 가지는 등 실로 폭넓은 영역에 영향을 미쳤기 때문에 점차 '인간중심 접근'으로 알려지게 되었다.

인간중심 상담은 다음과 같은 점에서 상담 분야에 큰 공헌을 하였다. 첫째, 인간중심 상담은 상담의 초점을 기법에서 상담관계를 중시하는 쪽으로 옮겨 놓았다. 이는 상담접근에 따라 어떠한 기법과 방법을 사용하건 간에 상담자로서 기본적으로 지녀야 할 태도를 제시한 것으로 큰 의미가 있다. 둘째, 인간중심 상담은 상담자, 심리학자, 사회사업가, 그 외 인간조력 전문가들을 훈련하는 데 있어서 경청, 배려, 이해의 중요성을 강조했다. 인간중심 상담이론의 영향으로 상담자의 훈련과정에서 경청, 반영, 공감, 관계촉진 기술 등이 중요한 부분으로 포함되게 되었다.

한편, 인간중심 상담은 지나치게 현상학에 근거하여 내담자가 표현한 것에 전적으로 의존하고 있어서 내담자가 의식하지 못하는 무의식적 부분이나 내담자에 의해 왜곡되게 전달되는 것들을 무시한다는 점, 그리고 사용하는 용어가 상당히 범위가 넓고 모호하여 이해하기 어렵다는 점 등에서 비판을 받고 있다. 그럼에도 인간중심 접근은 개인상담과 집단상담은 물론 교육, 가족생활, 리더십과 관리, 조직구성, 건강관리, 문화나 인종 간 활동, 국제 관계 등에서도 폭넓게 적용될 수 있다.

2 인간관

로저스는 상담은 자기 자신을 이해하고 자기 개념, 기본적인 태도, 자기 주도적인 행동을 변화시킬 수 있는 방대한 자원을 자기 안에 가지고 있으며, 촉진적이고 심리적인 토양이 제공되기만 한다면 그 자원을 일깨울 수 있다고 보았다. 이와 같이 인간중심 상담에서는 모든 인간이 자신의 과거나 현재의 생활상태를 정확히 인식할 수 있기 때문에 내담자의 성장을 촉진하는 존경과 신뢰 분위기만 갖추어지면 선천적으로 타고난 성장 가능성을 실현하는 과정에서 자신의 인생목표와 행동방향을 스스로 결정하고, 이러한 결정에 따르는 책임을 수용하는 자유로운 존재로서 자기를 조절하고 통제하는 능력이 있다고 본다. 인간은 신뢰할 수 있는 자원을 만드는 존재이고, 자기 이해와 자기 지시적 능력을 갖고 있으며, 건설적 변화를 일으킬 수 있으며, 효율적이고 생산적인 삶도 영위할 수 있다는 것이다.

인간은 이러한 자기실현의 경향성을 토대로 계속 성장해 가는 존재다. 인간중심상담에서는 인간이 자기실현의 경향을 발휘하기 위해 항상 노력하고 도전하고 어려움을 극복하며 진정한 한 사람으로 성숙해 간다고 보고, 상담자는 이러한 유기체의 경향성을 발휘할 수 있도록 촉진적 환경을 제공하는 데 역점을 두어야 한다고 본다. 상담자의 일치성, 무조건적인 긍정적 존중, 정확한 공감적 이해가 내담자에게 잘 전달되면, 내담자의 방어가 약화되어 내담자가 자신과 자신의 세계를 더 개방적으로 보게 되고 결국 사회적이고 건설적인 방법으로 행동하게 된다는 것이다.

3 주요개념

1) 기본원리

인간중심상담의 기본원리는 '만일 ~라면 ~이다'라는 가설의 형태로 표현될 수 있다. 만일 어떤 관계 내에서 '상담자'라고 불리는 사람의 태도 속에 진실성, 무조건적 긍정적 존중, 공감적 이해 등과 같은 특정한 조건이 존재한다면, 그로 인해 '내담자'라고 불리는 사람에게서 성장을 향한 건설적인 변화가 일어날 것이라는 가정이다. 로저스가 이야기하는 '관계'는 인간중심 상담에서 가장 중요한 원리 중 하나다. 관계와 관련하여 로저스는 다음과 같은 상담자의 세 가지 기본적 태도를 설명했다.

(1) 진실성

로저스는 상담 경험을 통해 상담자의 진실성에 대한 중요성을 알게 되었다. 그는 관계 안에서 진솔해 질수록 상담에 더 도움이 된다는 것을 발견했다. 로저스에게 진솔해진다는 것은 상담자 자신의 직업적인 모습이나 개인적인 가면을 벗고 상담자 자신이 되어 자신 안에 존재하는 다양한 감정과 태도를 말과 행동으로 기꺼이 그렇게 되기를 바라고 표현하는 것을 의미한다. 상담자가 자신 안에 있는 참된 진실을 제공하면 그에 따라 또 다른 사람이 성공적으로 그 안에서 진실을 발견할 수 있게 된다. 상담자는 이를 위해 내담자 앞에서 자신을 투명하게 만들 필요가 있다.

(2) 무조건적인 긍정적 존중

또한 로저스는 자신의 다양한 상담 경험을 통해 상담자가 내담자의 성향과 특성을 수용하면 할수록 내담자가 생산적인 관계를 발전시키게 된다는 것을 발견했다. 여기서 수용은 내담자의 조건, 행동, 감정과 상관없이 무조건적 가치를 지닌 사람으로 그를 하나의 고유한 인간으로서 따뜻하게 존중하는 것을 의미한다. 상담자는 내담자로 하여금 혼란, 적의, 분노, 욕기, 사랑, 자부심 등 어떤 감정이든 느낄 수 있도록 기꺼이 허용하고 소유하지 않는 배려를 전달한다. 이러한 무조건적 긍정적 수용 혹은 존중은 내담자로 하여금 한 인간으로서 누군가가 자신을 좋아해주고 존중해 준다는 안정감을 갖게 하고, 이러한 느낌은 상담 조력관계에서 매우 중요한 요소로 작용하게 된다.

(3) 공감적 이해

공감적 이해는 내담자가 경험하고 있는 감정과 개인적인 중요한 의미들을 상담자가 정확하게 감지하고 또 상담자가 이해한 것을 내담자에게 전달해 주는 것을 의미한다. 공감적 이해는 상담자가 내담자 스스로 자신을 보듯이 그를 보고 내담자가 자신을 받아들이는 것처럼 그를 받아들이고 내담자의 모든 숨겨진 부분까지 자유롭게 탐험하고 의식적, 무의식적으로 느끼는 모든 부분을 함께 느끼는 것이다. 공감적 이해가 정확하고 성공적으로 된다면 상담자는 내담자의 내면세계 안으로 깊이 들어가서 내담자 자신이 인식하고 있는 것뿐만 아니라 인식하지 못하는 부분들까지도 명료화 할 수 있게 된다. 또 이러한 정확한 공감적 이해가 내담자에게 성공적으로 전달되면 내담자가 공감적으로 이해 받은 느낌을 통해 상담자와의 관계 속에서 자유를 느끼게 된다. 이러한 자유 속에서 내담자는 의식적, 무의식적인 부분 모두를 자유롭게 탐험할 수 있게 된다.

공감적 이해는 인간중심 상담에서 가장 강조되는 요소다. 로저스는 공감이 소외감을 해소하고 자기 자신이 있는 모습 그대로 가치 있고 존중받으며 수용된다는 느낌을 갖게 하며, 평가 없이 들어주는 느낌은 강력한 치유적 작용을 하여 결과적으로 자신의 개성과 정체감을 느끼게 한다고 보았다.

이러한 세 가지 기본적인 토양은 내담자로 하여금 수용받고 소중히 여겨진다는 느낌을 갖게 하는데, 그럴수록 내담자는 자신을 스스로 돌보는 태도를 더욱 발전시키게 된다. 상담자가 내담자 자신의 마음을 공감하며 들어줄 때, 내담자는 자신의 내면에서 일어나고 있는 마음의 흐름에 좀 더 민감하고 정확하게 귀 기울일 수 있게 된다. 내담자가 자기를 이해하고 소중히 여기게 되면 내담자의 자기는 그가 경험하고 있는 현실의 자기와 더욱 일치한다. 일치가 더해질수록 내담자는 더 진실되고 온전한 사람이 되고 그 자신의 성장을 위해 스스로를 더 잘 촉진할 수 있게 된다. 따라서 내담자는 더욱 통합되고 현실적으로 객관적으로 지각하며 더 효과적으로 문제해결을 할 수 있게 된다.

2) 주요개념

(1) 자기실현의 경향성

로저스는 모든 유기체에게는 고유의 잠재력을 적극적으로 실현하고자 하는 성장의 흐름이 내재되어 있다고 보았고, 하나의 유기체로서 인간 역시 자신을 실현하는 방향으로 성장하려고 노력하는 경향성이 있다고 보았다. 이를 그는 변화하려는 동기라고 설명했다. 로저스는 인간이 그 자신 안의 성장을 위해 위에서 설명한 상담의 바람직한 관계를 이용할 수 있는 능력이 있다고 보았다. 그에 의하면 인간의 경향성은 잠재되어 있어서 지금 현재 드러나지 않는다 하더라도 인간 안에는 능력과 경향성이 있으며 점차 성숙을 향해 앞으로 나아가고 있다. 잠재된 경향성은 적절한 심리적 분위기가 조성될 때 드러나고 실제적인 것이 된다. 인간은 누구나 자신의 마음을 더 확장하고 연장하며 자율적으로 만들고 발달시키며 성숙하게 하는 경향성이 있다.

로저스는 모든 인간이 성장과 자기 증진을 위하여 끊임없이 노력하며, 그 노력의 와중에 직면하게 되는 고통이나 성장 방해요인에 대해서도 직면하여 극복할 수 있는 유기체의 성장 지향적 본성을 가진 존재라고 보고 있다. 특히 이러한 자기실현 동기는 성장과 퇴행 중에 어느 하나를 선택해야 하는 상황에 처하면 더욱 강하게 작용한다. 그러나 현실 지각이 왜곡되어 있거나 자아분화의 수준이 낮은 개인의 경우에는 퇴행적 동기가 더 강하게 작용하여 유아적 수준의 행동을 나타내는 경우도 있다. 그러나 로저스는 모든 인간이 퇴행적 동기를 지니고 있긴 하지만 그보다는 성장 지향적 동기, 즉 자기실현 욕구가 기본적인 행동 동기라고 보았다.

프로이트는 인간행동의 기본 동기를 긴장 감소에 두고 있으나, 로저스는 이와 정반대의 입장을 취하고 있다. 즉, 로저스는 모든 인간은 내적 긴장이 증가하더라도 자기실현을 위하여 고통을 감내하고 행동한다고 보고 있다. 이러한 로저스의 인간행동의 동기에 대한 기본 가정이 바로 인간 행동의 미래지향성인데, 이는 인간의 본질적 가치와 성장 가능성에 대한 로저스의 신념에서 유래된 것이다. 따라서 인간은 자기실현을 위한 끊임없는 도전과 투쟁의 과정에서 발생하는 고통을 감내하는 존재다. 이를 통해 볼 때 인간의 자기실현경향, 즉 미래지향성은 인간 행동의 가장 기본적인 동기라고 할 수 있다.

로저스는 사람들이 성장과 자기실현의 동기를 추진해 나가면서 평상시의 의식 수준이 아닌 변형된 의식 상태에서 개인을 넘어서 우주 전체의 진화의 움직임과 접촉하고 이를 이해할 수 있다고 보았다. 그는 이러한 부분에 대해 물리학의 이론을 빌려 그 근거를 제시하고자 하였다. 로저스는 이론물리학자인 프리초프 카프라가 요약한 견해를 자신의 책에서 제시하고 있다. 그것은 우주가 역동적이고 분리될 수 없는 전체로서 경험되며 필수적으로 관찰자를 포함한다는 점, 그리고 이러한 경험에서 전통적인 시공개념, 고립된 대상개념, 인과개념은 그 의미를 잃어버리게 되며, 그 경험은 동양 신비주의의 체험과 유사하다는 점이다. 로저스의 주장에 따르면 화학이든 인간이든 구조가 복잡할수록 인간이든 화합물이든 그 체계를 새롭게 변형된 상태, 전보다 더 질서 있고 일관된 상태로 만들어 간다. 이러한 새로운 상태는 더 복잡하므로 변화를 창조할 가능성이 더 많아진다.

로저스는 이러한 변화가 상담관계 안에서도 일어난다고 보았다. 즉, 지금까지 억압되어 온 감정이 상담관계 안에서 인식되는 가운데 온전하고 수용적인 경험을 하면 심리적 변화가 분명히 느껴질 뿐만 아니라 신체적인 변화도 일어나게 된다.

(2) 자아

① 현상학적 장이란 경험적 세계 또는 주관적 경험으로도 불리는 개념으로 특정 순간에 개인이 지각하고 경험하는 모든 것을 의미한다. 로저스는 동일한 현상이라도 개인에 따라 다르게 지각하고 경험하기 때문에 이 세상에는 개인적 현실, 즉 현상학적 장만이 존재한다고 보고 있다. 특히 프로이트가 과거 경험이 인간의 행동을 결정하는 요인이라고 본 점에 반하여, 로저스는 현재 행동을 결정하는 것은 과거 자체가 아니라 과거에 대한 각 개인의 현재의 해석이라고 할 정도로 현재의 현상학적 장을 중시하였다. 이러한 현상학적 장에는 개인이 의식적으로 지각한 것과 지각하지 못하는 것까지도 포함되지만, 개인은 객관적 현실이 아닌 자신의 현상학적 장에 입각하여 재구성된 현실에 반응한다. 따라서 동일한 사건을 경험한 두 사람도 각기 다르게 행동할 수 있고, 이러한 속성 때문에 모든 개인은 서로 다른 독특한 특성을 보이는 것이다. 그리고 로저스는 인간을 단순히 자극에 반응하는 존재가 아니라 전체적으로 조직화된 체계로 보고 있기 때문에 이러한 현상학적 장, 즉 현실에 대한 지각도표에 따라 행동하고 생활할 때 모든 개인이 조직화된 전체로서 반응한다고 보았다. 이에 로저스는 인간행동에 대한 현상학적 관점을 강하게 주장함과 아울러 전체론적인 관점을 고수하였다.

현상학적 장에서는 유기체로서의 인간을 중시하며 인간중심 접근에서 볼 때 개인은 모든 경험의 소재라 할 수 있다. 경험은 어떤 주어진 순간에 유기체 내에서 진행되며 잠재적으로 자각에 이용될 수 있는 모든 것을 포함하고, 이러한 경험의 전체가 개인의 '현상학적 장'을 구성한다. 로저스는 유기체의 경험을 중시하면서 '인식 혹은 자각은 우리가 경험하는 어떤 것의 상징화'라는 점에서 현상학적 장이 의식의 장과 동일하지 않다는 것을 지적하였다. 유기체는 상징화되지 않는 자신만의 독특한 경험을 변별하고, 개인의 현상학적 장 안에서 이를 특정하게 상징화하며, 또 그러한 경험에 스스로 반응한다.

이처럼 인간의 현상학적 장을 중시하는 입장은 내담자의 삶의 세계를 내담자가 현상학적으로 구성하는 것을 전제하고, 변화하려는 동기에 대한 가정과 함께 사담에서 내담자의 감정과 생각, 행동에 대한 내담자 자신의 책임능력과 현실을 더 완전하게 직면할 방법들을 발견할 수 있는 내담자의 능력을 강조하는 경향을 갖게 한다. 즉, 자신을 가장 잘 아는 내담자가 자기 인식을 증진시킬 수 있는 보다 적절한 행동을 발견할 수 있다고 보는 것이다.

또는 현상학적 장을 중시하게 되면 상담자가 내담자의 내적 참조틀을 이해하기 위해 노력하므로 상담을 통해 내담자가 자기와 세계를 지각하는 방식에 주된 관심을 가지게 된다. 인간중심 상담에서 상담의 기능은 내담자가 그들의 인간적인 면을 드러내고 성장 경험에 상담자가 함께 동참하는 여행이 된다. 그러나 상담자 역시 자신의 현상적인 장을 구성하면서 이 여행에 동참하게 되므로 상담관계에서 상담자도 실수를 할 수 있다. 상담자와 내담자 모두 하고자 하는 바를 향상시킬 수 있지만 한계가 있는 것이다. 따라서 모든 상담자가 모든 내담자에게 언제나 진실하고 관심을 갖고 이해하고 수용해 주어야 한다는 것은 비현실적인 기대다.

② 가치의 조건화는 로저스의 성격 형성을 이해하는 중요한 개념이다. 가치의 조건화는 주관적으로 경험하는 사실을 왜곡하고 부정하게 만들기 때문에 유기체가 경험을 통해 자기실현의 경향성을 실제로 성취하는 것을

방해하는 주요한 원인이 된다.

예를 들어, 유아는 타인과 관계 속에서 자신을 경험하는 방식을 배운다. 부모가 자신의 행동에 대해 동의하지 않을 때, 어린아이는 자신의 존재 자체가 받아들여지지 않는 경험을 하고 자신에 대한 부적절감이나 열등감을 가질 수 있다. 성장과정에서 타인과의 긍정적, 부정적 경험은 자기평가를 배우는 방식에 영향을 주는데, 이러한 자기평가를 자기존중이라 한다. 로저스는 사람들이 어떤 생각과 행동을 하면 주요한 타인에게 수용될 수 있는지 혹은 아닌지를 많은 경험을 통해 학습한다고 보았다. 만일 어떤 사람이 특정한 생각과 느낌이 타인에게 수용되지 않는다는 메시지를 받으면 그런 경험에서 불편함을 느끼게 되고 그것을 왜곡하게 될 것이다. 왜곡이 발생하면 자신의 자연스러운 경향에 대한 경험이 자신의 자기개념에 통합되지 않으며, 이상적 자기는 현실의 자기에서 좀 더 멀어진다. 이런 억압된 자아는 자유롭지 않다.

이러한 과정에서 유아들은 자기의 경험이 유기체의 실현 경향성을 조장하면 긍정적인 것으로 지각하고, 실현 경향성에 방해 되면 부정적인 것으로 평가한다. 가치의 조건화는 성숙된 인간이 되어 가는 것에 주요한 방해의 원천이다. 갈등, 불안, 공포 등의 정서적 문제도 가치의 조건화와 관련된다. 가치의 조건화에 따른 행동이 실현화 경향성을 이루려는 유기체의 경험과 마찰을 일으킬 때, 그러한 마찰이 위협으로 느껴지면 갈등과 불안이 야기된다. 가치의 조건화가 실존적 존재로서 주관적인 내적 경험과 불일치를 이루게 되면 긍정적 자기존중을 잃지 않을까 하는 위협으로 느껴지고 불안과 두려움이 야기되는 것이다.

③ 자기는 자신에 대해 갖고 있는 조직적이고 지속적인 인식을 말한다. 이것은 로저스의 인간중심 상담이론의 가장 중요한 구성개념이다. 자기개념은 현재 자신이 어떤 존재인가에 대한 개인의 개념으로서 자신에 대한 자기상이다. 로저스는 자기개념이 현재 자신의 모습에 대한 인식인

현실의 자기와 앞으로 자신이 어떤 존재가 되어야 하며 어떤 존재가 되기를 원하는지에 대한 인식인 이상적 자기로 구성되어 있다고 본다. 그는 현재 경험이 이러한 자기구조와 불일치할 때 개인은 불안을 경험한다고 보았다. 예를 들어, 다른 사람으로부터 존경받고 성공한 인물로 간주되는 사람들 중에서 자기 자신을 보잘것없는 실패자라고 지각하는 경우를 볼 수 있다.

이와 같이 로저스는 자기구조와 주관적 경험 사이의 일치가 매우 중요하며, 양자가 일치할 경우에는 적응적이고 건강한 성격을 갖게 되는 반면 양자 간의 불일치가 심할 경우에는 부적응적이고 병적인 성격을 갖게 된다고 보았다. 자기는 우리에게 우리가 아는 범위 내에서 삶에 대해 나름대로 특정한 방식으로 반응하는 것을 허용한다. 자기의 발달은 자신이 세상에서 경험하는 것을 어떻게 지각하는가를 바탕으로 하여 변화하는 역동적인 과정이라고 볼 수 있다.

로저스는 자기가 사용하는 기본적 방어기제로서 왜곡과 부인을 제시하고 있다. 경험의 왜곡은 받아들이기 어려운 경험을 자신의 현재 자기상과 일치하는 형태로 변형하여 받아들이는 것을 의미한다. 예를 들어, 진급하는 사람을 보고 자기보다 실력이 없는데도 사장이 진급하게 해주었다고 왜곡함으로써 자신의 현재의 자기상을 유지하는 경우를 들 수 있다. 부인은 위험한 경험이 의식화되는 것을 회피함으로써 자기구조를 유지하는 것을 말한다. 예를 들어, 부당한 대우를 받은 여사원이 화를 내지 못하는 것은 화를 내면 사랑받지 못한다는 부모에 대한 믿음이 내재되어 있기 때문이다. 이러한 방어기제는 자기개념과 불일치하는 경험이 존재한다는 사실을 완전히 무시해버린다. 경험과 자기의 인식 사이에 부조화를 감소시키려는 방어를 발동하게 하여 걱정이 줄어드는 것이다.

(3) 성격의 재구조화

변화와 함께 개인적 성장이 일어난다는 것은 개인의 의식적인 부분과 성격의 심층적인 부분을 재구조화할 수 있다는 것이다. 이러한 재구조화는 개인으로 하여금 자신의 삶 속에서 더 만족스럽고 건설적이며 더 지적이고 더 사회화된 방법으로 대처하도록 한다. 재구조화를 통해 인간은 자신이 되고 싶은 인간상에 가까워져 간다. 재구조화가 될수록 개인은 스스로를 더 가치 있는 존재로 평가하고 자신감이 높아지며 자기 지향적인 사람이 되어간다. 또한 스스로를 더 잘 이해하게 되고 자신의 경험을 부인하거나 왜곡하는 경향이 줄어들어 자신의 경험에 더 개방적인 사람이 되어가고, 나아가 다른 사람들을 향해서도 더 개방적으로 보게 되며 다른 사람들 역시 그러할 것으로 기대하게 된다.

4 상담의 목표와 과정

1) 상담목표

(1) 궁극목표

인간중심 상담의 궁극적인 목표는 로저스의 표현에 따르면 '자기 자신이 되는 것'이라 할 수 있다. 상담의 과정에서 과정목표를 달성하면서 결국 도달하게 되는 궁극적인 목표는 완전하고 충분히 기능하는 인간 유기체가 되는 것이다. 내담자는 자신이 진정으로 무엇을 경험하는지 알고 무엇을 경험하는지 알고 무엇을 경험하든지 그것을 허용하게 되어 결국 그 자신의 경험 안에 존재하게 된다. 다시 말해, 내담자는 경험에 개방적이 되면 자신의 유기체를 더 신뢰할 수 있다는 것을 발견하게 되고, 자기가 가진 감정반응에 대해 공포감이나 불편감을 덜 갖게 되고, 이러한 신뢰가 점점 더 커지면 그것이 복잡하고 풍부하며 다양한 종류의 감정과 유기체적 수준에서 존재하는 경향에까지 영향을 미치게 되어 진정한 자신이 될 수 있다.

로저스에 의하면 인간은 유기체라면 모두 갖고 있는 특성으로서의 감각과 본능적인 경험을 포함하여 자유롭고 왜곡되지 않은 인식의 선물을 가지고 있다. 이 모든 '경험'과 이러한 경험의 인식, 자각, 감각의 결과인 '중추신경의 완전한 통합능력' '균형' 있고 '현실적'이고 '자기향상과 타인향상'을 자신의 행동을 통해 성취하고자 하는 유기체가 바로 나 자신인 것이다. 이러한 자기 자신이 되면 그 사람의 행동은 건설적이고 생산적이고 적응적인 것이 되고 개인적인 고유함과 사회성이 조화롭게 움직이는 사람이 된다.

(2) 과정목표

로저스는 상담의 과정과 경향성이 상담자에 의해 이끌어지기보다 내담자에 의해 이끌어진다는 점을 분명히 하였다. 그는 내담자가 상담을 통해 가면을 벗고 의무와 강요로 느껴져 자신을 불편하게 하는 고정된 생각에서 벗어나 자유로운 방향으로 나아간다고 보았다. 내담자가 가지고 있는 판단의 틀을 크게 다른 사람의 기대에 부응해야 한다는 것과 다른 사람을 기쁘게 해야 한다는 생각과 행동으로 구성된다. 이러한 과정에서 상담은 다음과 같은 목표에 도달하게 된다.

① 잠재적 자기를 경험하는 것은 경험의 인식 혹은 경험의 경험이라고 부를 수 있다. 위협적이고 불안한 분위기의 관계에서 사람들은 이미 가지고 있는 자기개념에 끼워 맞추기 위해 자신의 경험을 왜곡하거나 자신을 불충분하게 경험한다. 하지만 상담자와 함께하는 안전한 관계는 자기를 손상하는 실질적 혹은 잠재된 위협이 느껴지지 않는 상태를 조성하고, 이러한 분위기 속에서 내담자는 자신의 감각과 본능적인 기제에 의해 이해하고 느껴지는 대로 자기 경험의 다양한 측면을 충분히 점검할 수 있다. 처음에 내담자는 자기개념과 다른 자신의 경험을 모순되고 갈등스러우며 심지어 고통스러운 것으로 지각하지만 그러한 갈등스러운 부분이 모두 자신의 부분들임을 인식하는 방향으로 변화한다. 이러한 변화는 자신이 경험하는 전부가 바로 진정한 자신을 이루고 있다는 인식과 자기에 대한 통합된 의식을 갖는 방향으로 전진한다.

② 인간중심 상담에서 상담자가 내담자에게 가진 따뜻한 관심을 내담자가 수용하는 것은 상담의 가장 핵심적인 부분이다. 로저스는 이러한 경험이 전이나 역전이와는 다르다는 점을 분명히 하였다. 인간중심 상담에

서 상담자가 내담자에게 갖는 수용과 존중감은 상담이 진행되면서 자기 자신이 되려고 하는 용기와 노력을 보면서 내담자에게 갖는 경외감으로 발전하는 경향이 있다. 이러한 상담자의 따뜻하고 긍정적이고 애정 어린 반응을 반복적으로 받아서 거기에 담긴 상담자의 진정한 감정을 수용하게 되면, 내담자는 안도하고 타인의 호감에서 오는 따뜻함을 경험하면서 삶을 살아가는 데 수반되는 긴장과 두려움을 줄여나갈 수 있다.

③ 내담자가 위에서 기술한 상담자의 관심과 사랑을 받아들인다는 것은 결국 내담자가 자신에 대한 '나는 이런 관심을 받을 만한 사람이다'라는 감정을 동반하게 된다는 의미다. 상담의 과정을 거치면서 내담자는 지금-여기에서 자신의 어떠한 감정이나 생각이든 자유롭게 개방하는 경험을 하고 나면 차츰 자신의 긍정적인 면은 물론 부정적인 면까지 수용하고 자신의 좋은 점을 인정하는 등 자신에 대한 부정적 태도가 감소하고 긍정적 태도가 증가하게 된다. 이 과정 중 과도기에 내담자는 자신을 좋아하고 즐기고 귀하게 여기게 되는 것에 대해 미안함이나 쑥스러움을 느끼기도 한다. 그러나 상담이 진행되면서 내담자는 이러한 감정을 넘어서서 진정으로 자신을 좋아하게 된다.

④ 상담이 진행되면서 내담자는 자신의 성격의 핵심적인 부분으로서 긍정적인 부분을 발견하고 이를 중심으로 자신의 전체 성격을 긍정적인 것으로 바라보게 된다. 인간에게 나타나는 부정적인 측면들, 공격, 분노, 비난 등은 반사회적인 감정이라기보다 상처받은 깊은 경험을 보여주는 것이다. 그리고 깊은 수준으로 탐색해 들어가면 개인은 자신의 그런 감정과 그로 인한 행동을 하려는 충동이나 이미 한 행동들을 싫어하고 불편해 한다는 것을 깨닫게 된다. 그리고 내담자는 서서히 타인에게 보상하지도 처벌하지도 않는, 증오가 없는 자기, 사회성을 갖고 있는 자기의 핵심을 발견하게 된다. 충분히 깊이 탐색해 들어가기만 한다면 우리 유

기체의 본질적인 면, 즉 인간은 긍정적이고 사회적인 동물이라는 것을 발견하고 증명하게 될 것이다.

인간중심 상담은 내담자의 자기개념과 유기체적 경험 간의 불일치를 제거하고, 내담자가 느끼는 자아에 대한 위협과 그것을 방어하려는 방어기제를 해체하여 충분히 기능하는 사람이 되도록 돕는 것을 목표로 한다. 이러한 과정적 목표에 내담자가 성공적으로 도달하도록 돕기 위해서 상담자는 우선 내담자의 잠재력이 발휘되는 것을 가로막는 불안과 의심에서 자유로워지도록 돕는 조력자의 역할을 해야 한다. 또한 상담자의 진실성, 무조건적인 긍정적 존중, 공감적 이해와 같은 태도로 내담자의 변화를 이끄는 촉매 역할을 해야 한다. 마지막으로 상담자는 내담자가 경험에의 개방, 자신에 대한 신뢰, 내적 평가, 지속적인 성장에 대한 의지 등을 가지게 되어 점차 자기 실현화된 사람이 될 수 있도록 상담에서 내담자가 이러한 특성을 보일 때마다 격려하는 것에 초점을 두어야 한다.

2) 상담과정

로저스는 인간은 선천적으로 긍정적이고 건설적인 방향으로 발전하려는 경향을 지니고 있는 믿을 만하고 선한 존재로 보고, 상담과정을 성장을 계속 촉진시키는 분위기로 만들어서 개인을 발전시키고 유능하게 만드는 과정이 되도록 하기 위한 조건을 제시했다.

이러한 과정의 특징은 감정 하나하나가 경험되거나 여러 감정의 흐름을 경험함에 있어서 좀 더 느슨해지고 유연해지고, 감정을 경험하는 방법이 변화하며, 심한 부조화에서 조화로 변화하고, 자신의 경험에 대해 책임의식이 증가하는 방향으로 요약할 수 있다. 인간중심 상담의 과정을 내담자가 변화하는 과정에 초점을 맞추어 7개의 단계로 더 상세히 살펴보면 다음과 같다.

1단계: 소통의 부재

1단계에 있는 내담자는 수많은 장벽으로 인해 자신과 대화하지 않으며 소통은 외부로만 열려 있다. 이 단계의 내담자는 느낌에 대해 자신의 것이 아닌 것으로 인식하고 자신에게 문제가 없다고 생각하거나 문제에 대한 자신의 몫이 극히 일부분이라고 생각한다. 자신이 하는 경험은 개인적 의미로 인식되지 않거나 혹 인식되더라도 흑과 백의 논리로 표현된다.

2단계: 도움의 필요성 인식 및 도움 요청

이 단계에서 내담자들은 도움을 자발적으로 요청한다. 그러나 2단계의 내담자는 여전히 1단계의 특성을 갖고 있다. 표현은 되지만 자기와 관련되지 않은 주제에 대한 것이고, 문제 역시 자신의 외부에 존재하는 것으로 표현되어 문제에 대한 개인적 책임을 느끼지 못한다. 그래서 이 단계에서 상담을 통해 이룰 수 있는 성과는 상당히 작다. 1,2단계에서는 상담자가 촉진적 환경을 제공하는 반응들을 하더라도 그 효과를 가시적으로 확인하기가 어렵다.

3단계: 대상으로서의 경험표현

3단계에서 내담자는 자신의 경험을 표현하고 받아들이지만 그러한 경험은 대상화되어 있어서 대상과의 관계 속에서 표현되거나 타인의 것처럼 묘사되기도 한다. 과거의 경험으로서 느낌이나 의미에 대해 주로 이야기하기도 한다. 대상으로서의 경험이 아닌 자신의 것으로서 경험을 받아들이더라도 그것은 모순되고 갈등스러운 것으로 인식된다. 내담자는 대상으로서의 자기를 탐색하면서 상당한 시간을 이 단계에서 보내기도 한다.

4단계: 지금-여기에서의 더 유연한 경험표현

4단계에서 여전히 내담자들이 표현하는 것은 대상으로서의 자기감정이나 경험이고, 자신의 감정과 느낌을 자신의 것으로 받아들이기 어렵지만 경험들의 경계와 구조는 다소 느슨해지고 지금－여기에서의 감정을 표현하거나 과거의 경험이 지금－여기에 주는 개인적 의미가 탐색되기도 한다. 4단계에서 내담자는 자신에 대한 불신이나 상담자에 대한 불신을 더 쉽게 표현한다. 이는 그만큼 상담의 분위기를 안전한 것으로 지각한다는 다른 증거가 된다.

5단계: 감정 수용과 책임 증진

5단계에서 내담자는 감정을 현재 시제로 자유롭게 표현하기 시작하고 감정들은 충분한 경험에 가까워진다. 여전히 두려움과 불안이 있지만 내담자는 대체로 자신의 감정을 강렬하게 경험하게 되고 이러한 감정에 대해 자신의 것으로 수용하고 그에 대해 책임지려는 경향을 보인다. 또 내담자는 자신이 경험하는 것을 모순되거나 갈등됨에도 불구하고 자신의 것으로 모두 받아들이면서 통합하려는 경향을 보인다. 5단계에서 다시 3, 4단계로 되돌아감을 반복하거나 더 이상 나아가지 않는 것처럼 보이기도 하지만 마침내는 앞으로 나아가게 된다.

6단계: 경험과 인식의 일치

이 단계에서 대상으로서의 자기는 사라지고 내담자의 경험은 모두 자기의 것으로 통합된다. 따라서 내담자가 하는 경험의 순간은 더 명확해지고 확실해진다. 이 단계에서는 더 이상의 외부, 내부의 문제는 없어지고 내담자는 주관적으로 살아가며 자신의 문제에 자기 자체에 매 순간 직면한다. 아울러 내적 의사소통과 외부와의 의사소통이 상당히 자유로워진다. 6단계에서 내담자는 자신을 더 부드럽게 돌보고 자신이 이것이면서 동시에 저것이라는 완전한 지각과 받아들임이 나타난다. 내담자는 많은 경우 상담자의 도움 없이도 7단계로 이행해 간다.

7단계: 자기실현의 경험

이 단계에서 내담자는 상담실 안에서와 밖에서 새로운 감정을 세부적인 부분까지 풍부하고도 즉각적으로 경험하게 된다. 내담자는 자신이 누구인지, 무엇을 원하는지, 자기태도가 무엇인지를 명확한 방법으로 알기 위해 노력한다. 내담자는 자신의 감정이 변화해가는 것에 대해 책임을 지고 이러한 변화의 과정을 신뢰하고 그 자체를 경험하며 그 과정에서 자기를 더 확실하게 느낀다. 내담자는 자신의 행동과 행동의 흐름, 변화의 특징을 자신의 모든 심리학적인 삶 속에 통합시키고, 이것이 그의 새로운 구조의 성격이 된다. 그래서 내담자 자신의 다양한 측면 사이의 내적 의사소통도 자유롭고 막힘이 없다. 이러한 내적 의사소통은 다른 사람과의 소통에서도 마찬가지로 나타나며 계속되는 변화 속에서도 자신의 책임감을 지각하고 그 자신의 삶을 살아간다. 그러나 로저스는 상담을 종결하지 않은 상태에서 7단계까지 도달하는 특징을 보이는 사람은 흔치 않다고 보았다. 이는 6단계의 끝에 도달한 내담자는 이제 상담자의 도움이 없이도 자신의 삶을 살아갈 수 있다고 믿을 정도로 자신을 신뢰하게 되기 때문일 것이다.

5 상담의 기법과 적용

1) 상담기법

인간중심상담은 기법보다 상담자의 철학이나 태도를 중시하고 상담자의 언행이나 반응, 기법보다는 상담관계를 중시하기 때문에 내담자에 대한 상담자의 태도에 있어서 구체적인 기법으로 개발된 것을 제시하기가 어렵다. 인간중심 상담의 상담관계에 포함되는 상담자의 촉진적 태도로는 기본 원리에서 제시한 것들이 있다.

(1) 무조건적인 긍정적 존중

상담자는 내담자를 하나의 인격체로서 무조건적으로 존중하고 있는 그대로의 모습을 따뜻하게 수용하여야 한다. 내담자 존재 자체의 잠재성과 자기실현의 경향성을 전폭적으로 신뢰하고 확신하면서 내담자를 전체로서 받아들이고 내담자가 표현하거나 표현하지 않은 감정과 사고, 행동 등에 대하여 있는 그대로 받아들이고 어떠한 판단이나 평가도 하지 않는다.

(2) 진실성

상담자가 내담자와의 관계에서 나타내는 반응은 순간순간 상담자 자신이 내적으로 경험하고 느끼는 바와 합치되는 상태를 의미한다. 인간중심 상담에서는 상담자와 내담자 모두 적정 수준의 진실된 자기표현이 이루어져야 하므로 상담자는 진솔성, 진실성을 갖추기 위해 자기를 이해하고 수용하며 솔직하게 개방하려는 노력이 필요하다.

진실성은 단순한 자기공개 혹은 자기노출과 다르다. 자기노출은 자신에 대한 정보, 생각, 느낌, 경험을 드러내는 것이지만, 진실성은 내담자의 경험에 대해 상담자가 느끼거나 생각하는 것을 표현하는 것이다. 또한 내담자의 현재 관심사나 상황과 관련된 상담자의 느낌과 생각을 표현하는 것이다.

(3) 공감적 이해

공감적 이해란 상담자가 내담자의 감정에 빠져들지 않으면서 내담자의 생각, 감정, 경험에 대하여 상담자 자신의 주관적 입장에서가 아니라 상담자 자신의 감정인 것처럼 내담자의 입장에서 듣고 반응하는 것을 말한다. 이러한 공감적 이해를 촉진시키는 몇 가지 중요한 상담기법에는 주목하기, 공감적 이해를 언어로 표현하기, 공감적 이해를 비언어적으로 표현하기, 공감과정에서 침묵을 사용하기 등이 있다. 상담자는 공감적 이해를 위해 먼저 내담자가 경험하는 것을 민감하게 느끼고 이해해야 한다. 그런 다음 그 경험에 대해 이해하는 것에 그치지 않고 자신의 이해와 느낌을 표현해주어야 한다. 즉, 공감적 이해에는 이해와 전달이 함께 포함되는 것이다. 공감적으로 이해한다는 것은 내담자와 비슷한 혹은 거의 동일한 경험을 상담자가 해 보아서 자신의 그러한 과거 경험에 비추어 내담자를 이해하는 것과 혼동하지 않도록 주의할 필요가 있다. 상담자는 내담자와 같은 경험을 했건 아니건 내담자의 고유한 경험 세계를 탐색하고 이를 공감하는 것이 중요하다.

공감은 내담자의 마음을 따라 흘러간다. 처음에는 내담자가 겪는 표면적인 마음들을 공감하게 된다. 초반에 내담자 마음의 표면에는 주로 부정적인 감정들이 분출해 있다. 상담자의 촉진적 태도와 분위기 조성과 공감 전달을 통해 그것이 풀리면 내담자는 자신의 마음 밑바탕에 있는 긍정적인 소망과 의도, 이를 위해 자신이 해온 노력들을 표현하게 된다. 그렇게 되면 상담자는 내담자의 이러한 부분들까지 알아주는 깊은 수준의 공감을 하게 된다.

CHAPTER

09 행동주의 상담

행동주의상담의 대표적 연구자인 스키너의 상담에 대한 정의는 행동주의 상담의 핵심을 잘 보여준다. 스키너에 의하면 상담이란 내담자의 바람직한 행동은 증가시키고 바람직하지 못한 행동은 약화 또는 감소시킴으로써 내담자의 적응력을 높이게끔 도와주는 재학습과정이다. 행동주의 상담에서 상담자가 할 일은 부적응적 행동을 적응적 행동으로 대체시키기 위해 학습 원리를 적용시키는 것이다. 행동주의 상담은 내담자의 외현적 행동이나 사고를 변화시키기 위한 활동 지향적 기법들을 제공하고 있다. 그러나 최근 들어 행동주의상담은 다양한 활동 지향적 기법들을 도입하고 그 과정에서의 인지적 작용도 강조하고 있다. 이 장에서는 행동주의 상담의 주요 연구자들에 대한 소개, 인간관과 상담의 기본 원리, 과정과 기법, 적용에 대해 소개한다.

1 주요학자의 생애와 업적

1) 이반파블로프

이반 파블로프는 1849년에 태어나 1936년에 사망하기까지 행동수정의 기초가 된 과학적 원리를 개발하고 지속적인 연구를 수행한 의욕적인 연구자다.

파블로프는 기초적인 수동적 조건형성 과정을 설명하는 실험을 통해 반사가 중성자극으로 조건화될 수 있다는 사실을 증명했다.

시골목사의 맏아들이자 교회지기의 손자였던 파블로프는 중앙러시아의 고향에서 자랐다. 그는 교회학교와 신학교에 입학하여 헌신적으로 지식을 전달하는 신학교 교사들에게서 깊은 인상을 받았다. 1970년 파블로프는 신학공부를 포기하고 상트페테르부르크 대학교에서 화학과 생리학을 공부했다. 상트페테르부르크의 임피리얼 의학 아카데미에서 의사 자격을 취득한 후, 1884~1886년에는 라이프치히의 심장혈관 생리학자 루트비히와 브레슬라우의 심장생리학자 하이덴하인의 지도 아래 독일에서 연구를 했다. 루트비히와 공동으로 연구하면서 파블로프는 순환계에 대해 독자적인 연구를 하기 시작했다. 1888~1890년에는 상트페테르부르크에 있는 봇킨 실험연구소에서 심장의 생리와 혈압조절에 관해 연구했다. 그는 능숙한 외과의사가 되어 마취를 하지 않고도 고통 없이 개의 대퇴부 동맥에 도관을 주입하고 다양한 약리적 정서적 자극이 혈압에 미치는 영향을 기록할 수 있었다.

파블로프는 1881년 결혼했고 자신이 얻은 성공의 많은 부분을 가정적, 종교적, 문학적이고 자신의 편안과 연구를 위해 평생을 헌신한 부인의 공으로 돌렸다. 1890년 그는 임피리얼 의학 아카데미의 생리학 교수가 되어 1924년 사임할 때까지 그곳에서 일했다. 새로 설립된 실험의학연구소에서는 외과수술 후 조리와 건강을 유지할 수 있는 데 필요한 설비에 큰 주의를 기울여 동물들을 대상으로 외과적인 실험을 시작했다. 특히 1890~1900년에서 대략 1930년까지 파블로프는 소화의 분비 활성에 대해 연구했다. 이러한 연구는 그의 저서 [소화샘 연구에 대한 강의]에서 정점에 달했다.

그는 마취되지 않은 정상적인 동물에서 분비액의 분비가 불규칙하게 일어나는 것을 관찰함으로써 1898~1930년 무렵 그는 조건반사에 대한 법칙을 공식화할 수 있었다. 정신현상과 높은 수준의 신경활동을 객관적, 생리적으로 측정하기 위해 그는 동물의 물리적인 활동을 정량적으로 측정하는 데 침샘분비를 이용했고, 조건반사와 척수반사 사이의 유사성을 찾기 위해 노력했다.

1930년 초 파블로프는 자신이 정한 법칙들을 인간의 정신이상을 설명하는 데 적용시키기 위해 노력했다. 극도의 흥분을 유발한 유해 자극을 배제한다는 점에서 그는 정신이상자의 특징인 과도한 억제현상을 외부 세계를 차단하는 방어기제의 일종으로 가정했다. 이러한 생각은 조용하고 무자극적인 환경에서 정신병 환자를 치료하는 데 기초가 되었다. 이 기간 동안 파블로프는 단어를 수반하는 긴 연쇄적 조건반사에 기초하여 인간의 언어기능에 있어 중요한 원리를 발표했다. 그는 언어기능이 단어 이외에 인간보다 하등한 동물에서는 불가능한 개념의 정교화도 수반한다는 입장을 고수했다.

파블로프는 죽기 일주일 전까지도 정해진 시간에 실험실에 나와 열정적으로 일했으며 이러한 엄격함과 성실성을 제자들과 연구원들에게도 요구한 것으로 유명하다. 또한 평생을 공산주의 정부에 협력하지 않고 투쟁한 반체제 인사로 남았다. 그는 불가지론자였으나 종교에 헌신적인 그의 부인 외에는 아무도 부럽지 않다고 할 만큼 종교의 유익성을 중요하게 여겼다.

2) B.F. 스키너

스키너는 왓슨이 처음 설명한 행동주의 분야를 확장시켜 파블로프와 왓슨이 설명한 조건화 반사로서의 수동적 조건형성과 행동의 결과가 미래 그 행동의 재발을 통제한다는 손다이크의 효과의 법칙에 바탕한 조작적 조건형성 간의 차이를 설명했다.

스키너는 미국의 펜실베이니아 주에서 태어났다. 그의 부모는 그에게 옳고 그름에 대한 강한 감각을 몸에 배게 한 엄격한 사람들이었다. 스키너는 자서전에서 어머니는 그가 올바른 길에서 벗어나면 사람들이 어떻게 생각할까에 대해 생각하도록 권고함으로써 그의 행동을 통제하려 했다고 쓰고 있다. 12~13세쯤에 주일학교를 다니면서 종교적 '권위'라고 하는 것이 '일종의' 행동 강화의 기제에 불과하다는 생각을 하기 시작했다는 회상에서 볼 때, 스키너 개인에게는 종교교육에서 경험한 강화기제가 성인이 되기까지 그의 행동 형성에 크게 작용하지 않았다.

소년시절에 스키너는 기계에 관심을 가졌으며 성인기에는 조작된 도구들에 관심을 가졌다. 이런 발명품 중에 스키너 상자가 있는데, 이것은 동물 행동에서 각기 다른 강화가 주는 효과를 연구하도록 고안된 장치다. 또한 학생들에게 학습을 보다 쉽게 하도록 고안된 도구인 교수기계를 만들었다. 말년에는 비둘기에게 책상에서 치는 정구를 가르쳤으며, 8이라는 숫자 쪽으로 걸어가도록 가르쳤고, 미사일을 목표물에 명중시키도록 가르치기도 했다. 인간 행동에 대한 지속적인 관심은 그로 하여금 심리학에 관심을 갖도록 했으며, 1931년에 그는 하버드 대학에서 박사학위를 받았다.

스키너는 결정론적인 철학에 바탕을 두고 그의 행동주의 이론을 구축했다. 그는 인간이 자신의 운명을 스스로 결정하는 자유로운 주체라는 생각을 거부하며 인간의 행동과 성격은 객관적 세계에서의 과거와 현재의 사건들에 의해 결정된다고 주장했다. 그에 의하면 강화받은 행위는 반복되는 경향이 있고 강화받지 못한 행위는 소거되는 경향이 있기에 학습은 강화에 의해 일어난다. 그는 심리학자들이 관찰 가능하고 검증 가능한 행동에 초점을 맞추어야 한다고 주장했으며, 또 개인의 유전인자와 개인사는 부분적으로 우리의 현재 행동에 책임이 있다고 보았다.

스키너는 처벌이나 혐오스러운 통제가 제거된 잘 계획된 질서를 바탕으로 한 모범사회를 기술한 [월든 투]와 능동적 사회를 그린 [쌍둥이도토리나무]를 썼다. 또한 심리학적 원리들이 이 세상에 어떻게 적용될 수 있는지에 관한 [과학과 인간행동]을 저술했다. 행동수정 분야의 선구자로서 20세기 중요한 학습과 행동 이론을 정립한 스키너는 행동을 변화시키는 다양한 방법들의 구축에 큰 영향을 끼쳤다.

3) 존 왓슨

존 왓슨은 1931년 [행동주의자로서 바라보는 심리학에 대한 견해]라는 논문에서 관찰 가능한 행동은 적절한 심리학 주제가 될 수 있으며, 모든 행동은 환경 사건을 통해 통제될 수 있다고 주장했다. 그는 특히 그는 환경 사건이 반응을 유발한다는 자극-반응 심리학을 주창하였다. 그리고 이후 이러한 심리학 운동을 행동주의라고 부르기 시작하였다.

왓슨은 홀어머니 밑에서 자랐으며 어린 시절 상당한 말썽꾸러기였다고 한다. 그는 애들을 자꾸 안아주거나 무릎에 앉히면서 사랑을 표현해서는 안 된다고 믿었다. 자꾸 애정표현을 하면 애들이 의존성만 커지고 정서적으로 불안해진다고 믿었다. 또 애들은 엄격하고 규칙적으로 길러야 한다고 믿어서 화장실 가는 시간까지 정해놓고 정확하게 그 시간에 용변을 보도록 강요했다고 한다. 왓슨은 그의 자녀 양육법에 대한 책을 출판했는데 당시에 그것이 베스트셀러가 되면서 아이들 양육의 바이블이 되기도 했다.

왓슨은 시카고 대학에서 박사학위를 받고 동 대학의 교수가 되었다. 왓슨의 가장 잘 알려진 실험은 앨버트라는 소년을 대상으로 한 흰쥐 실험이다. 앨버트라는 11세 소년을 희고 털이 많은 쥐를 두려워하도록 조건 형성 시킨 것이다. 왓슨은 앨버트가 쥐를 만지려 할 때마다 큰 징을 울렸다. 소년은 그 소리에 너무나 놀라 급기야는 쥐를 무서워하기 시작했을 뿐만 아니라 희고 털 난 다른 대상에게도 일반화된 공포를 보였다. 결국 앨버트는 산타클로스의 수염조차 무서워하게 되었다. 이후에 왓슨은 광고회사에 취직하여 광고에 심리학을 접목하면서 그 분야에서 큰 성공을 거두었다.

4) 앨버트반두라

앨버트반두라는 1925년 캐나다의 앨버타 주에서 태어났다. 그는 조그만 시골마을에서 성장했으며 브리티시컬럼비아 대학에서 학사학위, 아이오와 대학에서 석, 박사학위를 취득하였다. 아이오와 대학에서 초기에는 임상심리학에 흥미를 가졌는데, 초기의 연구들로는 심리치료 과정, 아동의 공격성 등이 있었다. 반두라는 밀러와 달러드가 쓴 [사회학습과 모방]에 큰 영향을 받았고, 이때부터 인지와 행동에 관심을 가지기 시작했다.

1953년부터 현재까지 소속되어 있는 스탠퍼드 대학에 재직하면서부터 그는 본격적으로 많은 연구를 수행하고 많은 논문을 발표했다. 그는 사회학습이론 분야의 많은 연구를 수행했으며 후에 그의 이론을 사회적 인지이론으로 바꾸어 부르게 되었다. 그는 환경 자체의 영향보다는 환경에 대한 인간의 반응으로서 자기조절 기제와 반응에 영향을 주는 동기에 관심을 가진 점에서 인지이론으로 분류되며, 이러한 점이 급진적인 행동주의자인 스키너와 구별되는 점이다. 그는 인간이 행동을 습득하게 되는 것에 관심을 갖고 다른 사람의 행동을 관찰하고 모방하게 되는 과정에 초점을 두었다. 보보인형실험은 이러한 관찰학습의 작용을 보여주는 그의 유명한 연구다. 1960년대 초에 일련의 논문과 서적을 출판, 발표하여 모방학습에 관한 이전의 설명, 개념에 도전하기 시작했으며, 관심의 논제를 보다 확대시켜 가게 되었다. 그러한 결과로 오늘날 우리는 이 분야를 관찰학습이라 부르고 있으며 이제는 반두라를 이 분야의 지도적인 연구가 및 이론가로 부르고 있다.

5) 행동주의 상담이론의 역사

행동주의 심리학은 정신분석적 관점에서 이탈하여 1950년대와 1960년대 초반에 생겨났다. 고전적 조건형성과 조작적 조건형성의 원리를 적용하고 있으며 스피글러와 구에르몽이 설명한 행동주의 접근의 역사적 뿌리에 기초하였다. 파블로프와 헐의 연구가 기초가 되었고, 아동들의 털 있는 동물에 대한 민감화 및 둔감화 실험에 이어 인간에 적용되었다. 후에 월프의 상호제지법을 통한 체계적 둔감화로 임상적으로 널리 사용되었다.

스키너의 연구가 기초가 된 조작적 조건형성 원리를 통해 개인 및 집단에 행동수정원리가 적용되었다. 행동주의는 학습이론에서 시작되었다. 학습이론에서 치료기법으로 발전하는 데는 두 권의 책이 중요한 역할을 하였다. 하나는 [성격과 심리치료]로, 정신분석 이론 및 실제를 학습이론의 용어로 바꾸어 행동주의자들이 치료분야에 등단하는 데 기반을 마련하였다. 다른 하나는 [행동수정 사례연구]로, 다양한 행동주의 기법이 실려 있으며 특히 서문에는 심리학적 모델의 이론, 이용, 효용성에 대해 다루고 있다. 1960년대 이래 행동주의는 빠르게 성장하였다. 1980년대에는 대부분의 심리학, 상담학 분야에서 행동기법을 중요하게 다루었다. 행동주의 기법은 더욱 복잡하고 다양하게 발전하고 있다.

현대 행동주의 상담은 1950년대에 미국, 남아프리카, 영국에서 동시에 시작되었다. 반두라는 스키너의 급진적 행동주의에서 무시되었던 인지를 행동치료의 당당한 부분으로 받아들였으며 1960년대에 고전적 조건형성과 조작적 조건형성을 관찰학습에 결합시켜 사회학습이론을 발달시켰다.

1960년대에 많은 인지-행동 접근들이 생겨서 심리상담/치료 실제에 중요한 영향을 끼쳤다. 행동주의 상담이론은 앨리스의 합리, 정서, 행동치료, 벡의 인지치료, 마이켄바움의 스트레스 예방과 자기지시훈련과 같은 심리상담/치료 기법에 영향을 주었다. 행동주의 상담이론은 1970년대에 심리학에서 중요한 세력으로 등장하였고, 교육학, 심리상담/치료, 정신의학, 사회복지학에 중요한 영향을 주었다. 1980년대는 전통적인 학습이론을 넘어서서 새로운 개념과 기법을 찾는 시기였다. 이 시기에 행동주의 상담자들은 행동수정의 방법들을 경험적으로 연구하고 내담자와 사회에 대한 상담 실제의 영향을 검토하는 연구들을 수행하였다.

행동주의 상담이론은 행동주의 심리학에 인지적 요소가 강화되는 방향으로 발전하였다. 인지행동적 이론은 행동주의 체계안에 월프의 체계적 둔감법, 앨리스의 합리적, 정서적 사상들, 라자러스의 정서적 심상, 코텔라, 마호니와 카즈딘의 내적 민감화, 마이켄바움의 인지적 행동수정이 합쳐진 것이다. 인지행동심리학에서 인간의 내적 과정에 초점을 두지만 그러한 과정을 행동적 용어로 정의한다. 행동치료에서의 인지적 경향은 1970년대에 인식되었고, 1980년대에는 이론과 실제 모두에서 행동치료의 기반이 확대된 것으로 평가된다. 오늘날 행동수정가들과 인지적 행동주의자들은 단순한 자극반응 행동들에서부터 복잡한 인지적 패턴의 방출 및 통제에 이르기까지 인간사의 모든 면을 다룬다.

행동주의 상담에 있어서 가장 중요한 두 가지 발달은 중요한 세력으로서 인지행동치료가 계속 부상한 것과 행동기법들을 의학적 장애의 예방과 심리상담/치료에 적용한 것이다. 1990년대 후반 행동주의 상담은 세상에 널리 퍼져 나가게 되었고, 실제로 많은 행동주의 상담 및 치료 단체들이 존재하게 되었다. 오늘날 행동주의 상담은 다양한 관점과 절차를 가지고 있다. 이러한 다양한 방식들이 가진 가장 중요한 공통점은 상담/치료 지향적이고, 행동에 초점을 두며, 학습을 강조하고, 엄격한 평가와 평정을 한다는 것이다.

2 인간관

행동주의 상담이론은 대부분의 행동이 학습된다는 전제에 근거하여 인간의 행동은 학습의 법칙을 따른다고 본다. 행동주의 심리학은 인간행동이 환경적 사건에 의해 결정된다는 입장을 취하고 있는 것이다. 행동주의 상담이론은 관찰할 수 있는 행동을 강조하기 때문에 인간의 내면적 가치나 자유의지를 주장하는 다른 심리학적 학파와는 대립되는 입장이다. 행동주의자들은 인간에 대한 성선설이나 성악설을 믿지 않으며 조건형성과 강화의 학습법칙에 의해 인간을 선하게도 악하게도 만들 수 있다는 입장을 취한다. 즉, 행동주의 상담자는 인간이 조건형성의 산물이라고 보며 모든 인간 학습의 기본적 유형으로서 자극–반응 패러다임을 주장한다.

행동주의의 대변자인 왓슨은 심리학에서 인간행동에 대한 객관적인 연구가 필요함을 주장했다. 그는 개인의 모든 행동은 학습의 결과로 이해될 수 있다고 주장하였다. 또한 최근 행동주의 상담이론은 인간이 자기주도 능력을 가지고 있어서 자신의 행동에 영향을 주는 환경을 변화시킬 수 있는 행동을 취한다고 보는 능동적 입장을 강조하는 방향으로 변화하고 있다.

따라서 행동주의 상담이론은 비교적 일관성있는 인간의 행동에는 관심이 적다. 행동주의 상담이론에서는 인간의 행동을 학습의 원리에 의해 생겨나기도 하고 없어지기도 하는 것으로 본다. 따라서 바람직한 행동과 바람직하지 못한 행동은 모두 같은 학습의 원리에 의해 학습된다고 보는 것이다.

3 주요개념

1) 행동

행동주의 상담에서 행동이란 인간이 행하고 말하는 것으로서 타인이 관찰하고 설명하고 기록할 수 있는 것이다. 행동은 빈도나 지속시간, 강도로 측정할 수 있다. 행동은 시공간 운동을 포함하기 때문에 물리적, 사회적 환경에 영향을 미친다. 따라서 기본적인 행동원리는 행동과 환경사건 간의 기능적 관계를 설명해 준다. 행동은 외현적, 내현적으로 나타날 수 있는데, 행동주의 상담에서는 대부분 외현적 행동을 이해하고 변화시키고자 한다.

우리의 행동은 효과적일 수도 있고 부적응적일 수도 있는데, 행동주의 상담에서는 개인이 통제하는 대부분의 행동이 적응적이건 부적응적이건 학습되었다는 전제를 가진다. 행동주의 상담에서는 과학적인 방법으로 인간의 행동을 설명하려고 시도하며 인간 행동의 원리나 법칙을 설명하는 학습이론에 토대를 둔다.

행동수정의 기초가 되는 중요한 학습이론으로는 파블로프의 고전적 조건형성과 스키너의 조작적 조건형성을 들 수 있다.

행동주의 상담은 행동수정을 목표로 한다. 행동수정이 인간행동을 분석하고 수정하는 심리학 분야로서 행동에 초점을 둔다는 점, 행동원리에 기초한 절차라는 점에서 행동주의 상담에서는 행동이 가장 중요한 개념이라고 할 수 있다. 행동주의 상담에서는 행동을 수정하기 위해 현 환경 사건을 강조하는 반면 행동의 원인으로서 과거시간을 강조하지 않는다. 따라서 행동에 대한 가설적인 기저 원인을 찾고 강조하는 입장에 대해 반대한다.

2) 행동수정

행동수정은 인간의 행동을 분석하고 수정하는 것이다. 분석한다는 것은 행동에 대한 이유를 이해하기 위해, 또는 어떤 사람이 왜 그렇게 행동했는가를 판단하기 위해 환경과 특정 행동 간의 기능적 관계를 확인하는 것을 말한다. 수정한다는 것은 행동을 변화시키도록 돕기 위하여 절차를 개발하고 이행하는 것을 말하는데, 여기에는 행동에 영향을 주기 위하여 환경 사건을 변경하는 것이 포함된다. 예를 들면, 학생의 공격성보다는 공격하는 학생의 구체적인 행동들에 관심을 두고 그것을 변화시키는 데 관심을 갖는다.

행동수정은 과잉행동과 결핍행동을 표적행동으로 삼아 수정해야 할 대상으로 한다. 행동수정에서 수정할 행동은 표적행동이라고 한다. 과잉행동은 개인이 빈도나 지속시간, 강도를 감소시켜야 할 바람직하지 않은 표적행동을 말하며, 결핍행동은 개인이 빈도나 지속시간, 강도를 증가시켜야 하는 바람직한 행동을 말한다.

(1) 고전적 조건형성

고전적 조건형성은 파블로프가 개를 이용한 생리학 실험의 과정에서 개가 먹이를 접할 때 흘리는 침을 먹이를 주는 조교의 발자국 소리나 먹이 그릇만을 접했을 때도 흘리는 것을 관찰하고 체계적으로 정리한 것이다. 고전적 조건형성은 다음과 같은 절차로 도식화된다.

1단계: 무조건 자극(먹이) → 무조건 반응(침분비)
2단계: 무조건 자극(먹이)+조건자극(종소리) → 무조건반응(침분비)
3단계: 조건자극(종소리) → 조건반응(침분비)

1950년대에 월프, 라자러스, 아이젱크 등은 임상 장면에서의 공포치료를 도와주기 위해 동물연구에서 얻은 실험연구 결과들을 사용하기 시작했다. 그들은 헐의 학습이론과 파블로프의 조건형성 연구에 바탕을 두었다. 이들 개척자의 연구에 깔려 있는 특성은 상담 절차의 실험적 분석과 평가를 중요시했다는 것이다. 체계적 둔감법의 발달에 대한 월프의 기여는 고전적 조건형성 모델에 기초를 두고 있고, 이것은 실험에서 도출해 낸 학습의 원리가 임상적으로 적용될 수 있음을 보여주는 것이다.

(2) 조작적 조건형성

조작적 조건형성은 행동을 반응행동과 조작행동의 두 가지 유형으로 구분한다. 반응행동은 자극에 의해 야기되는 반사 혹은 자동적 반응을 의미한다. 예를 들어, 밝은 불빛을 받으면 동공이 수축되는 반응이 이에 해당된다. 조작행동은 제시되는 자극이 없이 자발적으로 방출되는 행동이다. 조작행동은 반응에 따르는 사건에 의해 강해지거나 약해진다. 반응행동은 선행 사건에 의해 통제되는 반면 조작행동은 그것의 결과에 의해 통제된다. 스키너 상자에서 비둘기는 레버를 조작하는 행동으로 먹이를 제공받는데 이러한 행동은 바로 조작행동이다.

조작적 조건형성에서는 결과를 산출하기 위해 환경을 조작하는 행위들을 강조한다. 조작행동의 예들은 읽기, 쓰기, 차 운전하기, 포크 사용하기 등이 있을 수 있다. 이러한 행동들은 대부분 우리가 일상생활에서 하는 중요한 반응들에 해당된다. 행동이 이끌어 낸 환경변화들이 강화적이면 그 행동이 다시 일어날 가능성이 증대하고, 환경변화가 강화를 낳지 못하면 그 행동이 다시 일어날 가능성은 줄어들게 된다.

3) 수반성

수반성은 반응행동과 그 결과간에 확립될 수 있는 특별한 관계를 말한다. 수반성은 어떤 사건이 일어나면 그에 이어 특정한 사건이 야기될 것이라는 것을 진술하는 규칙이다. 예를 들어, 자녀가 자기 방을 깨끗이 정리하면 용돈을 받을 것이라는 규칙이 수반이 된다. 세 가지 용어인 자극, 반응, 결과 간의 관계를 설정하는 변별화된 조작행동에는 세 가지 용어 수반성이 관련된다. 조작적 조건형성에서 수반성에 필요한 세 가지 중요한 구성요소로는 반응 혹은 행동이 일어나는 환경적, 상황적 사건인 '자극', 행동자체, 행동에 뒤따르는 환경적 자극인 '결과'가 있다.

4) 강화 및 강화계획

강화는 어떤 행동에 뒤따르는 사건이 그 행동을 다시 일으킬 가능성을 증진할 때 어떤 행동을 증가시키는 자극을 일컫는 것이다. 강화에는 어떤 행동이 정적 강화물에 의해 뒤따를 때 반응의 빈도가 증가하게 되는 정적 강화와 행동에 뒤따르는 혐오자극을 제거함으로써 반응의 빈도가 증가하는 부적 강화로 구분된다. 처벌은 어떤 행동에 뒤따르는 결과가 그 행동을 다시 야기할 가능성을 감소시킬 때 이러한 결과를 말한다. 처벌에도 정적 처벌과 부적 처벌이 있다. 행동이 혐오자극에 의해 뒤따를 경우 반응의 빈도가 감소할 때는 정적 처벌을 사용한 것이며, 행동에 뒤따르는 정적 자극을 제거함으로써 반응의 빈도가 감소할 때는 부적 처벌을 사용한 것이다. 부적 처벌에는 반응대가와 타임아웃이 있다.

강화계획에 대한 탐구는 아주 드문 반응이 강화되었을 때조차 그러한 행동이 유지될 수 있다는 발견을 통해 이루어지게 되었다. 강화계획은 강화가 주어지는 수반성에 대한 진술로서 행동을 통제하기 위해 어떤 반응을 어떻게 강화할 것인가에 대한 계획을 말한다. 강화계획은 특별한 시간 간격 혹은 특별한 반응 비율에 근거할 수 있다. 강화계획은 크게 '계속강화'와 '간헐강화' 혹은 '부분강화'로 구분된다. 계속강화는 발생한 모든 반응에 강화물을 제공하는 것이며, 간헐강화는 행동을 통제하기 위해 정해진 계획에 따라 정해진 강화물을 제공하는 것이다. 간헐강화에는 시간과 비율을 바탕으로 효과적인 행동통제를 위해 사용되는 네 가지 강화계획인 '고정간격계획', '변동간격계획', '고정비율계획', '변동비율계획'이 있다. 고정간격계획은 일정한 시간 간격마다 강화물이 주어지는 경우로, 피험자가 하는 반응의 수가 관계가 없다. 변동간격계획은 평균 간격을 중심으로 최소와 최대 간격사이에서 무선으로 시간 간격이 주어지는 것으로서 피험자가 하는 반응의 비율과는 관계없이 변동되는 시간에 따라 강화물이 제공된다. 고정비율계획은 일정한 반응비율에 따라 강화물이 주어지는 것으로서 시간과는 관계없이 피험자가 하는 반응의 수에 근거한 강화계획이다. 변동비율계획은 평균적인 강화비율을 중심으로 최소와 최대비율 사이에서 반응비율이 변동되어 강화물이 불규칙적으로 강화계획이다. 스키너는 변동비율계획이 높고 안정적인 반응 비율을 야기하는 데 효과적이라는 것을 발견했다.

5) 사회적 인지이론

사회적 인지이론은 반두라에 의해 발달된 것으로서 반두라의 사회적 인지이론은 행동주의적 학습이론의 확장이라고 할 수 있다. 사회적 인지이론은 긍정적, 부정적 강화, 소거, 일반화, 고전적 및 조작적 조건형성을 포함한 자극-반응 심리학의 원리를 통합한 것이다. 반두라는 인간 행동을 설명하는 데 선행되는 조건형성에 인지적 중재를 포함시켜 체계적이고 통합적인 개념 모델을 제안했다. 그는 인지적 중재나 내현적 상징행동, 자기 강화, 본보기, 강화와 처벌을 포함한 대리적 조건형성, 행동과 환경의 상호적 영향을 강조했다. 인지적 중재는 인간의 사고과정에서 나타나는 실재적 상황과 행동의 상징적 표상을 의미한다.

사회적 인지이론에서 중요한 학습은 본보기 학습, 관찰학습, 대리학습 등으로 불린다.

반두라에 의해 제시된 중요한 개념의 자기효능감은 사람들이 상황을 지배하며 원하는 변화를 가져올 수 있는 개인의 신념 혹은 기대를 의미한다. 자기효능감 학습이론은 행동치료와 다른 심리상담/치료 절차가 어떻게 다르게 작용하는지에 대한 통합된 이론적 설명을 제공하기 위한 최초의 중요한 시도 중 하나로 제시되었다.

6) 인지적 행동수정

인지적 행동수정은 현재 행동주의 상담의 주된 흐름을 대표하는 것으로서 부적응 행동을 수정하기 위해 '인지적 재구조화', 즉 자신의 부적응적 사고를 바꿀 수 있다는 믿음을 전제로 한다. 인지적 행동수정에서 상담자는 관찰할 수 있는 행동을 일차적으로 강조하는 대신 주로 변화의 도구로 언어에 의존한다. 인지적 행동수정의 입장에 있는 상담자들은 사고과정의 변화가 자신의 행동변화의 통합된 부분이라고 믿는데, 이러한 믿음에 대해 마이켄바움은 "우리의 사고, 인지를 변화시키는 것을 학습한다면, 우리는 우리의 신체적 반응, 우리의 행동을 훨씬 잘 통제하게 된다"라고 주장하였다. 마이켄바움은 우리가 보다 논리적이고 스트레스를 덜 받는 방식으로 생각하는 것을 학습하면 스트레스 수준은 줄어들고 자기통제 수준은 증가할 것이라고 보았다.

7) 변별과 일반화

우리는 횡단보도에서 파란 불이 켜지면 길을 건너지만 빨간 불이 켜지면 건너지 않는다. 여기에는 빨간 불이라는 자극에는 반응하지 않고 파란 불이라는 자극에는 반응하는 자극통제의 원리가 작용한 것이다. 이러한 자극통제는 자극변별을 통해 가능해진다. 자극을 변별한다는 것은 어떤 상황에서 우리의 행동이 강화될 것 같은가 혹은 다른 상황에서 같은 행동이 강화되지 않을 것인가를 구별한다는 것으로, 사람은 자신이 이전에 학습한 것을 바탕으로 자극변별을 학습하게 된다. 또한 어떤 상황에서 우리의 행동이 처벌될 것 같은가 혹은 다른 상황에서 같은 행동이 처벌되지 않을 것인가에 대한 변별 역시 학습하게 된다.

특별한 상황에서 반복적으로 강화된 반응은 그 상황에서 반복될 가능성이 높다. 그러나 상황들은 흔히 공통적 속성을 공유하는 복잡한 자극들의 집합으로 구성되어 있다. 이러한 공통적 속성을 묶음으로 인식하도록 학습하게 되는 것을 일반화라고 한다. 일반화는 변별과 대립되는 개념이라 할 수 있다.

8) 소거

소거란 이전에는 강화되어 온 행동이 더 이상 강화자극을 결과로 얻지 못하여 향후 그 행동을 더 이상 하지 않게 되는 것을 말한다. 강화를 통해 특정 반응의 빈도가 증가된 이후에 그 반응에 대한 강화가 완전히 중단되면 반응이 일어날 빈도는 감소될 것이다. 이처럼 조작행동이 줄어들거나 나타나지 않는 것을 소거라고 한다. 소거의 원리는 주어진 상황에서 개인이 이전에 강화된 반응을 방출하고는 그 반응이 강화되지 않으면 다음에 유사한 상황에 직면할 때 다시 같은 반응을 하지 않을 가능성이 높은 것을 말한다.

"세살 버릇 여든까지 간다"라는 속담은 한 번 배운 행동은 완전하게 없애기가 힘들다는 것을 강조하는 것이다. 즉, 소거를 통해 완전히 감소된 어떤 행동이라 하더라도 다음에 발생할 기회가 주어진다면 다시 나타날 수 있다. 이렇게 일정한 기간이 지난 후에 소거된 행동이 다시 나타나는 것을 '자발적 회복'이라 한다. 전형적으로 자발적으로 회복된 행동의 양은 이전의 소거기간 중에 나타났던 행동의 양보다 적어진다.

9) 조성

목표행동은 너무 복잡할 경우 개인의 행동 목록에 없을 수 있다. 조성은 그러한 목표행동에 접근하는 반응들을 강화함으로써 새로운 행동을 가르치는 것을 말한다. 우리는 단계적으로 쉬운 행동부터 학습하여 많은 기술을 갖게 된다. 이렇게 처음에는 서툴고 투박한 행동에서부터 단계적으로 차근차근 학습하여 정교한 기술을 갖는 절차를 조성이라고 한다. 돌고래나 원숭이가 재주를 부리는 행동, 서커스 단원이 보이는 절묘한 행동기술 등은 대체로 행동조성법에 의해 학습된다. 조성법은 조형법, 계기적 근사법이라 불리기도 한다. 요컨대, 복잡한 행동이나 기술은 형성시키기 원하는 바람직한 행동의 마지막 형태를 닮은 세부 행동부터 차례로 강화가 주어져서 체계적으로 학습하게 함으로써 학습될 수 있다.

4 상담의 목표와 과정

행동주의 상담자는 행동적이고 지시적이며 내담자가 보다 효율적인 행동을 배우도록 돕는 교사, 훈련가로서의 기능을 담당한다. 내담자는 새로운 행동을 과정과 실험 속에서 행동화해야 한다. 행동주의 상담에서는 두 사람 간의 인간적인 관계를 강조하지 않지만 좋은 상담관계는 행동 절차를 개선하는 데 기초 역할을 할 수 있다는 점을 기억할 필요가 있다.

1) 상담목표

행동주의 상담의 일반적인 목표는 학습의 새로운 조건을 창출하는 것이라 할 수 있다. 상담에서 기본 목표는 학습을 위해 새로운 조건을 만드는 것이다. 이는 학습경험이 문제행동을 해결할 수 있고 학습이 문제행동을 개선시킬 수 있다는 데 근거한 것이다. 즉, 행동주의 상담의 목적은 바람직하지 못한 행동을 소거시키고 바림직한 행동을 학습시키는 것인데, 원래 비현실적인 공포나 불안의 제거와 학습을 통한 행동수정이 중요한 목표였으나 최근에는 자기지도가 강조되고 있는 추세다.

행동주의 상담에서는 바람직한 행동은 증강시켜 주며 바람직하지 못한 행동은 약화 또는 감소시킴으로써 이상 행동자의 적응력을 높이게끔 도와주는 데 근본 목표가 있다. 행동주의 상담의 목표는 내담자가 결정하며 한 상담목표는 구체적인 세부목표로 나누어진다. 행동주의 상담에서는 계속적인 평가에 의해 이 목표들이 달성된 정도를 결정하게 된다.

상담과정에서 구체적인 목표는 상담에서 중심적인 위치를 차지한다. 내담자가 상담목표를 정하는데, 이것은 상담과정의 시작에서부터 특수하게 정의된다.

즉, 부적응행동을 제거하고 보다 효율적인 행동을 학습하게 하고, 행동에 영향을 주는 요인을 발전시키고, 문제행동에 대해 무엇을 할지를 결정하는 데 초점을 맞춘다. 그리고 내담자는 목표를 설정하고 그것이 잘 실행되는지 평가하는 데에 적극적인 역할을 수행한다.

2) 상담과정

일반적으로 행동주의 상담의 과정은 상담관계의 형성, 문제행동의 규명, 행동분석, 상담 목표와 방법 협의, 상담의 실행, 상담결과의 조정 및 평가, 상담효과의 유지, 일반화 및 종결로 구성된다. 이러한 과정에서 활용되는 주요 기술로는 주장훈련, 체계적 둔감법, 이완훈련, 자극 포화법, 부적 강화, 정적 강화, 토큰 강화, 조성, 용암법, 시범, 역할연기, 행동연습, 자기지시, 사고 중지, 행동계약, 인지적 행동수정등이 있다.

첫째, '상담관계의 형성'은 일반적인 상담의 원리와 방법에 준하므로 여기에서 상세하게 기술하지 않기로 한다.

둘째, '문제행동의 규명'은 곧 부적응 행동의 규명이다. 실제로 행동수정에 착수하기 위해서는 습득시켜야 할 행동을 선정해서 객관적 용어로 정의하는 일이 선행되어야 한다. 다시 말해, 행동을 효과적으로 수정하기 위해서는 먼저 그 행동을 정확하게 파악하고 서술적 용어로 정의해야 한다. 행동수정의 표적은 내담자의 행동 자체다. 분석적 용어로 정의된 행동은 구체적이고 관찰 가능하고 측정 가능한 행동으로 세분화되는데 가능한 한 구체적이고 작은 행동으로 나뉘어 서술되어야 한다.

셋째, '행동분석'은 현재의 상태를 파악하는 것으로서 문제행동의 규명이 행동수정의 방향과 목표를 지시해주는 것이라면, 행동분석은 행동의 기저선 측정을 통해 행동수정의 시발점을 가리켜 주는 것이다. 행동의 시발점 측정이라 함은 실제 행동수정에 들어가기 직전까지의 행동이 얼마나 빈번하게 또 오랫동안 일어나느냐를 측정하는 것이다. 행동수정 작업이 끝난 후 내담자의 행동이 변화했는지 판단하기 위한 기준으로서의 시발점에는 빈도와 시간의 두 가지가 있다.

넷째, '상담목표와 방법 협의'는 두 번째와 세 번째 과정에 기반하여 내담자와 협의를 하여 상담목표를 정하는 것이다. 이때 구체적인 표적행동을 기술하고 바람직한 행동을 했을 때 받게 될 강화의 종류와 양, 빈도 등도 결정하게 된다.

다섯째, '상담의 실행'은 한마디로 강화의 실시라고 할 수 있다. 즉, 시발점을 설정하고 정의된 행동의 강도를 측정한 후부터 정적 강화, 부적 강화, 벌 또는 소거 등 행동 수정의 강화기법들을 적용하여 행동을 수정하는 과정을 말한다. 상담자는 내담자에게 강화기법을 적용할 때 강화의 원리를 반드시 숙지해야 한다. 상담자가 숙지해야 할 강화의 원리로는 즉시강화의 원리, 일관성의 원리, 점진적 접근의 원리가 있다.

여섯째, '상담결과의 조정 및 평가'는 행동변화의 정도를 평가하는 것이다. 행동변화를 목적으로 하여 시작된 행동수정은 행동변화가 확인되면 마무리하게 된다. 행동주의 상담에서는 습득해야 할 최종 목표행동을 정의하고 세분화하여 그 행동들의 변화과정을 객관적으로 평가할 수 있도록 한다. 따라서 상담자는 언제 행동 수정을 끝내야 할지 분명히 알 수가 있다. 한편 목표달성에 성공하지 못했을 경우 행동주의 상담에서는 실패의 요인을 내담자 내부에서 찾지 않는 대신 프로그램의 잘못된 설계나 진행에서 찾고 프로그램을 수정하는 조정을 하게 된다.

일곱째, '상담효과의 유지, 일반화 및 종결'은 행동수정을 통해 얻은 변화가 유지되거나 나아가 비슷한 다른 행동으로 일반화되도록 격려하고 프로그램을 지속하도록 안내하며 상담을 성공적으로 종결하는 것이다. 내담자는 행동수정 프로그램을 통해 자신감과 효능감을 얻게 되며 자신의 행동을 조정하고 변화시키는 방법을 학습하게 되어 행동수정의 효과를 유지하거나 다른 유사한 행동으로 일반화할 수 있다.

5 상담의 기법과 적용

1) 바람직한 행동을 증가시키는 기법

(1) 정적 강화

내담자의 바람직한 행동에 대한 보상을 주어 그 행동을 증강하는 경우 그 보상을 정적 강화자극이라고 한다. 흔히 사용되는 정적 강화에는 음식, 돈, 승진, 인정, 주목, 칭찬, 자유시간, 사탕, 어떤 특혜를 주는 것, 좋아하는 활동을 할 수 있도록 허용하는 것 등이 있다.

스키너는 강화를 일차적 강화와 이차적 강화로 구분했다. 일차적 강화는 무조건적 강화라고 하며 애초부터 고유하게 강화의 속성을 보유한 사건이나 대상을 말한다. 예를 들어, 사탕을 좋아하는 내담자의 경우 바람직한 행동을 할 때 사탕을 준다면 사탕이 이차적 강화인이라 할 수 있다. 일차적 강화인이 대상자에게 강화의 효과를 가지는 것은 학습효과와는 무관하다. 이차적 강화는 대상에게 강화효과를 갖기 위해서 대상자의 과거 경험 속에서 일차적 강화와 연합되는 경험을 해야만 강화의 효과를 갖게 된다. 예를 들어, 대표적으로 돈은 그 자체로 강화의 효과를 갖지 못하지만 여러 가지 기본적인 만족을 주는 옷, 음식, 집 등을 얻을 수 있는 강한 강화인이 된다. 스키너가 주장한 또 다른 이차적 강화인으로 주목, 인정, 호의, 타인에 대한 복종 등이 있다. 이것은 인간의 행동을 통제하는 데 매우 강한 효과를 갖는다. 사람은 자신만의 교유한 조건화의 역사를 갖고 있으므로 모든 사람들이 동일한 강화인의 통제를 받는 것은 불가능하다. 예를 들어, 어떤 사람들은 성공으로 인해 다른 사람들로부터 인정받는 데서 보상을 받으며, 어떤 사람들은 타인의 다정한 반응에서 더 보상을 받고, 또 다른 사람들은 성취로 인해 스스로 갖는 만족감에서 가장 큰 보상을 받는다. 한편 강화인은 시간의 흐름에 따라 변화되기도 하므로 개인 안에서도 강화인의 강화효과는 달라질 수 있다. 그러므로 상담자는 내담자의 강화인을 다양하게 파악하고 준비하여 사용할 필요가 있다.

일상생활에서는 물론 상담장면에서 효과적으로 사용할 수 있는 정적 강화

방법으로는 프리맥의 원리가 있다. 프리맥의 원리는 낮은 확률의 활동, 즉 내담자가 싫어하는 활동을 증가시키기 위해 높은 확률로 나타나는 행동, 즉 내담자가 좋아하는 행동을 할 기회를 강화로 제공하는 것이다. 숙제를 다 마치면 밖에 나가서 친구들과 놀게 하거나 게임을 할 수 있게 해주는 것이 프리맥의 원리를 적용한 예다.

(2) 부적 강화와 처벌

스키너의 행동수정 이론에서는 많은 이간의 행동이 개인의 어떤 반응과 연관된 고통, 불쾌, 불안을 가져오는 혐오자극을 통해 통제될 수 있다고 본다. 혐오자극을 통한 통제방법을 크게 부적 강화와 처벌로 나뉜다.

부적 강화는 어떤 바람직한 행동을 할 때 내담자가 싫어하는 대상물을 제거해 주는 방법으로, 이때 제거되는 것을 부적 강화자극이라고 한다. 정적 강화나 부적 강화 모두 바람직한 행동의 발생 빈도나 강도를 증가시킨다는 점에서 동일하다. 그러나 정적 강화는 바람직한 행동을 함으로써 어떤 바람직한 것을 얻게 되는 반면, 부적 강화는 바람직한 행동을 함으로써 꾸중, 벌로서의 청소, 구속 등 어떤 불쾌한 자극을 피할 수 있게 된다. 부적 강화가 효과를 발휘하기 위해서 내담자는 회피행동과 도피행동을 학습해야 한다. 회피행동은 이미 존재하고 있는 혐오자극에서 벗어나기 위한 행동을 말한다. 극장에서 주변에 시끄럽게 떠드는 10대 청소년들이 있을 때 소음을 피하기 위해 그 무리로부터 멀리 떨어진 자리에 가서 앉는 것이 그 예다. 도피행동은 어떤 행동을 함으로써 혐오자극의 출현을 미리 방지하는 것을 말한다. 다음에 극장에 갔을 때 10대 청소년들이 모여 앉은 것을 보면 미리 멀리 떨어져 앉는 것이 그 예다.

처벌은 바람직하지 않은 행동을 감소시키거나 제거할 때 사용되는 것이라는 점에서 부적 강화와 구별된다. 처벌은 현대사회에서 일반적으로 사용되는 행동 통제 방법이다. 일상생활에서 규칙을 위반하면 벌금을 물거나 교도소에 가는 것, 어린아이가 야단 또는 매를 맞는 것, 학생이 시험에서 부정행위를 하면 성적에서 감점을 받거나 제적되는 것 등이 그 예다. 처벌은 그 반응이 다시 발생할 가능성을 감소시키는 데 효과가 있다.

(3) 차별강화

차별강화란 어떤 사람의 여러 행동 중 어느 하나만을 골라 선택적으로 강화하는 것을 말한다. 예를 들어, 수업시간에 수시로 자리를 이탈하는 학생의 경우 학생이 수업시간에 제자리에 앉아 있을 때만 강화를 하고 그 이외의 시간에는 강화하지 않는 것을 말한다. 이때 행동수정의 목표행동은 교사의 허락 없이 수업시간에 자리를 뜨고 돌아다니는 행동이며, 강화를 받을 행동은 수업시간에 제자리에 앉아 있는 행동이다. 차별강화는 학생이 이미 할 수 있는 행동을 더 자주, 더 오래 하도록 할 때 사용되는 방법이다.

(4) 조성

조성 혹은 행동 형성은 내담자가 한 번도 해 본적이 없거나 거의 하지 않는 어떤 새로운 행동을 가르칠 때 효과적으로 사용되는 방법이다. 시발점 행동을 결정하고 나면 상담자는 그로부터 출발하여 최종 목표행동에 도달할 때까지의 행동을 난이도나 완성도에 따라 나누어 내담자에게 쉬운 행동의 단계부터 하나씩 차례로 요구한다. 상담자는 내담자가 그 단계의 행동을 완수할 때마다 강화를 준다.

(5) 용암법

용암법이란 한 행동이 다른 사태에서도 발생할 수 있도록 그 조건을 점차적으로 변경하는 과정을 말한다. 영어 알파벳을 배우는 학생에게 처음에는 진하게 된 글자를 덧쓰게 하고 다음으로 점선으로 된 글자를 덧쓰게 한 다음 잘 쓰게 되면 빈 여백에 글자를 쓰게 하는 방식이 용암법의 예라고 할 수 있다.

(6) 간헐강화

간헐강화란 어떤 행동이 발생할 때마다 강화하지 않고 부분적으로 강화하는 것을 말한다. 대부분의 일상생활 환경에서 행동 직후에 주어지는 강화는 일정하게 또는 규칙적으로 주어지지 않기 때문에 간헐강화는 자연적 조건에서의 강화와 유사하다. 그리고 일단 행동이 학습되면 간헐적으로 강화가 주어질 때 소거에의 저항이 더 강해져서 오래도록 유지되게 된다. 간헐강화의 종류는 앞의 강화계획 부분에서 제시된 바와 같다.

(7) 토큰강화

토큰강화는 집단 속의 각 개인의 다양한 행동을 수정할 때 효과적으로 사용되는 방법이다. 토큰 강화 자극으로는 별표, 스티커 등이 사용된다. 토큰은 돈처럼 교환가치가 부여된다. 개인은 각자 바람직한 행동을 할 때마다 토큰을 받고, 토큰은 개수에 따라 다양한 강화자극과 교환된다. 다른 강화자극보다 토큰제도는 내담자의 행동관리에 많은 이점을 지닌다.

2) 바람직하지 못한 행동을 감소시키는 기법

(1) 상반행동의 강화

바람직하지 못한 행동을 감소시키기 위해 스키너가 생각하는 가장 좋은 방법은 바람직하지 못한 행동과 병행할 수 없는 상반되는 바람직한 행동을 긍정적 강화를 통해서 조건화하는 것이다. 상반행동의 강화는 바람직하지 못한 행동 대신에 바람직한 행동을 강화하면 나쁜 행동은 차츰 감소하고 바람직한 새로운 행동은 학습하게 된다는 원리에 근거하고 있다. 스키너는 긍정적 강화는 불쾌한 자극과 관련된 부정적 부산물을 발생시키지 않는 이점이 있어서 개인의 행동을 더 효과적으로 변화시킬 수 있다고 보았다.

(2) 소거

소거는 바람직하지 않은 행동에 주어지던 강화를 차단하는 것을 말한다. 일상생활에서 많은 행동은 관심이나 인정 등의 강화로 증진, 유지된다. 수업 장면에서도 학생이 오답을 할 때 틀렸다고 이야기하고 정답을 알려주는 것보다 정답을 했을 때 칭찬과 인정으로 강화하고 오답을 했을 때 무시하는 차별강화를 통해 학생의 정답 반응을 더 효과적으로 높일 수 있다.

(3) 벌

벌은 어떤 행동에 후속되어 그 행동이 재발할 확률을 감소시킬 수 있는 자극을 말한다. 그러나 벌은 받는 이에게 심한 무기력이나 불안, 목표로 하지 않은 행동의 제한, 반사회적 행동, 벌을 주는 사람이나 상황에 대한 회피와 공포감 등이 부작용으로 나타나기 쉽다. 벌을 주는 사람에게 벌은 부적 강화가 되므로 벌의 오남용을 가져올 수 있다. 제3자에게 벌의 사용이 모방되어 향후에 더 많은 벌을 사용하게 될 가능성이 있다. 이러한 부작용 때문에 스키너는 벌을 포함한 불쾌한 혐오자극에 기초를 둔 모든 형태의 행동통제의 적용을 반대했다. 따라서 벌로 인해 내담자가 처벌을 받는 행동보다 더 심한 부적응적 행동을 하게 되지 않도록 목표행동과 통제의 이유, 강화 받을 수 있는 상반행동 등을 안내할 필요가 있다.

(4) 자극포화법

자극포화 혹은 포만은 혐오통제의 한 방법이다. 부적응적 행동을 충족시켜 줄 수 있는 자극을 정도가 넘도록 제공함으로써 질리게 하여 그 행동을 그만하도록 만드는 방법이다. 담배를 끊지 못하는 사람이나 게임에 중독된 사람에게 지나칠 정도로 담배를 많이 피우게 하거나 과도할 만큼 장시간 동안 지속적으로 게임을 하도록 함으로써 다시는 그 행동을 하고 싶은 마음이 들지 않게 만드는 것이 자극포화법의 예다. 자극포화법은 강박행동을 하는 사람의 강박행동을 통제하는 데 흔히 사용된다.

(5) 이완훈련

이완훈련은 사람들이 일상생활에서 유발되는 스트레스에 대처할 수 있도록 가르치는 방법으로서 근육과 정신의 이완을 목표로 한다. 쉽게 배울 수 있지만 최대의 결과를 얻기 위해서는 내담자가 이완 훈련의 기초를 배우고 나서도 날마다 연습을 통해 숙달에 이르도록 해야 한다.

이완 훈련은 많은 다른 행동기법들과 결합되며 발전해 왔는데, 여기에는 체계적 둔감법, 표현훈련, 자기조정법, 녹음강의, 생체 정보송환으로 유도된 이완, 최면, 명상, 자율훈련이 포함된다.

(6) 체계적 둔감법

행동치료의 선구자 중 한 명인 월프가 개발한 기본적인 행동적 절차로서 체계적 감감법이라고도 부른다. 내담자가 낮은 정도의 불안에 맞서는 행동을 할 수 있게 되면 좀 더 불안을 일으키는 상황을 상상하게 하여 점진적으로 혹은 체계적으로 불안을 일으키는 상황에 덜 민감해지게, 즉 둔감해지게 하는 방법이다. 체계적 둔감법의 절차는 내담자들이 불안을 감소시키는 한 방법으로 불안을 일으키는 상황에 스스로 드러내기 때문에 노출기법의 한 형태라고 할 수 있다.

고전적 조건형성에 기초를 둔 체계적 둔감법은 가장 많이 사용되고 실증적으로 연구된 행동치료 절차 중 하나다. 불안과 관련된 장애에 대한 최초의 주요한 행동주의 상담기법이자 불안과 회피 반응을 다루기 위해 현재에도 널리 쓰이고 있는 방법이다.

(7) 행동기술훈련

행동기술을 가르치기 위한 절차는 모델링, 교수, 시연, 피드백으로 구성된다. 모델링은 학습자에게 정확한 행동시범을 보이는 것을 말한다. 학습자는 모델의 행동을 관찰하고 그 모델을 모방한다. 모델링이 일어나려면 학습자는 모델에 주의집중을 하고 그 모델이 시범을 보이는 행동을 수행할 수 있는 모방능력이 있어야 한다. 모델링은 실연을 통해서는 물론 동영상, 이미지 화면 등으로도 할 수 있다. 모델링에 영향을 주는 주요한 요인들로는 모델링하는 행동의 정확도가 높을 때마다 반복적으로 강화를 주어야 한다는 것, 모델은 학습자보다 신분이 높거나 매력도가 높아서 모델링하고 싶은 동기를 높여야 한다는 것, 모델의 행동이 발생하는 상황의 적절성이 확보되어야 한다는 것, 학습자가 모델의 행동에 집중할 수 있어야 한다는 것 등이 있다.

교수는 학습자의 적절한 행동을 설명하는 것이다. 교수는 상세해야 효과가 있으므로 학습자에게 기대되는 행동을 정확하게 설명해야 한다. 행동연쇄를 위하여 적당한 순서로 연쇄의 각 요소를 자세하게 설명해야 한다. 교수는 학습자가 이해할 수 있는 난이도로 이루어져야 하며, 학습자가 믿을 만한 사람이 제공해야 하고, 교수와 모델링을 동시에 제공하는 것이 필요하다.

시연은 교수를 받은 후에 혹은 모델링 후에 학습자에게 그 행동을 연습할 기회를 제공하는 것을 말한다. 정확한 시연에는 강화가, 부정확한 시연은 교정을 위한 피드백이 뒤따라야 하며 정확도가 높아질 때까지 반복적인 시연이 필요하다.

피드백은 특정 행동을 시연한 후에 즉각적으로 제공되는 것으로서 정확한 수행에 대한 칭찬이나 강화인을 포함한다. 필요한 경우 실수를 정정해 주거나 잘 수행할 수 있는 방법을 설명해 줄 수 있다. 모든 피드백은 행동이 발생한 즉시 주어야 하며, 정확한 부분이 무엇인지를 설명하는 칭찬이 포함되어야 하고, 한 번에 한 가지 측면에 대해서만 교정 피드백을 제공하는 것이 좋다.

(8) 자기관리 프로그램과 자기 지식적 행동

자기관리 프로그램은 내담자가 자신의 문제를 조종할 수 있도록 돕기 위해서 인지적, 행동적 방법을 통합하여 활용하는 것이다. 자기관리에는 자기 관찰, 자기 보상, 자기 계약, 자극통제 등이 있다. 자기관리의 평가와 중재의 기본적인 가정은 문제 상황에서 문제에 대처하는 기술을 사용하도록 사람들을 가르칠 수 있다는 것이다. 자기관리 프로그램에서 행동수정의 결과를 일반화하고 유지하기 위해서는 일상생활에서 자기관리 및 자기조절 방략을 실행하기 위한 책임능력을 내담자가 받아들이도록 해야 한다.

자기관리 방법은 자신이 통제하거나 변화시키기 원하는 구체적인 행동, 예를 들어 흡연, 음주, 마약 사용의 통제, 공부시간 조절기술의 학습, 비만이나 과식 치료 등이나 불안, 우울, 고통 등 많은 문제에 적용할 수 있다. 사람들은 종종 자신이 목표를 성취하지 못한 중요한 이유로 어떤 기술의 부족을 드는데, 이러한 영역에서 자기 관리에 자기 지시적 접근은 변화를 위한 지침과 변화를 유도하는 계획들을 제공할 수 있다.

행동주의 상담기법은 결과에 대한 경험적인 타당성에 기초한 실용적인 기법으로 개인, 집단, 부부 및 가족 상담에 널리 적용될 수 있다. 행동수정이 특히 잘 적용될 수 있는 문제는 공포증, 우울증, 성도착증, 아동의 행동장애, 말을 더듬는 증상, 심장질환의 예방 등이 있을 수 있다. 그리고 임상적인 치료 이외에도 이 원리들은 소아의학, 스트레스 관리, 임상의학, 교육, 노인의학 등과 같은 분야에 적용될 수 있다.

CHAPTER

10 현실치료

현실치료를 소개한 글래서는 정신분석에서 주장하는 것처럼 인간이 무의식적인 힘이나 본능에 의해 동기화되기보다는 의식수준에서 작용한다고 본다. 그는 선택이론을 통해 인간은 자신의 행동과 정서에 대해 스스로 책임이 있음을 강조한다. 현실치료의 일반적인 목표는 내담자의 기본적인 심리적 욕구를 충족시켜줄 수 있는 행동을 학습하도록 돕는다. 글래서에게 상담이란 내담자가 자신의 삶에 대한 통제력을 다시 회복하고, 스스로 선택하는 행동에 대한 책임을 갖도록 하며, 이를 통해 보다 자율적이고 성공적인 정체감을 갖도록 도와주는 것이다. 이 장에서는 선택이론을 중심으로 현실치료의 주요 개념을 이해하고, 현실치료의 목표와 상담 절차에 관한 내용들을 살펴보고자 한다.

1 주요학자의 생애와 업적

윌리엄 글래서는 미국 오하이오주 클리블랜드에서 화목한 가정의 셋째이자 막내로 태어났다. 19세에 케이스 공업전문학교를 졸업하고 화공기사가 되었으며, 곧이어 케이스 웨스턴 리저브 대학교에 진학하여 화공학 학사과정을 밟았다. 그러나 이 무렵 심리학에도 관심을 갖게 되어 23세에 같은 대학에서 임상심리학 석사학위를 취득했다. 1953년에는 이 대학교의 의과대학을 졸업하고 28세에 정신과 의사가 되었다.

그 후 UCLA와 서부 LA 재향 군인 병원에서 정신분석적 접근에 따른 전문의 수련과정을 거치게 되었다. 그러나 수련과정 동안 글래서는 전통적인 정신분석적 접근의 이론과 기법 그리고 치료효과에 대한 점차 회의를 느꼈다. 이 무렵 병원 신경정신과 병동의 책임을 맡고 있던 해링턴을 수련감독자로 만나게 되었는데, 두 사람은 모두 환자치료를 위한 전통적 심리치료의 가치를 의심하고 있어서 서로 학문적으로 교감할 수 있었다. 그들은 수년 동안 공동연구를 수행하였고 후일 현실치료라고 불리게 된 새로운 접근의 기본 구성개념을 개발하였다.

1956년 글래서는 여자 비행청소년 치료를 위한 캘리포니아 주립시설이었던 벤추라 여학교의 정신과 자문의로 활동하면서 현실치료의 기본 개념들을 비행청소년 치료에 적용하였다. 그는 이곳에 수용되어 있던 여학생들에게 자신들의 행동에 대한 책임을 지도록 강조하였으며, 학교의 규칙을 어겼을 경우 개인적 책임이 요구되었고, 학생들이 행동을 변화시킬 결심을 하고 그것을 실천에 옮길 수 있도록 격려하였다. 그 결과 벤추라 여학교 재학생들의 비행 재범률이 효과적으로 감소되었다. 이곳에서의 경험을 통해 고전적 정신분석의 개념과 기법이 무익하다는 사실을 더욱 확신하게 되었다.

글래서는 1961년 처음으로 [정신건강 혹은 정신질환?]이라는 저서를 발표하여 그의 새로운 접근의 기본적 신념을 소개하였다. 임상활동을 위해 개인상담 이외에도 재활센터와 청소년 감화원 등에서 심리치료를 하였으며, 1963년부터 캘리포니아 주의 공립학교들을 위한 자문위원으로 활동했다. 이곳에서 현실치료의 기본 개념들을 학교의 학급 실정에 맞도록 적용하여 '낙오자 없는 학교 만들기'를 위해 광범위하게 일했다.

1964년 [현실치료: 비행청소년을 위한 실제적인 접근법]이라는 논문을 발표하면서 현실치료라는 용어를 공식적으로 사용하기 시작하였다. 한편 1965년에는 저서 [현실치료]를 출간하면서 행동을 선택할 수 있는 책임능력은 전적으로 우리 자신에게 있다는 점과 온정적이고 수용적이고 비처벌적인 치료 상황에서 더 효과적인 선택을 하거나 더 책임 있는 방식으로 살아가는 방법을 배울 수 있다는 점을 주장하면서 현실치료의 기본 개념을 소개하였다. 이를 계기로 현실치료는 상담의 주요 이론으로 부각되었다. 1969년 그의 교육에 관한 첫 번째 저서인 [실패없는 학교]가 집필되었다. 이 시기에 그는 교사와 학생간 상호작용, 학교에서의 학습과 학습자 생활 간 관련성, 학교가 실패 정체감에 미치는 영향, 활기 있는 학습과 학교의 변화 등에 관심을 가졌다.

글래서는 계속해서 자신의 이론과 상담기법들을 보완했으며, 1975년 저서 [정체감 있는 사회]를 통해 통제 이론을 활용하여 개인이 심리사회적으로 기능하는 방법뿐만 아니라 집단이나 사회가 기능하는 방법을 설명하고자 하였다. 글래서가 통제이론을 처음 주장한 것은 아니지만, 이 이론의 기본 원리와 개념을 구축하고 그것을 실제 체계에 적용하는 방법은 대부분 그의 연구와 임상활동을 통해 관철되었다. 이러한 그의 노력은 1984년의 저서 [통제이론]에 요약되어 있다. 이 이론을 교육에 적용시키는 방법은 [교실에서 적용되는 통제이론]에 잘 소개되어 있다. 그의 최근 저서 [좋은 학교]는 그의 개념을 학교 운영에 적용하고자 하는 시도에서 집필되었다. 그 외의 대표적인 저서로는 [긍정적 중독], [당신의 삶은 누가 통제하는가?] 등이 있다.

글래서는 1969년 캘리포니아 주 카노가 파크에 '현실치료연구소'를 설립하여 현재까지 이 연구소의 소장과 재단 운영위원장으로 활동하고 있다. 1996년부터 현실치료의 주요 이론적 근거였던 통제이론을 선택이론으로 대처하고, 연구소 명칭도 윌리엄 글래서 연구소라고 바꾸었다. 이 연구소를 중심으로 전 세계의 의사, 간호사, 상담학자, 심리학자, 목회자, 사회사업가, 교사, 법률가 등을 위해 현실치료 집중훈련 과정을 운영하며 이에 필요한 교재와 관련 자료들을 연구, 개발하였다.

2 인간관

글래서는 인간을 긍정적 관점에서 보았으며 반결정론적 입장을 지닌다. 행동주의에서 주장하는 것처럼 환경적 자극에 대해 수동적으로 반응하는 존재로서의 결정론을 반대하며, 인간은 자신의 행동과 정서에 대해 스스로 책임이 있음을 강조한다. 또한 정신분석에서 주장하는 것처럼 인간이 무의식적인 힘이나 본능에 의해 동기화되기보다는 의식수준에서 작용한다고 본다.

글래서는 모든 개인이 건강과 성장의 힘을 가지고 있다고 믿는다. 개인의 성공정체감을 강조하는 현실치료에서는 전통적인 상담접근과 달리 개인 자신이 선택한 행동과 그 결과에 대한 책임을 지도록 요구한다. 인간은 기본적으로 성공 정체감을 통해 만족스럽고 즐거워지기를 바라며, 스스로 책임질 수 있는 행동을 보여주고 싶어 하고, 의미 있는 인간관계를 맺고 싶어 한다는 것이다.

인간의 행등은 외부 힘에서 나오는 것이 아니라 개인 내부에서 나오며 합목적적이다. 물론 외부 환경적인 요인들이 개인의 결정에 영향을 미치기는 하지만, 그렇다고 해서 개인의 행동이 환경인에 의해 '정해지는 것'은 아니다. 인간은 전적으로 내면의 힘에 따라 동기화되고, 모든 행동은 생활을 효과적으로 통제함으로써 각자가 원하는 것을 얻으려는 최선의 시대로 볼 수 있다.

3 주요개념

1) 선택이론

글래서는 파워가 고안한 통제이론을 바탕으로 선택이론을 발전시켰다. 글래서에게 '통제'라는 개념은 인간의 '내적 통제'와 관련된 개념으로 이해할 수 있다. 비록 인간의 모든 행동은 아니지만 대부분의 행동이 내적으로 동기화되고 선택된다는 측면에서 내적 통제가 중요하다고 강조했다. 인간행동을 유발시키고 선택하게 하는 원동력은 외적 자극이나 과거에 해소되지 않은 갈등이 아니다. 오히려 인간의 동기와 행동은 보편적인 다섯 가지 기본욕구를 충족시키기 위한 시도에서 결정되고 선택된다. 글래서는 저서 [선택이론: 자유를 위한 새로운 심리학]에서 인간은 자신이 하는 모든 것을 선택할 수 있다고 주장하였다. 선택이론에서는 개인이 느끼는 불행과 심지어 정신병으로 여겨지는 행동까지도 결국 그 개인이 선택한 결과라고 간주한다. 불행은 단지 우리에게 일어나는 것이 아니라 우리 자신이 선택하는 것이 아니라는 것이다. 그는 내담자의 행동을 관찰하면서 '우울하게 된'이나 '화나게 된' 대신에 '우울해하고 있는'이나 '화를 내고 있는' 사람이라는 표현을 적용한다. 현실치료적 관점에서 우울은 상황에 의한 수동적인 희생자로서의 결과가 아니라 내담자 자신이 능동적으로 선택하는 것으로 이해될 수 있다. 글래서는 개인이 스스로 우울의 희생자이고 불행이 자신에게 일어난 것이라는 생각에 고착되어 있는 한 더 나은 변화를 기대할 수 없다고 주장한다. 우리는 우리가 하는 행동이 우리가 선택한 결과라는 현실적인 인식하에 행동할 때만이 우리 행동을 변화시킬 수 있다. 외적 통제심리학을 내적 통제를 강조하는 선택이론으로 대처할 때, 인간은 보다 개인적인 자유에 근거한 행동을 선택할 수 있게 된다.

선택이론은 인간의 동기와 행동에 대한 이론으로서 인간 선택의 자유를 강조한다. 이 이론에 따르면 인간의 모든 행동은 생득적으로 지니고 있는 다섯 가지 기본적 욕구를 충족하기 위한 선택이다. 즉, 인간은 생존, 사랑과 소속, 힘, 자유, 즐거움의 욕구를 충족하기 위해 행동하는데, 이러한 욕구 충족은 다른 사람이 아닌 자기 자신의 행동을 변화시킴으로써만 가능하다. 따라서 현실치료에서는 내담자에게 스스로의 행동을 통제하고 질적인 삶을 위한 선택을 할 수 있는 자유를 지니고 있음을 가르치고, 욕구 충족을 위해 보다 책임 있고 올바른 행동을 선택하도록 조력한다.

2) 기본욕구

글래서는 뇌의 기능과 기본 욕구를 연관시켜 설명하였다. 선택이론에 의하면 모든 유기체는 합목적적이며 뇌에서 유발되는 기본 욕구들에 의해 내면적으로 동기화된다. 모든 인간에게는 대뇌피질 부위에 해당되는 신뇌에서 유발되는 사랑과 소속감, 힘과 성취, 자유, 즐거움의 네 가지 심리적 욕구와 대뇌피질 하위 부위에 해당되는 구뇌에서 유발되는 생리적 욕구인 생존의 욕구가 있다.

이들 다섯 가지 기본 욕구에 대해 살펴보면 다음과 같다.

(1) 사랑과 소속감의 욕구

사랑과 소속감의 욕구는 다른 사람들과 사랑하고 나누고 함께 하고자 하는 속성을 의미한다. 글래서는 이 욕구를 다시 세 가지 형태, 즉 사회집단에 소속하고 싶은 욕구, 직장에서 동료들에게 소속하고 싶은 욕구, 가족에게 소속하고 싶은 욕구로 분류하였다. 사랑과 소속감의 유사어는 돌봄, 관심, 참여 등이다. 이것은 인간이 사회적 동물로서 가정, 학교, 직장, 사회에 소속되어 다른 사람과의 관계를 유지하면서 사랑을 주고 받고자 하는 속성을 뜻한다. 사랑과 소속의 욕구가 구체적으로 표현되는 양태는 결혼하여 자기 자신의 가족을 이루는 것, 친구를 사귀고 싶어 하는 것, 청소년이 또래집단에 속하고 싶어 하는 것, 성인들이 단체모임에 가입하기를 원하는 것 등이 그 예다. 사랑과 소속감의 욕구는 생존욕구와 같이 절박한 욕구는 아니지만 인간이 살아가는데 원동력이 되는 기본적인 욕구다.

(2) 힘과 성취의 욕구

힘과 성취의 욕구는 경쟁하고 성취하고 중요한 존재로 인정받고 싶어 하는 속성을 의미한다. 인간으로서 우리는 각자하는 일에 대해 칭찬과 인정을 받고자 하는 기본 욕구를 갖고 있다. 예를 들어, 학생은 좋은 성적을 받게 되었을 때 성취감을 느낄 것이다. 마찬가지로 직장인에게 승진은 자신의 능력이나 기술이 주위로부터 인정받았다는 것을 뜻한다. 인간은 자신의 환경에 영향을 끼치며 어느 정도는 환경을 통제하고 싶어 한다. 만사가 뜻대로 되기를 바라며 그러한 힘이 자신에게 있기를 바란다. 힘에 대한 욕구에 매력을 느끼게 되면 종종 사랑과 소속감에 대한 욕구 등 다른 욕구와의 직접적인 갈등을 경험하게 될 수도 있다. 가령 사람들은 사랑과 소속감에 대한 욕구를 충족시키고자 결혼을 하지만, 가끔 부부 사이에 힘에 대한 욕구를 채우고자 서로를 통제하려고 하다가 결과적으로 부부관계를 파괴시키기도 한다. 사회적인 지위와 부를 축적 혹은 직장에서의 승진 등과 같이 힘과 성취를 더 중요하게 생각하여 가족과 약속한 휴가를 반납하고 일에 매달리는 직장인의 모습, 혹은 힘에 대한 욕구를 채우려고 사사로운 소속감의 욕구를 포기할까 말까 망설이는 모습을 보더라도 인간에게 힘과 성취의 욕구가 얼마나 중요한지를 알 수 있다.

(3) 자유의 욕구

자유의 욕구는 선택, 독립, 자율성의 의미를 내포하며 각자가 원하는 곳에서 살고, 대인관계와 종교활동 등을 포함한 삶의 모든 영역에서 어떤 방법으로 삶을 영위해 나갈지 스스로 선택하고, 자신의 의사를 마음대로 표현하고 싶어하는 욕구를 뜻한다. 이것은 인간이 이동하고 선택하는 것을 마음대로 하고 싶어하고 내적으로 자유롭고 싶어 하는 속성을 의미한다. 그러나 자신의 자유 욕구를 충족해 나가는데 있어서 주위 다른 사람의 자유를 침해하지 않도록 타협하고 절충해 나가는 자세가 중요하다.

(4) 즐거움의 욕구

즐거움 욕구란 많은 새로운 것을 배우고 놀이를 통해 즐기고자 하는 속성을 뜻한다. 글래서는 즐거움의 욕구가 모든 인간이 지니고 있는 기본적이고 유전적인 지시라고 확신한다. 암벽 타기, 자동차 경주, 번지점프 등의 경우처럼, 즐거움의 욕구를 충족시키기 위해 때로는 생명의 위험도 감수하면서 자신의 생활방식을 과감히 바꾸어 나가는 것을 볼 수 있다. 즐거움에 대한 욕구를 충족시켜주는 활동의 유형에는 단순한 놀이도 있지만 학습과 같은 활동도 포함될 수 있다. 아동이 새로운 것을 학습하면서 느끼는 즐거움은 그에게는 매우 신기한 경험일 수 있다. 그런데 즐거움을 추구하는 욕구와 다른 욕구들 간에도 마찬가지로 갈등이 발생할 수 있으며, 그 결과 하나의 욕구 충족을 포기해야 하는 경우도 있다. 예를 들어, 어떤 사람은 배우는 즐거움에 몰입한 나머지 사랑과 소속감의 욕구 충족을 포기하고 결혼을 미루게 된다.

(5) 생존의 욕구

생존의 욕구는 생물학적인 존재로서의 인간조건을 반영하는 욕구로서 생명을 유지하고 생식을 통해 자신을 확장시키고자 하는 속성을 의미한다. 이 욕구는 뇌의 가장 오래된 부분으로서 척추 바로 위에 위치하는 구뇌로부터 생성된 것이다. 구뇌는 호흡, 소화, 땀 흘리는 것, 혈압조절 등 신체구조를 움직이고 건강하게 유지하도록 하는 중요한 과업을 수행한다. 대부분 구뇌 단독으로 효과적으로 작동할 수 없기 때문에 뇌의 다른 부분, 즉 거대하고 복잡한 대뇌피질 혹은 신뇌라고 불리는 부분의 도움이 필요하다. 예를 들어, 체내에 수분이 부족할 때 의식적인 행동을 주도할 수 없는 구뇌는 신뇌에게 구조 신호를 보내서 갈증을 호소한다. 신노의 지원 작용으로 일단 갈증이 해소되고 나면, 욕구가 충족되었기 때문에 일정시간이 지나 다시 갈증을 느낄 때가지는 더 이상 갈증에 대해 관심을 갖지 않게 된다. 글래서에 의하면 행동의 원천은 유전인자의 속성이다. 그 유전인자의 속성에서는 땀을 흘리는 것이나 추위에 떠는 것과 같은 일련의 생리학적 지시가 포함되어 있다. 이것은 구뇌의 영역에 속한 것으로서 의식적인 의지로 선택할 수가 없는 부분이다. 구뇌의 기능은 생존에 있어서 필수적인 요소이지만, 개인의 일상생활에는 지배적인 영향을 미치지 못한다.

삶의 질을 높이기 위해서는 이러한 기본 욕구들을 바람직하게 충족시키는 것이 중요하다. 이때 욕구 자체는 직접적으로 충족될 수 없으며, 단지 욕구를 충족시켜줄 수 있는 구체적인 대상을 통해 이루어진다. 대개 우리는 사랑 자체를 추구하는 것이 아니라 우리가 사랑하고 사랑받을 수 있는 특정한 한 사람을 찾아낸다. 이렇게 기본 욕구들을 충족시켜 주는 구체적인 대상 혹은 방법들은 바람이 되어 좋은 세계라고 불리는 심리적 영역 안에 사진첩으로 간직되어 있다. 예를 들어, 갓 태어난 유아는 사랑과 소속감의 욕구로 동기화되어 있지만 그것이 무엇인지 또 어떻게 충족시켜야 하는지를 아직 모른다. 단지 홀로 남겨지는 것이 고통스럽고 불쾌하다는 것을 알고 그런 상황에 대처하기 위해 울음을 터뜨린다. 이때 엄마는 아기의 울음소리를 듣고 달려와서는 사랑과 애정으로 감싸주게 되고, 비로소 유아는 자신의 욕구가 충족되어 만족감을 느끼게 된다. 이러한 관계가 반복되다 보면 아동은 엄마를 자신의 욕구를 충족시켜 주는 중요한 대상으로 인식하게 되고, 마치 감각체계의 사진기와 같이 작용하여 좋은 세계 내에 엄마의 모습을 저장해서 간직한다. 후일 아동은 성인이 되어서도 외로울 때면 언제나 좋은 세계 안에 저장해 둔 엄마의 모습을 기억해 내고 위로를 받고자 한다. 유전적 특성을 지닌 욕구는 모든 사람이 공통적으로 지니고 있지만, 이러한 욕구를 충족시키는 방법으로서의 바람은 개인마다 특이하고 차이가 있다.

개인의 경험이 확대됨에 따라 좋은 세계는 다양한 사진들로 채워진다. 좋은 세계는 개인의 삶에 있어서 매우 중요한 부분이다. 그 안에 있는 것들은 개개인의 중요 관심사이기 때문에 그것들을 찾기 위해 노력한다. 그러나 좋은 세계와 관련이 없는 것들에는 별로 관심을 두지 않는다. 예를 들어, 어떤 학생이 그의 좋은 세계 안에 학교, 교사, 수업내용 등이 들어 있다면 성공적인 정체감을 형성하는 데 도움이 될 것이지만, 그의 좋은 세계 안에 약물, 폭력 등과 같은 사진첩이 들어 있다면 결코 학교생활에서 성공하지 못할 것이다.

3) 지각체계

인간의 내면세계의 욕구나 바람은 현실세계를 통해서만 충족될 수 있다. 개인이 경험하는 현실세계는 감각체계와 지각체계를 거치면서 특별한 사진기로 찍혀서 지각세계에 전달된다. 지각체계는 다시 지각여과기와 가치여과기라는 두 부분으로 구성되어 있다. 지각된 현실은 각각 긍정적으로, 부정적으로, 혹은 무의미하게 인식되는데, 이렇게 분류한 것들 중에서 특별히 그 개인이 원하는 것은 사진첩이 되어 좋은 세계 안에 간직된다. 즉, 시각, 청각, 미각, 촉각 등의 감각체계를 통해 경험된 현실세계는 지식 여과기를 통해 있는 그대로 받아들여지고, 이렇게 지각된 것들이 가치여과기를 통과하는 동안에 좋은 세계 안에 있는 사진첩과 비교하여 일치되면 긍정적인 가치가 부여된다.

한편 현실세계가 지각체계를 거치면서 있는 그대로 완벽하게 전부 인식된다는 것은 실제로 불가능하다. 개인이 아는 현실은 전부가 아니고 단지 부분적이고 주관적인 것일 수밖에 없다. 따라서 현실세계라고 말할 때에는 사실 그 개인이 지각한 세계에 대해서는 알아낼 수 있는 방법이 없기 때문이다. 내담자의 감각체계와 지각체계를 이해하는 것은 상담 장면에서 매우 중요한 작업이다. 상담자는 내담자가 늘 자신의 지각 세계 안에 들어 있는 정보를 토대로 행동한다는 것을 이해해야 한다. 또한 다른 사람들이 내담다가 지각하는 것과 동일하게 세상을 지각하지 않는다는 사실을 내담자에게 가르쳐 주어야 한다.

4) 행동체계

현실세계가 좋은 세계 안에 들어있는 사진첩을 충족시키지 못할 때 불균형 상태에 놓이게 되는데, 이때 순간적으로 비자발적인 행동을 하게 되고 좌절 신호를 행동체계로 보낸다. 즉, 자신의 삶이 통제되지 않을 때, 좌절감을 느낄 때, 욕구 충족이 불가능할 때 행동체계를 작동시키기 위해 좌절 신호를 보내게 된다. 이 신호는 전행동을 유발하는 신호다. 살아오면서 학습했던 모든 행동은 이 행동체계 안에 저장되어 있다. 불균형이 심할수록 강한 좌절 신호가 나오고, 좌절신호가 강할수록 행동을 위한 충동도 강해진다.

좌절신호가 발생되면 개인은 먼저 조직화된 행동을 한다. 조직화된 행동은 행동체계 안에 저장되어 있는 것으로서 현실적으로 이용 가능한 모든 행동, 생각, 느낌을 의미한다. 이것은 언제든지 상황을 통제하는 데 도움을 주기 때문에 지속적으로 활용되는 행동이다. 한편 좌절 신호가 발생되었는데도 즉각적으로 이용할 수 있는 기존의 조직화된 행동이 없을 경우에는 새로운 행동을 만들어 낸다. 행동체계는 완전히 새로운 행동을 창조하여 조직화하거나 혹은 조직화된 행동을 재조직화하는 작업을 지속적으로 한다. 저장된 모든 행동의 목적은 개인이 원하는 것을 얻을 수 있도록 하기 위해 현실세례에 영향을 미치고 현실세계를 통제하려는 것이다.

5) 전행동

조직화된 행동을 포함하여 욕구를 만족시키기 위해 하는 행동은 모두 전행동이다. 글래서는 자동차에 비유하여 인간의 행동체계를 설명하고 있다. 즉, 기본 욕구는 자동차의 엔진에 해당되고, 바람은 핸들이 되며, 전행동은 자동차의 네 바퀴가 되어 개인이 원하는 방향으로 가도록 되어 있다. 전행동은 활동하기, 생각하기, 느끼기, 생리반응의 네 가지 요소로 구성되어 긴밀하게 관련되어 있다. 활동하기와 생각하기는 자동차의 두 개의 앞바퀴에 해당되며, 느끼기와 생리반응은 자동차의 두 개의 뒷바퀴에 해당된다.

선택이론에서는 현재 내가 우울하다면 나 자신이 우울해하는 전행동을 선택했기 때문이라고 설명한다. 이때 나의 전행동을 분석해보면 '활동하기'는 아무것도 하지 않은 채 그냥 앉아 있는 것이고, '생각하기'는 '그 친구에게는 무슨 일이 생긴 걸까? 너무 보고 싶다'라고 생각에 잠겨 있는 것이며, '느끼기'는 비참하고 우울한 감정이며, '생리반응'은 손바닥에 땀이 나고 입이 바싹 마르는 것이 된다.

개인이 자신의 전행동을 선택하는 것은 불가능하지만 그 구성요소들을 선택하는 것은 가능하다. 인간은 전행동의 네 요소 중에서 활동하기에 대해서는 거의 완벽한 통제력을 갖고 있고, 생각하기에 대해서도 어느 정도 통제력을 갖고 있다. 그러나 느끼기에 대해서는 거의 통제가 어려우며, 생리반응에 대해서는 더더욱 통제력이 없다. 전행동을 바꾸기 원한다면 먼저 활동하고 생각하는 방식을 변화시킬 필요가 있다. 앞바퀴에 해당되는 활동하기와 생각하기를 구체적으로 변화시킨다면 나머지 두 개의 뒷바퀴에 해당되는 느끼기와 생리 반응에도 자동적인 변화가 수반된다. 적극적인 활동과 긍정적인 사고에 많이 관여할수록 좋은 감정과 생리적인 편안함이 따라오게 된다.

6) 3R

현실치료에서는 핵심적인 개념으로, 3R, 책임, 현실, 그리고 옳고 그럼을 강조한다. 이 세 가지 개념은 서로 연관되어 설명될 수 있다. 글래서는 개인이 자신의 행동에 대해 책임을 지지 않는 데에서 모든 문제가 비롯된다고 보았다. 책임이란 다른 사람이 그들 자신의 욕구를 충족시키는 것을 방해하지 않는 범위 내에서 자신의 욕구를 충족시키는 능력을 의미한다. 현실치료에서는 사람들이 그들 자신의 행동에 대한 책임뿐만 아니라 자신의 욕구를 충족시켜야 하는 책임도 강조하고 있다. 또한 과거의 조건이나 현재의 여러 여건 그리고 타인의 행동도 자신의 무책임한 행동에 대한 구실로 사용될 수 없다고 보고 있다. 글래서는 개인이 자신의 삶에 대한 책임을 받아들이고 그에 따라 행동을 시작하기 전까지는 변화가 불가능하다고 주장하면서 정신건강과 책임을 같은 것으로 본다. 책임을 질수록 더 건강하고 책임을 지지 않을수록 건강하지 않다는 것이다. 그리고 개인적인 불행과 고통은 무책임의 결과이지 무책임의 원인이 될 수 없다고 보았다.

책임은 곧 현실을 직면하는 것이라고 할 수 있다. 현실과의 직면이란 현실세계의 모든 여건을 받아들여야 한다는 것과 현실세계에 대한 통제를 통해 자신의 욕구를 충족시켜야 한다는 것을 뜻한다. 기본 욕구나 바람의 충족은 현실세계가 규정해 놓은 범위와 한계 내에서만 가능하다. 우리는 과거를 바꿀 수 없다. 단지 과거를 이해하려는 것은 우리의 관심을 현실로 돌리기 위한 것이다. 그러나 사람들은 자신을 변화시키기 위해서는 과거를 이해해야 한다고 말하면서 종종 과거에 경험한 어떤 일들이 무책임한 그들의 현재 행동에 대한 하나의 구실을 제공하는 것이 되어 버린다. 현실치료에서는 무책임을 정신병으로 간주하는데, 정신병이란 곧 '나의 현실을 거부한다'는 것으로 해석될 수 있기 때문이다. 현실을 거부하려는 것은 자신의 삶에 대한 책임을 지지 않으려고 스스로를 설득하는 것과 마찬가지다. 따라서 상담자는 내담자가 더욱 책임 있는 행동을 하고 자신의 현실을 직면하게 하여 문제를 해결해 나갈 수 있도록 조력해야 한다.

옳고 그름과 같은 가치판단은 현실적으로 주어진 상황에서 책임 있는 행동을 하는 사람에게서는 매우 중요하다. 많은 상담이론들에서 가치판단을 배제하고 있지만, 글래서는 가치판단을 중요하게 생각한다. 그리고 옳고 그름을 판단하지 않고 행동하는 것은 일관성이 없거나 현실성이 결여된 독단적인 행동이 될 수 있다고 경고한다. 욕구 충족을 위한 합리적인 방법을 찾기 위해서라도 가치판단은 매우 중요하다. 또한 가치판단은 행동변화를 위한 추진력이 될 수도 있다. 현실치료에서는 인간의 기본적 욕구 충족과 책임이 서로 밀접하게 관련되어 있다고 본다. 책임 있는 행동을 하기 위해서는 사회제도, 도덕, 규범 등과 같은 현실적 여건을 고려해야 한다. 또한 다른 사람들의 욕구 충족을 방해하지 않는 범위 내에서 자신의 욕구 충족을 추구하는 데 있어서도 가치판단은 필요한 부분이다.

4 상담의 목표와 과정

현실치료의 일반적인 목표는 내담자의 기본적인 심리적 욕구, 즉 사랑과 소속감, 힘과 성취, 자유, 즐거움의 욕구를 충족시켜주는 좀 더 효율적인 방법을 찾도록 도와주는 데 있다. 내담자로 하여금 현실을 직면하고 올바른 판단을 해서 자신의 심리적 욕구를 현재보다 더 효과적으로 충족시켜줄 수 있는 행동을 학습하도록 돕는다.

글래서는 상담이란 내담자가 자신의 삶에 대한 통제력을 다시 회복하고, 스스로 선택하는 행동에 대한 책임을 갖도록 하며, 이를 통해 보다 자율적이고 성공적인 정체감을 갖도록 도와주는 것이라고 강조했다. 이를 위해 상담과정을 상담환경 가꾸기와 행동변화를 이끄는 구체적인 절차로 나누어 제시한다.

현실치료는 신경증적 행동, 정신병적 행동, 정신신체화 행동이나 중독적인 행동도 모두 자신의 욕구 충족을 위한 최선의 선택이라고 본다. 과거나 미래보다 현실을 중요시하고, 전이나 역전이의 필요성을 인정하지 않으며, 무의식과 꿈에 대한 해석보다 내담자의 의식세계 내에서의 현실 지각을 강조한다.

5 상담의 기법과 적용

현실치료는 크게 두 가지 과정, 즉 상담환경 가꾸기와 행동변화를 이끄는 구체적인 절차로 구성된다. 각 과정에서 활용되는 상담기법은 다음과 같다.

1) 상담환경 가꾸기

① 내담자와의 신뢰로운 관계 형성

현실치료의 시작은 따뜻하고 관심어린 관계를 만들려는 노력과 함께 시작된다.

② 변화를 촉진하기 위한 행동

- ABs 법칙 실시하기(always be)

내담자와의 지속적인 우호 관계를 맺기 위해 Abs법칙이 필요하다. 여기에는 항상 예의 바를 것, 항상 신념을 가질 것, 항상 열정적일 것, 항상 확고 할 것, 항상 진실할 것 등이 포함된다.

- 판단을 보류하기

상담자는 가치가 개입되지 않은 1차수준에서의 지각에서 내담자의 행동을 객관적으로 봐야 함을 의미한다. 일단 내담자의 모든 행동은 자신의 욕구를 충족시키기 위한 최선의 노력으로 봐줘야한다.

- 예상하지 않은 행동하기

전형적이지 않은 방식으로 반응하는 것이다. 예를 들면, 약물문제로 괴로워하는 내담자에게 '왜 약물을 계속 사용하시나요?'가 아니라 '약물을 복용하지 않고 즐거운 시간을 보낸 것은 언제였나요?'라고 묻는 것을 뜻한다. 즉 내담자의 실패 경험에 초점을 맞추지 않고 다른 행동(긍정적 행동)에 초점을 맞추게 되면 내담자들은 파괴적인 행동을 덜 하게 된다.

- 유머를 사용하기

유머를 통해 삶이 아름다울 수 있고 희망이 있다는 것을 내담자에게 알려줄 수 있다.

- 자기자신이 되기

상담자는 진취적이면서도 적극적으로 부드럽게 상담하되 가장 자기답게 상담해야 한다.

- 자기자신을 개방하기

내담자와 친구가 될 수 있어야 한다. 친구가 되기 위해서는 서로 자기자신을 개방하고 상대방에게 자신의 부족한 점을 보일 수 있어야 한다.

- 은유적 표현에 귀기울이기

내담자들은 종종 자신이 처한 상황에 대해 비유적으로 표현할 때가 있다.

- 주제에 귀기울이기

내담자들이 자신의 상황을 주제로 사용하여 표현할 때, 상담자들은 내담자들의 주제를 경청한 후 명료화한 뒤, 내담자에게 반영해주어야 한다.

- 요약하기와 초점 맞추기

상담자는 내담자가 말한 내용 전부를 해석하는 대신 핵심적인 주제에 초점을 맞추어야 한다. 내담자가 말한 다양한 내용 중 바람(Want)만을 요약한다거나 내담자가 힘을 얻을 수 있는 행동에 초점을 국한시키는 것 등이 포함된다.

- 자기선택에 대한 결과를 책임지게 하기

상담에서 결과를 허용한다는 것은 그 결과가 합당하다는 뜻으로 결과가 위험하거나 생명의 위협을 받게 될 경우 상담자가 개입하게 된다. 이 원칙은 내담자의바람직하지 않은 행동에 책임을 지우게 하는 기술이다.

- 침묵을 허용하기

- 윤리적이기

내담자의 행동이 자신이나 타인의 안녕을 침해하는 것이 명백할 경우 상담자는 합법적이고 적절한 행동을 취하거나 감찰기관에 알려야 할 의무가 있다.

2) 행동의 변화를 이끄는 절차

(1) 바람, 욕구, 지각의 탐색

① '무엇을 원하는가?'라고 묻기

이 질문을 함으로써 내담자가 자신의 욕구를 충족시킬 수 있는 방법을 발견하게 해야 한다. 상담자는 내담자 자신이 무엇을 원하는지 알게 해주되, 내담자의 주위 사람들이 내담자에게 원하는 것이 무엇인지 내담자가 알도록 유도해야 한다.

② '진정으로 원하는 것이 무엇인가?'라고 묻기

상담자는 내담자에게 그들의 바람을 수직적으로 나열해 보도록 한다. 즉 내담자가 가장 원하는 것과 별로 중요하지 않게 여기는 것까지 수직적으로 나열해봄으로써 스스로 깨달을 수 있도록 한다.

③ '사람들이 당신에게 원하는 것이 무엇이라고 생각하는가?'라고 묻기

내담자가 그들에게 영향을 끼치고 있는 세상을 어떻게 보고 있는지에 대한 질문을 받게 된다. 내담자는 자신을 향한 가족, 친구, 학교, 동료의 기대를 조사한다. 상담자는 내담자에게 이런 기대들 에 부응해서 살기 위해 기꺼이 하는 것과 그렇지 않은 것이 무엇인지 질문한다. 예를 들면, 네 학교생활에 대해서 부모님은 무엇을 기대하시니? 네가 바라는 것과 부모님이 바라는 것이 일치하게 된다면 가족관계나 학교생활이 어떻게 될까?와 같이 질문할 수 있다.

④ '어떤 시각으로 사물과 환경을 바라보느냐?'라고 묻기

상담자는 내담자가 높은 수준의 지각(가치)으로 상황을 보는지 아니면 낮은 수준의 지각(인지)으로 보는지 묘사해 보도록 질문을 한다.

⑤ 상담자가 내담자에게 무엇을 원하는지에 대해 말하기

상담자가 무엇을 제공해야 할 수 있는지, 상황을 어떻게 보고 있는지에 대해 이야기하고 동시에 내담자에게 완치가 된다는 보장은 없으며 상담내용은 절대 비밀이고 상세한 금전문제(상담비)를 함께 논의해야 함을 밝혀야 한다.

⑥ 상담에 대한 확약 얻기

상담자는 내담자에게 상담에 대한 약속을 받아내야 한다. 예를 들면, 문제를 해결하기 위해 기꺼이 노력하시겠습니까? 등의 질문을 통해 확인할 수 있다.

(2) 전행동을 탐색하고 평가하기

상담자는 내담자에게 전행동은 활동하기. 생각하기 느끼기, 생리기능 등 네 가지 요소로 구성되어 있으며 이 네 요소 중 한 가지 요소도 배제된 행동이란 없다는 것을 상기시켜주어야 한다.

내담자의 탐색을 도울 수 있는 질문 '당신은 무엇을 하고 있습니까?'

① 당신(you): 행동의 주인이 자기 자신임을 확인한다.

② 무엇(what): 내담자는 자신이 무엇을 하는지 정확하게 대답한다. 이는 내

담자가 스스로 자기 자신에 대한 검토를 하도록 하는 것이다.

③ 하고(doing): 전행동의 활동하기 요소를 확인하는 절차이다.

④ 있습니까(are): 내담자가 현재에 초점을 맞추도록 도와준다.

(3) 행동계획에 대한 자기평가하기

개인의 행동과 욕구의 관계를 점검하는 것을 뜻하며 도덕적이거나 윤리적인 기준에 맞춘 평가를 의미하지는 않는다. 상담자는 능숙한 질문을 통해 내담자가 자신의 행동과 수행능력을 평가 하도록 도울 수 있다.

(4) 계획하기와 실행하기

개인은 활동을 하고 계획을 함으로써 더 행복해지고 만족할 수 있으며, 자신의 삶을 건강하게 통제할 수 있다. 이 단계는 행동계획과 그 계획에 대한 약속, 과정에 대한 마무리, 제언으로 이루어진다. 다음은 현실치료에서 세우는 계획에 포함되어야 하는 내용이다.

① 다섯 가지 욕구가 충족되는 계획

② 행위를 중지시키기보다는 새로운 행동을 하도록 돕는 계획

③ 구체적인 계획

④ 반복적인 계획

⑤ 조속한 계획

⑥ 진행중심적인 계획

⑦ 강화된 계획

(5) 계획에 대한 약속하기

상담자는 내담자에게 당신은 정말 이 계획을 실천하시겠습니까? 지금 당신이 계획하려는 일에 대해서 다시 한 번 말씀해주시겠습니까? 등의 질문을 함으로써 내담자가 자신의 계획을 실행하겠다고 약속했음을 재확인한다.

중간에 마음이 변하거나 계획대로 하지 않으면 어떤 결과가 나올 것인지 알고 있습니까?라고 물어봄으로써 내담자에게 행동선택에 대한 책임감을 확인하게 한다.

PART 03

청소년 상담 실제

CHAPTER

11 청소년 상담 유형

1 학습상담

1) 학습상담 개요

학습상담은 학습과 상담의 의미가 결부되어 이루어진 개념이므로 학습상담의 개념을 이해하기 위해서는 학습과 상담의 의미에 대한 이해가 선행되어야 할 것이다.

먼저 학습의 정의는 그 관점에 따라 다양할 수 있는데, 일반적인 사전적 정의는 '지식이나 기술을 배워서 익히는 것'이다. 낯선 것을 배워서 알게 되고 서투르게 알고 있는 것을 익혀서 숙달하는 과정인 것이다(Olson & Hergenhahn, 2009). 또한 학습에 대한 다양한 정의 속에서 나타나는 공통적인 요소는 학습은 행동에서 또는 주어진 형식대로 반응하기 위한 능력에서 계속되는 변화이며 그것은 실습 또는 경험의 다른 형태로부터 나온다(Schunk, 1991)는 것이다. 특히 교육학, 심리학, 상담학과 같은 학문 분야에서 학습은 일반적으로 경험에 의해 야기되는, 비교적 지속적인 행동의 변화의 과정을 의미하는 것으로서 후천적 요인에 의한 변화 과정을 지칭하고 있다(이성진 외, 2009). 또 다른 특정한 맥락에서 학습은 보다 좁은 의미를 가지고 있는데, 제도 교육이 요구하는 교과의 내용을 정해진 기간에 정해진 수준만큼 배우고 익히는 활동을 말한다. 학습이 이러한 맥락에서 사용될 경우에는 학습이라는 말보다는 '학업'이라는 용어로 더 적절하게 표현하기도 한다(김형태 · 오익수 · 김원중 · 김동일, 1996). 학교와 같은 제도적 교육기관에서 실시하는 각종 성취도 평가에서 보다 높은 점수와 등수를 획득하기 위한 수단적 행동이라는 의미를 가지고 있는 것이다. 이러한 학업은 특정 교과나 주제를 연구하여 그 연구 결과를 습득하는 작업으로 특히 학교 성적과 관련된 학습 행위를 의미할 수 있다(김의진, 2010).

상담에 대한 정의 역시 다양하지만 일반적으로 개인이 직면하고 있거나 직면할 수 있는 문제를 해결하도록 상담자가 조력하는 과정을 의미한다(이재규 외, 2013). 여기서 '문제'는 풀어야 할 과제, 고통이나 어려움, 불안이나 긴장을 유발하는 사태나 상황, 환경 등을 말하지만 보통 상담 장면에서의 문제는 개인이 무엇인가 원하는 것, 즉 개인적인 원함이나 욕구가 있는데 현실에서 실현되지 않아서 힘들고 고통스러운 사태를 말한다. 따라서 문제가 해결된다는 것은 개인의 욕구와 현실의 격차가 해소되거나 어느 정도 견딜 수 있을 정도로 완화됨을 의미한다(Egan, 1999).

상담에서 문제해결의 주체는 내담자이고 상담자는 내담자의 문제해결을 돕는 조력자의 입장이므로 변화하고자 노력하는 사람은 바로 내담자 자신이어야 한다(윤순임, 2011). 따라서 상담은 도움이 필요한 내담자와 전문적 훈련을 받은 상담자가 상호작용하면서 내담자 스스로 문제를 잘 해결하여 바람직하고 성숙한 인간으로 성장할 수 있도록 도움을 주는 활동 또는 조언 기능이라고 볼 수 있다(연문희 · 강진령, 2002).

또한 학습 코칭(learning coaching)과 학업 상담이라는 용어도 사용되고 있는데, 학습 코칭은 교수자가 학습 과정 및 전략에 대해 가르치는 과정(Hamman, Berthelot, Saia & Crowley, 2000)이고 학업 상담은 보통 학교 성적과 관련되는 학습 행위인 학업을 성공적으로 수행할 수 있도록 학생들의 학습기술을 향상시키고 학생들의 전반적인 학업 발달 및 학업 적응을 돕는다고 하였다(권영배 · 이종연, 2010). 따라서 학습상담 개념은 학습 코칭과 학업 상담의 개념을 포함하는 총괄적인 개념으로 사용되고 있음을 알 수 있다. 이에 본 장에서는 배우고 익히는 학습 과정에서 발생하는 다양한 문제를 해결하기 위한 조력 과정을 학습상담으로 명명하고자 한다.

이러한 학습상담은 특히 우리나라에서 활성화되고 있는 상담 영역으로, 학부모의 뜨거운 교육열로 인한 것으로 볼 수 있다. 오욱환(2002)은 우리나라의 경우 세대를 이어가며 교육열이 가열되고 교육은 기회이기보다는 압박으로 작용하여 높은 학력을 가지게 된 세대가 자신들의 부모들보다 더한 열정으로 자녀들의 교육을 독려하게 된다고 보았다. 우리나라 부모들의 대부분은 자신들이 겪었던 사회적 경험을 통해 우리 사회가 정해 놓은 학력과 학벌이라고 하는 보이지 않는 장벽의 실체를 경험하면서 그 한계를 뛰어넘는 방법은 교육을 통한 사회적 지위 획득이라고 보고 있기 때문이다(이영호, 2002). 이러한 학벌에 대한 학부모의 왜곡된 의식은 자녀들의 학습 문화를 비정상적인 일탈 학습 문화로 규정할 정도로 영향을 미치고 있다.

이종각(2003)은 그의 연구에서 이와 같은 학력·학벌주의와 깊은 관련이 있는 교육열의 특성이 후천적으로 습득되고 사회문화적으로 학습되며 역사적으로 누적된 특성이라고 보았다. 또한 교육열은 결과 지향성을 가지고 있기 때문에 '강요' 혹은 '유도'의 의미가 강하고 자녀를 통한 성취욕을 포함하고 있다고 주장하였다. 이러한 과잉된 교육열로 인해 가장 큰 피해를 받는 대상이 바로 청소년들이다.

학습상담현장에서도 학생들보다는 부모들의 상담 의뢰로 상담이 시작되는 경우가 대부분이며 부모의 손에 이끌려 온 학생은 비자발적으로 상담을 시작하게 된다. 특히 자식을 통해 부모가 평가받는다고 인식하는 부모들이 자녀의 성공과 결과에 집착할 수밖에 없고(Grolnick & Apostoleris, 2004), 남에게 보이는 것을 중시하는 사람일수록 과정보다는 결과를 중시하는 경향이 있는 것처럼(Ryan, 1982) 우리나라의 집단적이고 관계적인 문화 패턴이 학생뿐만 아니라 부모들에게 큰 부담을 안겨주고 있다. 이러한 분위기로 인해 학습상담에서는 내담자인 자녀와 상담자 간의 상담 관계뿐 아니라 내담자의 부모와 상담자 간의 관계 또한 중요한 요인으로 받아들여야 한다(김동일 외, 2014).

2) 청소년 학습상담

학습 문제는 우리나라 청소년과 학부모들 대부분이 고민하는 문제이므로, 학습상담의 가장 적절한 대상은 청소년이라고 볼 수 있다. 이에 따라 학습상담에서 청소년상담에 대한 이해는 아주 중요할 수 있다.

청소년상담은 청소년 및 청소년 관련인(부모, 교사, 청소년지도자, 관련기관)을 대상으로 청소년의 신체적·심리사회적 발달 특성과 관련되어 청소년들에게 발생하는 문제들을 중점적으로 다루어 청소년의 바람직한 발달과 성장을 추구하는 전문적 상담 활동을 말한다(박재황·남상인·김창대·김택호, 1993). 또한 전문적 훈련을 받은 상담자가 심리적 어려움으로 자신의 잠재력을 마음껏 발휘하지 못하는 청소년 내담자의 문제를 해결할 뿐만 아니라 내담자가 성장을 통해 행복한 삶을 살아가도록 돕는 과정이기도 하다(천성문 외, 2006). 따라서 청소년상담은 청소년의 발달과정에서 겪는 문제나 현재 드러난 문제, 인지적 상황적 특성 등을 정확히 이해하고 청소년의 특성에 맞는 차별화되고 체계적인 교육과 상담 개입으로 이루어져야 한다(이형득, 1992). 이에 따라, 청소년상담의 성과를 높이려면 주된 대상자인 청소년에 대한 이해가 선행되어야 할 것이다.

청소년에 대한 구분은 매우 다양하다. 우리나라의 경우 민법 제4조에서 20세 미만을 미성년자로 구분하여 청소년으로 밝히고 있으며 청소년 기본법에서는 9세 이상 24세 이하를 청소년으로 규정하고 있다. 또한 학문 분야에서는 심리학적 개념에서 12세부터 시작하여 22세 또는 23세의 최고 성장기나 경우에 따라 30세 이상으로 확대하여 청소년으로 규정하고 있으며, 생물학에서는 남성의 경우 14~15세부터 시작하여 20~22세까지, 여성의 경우 12~13세에서 시작하여 18~20세에 해당하는 청소년의 육체적 발달을 청소년기로 보고 있다. 사회학적으로는 어린이의 연령을 벗어나지만 성인에 도달하지 못한 14~25세까지의 시기를 청소년으로 보며 교육학에서는 성인을 향한 발단 단계에 있는 시기를 청소년이라고 보고 있다(강명숙, 2001).

청소년은 인지적으로 미성숙하고 감정적으로도 불안정하며 주변 환경의 영향을 많이 받는 존재로, 외부에 의존적이면서도 반항적이고 주체적인 복합적 특징을 지니고 있다(김혜숙·박승민·구혜영·남상인, 1996). 특히 청소년기에는 신체적으로 왕성한 성장이 일어나서 신체 변화에 관심이 증가하지만 정신적 성장은 이에 비해 느리게 나타나 심각한 정서적 불안감을 경험하게 된다. 또한 아동기의 사고방식을 벗어나 보다 수준 높은 사고와 사고 기술을 습득하고 발달시키기 시작하여 주위에서 자신을 감독·통제하던 어른들에 대해 비판을 하기 시작한다(오치선 외, 1999).

특히 상담의 대상이 되는 청소년 내담자들의 특징을 살펴보면 자신의 문제를 인식하여 스스로 오기보다는 부모나 교사로부터 문제해결의 필요성을 강요받고 상담에 떠밀려 오는 경우가 많기 때문에 상담 과정에 비협조적이다(이규미, 2010). 게다가 심리적 어려움이 있어도 가족 등의 환경적 요인과 전문적 도움을 받는 것에 대한 주위의 편견, 자기 노출에 대한 두려움 등의 이유로 자발적으로 도움을 구하기가 쉽지 않다(이영식 외, 2000). 이로 인해 상담에 대한 자발성이 떨어지고 심리적 반발심을 가지게 되어 변화의 필요성을 느끼지 못하거나 오히려 변화를 거부하고 저항하게 되며 자기 은폐 성향도 높아질 수 있다. 또한 지구력이 부족하고 추상적 사고 능력이 부족하여 상담에 대해서도 어려움을 느낀다(유성경, 1999; 이혜성·이재창·금명자·박경애, 1996).

따라서 청소년상담은 다른 어떤 상담보다도 청소년 특성에 맞는 고도의 지식과 기술, 경험을 갖춘 차별화된 상담 접근을 시도해야 하고 시대적 변화에 따른 청소년의 문제를 파악하여 이를 효과적으로 해결할 수 있어야 한다(기성진, 2012). 이에 따라 청소년상담의 영역은 다양할 수 있으며 비행과 훈육, 진로와 직업, 학업과 교육, 성격과 심리, 그리고 생활과 적응 등 다양하게 분류될 수 있다(박아청 외, 1996). 청소년 내담자 역시 상담 영역에 따른 상담자의 다양한 개입 측면에 더욱 민감해질 수밖에 없기 때문에 상담자의 태도나 느낌, 그리고 상담자의 구체적인 개입 방식이 매우 중요하다(정찬석, 2005).

2 진로상담

1) 진로상담 개요

스완손(Swanson, 1995)은 진로상담의 본질을 진로와 관련된 문제에 초점을 두고 상담자와 내담자 간의 관계가 중요한 작용을 하는 심리학적인 과정이라는 점을 분명히 하고 있다. 또한 진로상담의 정의에 대해 준커(Zunker, 2012)는 '전 생애에 걸쳐 진로선택과 관련된 모든 상담 활동'이라고 하였으며 크라이티스(Crites, 1981)는 '진로 관련 심리검사의 실시와 해석, 진로 탐색 및 진로 의사결정 과정에 내담자의 적극적인 참여를 요구하는 상담사와 내담자 사이의 관계'라고 정의하였다. 한편 미국진로발달학회(NCDA: National Career Development Association, 1997)에서는 내담자가 가장 적절한 진로나 직업을 결정할 수 있도록 자신과 환경에 대한 이해를 종합하고 응용하도록 돕기 위한 상담사와 내담자 사이의 관계라고 정의하고 있다. 종합해 보면 진로상담은 진로문제에 초점을 두고 내담자의 진로문제에 따라서 개인의 정서, 성격, 대인 관계적 문제를 통합적으로 다루는 상담의 한 형태로 전문성을 요구하는 상담이라고 볼 수 있다(Swanson & O'Brien, 2002).

한편 진로문제는 다양한 심리·정서적 문제가 복합적으로 제시되기에 그동안 진로상담과 심리·정서상담의 관계에 대하여 많은 논의가 있었다(Anderson & Niles, 1995; 2000). 진로상담과 심리·정서상담은 매우 유사하며, 진로개입은 행동 변화를 유도하는 한 가지 방법으로서 심리치료의 한 형태로 보아야 한다는 주장(Swanson & O'Brien, 2002)과 이와는 반대로 진로상담과 심리·정서상담은 명백하게 구분되는 상담으로 심리·정서상담을 포괄한 보다 전문적인 상담이라는 주장이다(Brown & Krane, 2000). 그러나 최근의 진로상담은 상담의 한 영역으로서 진로문제와 그와 얽혀있는 심리·정서 문제, 내담자의 다양한 삶의 영역들을 통합해서 접근하는 과정으로 보는 견해가 우세하다(최윤정, 2012).

일반적으로 진로상담의 과정은 다른 상담 과정과 유사하지만 진로상담의 가장 큰 차별성은 바로 상담의 주제이다. 진로상담은 내담자의 진로와 관련된 문제와 그로 인한 부적응에 초점이 맞추어져 있다. 이에 진로상담에서 가장 중요한 것은 내담자가 호소하는 진로문제가 심리·정서적 요소, 다양한 환경적 요인과 어떻게 내담자의 삶에 얽혀있는지를 인식하고 내담자가 겪고 있는 여러 진로문제들을 정확하게 파악하는 것이다(김봉환 외, 2013). 또한 진로상담의 목표는 심리·정서상담과는 달리 교육적이고 발달적인 측면이 강하기 때문에 상담자의 진단, 개입방법, 목표 측면에서 다른 상담과 차별화된 특성과 방법을 지닌다(김봉환 외, 2013). 또한 일반적인 상담의 경우 증상의 경감, 대인관계에서의 역할 수행 개선, 건강상태, 전반적인 안녕감, 삶의 질 등을 상담의 성과로 제시하고 있으나(McLellan & Durell, 1996), 진로상담은 주로 진로성숙도나 진로 결정 수준, 진로정체감 수준, 현실적인 진로계획의 수립, 효과적인 역할 수행 등을 상담의 성과로 보고 있다(Whiston, 2001)는 측면에서도 차별성을 확인할 수 있다.

진로상담은 내담자의 진로에 초점을 두면서 이와 관련되어 있거나 영향을 미치고 있는 내담자의 내·외적 환경, 심리·정서적 특성, 삶의 영역 등 다양한 측면까지 포괄적으로 개입해야 하는 통합적인 과정으로 이해해야 한다. 따라서 진로상담을 진행하는 상담자들은 내담자들이 호소하는 진로문제뿐만 아니라 그 외의 영역 모두를 통합할 수 있는 이론적 지식과 실제적인 개입 기술들을 사용할 수 있어야 한다(최윤정, 2012; Lent & Brown, 2013; Zunker, 2008). 연구의 상당수는 진로문제가 심리·정서 문제뿐만 아니라 다양한 삶의 문제와 밀접한 관계가 있음을 시사하고 있다. 오히려 진로상담이 성인이나 대학생을 대상으로 하는 스트레스 관리나 심리·정서상담의 중요한 대안이 될 수 있다고 보고 있다(Manuele-Adkins, 1992). 멀튼 등(Multon et. al., 2001)의 연구에서도 진로상담을 신청한 내담자들은 불안, 우울, 사회적 민감성 등에서 표준 집단보다 더 높은 수준의 문제들을 가지고 있으며, 진로상담 후 이들의 심리적인 문제들은 눈에 띄게 감소했음을 확인하였다. 또한 그 과정에서 상담자와 내담자의 작업 동맹(working alliance)이 매우 중요한 역할을 하고 있음을 밝혀냈다. 카포로소와 키셀리카(Caporoso & Kiselica, 2004)의 연구에서 심각한 정신 질병을 가진 내담자에게 진로상담을 진행하였는데 이들은 자기이해, 즉 기술, 흥미, 직업 가치 등에 대해 매우 일부분만 이해하고 있었으며 직업 세계에서 요구하는 그들의 능력에 대해서도 잘 알지 못하였다. 이 연구에서는 진로발달이론을 적용하여 진로상담을 실시하였으며 진로 상담 종결 후 성공적인 과업수행, 자기에 대한 다양한 이해 및 여러 가지 생애 역할 수행 정도가 눈에 띄게 향상되었다. 한편 국내에서도 관련 연구들을 찾아볼 수 있다. 특히 진로상담을 신청하는 내담자의 대다수가 진로 결정의 어려움을 호소하고 있으며 이러한 진로의 미결정에는 다양한 심리·정서적 문제 및 다양한 삶의 문제들이 엉켜있다고 하였다(김영근 외, 2011; 이은희, 2011).

내담자들은 불안과 우울, 낮은 자아 정체감, 외적 통제성, 우유부단, 강박사고, 신체화, 적대감, 공포불안, 편집증 등과 같은 문제들을 진로문제와 함께 호소하고 있었다. 또한 구직, 진로 전환, 취업 활동 등과 관련된 진로문제를 호소하는 내담자들은 가족과의 갈등, 경제 문제 등을 함께 가지고 있는 것으로 나타났다. 취업 준비와 진로 결정에 놓인 대학생들은 여러 장벽이 취업 스트레스를 초래하고 이러한 취업 스트레스는 불안과 우울, 고독감 증상을 더욱 심각하게 하며 다른 삶의 기능들도 저하시킨다는 것이다(전찬열, 2013).

특히 실직한 개인들의 경우 신체화 증상, 강박증, 공황장애, 우울, 불안 등 다양한 심리적 문제들을 보였으며 삶의 만족과 희망도 매우 낮은 것으로 나타났다(이훈구·김인경·박윤창, 2000). 이러한 실업에 대한 반응은 외상 후 스트레스 증후군과 유사한 증후군을 보인다는 사실도 밝혀냈다(김병숙·김수정·안윤정, 2009).

2) 진로상담의 목표

진로상담의 목표는 개인 상담의 경우, 내담자가 호소하는 진로문제를 해결해 주는 것이 가장 우선이 될 것이다. 그러나 진로상담은 교육적이고 발달적인 측면이 강하기 때문에 내담자 대부분에게 어느 정도 공통된 목표를 상정해 보아야 한다(김봉환 외, 2013). 진로상담에서 일반적으로 제시하는 공통된 목표들은 심리·정서상담의 목표와는 사뭇 다르며 진로상담의 사례 개념화 측면에서 본다면 내담자가 호소하는 단기적 목표뿐만 아니라 궁극적으로 추구해야 할 장기적 목표에 대한 정보를 제공할 수 있다는 측면에서 시사하는 바가 크다.

이러한 관점에서 많은 진로 관련 문헌(김봉환 외, 2013; 이재창 외, 2014, 이현림 외, 2013)에서는 진로상담의 일반적인 목표를 다음과 같이 제시하고 있다.

첫째, 자신에 대한 보다 정확한 이해이다. 자신에 대한 이해는 자기 자신이 바라보는 주관적인 이해뿐만 아니라 심리검사 또는 관찰자에 의한 현실적이고 객관적인 이해까지 포함된다. 있는 그대로의 자신을 발견하고 이해할 수 있게 되면 자기가 처한 상황에서 보다 효율적인 판단과 선택이 가능해지므로 진로상담을 통해 내담자에게 여러 측면에서 자신을 있는 그대로 정확하게 인식하도록 하는 자기 탐색의 경험을 제공하는 것이 필요하다.

둘째, 직업 세계와 내담자를 둘러싼 환경의 이해이다. 진로상담을 통해 내담자로 하여금 일의 종류, 직업 세계의 특성과 변화, 고용기회 및 변화 양상 등을 이해하도록 도우며 나아가 내담자들이 당면 문제를 해결하고 미래를 계획할 수 있도록 이들을 둘러싸고 있는 가정, 학교, 사회, 국가, 세계를 이해할 수 있도록 돕는다. 또한 진로상담을 통해 생활에서 필요한 여러 가지 교육, 직업, 개인·사회적 정보 등 개인에 대한 현실적 이해가 이루어질 수 있도록 해야 한다.

셋째, 진로정보 탐색 및 활용능력의 증진이라고 할 수 있다. 내담자로 하여금 광범위한 진로정보를 인식하고 그에 따른 준비를 위해서는 진로에 대한 정보 제공뿐만 아니라 내담자에 대한 교육도 필요하다. 즉, 진로에 대한 다양한 정보를 스스로 탐색하는 능력을 길러줄 필요가 있으며 진로상담자는 진로 관련 정보 제공의 역할도 해야 하지만 내담자 스스로가 필요한 정보를 탐색하고 활용할 수 있도록 가르치고 안내하는 역할도 수행해야 한다(김봉환 외, 2013, 이재창 외, 2014).

넷째, 진로상담은 내담자에게 진로 의사결정 능력을 길러줄 수 있어야 한다. 자신의 진로를 현명하게 계획하고 이를 추진해 나가기 위해서는 상황을 정확히 판단하고 최선의 것을 선택할 수 있는 의사결정 능력이 요구된다. 특히 진로선택과 결정에 있어서 의사결정의 결과보다 의사결정 과정에 초점을 두고 의사결정 기술을 증진시키도록 조력하는 것이 중요한 목표가 된다.

마지막으로 진로상담의 중요한 목표 중의 하나는 내담자가 일과 직업에 대한 올바른 가치관을 가질 수 있도록 하는 것이다. 일은 생계수단 이상의 의미를 가지며 자아실현의 수단이므로 일이 가지고 있는 본래의 의미를 깨닫고 올바른 직업관과 직업의식을 가질 수 있도록 하는 것이 중요하다.

3) 진로상담의 효과

진로상담의 성과에 대한 공통적이고 일반적인 지표와 그에 대하여 선행된 여러 연구의 내용을 살펴보는 것은 진로상담의 장·단기 목표설정과 개입에 대한 적절한 방법들을 선택하는 데에도 도움을 줄 수 있을 것이다. 지금까지 진로상담의 성과에 대한 많은 연구는 주로 진로상담의 성과를 측정하는 변인들, 즉 진로성숙도나 진로 결정 수준, 진로정체감 수준 등을 성과의 주요 준거로 삼고 있다(Whiston, 2001). 이 밖에도 내담자의 진로상담에 대한 만족감, 진로정체감의 변화, 진로계획의 적절성이나 현실적인 진로계획의 수립 등이 진로상담의 성과 준거로 설정된 연구도 있다(유현실, 2009). 이러한 진로상담의 성과 준거는 다른 상담의 성과 준거와는 또 다른 측면이 있다. 맥렐란과 듀렐(McLellan & Durell, 1996)은 상담의 성과로 증상의 경감, 대인관계에서의 역할 수행 개선, 위협의 경감, 건강상태, 전반적인 안녕감, 삶의 질 등을 상담의 성과로 보았으나, 진로상담에서는 상담의 만족도, 진로 의사결정, 효과적인 역할 수행 등을 성과의 준거로 제안하였다(Oliver, 1979).

진로상담의 성과 준거에 관련하여 위스톤(Whiston, 2001)은 가장 포괄적인 기준을 제시하고 있다. 위스톤은 진로상담자들이 진로상담에서 사용할 수 있는 성과 준거에 대해 크게 진로 지식과 기술, 진로 행동, 진로 관련 정서와 신념, 효과적인 역할 수행의 네 가지로 분류하고 하위 준거들을 다음과 같이 제안하였다. 첫째, 진로 지식과 기술(career knowledge and skill)의 영역으로서 내담자가 진로상담을 통해 습득하게 되는 진로와 관련된 이해의 증진과 기술의 습득을 의미한다. 여기에는 내담자의 자기 이해 증진, 직업 세계에 대한 이해의 향상, 의사결정 능력이나 취업면접 기술 등의 증진, 진로계획 수립과 같은 기술 습득 내용이 포함된다. 둘째, 진로 행동(career behaviors)의 영역으로서 진로상담을 통한 내담자의 행동의 변화와 관련되는 성과를 의미한다. 여기에는 직업을 구하는 행동 및 승진 등을 위한 행동들의 시도, 입사지원 서류 작성, 진로 및 직업을 실현하기 위한 기술 향상, 구직 행동의 증가 및 성사에 관련된 내용이 포함된다. 셋째, 진로 관련 정서와 신념(sentiments & beliefs)의 영역으로서 진로상담에서 다룰 수 있는 진로와 관련된 태도, 신념 또는 정서적 반응, 인지 등과 관련되는 성과를 의미한다. 여기에는 진로의사결정 효능감, 진로에 대한 확신, 진로 의사결정 수준 등의 변화 등이 이 영역의 요소에 포함된다고 할 수 있으며 내담자들이나 학생들이 진로상담에 대해 얼마나 만족하는지의 정서적 반응도 성과 항목에 포함될 수 있다고 제안하였다. 마지막으로 효과적인 역할 수행(effective role functioning)의 영역으로서 진로상담을 통해 내담자들이 자신이 처한 환경에서 얼마나 잘 기능할 수 있는지에 대한 능력의 변화에 관한 성과를 의미한다. 이것은 내담자의 발달적 수준과 나이를 고려하여 측정할 수 있으며, 대표적인 요소로 진로성숙도를 예로 들 수 있다. 이 외에 프리츠(Fretz, 1981)는 내담자의 자기개념의 적절성, 적응수준, 진로문제의 재발, 지역사회에 대한 헌신 등이 생애 역할수행이라는 진로상담 성과의 항목에 포함될 수 있다고 제안하기도 하였다. 진로상담의 성과에 관한 연구는 국내에서도 시행되었다.

진로상담의 주제로는 내담자의 진로문제의 해결을 돕기 위한 방법, 진로 상담 과정에는 내담자의 진로발달을 촉진하거나 진로계획, 진로 결정, 실천, 직업적응, 진로 변경 등의 과정을 돕기 위한 전문적인 개입방법이나 활동 등이 이루어진다(김봉환·정철영·김병석, 2006). 이에 진로상담 과정에서 다루어져야 하는 주제는 내담자가 호소하는 진로에 관한 다양한 어려움일 것이다. 앤더슨과 닐스(Anderson & Niles, 1995)는 진로문제를 일(work)을 위한 계획, 일과 관련된 감정이나 정서 또는 사고 등 일과 관련된 모든 것을 진로문제라고 보았다. 구체적으로 전공이나 학교생활에 대한 부적응과 불만족, 졸업 후의 진로와 같이 교육과 관련된 문제들, 진로 탐색, 진로 결정, 유지, 은퇴 등 진로 발달 단계와 관련된 문제들, 일에 대한 혼란, 지루함, 일에 대한 분노, 일에 대한 스트레스 등 유쾌하지 않은 다양한 감정과 관련된 문제, 미래의 경력 설계 등과 같은 모호한 주제 등이 포함된다고 하였다. 또한 많은 연구(Bingham, 2002; Krumboltz, 1993)는 진로상담에서 다루어야 하는 주제로 진로문제뿐만 아니라 여기에 관련된 정서적 측면과 개인 내·외적 요인들까지 제시하고 있다. 즉, 진로상담을 신청한 내담자들은 일반적으로 진로문제와 정서문제 등 복합적인 문제를 가지고 상담을 신청하며 내담자들은 이러한 복합적인 문제를 별개의 문제로 인식하고 있지 않고 진로상담에서 동시에 다루어 주어야 하는 것으로 인식하고 있다. 실제로 진로상담을 하는 동안에 내담자에 의해 표현된 주 호소 문제는 진로문제인지 정서문제인지, 가족문제인지 명확히 구별하기 힘들며, 진로문제가 때로는 정서문제와 얽혀 복잡한 심리적 증상으로 나타나고 있다.

3 비행 청소년 상담

1) 비행의 개념

비행이란 도둑질, 살인과 같은 반사회적 행동이나 범법 행위를 보이는 청소년의 행동을 일컫는 용어이다. 일반적인 양상은 다음과 같다.

① 법이나 규칙의 잦은 위반
② 절제의 부족
③ 비정상적인 성적 패턴
④ 욕구의 만족을 유지할 수 없음
⑤ 피상적인 대인관계
⑥ 타인에 대한 비난이나 원망
⑦ 상습적이고 고치기 어려운 행동
⑧ 거짓말
⑨ 불경스러운 용어의 잦은 사용
⑩ 관심 받고 싶은 욕구
⑪ 부, 권력으로 다른 사람에 대한 무시
⑫ 지능과 의식발달의 부조화

비행의 원인을 살펴보면 개인과 관련된 환경적인 요인에 따른 관점이 있다. 비행자들은 어릴 때부터 바람직하지 못한 행동이나 태도를 받아들이는 환경에서 자랐다는 관점이다. 부모가 반사회적인 모습을 자주 보임에 따라 그것을 학습하고 거기에 적응한 경우라고 할 수 있다. 두 번째의 경우는 반사회적 반동의 한 형태로 나타난 비행이다. 반사회적인 행동은 분노의 표현이거나 대인관계의 어려움을 나타내는 표현이거나 무책임 혹은 충동의 표현으로 보는 것이다.

비행의 발달적인 요인으로는 신경계의 손상, 결손 가정, 부모 간의 갈등, 적절한 교육의 부재, 부모의 유기, 가정의 불안정, 과보호, 가난한 가정 환경, 문화적 언어적 장애, 인생 전망의 부재, 나쁜 친구와의 교제, 부족한 성 지식, 매스컴의 영향 등을 예로 들고 있다. 치료적 접근으로는 계속되는 불복종이나 부적절한 행동에 대해 즉각적인 관심을 표명하는 것이 중요하다.

비행 치료의 가장 기초가 되는 것은 개인의 갈등에 직접 다가가는 접근이다. 제재나 벌은 오히려 적대감을 더욱 불러일으킬 수 있다. 그러나 대개의 노력이 성공하기 어려운 이유는 그들 스스로가 변화의 동기를 가지지 못하기 때문이다. 가장 먼저 할 일은 그런 행동의 내적 동기를 이해하는 것이다. 그들 자신의 감정을 표현하고 이해하는 기회를 마련하는 것이 필요하다.

2) 비행 청소년의 특성

비행 청소년은 일반적으로 가정이나 학교에서 품행 장애와 폭력, 절도, 가출 등과 같은 비행을 일삼아 문제아로 취급받으며, 난폭하고 무책임한 행위를 반복하는 행동 특성을 보인다(이수정 · 이혜선, 2006, 권석만, 2015). 일반적으로 비행 청소년들은 공격적이고 충동적이며 자극에 예민하고, 가치관에 혼란을 느끼며, 스트레스 대처 능력이나 문제해결 능력이 부족하다. 또한 자아개념이 부정적이고 좌절 경험이 많으며 자아존중감이 낮다(김성기 · 유천성 · 김형석, 2015).

비행 청소년이 난폭하고 비합리적으로 행동하는 특성은 인지능력이 미흡하여 자신이 직접 경험해 보지 않은 일에 대해 생각하는 것을 어려워하는 데서 기인한다. 즉, 비행 청소년은 조망 채택 능력(perspective taking abilities)이 미흡하여 자신의 행동이 타인에게 미치는 영향에 대한 이해가 부족하고 순간적인 감정에 의해 행동하는 경향이 있다(유성경, 2000a, 이창호 · 양미진 · 이희우 · 이은경, 2005). 따라서 비행 청소년은 욕구불만으로 심리적 갈등상태에 빠지거나 불안이 높아지면 욕구와 불안을 합리적으로 해소하지 못하고 자기중심의 왜곡된 비행으로 해소하려는 경향이 있다(김유자 · 백용매, 2000; 이종화, 2011).

비행 청소년들은 원활한 대인관계를 형성하지 못하고, 자아존중감이 낮아 타인의 도움이나 지지를 거부하며, 높은 내적 긴장감을 폭력이나 가출 등의 미성숙한 행동으로 표출하는 특성을 나타낸다(유성경, 2000a). 비행 청소년의 이러한 특성은 남녀 간에 다소 차이가 있다. 남자 비행 청소년의 비행 위험요인은 낮은 자기통제력, 또래 비행 청소년과의 접촉, 부정적 자기 이미지, 지역사회 위험요소 등이며(기광도, 2010; 유성경, 2000b), 비행 위험의 보호 요인은 긍정적 자아정체감, 사회적 유능감, 책임감, 학교에서의 지지 등이다(유성경, 2000b). 반면에 여자 비행 청소년은 수년 전부터 수적인 증가와 더불어 점진적으로 남성화와 폭력화하는 경향성을 보인다(윤옥경, 2002). 남자 비행 청소년보다 비행 위험 요인에 적게 노출되지만 정서적 고통은 더 많이 경험하는 것으로 보고된다(최효주, 2012). 여자 비행 청소년의 비행 위험 요인은 불안, 우울, 충동성, 갈등, 주의력 결핍, 가족관계, 심리적 외상, 술, 약물(유종관 · 정인호, 2004; Ledarman, Dakof, Larrea, & Li, 2004), 학업 긴장, 또래 비행 청소년과의 접촉 등이다(기광도, 2010).

비행 청소년의 특성은 성격 장애 차원으로도 설명된다. 비행 청소년들은 일반적으로 충동 조절 능력이 약하고 인내력이 부족하며 자아정체감이 불안정하다. 이러한 특성은 취약한 대인관계에서 적개심과 분노로 나타난다(남영옥, 2001). 특히 경계선 성격 장애 성향의 비행 청소년은 정체성의 혼란, 충동조절과 좌절 인내성의 부족, 정서적 불안정과 역기능적 대인관계 문제가(남영옥, 2001; 박지선· 천성문, 2007) 비행을 유발하고 성인기에도 부적응의 경향으로 이어진다(Vijay, Langley, & Links, 2006). 또한 자기애적 성격 장애를 지닌 비행 청소년은 아동기에 주 양육자의 거부와 방임으로 세상에 대한 불신을 가지게 된 탓에 자신만 신뢰하는 자기애적 성향이 높다(이명신, 2010). 자기애적 성향이 높은 비행 청소년은 자신의 내면에 있는 공격성과 불안정성을 통제하지 못할 때 비행을 할 가능성이 크고 언어적 공격 행동 수준 또한 높다(서수균·권석만, 2002; 차타순, 2002). 특히 외현적인 자기애적 성격 특성을 지닌 비행 청소년은 자신을 과시하며 자기중심적으로 행동하고 타인에게 찬사를 요구한다. 이들은 비판이나 거절에 대한 분노 반응으로 취약한 자신을 보호하고 자아존중감을 유지하려 한다. 반면 내현적인 자기애적 성격 특성을 지닌 비행 청소년은 타인의 평가에 민감하고 취약성이 높아 자아존중감을 자주 위협받으며 불안감도 높다. 이들이 불안으로부터 자신을 보호하는 외관상의 방어 기제에는 우울하고 불안하며 과민한 모습이 내재되어 있다(강선희·정남운, 2002; Cooper, 2000).

비행 청소년의 이러한 성격 장애적 특성은 공격성과 충동성의 행동화로 나타난다. 비행 청소년은 성질이 급하고 충동적이며 반항적인 경향이 강하여 타인을 괴롭힘으로써 자신의 힘을 과시하거나 인정받으려고 한다(이춘재·곽금주, 2000). 타인에게 힘을 과시하기 위한 비행은 대인비행, 대물비행, 낮은 자기통제력, 반사회성의 성격을 띠므로 문제시 된다. 특히 대인비행을 저지르는 비행 청소년은 공격성은 높지만 언어적 주장력과 분노 통제력은 부족해서 폭력적이고 공격적인 행동을 빈번하게 되풀이한다. 그러면서 자신의 비행을 인정하지 않으려는 경향성을 보인다(고제원, 2013). 반면에 대물비행을 저지르는 비행 청소년은 어린 시절에 주 양육자로부터 결핍된 욕구를 훔치는 행동으로 보상하는 경향성이 있다. 이들은 타인에 대한 불신으로 공감능력과 범죄 행위에 대한 책임감이 낮으며, 호기심은 높지만 충동조절이 되지 않는 특성을 지닌다(고제원·이규호·이민희, 2010). 비행 청소년의 낮은 자기통제력은 순간적인 충동성과 욕구를 통제하지 못하지만 스릴과 모험추구경향성은 높아서 쉽게 흥분하며 비행 가능성을 높인다(이성식·전신현, 2001; 백혜정, 2009). 낮은 자기통제력을 지닌 비행 청소년은 정신적 사고보다는 육체적인 활동을 좋아하고 만족을 억제하는 능력이 부족하며 자기중심적 판단과 행동화 경향성이 강하다(기광도, 2006). 낮은 자기통제력은 비행 청소년의 반사회적 성향과 연관된다. 반사회적 성향은 도구적 공격성 때문에 청소년의 비행과 매우 밀접한 관련이 있다. 관련 연구에서는 청소년 비행집단 중 도구적인 목적으로 범죄를 저지른 이들에게서 더 높은 반사회적 성향이 발견된 것으로 나타났다(Glenn & Raine, 2009). 내재된 반사회성은 공격성으로 표출되어 청소년들의 비행을 유발하며 반사회적 행동은 충동적으로 발생하고(김동민·박현지·김지훈, 2005) 낮은 자기통제력은 비행과 연계된다. 반사회적 성격의 비행 청소년은 불법적이고 비도덕적인 행동을 할 때, 불안이나 죄책감보다는 자신의 이익을 위해 의도적으로 거짓말을 하기도 한다. 즉, 비행 청소년은 타인에게 신체적인 위해를 가하면서도 후회하거나 도덕적 양심의 가책을 느끼지 못하는 반사회적 성향이 있다(김중술·이명원·신민섭, 2003).

비행 청소년의 특성은 생애 발달단계에서도 나타나는데 주로 청소년 비행집단과 또래관계 및 학교폭력의 상황과 연관된다. 청소년기에는 소속된 또래집단에서 강한 동일시 경험으로 자아정체성을 확인하려 하는데(이석형, 2006), 또래집단은 청소년에게 수용과 인정을 제공하여 안정감과 편안함 그리고 소속감을 준다. 이런 측면에서 또래집단은 청소년기의 자아정체성 확립 과정에서 자신의 사고와 행동을 비교할 수 있는 준거집단이 되므로 중요하다(김충기·양종국, 2002). 소속된 또래집단에 비행 문화의 가능성이 있을 때 구성원들이 쉽게 비행에 동조하면서 사회적 문제를 유발하기 쉽다. 비행 청소년의 사회적 비행은 소속된 또래집단의 반사회적 특성을 대변하고 소속집단의 승인 또는 권장으로 이루어진다고 할 수 있다(안권순, 2006).

또래집단의 반사회적 성향은 사회적인 규범이나 현행법에는 위반 행위이지만 비행 청소년의 입장에서는 자연스러운 행동양식으로 인식한다는 점을 문제점으로 들 수 있다(김준경, 2008). 따라서 비행 청소년들의 사회적 비행은 청소년들의 부적응 행동이라기보다는 또래집단의 역동 속에서 이루어지는 집단적 행위로 해석될 수 있다(이석형, 2006). 그 이유는 비행 청소년들은 그들이 속한 또래집단의 영향에서 자신의 정체성을 찾기 때문에 또래집단에 비행 문화가 있으면 더욱 쉽게 비행으로 연결되기 때문이다. 집단으로 비행을 저지르는 비행 청소년들은 비행에 대한 책임을 집단에서 나누어 가지는 심리적 요인으로 인해 자신의 행위에 대한 죄책감도 덜 느끼는 경향이 있다(김충기 외, 2002). 이러한 특성 때문에 비행 청소년의 비행 성향은 일반 청소년보다 또래집단의 동조성에 더 크게 영향을 받으며 비행 또래집단에 대한 애착이 청소년 비행의 주요 요인으로 주목받고 있다. 비행 청소년과 비행 또래 집단의 애착관계는 폭력 집단을 조직하는 등 심각한 사회적 문제를 유발하기도 한다.

비행 청소년 폭력 집단은 조직을 강화하기 위해 새로운 구성원을 수시로 끌어들이고 일단 조직 구성원이 되면 조직을 빠져나가기 어렵게 한다. 이들은 흉기를 소지하여 학생뿐 아니라 성인을 대상으로도 공갈, 협박, 폭력, 강도, 절도, 강간 등의 범죄행위를 자행하여 사회적 문제를 유발한다(이상균, 2005). 이렇듯 비행 청소년은 소속된 또래집단의 부정적 속성에 의해 더욱 심각한 모습을 보인다. 비행 청소년들은 학교생활 부적응으로 인해 학교폭력 가해청소년이 되기도 한다. 학교는 청소년들이 공부뿐만 아니라 교사와의 관계, 또래관계 등을 통해서 사회적 경험을 도모하며 많은 시간을 보내는 곳이다. 그러나 수년 전부터 학교생활에 적응하지 못하고 학교폭력으로 문제를 일으키는 비행 청소년들이 점점 증가하고 있는 추세이다(박용성, 2015). 사회적으로 심각한 문제인 학교폭력과 또래 괴롭힘 현상은 비행 청소년의 통제되지 않는 분노와 관련이 있다는 연구결과가 있다(Konishik & Hymel, 2009).

비행 청소년들은 일반적으로 공격적이고 충동성향이 강하며 공감능력이 부족해서 타인의 감정을 무시하는 특성이 있다(김길임 · 심희옥, 2002, 김창군 · 임계령, 2010). 학교폭력 가해청소년 대부분이 폭력 행동에 대해 정서적으로 무감각한데 그 이유는 정서지각 능력이 낮고(교육부, 2012) 힘으로 지배하려는 욕구가 강해 타인을 통제하고 정복하는 과정에서 폭력에 대한 정서적 죄의식이 둔감하기 때문이다(Olweus, 2003). 비행 청소년들의 일탈과 비행은 학교 무단결석에서 시작되기도 한다. 무단결석을 자주 하는 청소년은 학교생활에 적응하지 못하고 자퇴하거나 퇴학당하면서 가출과 범죄에 노출될 위험이 높다. 「학교 밖 청소년 지원에 관한 법률」에서는 이러한 상태의 청소년들을 '학교 밖 청소년'으로 칭한다. 최근 수년 동안 학업을 중단한 학교 밖 청소년의 범죄율은 점차 증가하고 있는 추세이며 학업 중단 청소년의 80%가 이미 학업중단 시점에서 비행을 저지른 것으로 보고된다(교육부, 2013).

학업 성적은 청소년 비행과 부(負)의 관계이고(안권순, 2006) 무단결석은 여러 다른 문제행동뿐만 아니라 흡연, 음주, 약물사용과 연관성이 높다(한영희·조아미, 2008). 이 사실은 학교부적응과 비행가능의 연관성을 설명한다. 또한 교사와의 좋지 않은 관계가 비행 청소년의 일탈행동에 영향을 주고(박영신·김의철, 2004) 학업 실패, 스트레스가 되는 생활사건, 문제행동의 조기시작, 약물, 알코올 및 성적 행동들이 또한 비행 청소년의 비행과 관련된다(유성경, 2000, 양종국·김충기, 2002).

비행 청소년의 특성 중 폭력 행동은 주로 가족 갈등, 비행 또래와의 교류, 일탈적 자아개념, 공격성과 충동성 등과 같은 부정적 자극으로 발생한다(이상균, 2005). 이들은 우울이나 불안 등의 부정적 정서를 적절히 표현하여 해소하기보다는 반응적 폭력 행동인 분노로 표출할 가능성이 높다(오종은, 2013). 특히 비행 청소년이 성격 장애를 지녔을 경우 기본적으로 양심 발달이 덜되고 타인에 대한 동일시 능력이 부족하여 타인의 권리나 감정을 짓밟으면서도 전혀 죄의식을 느끼지 못한다(이종화, 2011).

이러한 특성 때문에 폭력을 행사하는 비행 청소년은 좌절과 분노의 표출로 주변 사람들과 불화가 잦고 책임 전가 성향으로 인해 자신에게 어떤 부정적 자극이 가해지면 폭력을 행사하는 경향성이 높다(김현욱·안세근, 2012). 이는 학교폭력 비행 청소년들 대부분에게서 낮은 정서지각으로 인해 아무런 이유 없이 충동적으로 폭력을 행사하는 경향성으로 나타난다. 이러한 비행청소년의 특성은 개인의 법적·정서적 문제뿐만 아니라 사회적 문제로 심화될 가능성이 높다.

청소년 비행 문제에서 가장 우려되는 부분은 청소년 가출이다. 청소년 가출의 원인은 개인의 내적인 특성과 가정, 또래관계, 학교생활 등의 환경적 특성으로 나뉜다(백혜정, 2009). 가출을 시도하는 개인의 내적인 특성으로는 충동성을 참지 못해 자신에게 어떤 문제가 발생했을 때 이를 해결하기보다는 그 상황을 회피하려는 경향성이 있다(박용성, 2015). 가출의 환경적인 측면은 주로 가정이 역기능적이고, 결손가정이거나 가정폭력, 부모의 방임이 심각한 것을 의미한다. 가출 청소년은 학교생활 중 일반적으로 무단결석이 잦고, 학업성취도가 낮으며 친구나 선생님과 관계가 좋지 못해 학교에 부적응하는 모습을 보인다. 이들은 우울증을 겪는 경우가 많고 자살의 위험성도 높을 뿐 아니라 유해약물과 유해환경에 노출될 위험성 또한 높다(연성진 · 민수홍, 2004). 청소년 비행의 요인 중 가족의 구조적 결손과 기능적 결손 또한 문제시된다. 비행 청소년과 가정의 구조적 결손 문제는 이혼가정, 한부모가정, 조손가정, 가정의 사회 · 경제적인 지위 등에서 비롯된다. 한부모가정은 부(父)나 모(母)의 부재로 인한 구조적 차이로 양부모가정과 비교하여 경제적인 어려움을 겪는다. 그뿐만 아니라 부모의 양육 태도, 부모와 자녀 간의 의사소통, 가정 내 분위기 등 전반적인 가정생활 조건에 어려움이 동반된다. 한부모가정이 겪는 양육자의 역할 및 경제적 어려움은 자녀의 생활에도 부정적 영향을 끼쳐 자녀에게 여러 가지 행동 및 정서적인 문제가 많이 발생한다(박용성, 2015). 가정의 기능적 결손은 이러한 구조적 결손보다 청소년 비행에 미치는 영향이 적다(박용성, 2015). 기능적 결손은 가족의 심리적 · 질적 환경으로 가족 구성원 간의 상호작용이나 부모와 자녀 간의 관계, 가정 내 분위기, 의사소통 방법, 부모의 양육 태도 등이다. 이러한 기능적 결손을 보완하면 청소년 비행을 예방하는 데에 도움을 줄 수 있다.

3) 비행 청소년의 지도

비행 청소년의 지도는 비행 청소년을 것만으로는 효과를 얻기 어렵다. 비행의 원인은 소년 자신의 개인적 문제에만 있는 것이 아니라 사회적 환경의 많은 요소와 관련이 있다. 이 환경 가운데에서 가장 영향력이 있는 것은 가정이다. 가정은 비행 발생 원인으로서 중요할 뿐만 아니라 비행회복 과정에도 부모를 비롯한 가족의 적극적 · 자주적인 협력이나 지도가 큰 힘이 된다. 일반적으로 비행 청소년의 가정은 가치관이 편중되어 있거나 의욕 및 도덕성이 낮은 경우가 많다. 이와 같은 가정에 대해 상담자가 지도력을 발휘하기 위해서는 평소에 모든 수단을 활용하여 부모와의 유대를 밀접하게 맺어 두어야만 한다. 비행 청소년의 가정 특히 부모로 하여금 비행의 원인으로 관심을 기울이게 하고 비행 청소년의 갱생에 힘을 합치려는 자주적 · 적극적 관심을 일으켜야 한다.

사회적 환경의 제2요소는 학교나 지역사회에서 맺어지는 교우 관계이다. 중 ·

고등학생의 경우 학생의 행동기준·방향 등에 영향을 미치는 힘은 가정에서 교우 관계로 옮겨간다. 교사는 학생이 소속하는 형식적(formal)·비형식적(informal)인 소집단을 파악하고 그 소집단이 바람직한 방향으로 계속 지속할 수 있도록 평소에 지도해 둘 필요가 있다. 비행 청소년의 지도에 있어 각자를 분리하여 별도로 지도한다는 것은 노력에 비해 효과가 크지 않으며 대부분의 경우 집단에 작용하여 집단 전체를 변용시키므로 집단의 힘을 통해 지도하는 방법이 효과적이다.

사회적 환경의 제3요소는 지역사회이다. 대중매체를 매개로 하여 성립하는 복잡한 현대사회에서는 국가라고 하는 사회 전체의 구조나 문화적 가치체계 등은 인간의 행동에 영향력을 가지고 있기는 하지만 직접적인 개개의 행동 통제력은 무엇보다도 소년들이 생활하는 지역사회로부터 영향을 받는다. 지역사회를 교육적 의도로써 재구성하고 건전한 관심을 주민 전체에게 각성시켜 청소년을 비행으로부터 지키고 보호하기 위하여 꾸준하고 소박한 활동을 계속하여야 하며 지역사회와 밀접한 관계를 맺으면서 비행 청소년을 지도하여야 한다.

4 청소년 성 문제 상담

청소년기는 2차 성징이 나타나는 시기로서 육체적, 정신적으로 성적 호기심과 성 욕구가 증가하는 시기이다. 현대의 청소년은 개방된 성 문화와 상품화된 성 문화에서 다양하게 성과 관련된 지식과 정보를 얻게 된다. 그러나 무분별한 정보를 통한 청소년기에는 성적 호기심은 왕성하지만 성에 대한 올바른 정립이 이루어지지 않아 일탈 행동을 하게 된다.

성에 대한 단순한 호기심에서 시작된 성관계는 무책임으로 이어진다. 성(性)이 가지는 여러 가지 기능에서 가장 중요한 생명을 탄생시키는 경이로움을 미처 배우지 못했기 때문에 임신과 출산에 고스란히 노출되는 청소년들이 생겨났다.

1) 낙태

출산에 대한 경제력과 심리적인 준비가 이루어지지 않았기 때문에 결국 선택하게 되는 것이 바로 낙태이다. 한국 사회에서 모자보건법상 낙태를 허용하는 일부 조항이 있지만 낙태 행위 자체는 범죄에 해당한다. 청소년이 원치 않은 임신을 했을 경우 어떻게 해야 할 것인지에 대한 대안이 마련되어야 한다. 그러나 현실적으로 대안 마련이 쉽지 않다. 낙태는 범죄이기 때문에 청소년들은 출산을 선택할 수밖에 없다.

하지만 청소년들은 그 선택으로 인하여 양육에 대한 경제적인 문제와 미혼모에 대한 사회적인 편견에 부딪히게 된다. 생명의 소중함을 인식하고 생명을 잉태한 청소년 산모의 선택에도 무게를 실어주어야 한다. 마땅한 대안이 없는 사안을 가지고 한쪽만 몰아세우는 것은 부당한 처사이고 사회적 상황이나 개인적인 처지를 먼저 생각하는 것이 바람직하다.

2) 성폭력

다른 사람에게 육체적, 언어적, 시각적인 행위로, 정신적·신체적으로 성적인 불쾌감과 피해를 주는 행위인 성희롱, 성적인 욕구를 가지고 흥분, 자극, 또는 만족을 목적으로 강제로 타인에게 성적 수치감을 느끼도록 하는 성추행, 상대방의 동의 없이 성관계를 맺는 행위로서 상대방에게 심각한 정신적·육체적 피해를 주는 성폭행 등을 통틀어 성폭력이라고 한다.

3) 성매매

성매매는 정해지지 않은 상대방과 금품이나 그 밖의 재산상의 이익을 주고받거나 주고받기로 약속하고 성교 또는 유사 성교를 하는 것을 말한다. 청소년들은 경제적으로 취약한 시기에 자신들의 욕구가 채워지지 않았을 때 욕구를 충족할 수 있는 방법을 찾는다. 청소년기에는 주로 용돈, 아르바이트 등의 경제 활동을 하게 되는데, 욕구를 채우기에는 부족함을 느낄 수 있다. 그래서 청소년의 일부는 쉽게 돈을 벌 수 있는 방법을 찾게 된다. 부모와 사이가 좋지 않은 청소년이나 가출 청소년은 어렵지 않은 경제 활동의 유혹을 참아내기 어렵다. 성매매는 무엇보다 수익이 많이 발생하기 때문에 돈이 필요한 청소년들에게는 뿌리치기 어려운 유혹으로 다가온다.

성매매로 인해 발생하는 문제들을 근절하기 위해 성매매 특별법(2004)과 청소년 성보호법(2000)을 시행하여 청소년 성매매에 대한 단속을 강화하였지만 여전히 성매매를 하는 청소년들이 있어 사회적 문제가 되고 있다(천정웅 외, 2017).

4) 대처방안

청소년의 성매매로 인한 사회 문제를 예방하기 위해서는 청소년이 올바른 성문화를 조성할 수 있도록 도와주어야 한다. 아울러 청소년 시기의 남자와 여자가 가지는 성 정체성과 성에 대한 가치관을 정확히 판단할 수 있도록 교육하고 성으로 인한 책임 또한 가르쳐야 한다.

◆ 청소년 성매매 예방법

① 자신의 성 정체성이 부정적으로 형성되지 않도록 음란물이나 성 상품화가 만연된 온·오프라인 집단과 접촉하지 않도록 노력한다.

② 숙식을 제공하거나 높은 급여 등 조건이 유난히 좋은 아르바이트, 연예인 지망생 모집 등 청소년이 일반적으로 많이 하는 아르바이트가 아닌 아르바이트는 하지 않는다.

③ 휴대폰 어플이나 온라인상에서 직접 보고 싶다며 만남을 제안 받았을 때나 사진 전송, 만남 등에 절대로 응하지 않는다.

④ 낯선 사람과 채팅을 가급적 하지 않는다.

⑤ 학교 주변에서 성매매를 암시하는 전단지를 보았거나 받았을 때 신고한다.

⑥ 고민, 폭력, 가출, 학대 등 성적으로 위험한 환경에 놓이게 될 경우에는 청소년 전화 1388로 전화하면 일시보호, 진로상담, 취업상담, 의료지원을 받을 수 있다(김미숙, 2019).

어떤 사건이든 나중에 막을 수 있는 법은 없다. 대비하고 예방하는 것이 최우선의 과제라고 생각하고 청소년기에 건강한 성 인식을 심어주어야 한다. 특히 성관계 시 필요한 피임교육과 성폭력에 관한 지식을 전달하고 성에대한 직접적인 교육 지원을 제공해야 한다.

5 청소년 스마트폰 중독 상담

1) 스마트폰 중독

스마트폰 중독은 스마트폰 게임에 지나치게 몰입함으로써 심리적·정서적인 문제뿐 아니라 학업이나 성격 등에 영향을 받고 사회적인 문제가 심각해지는 것이다.

2) 청소년 스마트폰 중독

스마트폰 게임에 빠진 청소년들은 정상적인 일상생활을 하지 못하고 매일 4~5시간 또는 밤을 새워 게임을 하며 심한 경우 학교를 무단으로 결석하여 게임을 하기도 한다. 게임은 통계적으로 여자 청소년보다 남자 청소년이 더욱 관심을 가지며 특히 청소년기에 많이 접하게 된다. 아직 정신적으로 성장하는 단계인 청소년기에 폭력적이고 유해한 게임을 접하게 되면 게임 자체에 몰입하게 되고 즐기는 수준을 넘어 대인관계가 나빠지고 현실과 가상공간을 구분하지 못하는 등 심각한 부작용을 겪게 된다. 이로 인하여 스마트폰 중독에 빠진 청소년들은 폭력적, 공격적 행동의 조장과 신체적 문제를 초래할 수 있다. 스마트폰 중독, 사이버 게임 중독, 채팅 중독 등에 빠지는 청소년들은 심각한 정서적 문제나 낮은 자아존중감 상태나 자신의 정체감에 불만이 있고 이전에 중독되었던 경험이 있는 특징이 있다.

스마트폰 중독을 벗어나는 방법은 다음과 같다.

첫째, 신체적인 활동을 하는 것이다. 신체적인 운동은 심리적인 스트레스를 해소할 수 있는 방법이기 때문이다. 수영처럼 배우면서 실력이 느는 것을 바로 확인할 수 있는 운동이 바람직하다. 스마트폰 중독에 대해 현재로는 뚜렷한 치료방법이 정립되어 있지는 않지만 일반적으로 부모들이 아이들에게 관심을 가지고 문제점을 이해하고 해결하려는 노력이 많은 도움이 된다.

둘째, 다른 활동을 찾아야 한다. 친구들이나 집단에서 소외되지 않기 위해 어쩔 수 없이 스마트폰을 하게 되는 경우도 있다. 스마트폰 중독을 물리칠 수 있는 가장 기본적이면서 중요한 핵심은 자신의 의지이다. 진정으로 중독증을 치료하고자 하는 의지가 없다면 어떤 방법도 성공할 수 없으므로, 청소년들을 충분히 이해시키는 것이 중요하다. 전문가들은 부모들은 필요하다면 스마트폰 사용시간을 제한하고 아이들에게 가족끼리의 여행이나 운동 및 다른 취미 생활을 통해 즐거움을 찾을 수 있도록 도와주는 것이 좋다고 강조한다.

셋째, 스마트폰만큼 재미있는 일 또는 스마트폰보다 더 재미있는 일들을 많이 만들어야 한다. 하고 싶던 취미가 있으면 바로 지금이 시작할 때이다. 오랫동안 잊고 있던 친구가 생각나면 지금 당장 연락해 같이 할 수 있는 것들을 찾아보도록 한다. 오프라인에서의 삶이 더 재미있는 것일수록 스마트폰에 대한 향수는 더 줄어들 것이다.

넷째, 스마트폰 사용 시간에 대한 주간 일정표를 작성해야 한다. 스마트폰에 대한 절제를 시작하는 첫 단계는 시간 계획을 세우는 것이다. 계획과 목표가 있어야 통제할 수 있다. 스마트폰 이용에 제약을 가하고자 하는 수많은 시도가 실패로 끝나고 마는 이유는 무작정 시간을 줄이려고만 하기 때문이다. 먼저 합리적인 목표, 구체적인 계획과 구조화시켜서 단계적으로 작성하여 시도하는 것이 효과적이다.

CHAPTER

12 청소년 상담자의 윤리

개인의 성장 및 발달 과정을 중시하는 전통적인 상담은 청소년상담과는 다른 특징을 보인다. 전통적 상담은 상대적으로 개인에게 영향을 주는 사회 환경의 영향을 간과해 왔다. 그리고 대면상담을 중시하는 전통적 상담은 시간적인 제한을 받으며 상담실에 찾아오는 내담자에게만 국한된 서비스를 제공해 왔다. 따라서 사회적 환경으로부터 많은 영향을 받고 있으며 상담에 대해 비자발적인 대다수의 청소년에게 전통적인 상담은 제한적인 기능을 수행할 수밖에 없다. 많은 학자들은 전통적인 개인중심상담(individual－basedcounseling)의 한계를 넘어 새로운 상담 모형의 필요성을 강조해 왔으며 대다수의 청소년에게 효과적으로 제공할 수 있는 상담 모형을 개발하고자 하였다.

루이스(Lewis et al., 1998) 등에 따르면 전통적 상담 패러다임은 문제 중심의 접근 및 결핍 모델(deficit model)로서 청소년들이 겪고 있는 문제와 결핍에 초점을 두고 이를 교정하는 것을 기본적인 목표로 삼아 왔다. 그러나 청소년상담에서는 유능성을 강조하면서 청소년의 긍정적인 성장(positive development)을 도모하는 것에 기본적인 목표를 두고 있다. 즉, 창조적으로 자기를 실현하는 청소년으로 성장할 수 있도록 청소년 자신과 청소년들을 둘러싼 환경에 힘을 실어주는 것이 청소년상담의 목표이다. 이러한 유능성 모델은 청소년상담이 교정 및 치료 활동에서 예방적이고 교육적인 활동으로 확대되어야 함을 시사한다.

청소년상담에서 예방 활동은 청소년의 위험 수준에 따라 상담의 수준을 다르게 한다. 카플란(Caplan, 1964)은 예방을 문제의 심각성 정도에 따라 세 가지 수준으로 제시하고 있다. 일차적 예방(primary prevention)은 모든 문제의 원인이 될 수 있는 공통적인 요인에 대해 개입을 하는 것이다. 예를 들면, 부모-자녀 간의 효과적인 의사소통 훈련이나 품성계발 훈련, 갈등관리 훈련 등은 특정한 청소년 문제의 종류와 무관하게 공통적으로 중요한 요소로서 기본적 수준의 예방 활동에 속한다. 이차적 예방 활동(secondary prevention)은 주로 특정 영역에서 문제가 발생하고 높은 환경적 위험요소를 지닌 청소년들을 대상으로 이들을 조기에 발견하고 이들에게 개입하여 문제가 더 심각해지지 않도록 하는 조기개입(early intervention)을 의미한다. 예를 들면, 2005년부터 시작된 청소년상담 전화 1388 및 긴급구조 활동은 위기상황에 처한 요보호 청소년 혹은 고위험 청소년(at-risk youth)들이 문제가 발생했을 때 신속하게 도움을 구할 수 있도록 고안된 예방 및 개입 프로그램이다. 마지막으로 삼차적 예방(tertiary prevention)활동은 학업 중단이나 성매매와 같이 심각한 특정 문제를 가지고 있는 청소년들이 어느 정도의 사회적 적응수준을 유지하면서 생활할 수 있도록 도와주는 예방 활동을 의미한다. 예를 들면, 소년 교도소에 수감 중인 만성적이고 상습적인 범죄 청소년들에게 직업 기술을 가르쳐 주고 사회에 복귀하여 기본적인 적응을 할 수 있도록 도와주는 개입이 삼차적 예방 활동에 포함된다고 할 수 있다.

기존의 상담모델은 청소년 개인의 심리적인(intrapsychic) 현상을 다루는 것으로 청소년 개인만을 상담 대상으로 하여 이들의 특정한 단일 문제를 중점적으로 다루었다. 청소년을 둘러싼 환경적·생태학적 측면을 강조하는 청소년상담모형으로서 청소년 개인을 대면하여 상담하는 것 이상으로 이들의 삶을 관리할 수 있는 체계적 접근이 요구된다. 청소년 문제는 청소년들의 생활권, 가족, 학교, 또래 및 지역사회 등 여러 차원의 복합적인 요인이 영향을 미치고 있는 경우가 대부분이다. 그러므로 청소년 문제를 보다 효과적이고 장기적으로 해결하기 위해서는 이처럼 다양한 요인에 대한 체계적인 개입이 필요하다. 청소년상담에서는 청소년들의 유능성을 신장시키기 위해 그들의 사회적·환경적 체제를 활성화시키고 각종 자원이 지역사회의 긍정적인 변화를 위해 활발하게 가동되어야 한다. 그리고 지역사회의 다양한 자원은 각각 분리되어 제공되는 것이 아니라 조화롭게 잘 어우러져 통합적으로 제공되어야 한다. 이러한 측면에서 키스, 비마크, 카펜터(Keys & Bemak & Garpenter, 1998)는 지역사회 상담의 통합적 서비스 체제를 강조하였다. 통합적 서비스 체제는 지역사회 내의 각종 전문인력과 청소년 관련 집단 및 기관, 상담 자원봉사 집단 등 지역사회에서 활용 가능한 자원 연계망을 구성함으로써 내담자의 요구에 따라 의뢰와 협조 요청이 원활하게 이루어질 수 있도록 조직된다. 현재 우리나라에서는 2006년부터 청소년 안전망을 구축하여 전국의 청소년 상담복지센터를 통해 지역사회에 통합적 서비스를 제공하고 있다. 기존 상담과 구별되는 청소년상담의 또 다른 방법적 측면은 상담실로 찾아오는 내담자를 면담하는 전통적인 방식에서 벗어나 청소년들의 생활권인 가정, 학교, 지역사회로 적극적으로 찾아가는 상담이라는 것이다. 즉, 청소년이 상담실을 방문할 때까지 기다리기보다는 상담자가 내담자의 생활현장과 문제현장으로 나가서 상담하는 것이다. 청소년은 생활 문제의 자각성도 부족하고 도움 요청에도 소극적이어서 청소년들의 상담실 내방은 거의 비자발적이다. 이를 해결하기 위하여 청소년 상담복지센터에서는 청소년동반자프로그램 등의 찾아가는 상담을 다양한 방법으로 운영하고 있다.

청소년상담의 새로운 목표와 방법, 대상을 고려할 때 청소년상담자는 일반 상담자와는 다른 역할 및 자세를 가져야 한다. 켄달(Kendall, 2000)은 청소년상담자는 코치(coach)의 역할을 담당해야 한다고 했으며 주요한 세부 활동으로 자문(consultation), 평가(evaluation), 교육(education)을 제시하였다.

청소년상담은 다양한 종류와 여러 수준의 전문가들로 구성된 팀 접근 형식으로 이루어져야 하며 이러한 서비스의 통합을 주도하고 리드하는 것이 바로 상담자의 자문 역할이어야 함을 강조하고 있다. 청소년상담자의 평가는 전통적인 상담 패러다임에서 실시하는 심리적 상태에 대한 임상적 진단보다 더 광범위한 평가이다. 평가대상으로는 청소년 개인뿐 아니라 개인에게 영향을 주는 체제도 포함된다. 그리고 이러한 평가 활동에도 다양한 전문가가 통합적인 접근을 이루도록 하여야 하며 평가 결과에 따라 다양한 종류의 서비스와 개입 팀이 구성된다. 청소년상담자의 교육 활동은 청소년상담의 특수한 기능으로 볼 수 있다. 상담은 문제해결에만 그쳐서는 안 되고 건전한 가치관의 습득과 잠재력의 개발 등 문제가 생기기 전에 청소년 및 학부모, 교사들을 대상으로 적극적인 예방 차원의 접근이 이루어져야 한다.

마지막으로 청소년상담은 청소년들의 성장을 촉진하기 위해 지역사회를 변화시키려는 많은 노력을 기울이고 있지만 그 무엇보다 문제상황에 직면하고 있는 청소년들에게 직접적인 도움을 제공하는 상담 활동이 필요하다. 청소년상담은 취약성을 지닌 청소년들을 찾아가 그들에게 적절한 도움을 제공해야 한다. 찾아가는 상담은 기존의 상담 방식에서 벗어나 내담자의 생활현장과 문제현장으로 적극적으로 찾아가는 상담을 말한다. 위기상황에 처해있는 청소년들을 직접 찾아감으로써 문제를 해결하는 데 필요한 사회지지체제(social support systems), 통제감(sense of control), 문제해결 기술(problemsolving skills) 등을 길러줄 수 있다.

청소년상담은 청소년 개인을 도와주는 것과 더불어 지역사회의 청소년 육성 환경을 변화시키는 데 개입할 필요가 있다. 이러한 역할은 지역사회 환경이 청소년의 성장을 방해할 때 더욱 중요하다. 지역사회의 유해한 환경은 사회적 약자인 아동·청소년, 여성, 빈곤 계층, 노인 등의 신체적·심리적 안녕에 더욱 심각한 영향을 미치게 된다. 따라서 지역사회 청소년상담은 지역사회의 체제와 정책변화에 영향을 미칠 수 있도록 진행되어야 한다. 이를 위해 캠페인, 대중교육, 정책입안자들과의 협력 등을 통해 청소년들에게 유해한 지역사회의 사회·경제·교육 체제를 변화시키고자 노력해야 한다. 전통적인 상담 접근과는 달리 지역사회 상담은 청소년들의 문제를 유발하고 성장을 위협하는 사회체제를 변화시켜 긍정적인 체제를 강화해 나가는 역할을 중요한 상담 영역으로 보고 있다.

1 상담윤리

상담 과정에서 발생할 수 있는 여러 가지 문제와 갈등을 해결할 때 상담자는 내담자와 상담자를 동시에 보호할 수 있는 윤리적 판단을 내려야 한다. 상담윤리는 해당 상담 전문가 집단 내에서 그 집단에 속한 구성원들이 따르도록 정해 놓은 윤리적 원칙과 규칙들이다. 그러나 특정한 행동을 법문으로 규정해 놓고 이를 따르지 않았을 경우 민·형사상의 제재를 받도록 하는 법과 달리 전문가 윤리기준은 학회의 윤리위원회로부터 징계를 받지만 법적인 처벌은 받지 않는다. 상담자의 비전문적 상담 행위에 대한 법적 기초가 마련되어 있는 미국의 경우에는 대체로 위법적인 행동과 비윤리적인 행동이 중복되기 때문에 위법적인 행동이 비윤리적인 행동의 범주에 포함된다. 상담과정에서 발생하는 문제들에 개입하기 위해 상담 관련 학회를 중심으로 윤리강령 등을 만들어 윤리 문제의 기준으로 삼고 있다.

1) 상담자의 윤리기준

상담 관련 학회에서는 상담자의 윤리적 기준을 제시하는 윤리강령을 제정하고 상담자 개인이 이를 따르도록 권고하고 있다. 상담자가 윤리적 원칙을 준수하는 것이 부분적으로 한계가 있지만 위기적 상담상황에서 전문가로서의 윤리적 문제를 인식하고 갈등을 해결할 수 있는 지침을 제시한다는 데에 그 의의가 있다.

청소년상담과 관련된 윤리는 국가자격 청소년상담사 윤리강령이 있다. 청소년상담사 윤리강령에 따르면 청소년상담사는 항상 청소년과 그 주변인들이 인간으로서의 존엄성을 높이고자 노력하고, 청소년이 스스로 결정할 수 있도록 도와주며, 청소년의 아픔과 슬픔에 대해 청소년상담사로서의 책임을 다해야 한다고 명시되어 있다. 이를 위해 청소년상담사로서의 전문적 자세, 내담자의 복지, 상담자와 내담자와의 관계, 비밀보장, 심리평가, 슈퍼비전 등에 대한 다양한 윤리 항목이 제정되어 있다.

청소년상담 과정에는 다양한 윤리적 문제가 발생한다. 청소년상담사 자격취소 조항을 살펴보면 아동복지법, 「성폭력범죄의 처벌 등에 관한 특례법」, 「아동·청소년의 성보호에 관한 법률」 등 아동·청소년과 관련된 법률에 저촉된 자는 자격을 취소하는 조항이 마련되어 있다. 또한 상담 관련 학회에서도 상담자의 윤리적 문제가 발생할 시 윤리위원회를 통해 자격을 박탈할 수 있는 조항이 마련되어 있다. 따라서 청소년상담자는 이러한 윤리강령을 신중히 살펴보고 상담 장면에서 나타나는 윤리적 문제가 발생할 시 어떻게 대처해야 하는지 적절한 판단을 내려야 한다.

2) 청소년 상담과정에서 겪게 되는 윤리적·법률적 어려움

다음 내용은 상담자들이 상담 장면에서 흔히 직면하게 되는 문제와 갈등이다(이형득 외, 1999; Corey, & Callanan, 2014). 상담자는 다음과 같은 상담자들의 일반적인 불안을 통해 자신이 가지고 있는 고민과 문제가 무엇인지 점검해야 한다.

상담자의 불안

- 내가 상담하면서 실수를 범하지 않을까 불안하다.
- 내가 상담을 어떻게 해야 할지 몰라서 내담자가 피해를 입을지 모른다.
- 위기상황에 있는 내담자를 잘 다룰 수 있는 능력이 내게 없는 것 같다.
- 내가 상담자로서 완전해야 한다고 느끼며 지금보다 더 많은 것을 알아야 한다.
- 상담 중에 침묵이 생기면 당황하게 된다.
- 내가 만나는 내담자가 꾸준히 향상되어야 한다고 생각한다.
- 요구가 많은 내담자를 잘 다루기 힘들다.
- 상담하려는 의지가 별로 없거나 억지로 상담에 오게 된 내담자를 상담하는 것은 언제나 힘들다.
- 상담의 책임이 어느 정도가 내게 있고 어느 정도가 내담자에게 있는지 알 수 없어 힘들다.
- 내가 만나는 모든 내담자와 성공적으로 상담할 수 있어야 한다고 생각한다.
- 상담하고 있을 때 나의 본연의 모습을 유지하거나 나의 직관력을 신뢰하기가 어렵다.
- 내가 화난 것을 내담자에게 표현하기가 어렵다.
- 내담자가 나를 상담 경험이나 능력이 부족한 상담자라고 생각하지 않을까 걱정된다.

- 전문가인 것처럼 행동하거나 그렇게 보이려고 신경을 쓴다.
- 때로는 내담자에게 어느 정도까지 솔직해져야 하는지 고민스럽다.
- 상담 시간 중에 나의 개인적인 생각이나 사생활을 얼마만큼 드러내는 것이 적절할지 고민스럽다.
- 내가 지금 잘하고 있는 것일까 걱정할 때가 많다.
- 때로는 내담자의 문제를 지나치게 나와 동일시하여 그것들이 나의 문제가 되어버린 것이 아닐까 걱정한다.
- 상담하면서 내담자에게 충고하고 있는 나를 자주 발견한다.
- 내담자에게 충격을 줄 어떤 말이나 행동을 하지 않을까 두렵다.
- 내담자에게 특정한 행동을 하도록 설득할 때가 있다.
- 내가 가지고 있는 가치관을 내담자에게 어느 정도 노출해야 할지 모르겠다.
- 나와 가치관이 매우 다른 내담자를 상담하기가 어렵다.
- 내담자가 나를 좋아하는지, 나를 인정하는지, 나중에 다시 상담에 오고 싶어 할지에 대해 신경이 쓰인다.
- 내가 기계적으로 상담하는 것은 아닐까(책에 나와 있는 공식대로 따라가는 것처럼) 걱정스럽다.

이와 같은 고민 가운데 가장 큰 고민과 문제는 상담자에 따라 다를 수 있다.

상담자의 고민이 무엇이든 모든 걱정 뒤에는 어떤 가정들이 숨어 있다. 예를 들어, '상담 중에 내가 실수하지 않을까?' 하는 불안을 가지고 있다면, 그 상담자는 자신에게 다음과 같이 말하고 있는 것이다. '나는 지금보다 더 많은 것을 알아야 해', '나는 내담자의 문제를 완벽하게 해결해 주어야 해', '상담자가 상담을 진행하는 방법을 모른다든지, 내담자에게 방향을 제시해주지 못하면 나는 상담자로서는 실패한 거야', '내가 만일 실수를 저지르면 내담자는 상담을 그만두게 될 것이고 그렇게 되면 그 내담자는 나에게 올 때보다 상황이 더 나빠질 거야' 하고 말이다.

상담자는 지나치게 부담에 짓눌릴 때 자신이 은연중에 가지고 있는 가정들을 찾아내어 의문을 던져볼 필요가 있으며 이러한 의문과 걱정을 주변의 동료들과 충분히 이야기 나누어 보는 것이 필요하다. 상담자 중에는 자신의 문제를 공개하는 것을 꺼리는 경우가 있는데 이는 상담자 자신의 성장이나 내담자를 위해서도 결코 좋은 선택이 아니다. 상담은 상담자와 내담자와의 상담 관계를 통해 진행되지만 상담자의 개입이 언제나 옳은 것은 아니며 다양한 내담자의 반응을 신중하게 판단하고 적절하게 대응해야 한다. 또한 전문상담자도 모든 면에서 완벽할 수 없기 때문에 언제나 주변의 동료와 자신의 문제 혹은 고민에 관해 이야기를 나누는 것이 좋다. 이것은 상담자들의 문제와 고민을 공유함으로써 내담자에게 가장 적합한 개입 방안에 대한 다양하고 새로운 시각을 가질 수 있도록 한다. 더불어 상담자는 지속적인 슈퍼비전을 통하여 상담자로서의 자신의 역량을 키워나가야 한다.

청소년상담은 만 19세 미만 미성년자를 대상으로 상담을 진행하기 문에 여러 가지 법률적인 어려움을 가지기도 한다. 예를 들어, 아동·청소년 내담자가 누군가로부터 성적 학대를 당한 경우를 알게 되었을 때 혹은 지속적인 신체적 학대를 당한 것을 알게 되었을 때 청소년상담사는 아동 및 청소년과 관련된 법적 내용을 검토하여 조치할 의무가 있다. 다음은 청소년상담사가 알아야 할 법률 정보로 한국청소년상담복지개발원(2015; 2017)의 청소년 상담 윤리적·법적 대응 매뉴얼에서 발췌한 내용이다.

◆ 청소년 내담자가 성폭행 피해자인 경우를 알게 되었을 때

「아동·청소년의 성보호에 관한 법률」제34조에 의하면 청소년상담복지 센터 등의 아동·청소년 관련 시설에서 종사하는 청소년상담자가 만 19세 미만의 아동·청소년 대상 성범죄의 발생 사실을 알게 된 때에는 즉시 수사기관에 신고할 의무가 있다. 범죄 발생 사실을 알고 신고하지 않았을 경우 300만 원 이하의 과태료가 부과될 수 있다. 이에 청소년상담자는 상담 내용의 기록과 녹음 등을 통해 피해 사실에 대한 진술을 꼼꼼히 수집할 필요가 있다.

◆ 내담자가 미성년자에 대한 성범죄를 저지른 사실을 알게 되었을 때

청소년상담자는 상담 도중 내담자의 성범죄 사실을 알게 된 경우, 만약 피해자가 만 19세 미만의 아동·청소년이라는 것을 알게 된 때에는 즉시 수사기관에 신고해야 할 의무가 있다(아동·청소년의 성보호에 관한 법률 제34조 제2항 제13호). 피해자가 만 19세 이상인 경우, 상담자는 반드시 신고해야 할 의무는 없지만 사안의 긴급성, 피해자가 처한 위험 등 제반 상황을 고려하여 법적 의무와 관

계없이 신고할 수 있다.

◆ 내담자가 아동학대를 당하는 것을 알게 되었을 때

기관에 종사하는 청소년상담자는 직무상 만 18세 미만의 아동에 대한 보호자의 아동학대범죄를 알게 된 경우 즉시 수사기관에 신고해야 할 의무가 있다(아동학대범죄의 처벌 등에 관한 특별법 제10조 제2항 제18호). 상담 중 내담자가 아동학대 피해자로 의심된다면, 청소년상담자는 경찰에 신고해야 할 의무가 있다. 신고된 대상은 「아동학대범죄의 처벌 등에 관한특례법」에 따라 처벌을 받는다. 하지만 피해자가 가해자의 처벌을 원하지 아니한다는 의사를 표시하면 검사가 이에 대한 공소를 제기할 수 없기 때문에 처벌되지 않는 경우가 생길 수 있다. 따라서 청소년상담자는 신고 전에 피해자의 의사를 파악하여 경찰에 이를 알리면서 경찰이 피해자 보호를 위한 적절한 조치를 취할 수 있도록 하는 것이 바람직하다.

◆ 청소년상담자의 비밀보장에 관한 의무

청소년복지 지원법 제37조(비밀 누설의 금지)에 의하면 청소년 상담복지센터, 청소년 복지 지원기관, 청소년복지시설 종사자 및 종사했던 상담자는 직무상 알게 된 비밀을 누설해서는 안 된다. 만약 이러한 비밀을 누설한 경우 1년 이하의 징역 또는 1,000만 원 이하의 벌금에 처한다. 하지만 해당 내담자의 동의를 구한 경우(형법 제24조), 상담자, 내담자 또는 제3자의 생명, 재산 등에 대한 급박한 침해 또는 위난을 방지하고자하는 경우(형법 제21조), 법적으로 상담 자료 등을 제공하여야 하는 경우(형법 제20조)에는 상담자 등의 위법성이 조각되어 비밀 누설 행위가 위법하지 않는다. 따라서 만약 학교나 법원의 의뢰로 상담을 할 경우, 상담결과에 대해 보고의 의무가 있을 때 상담자는 내담자에게 미리 이러한 내용에 대해 문서로 동의를 구하는 것이 적절하다. 또한 내담자가 미성년자(만 19세 미만)이기 때문에 내담자는 물론이고 법정대리인(부모님 등 보호자)의 동의를 구하는 것이 적절하다. 만약 내담자의 부모가 특별한 사유 없이 자녀에 대해 상담 기록을 요구한 경우에도 청소년복지지원법 제37조에 저촉되기 때문에 상담 기록을 제공하지 않는 것이 적절하다.

3) 일반적인 윤리적 원칙과 상담 관계에서 고려할 내담자의 권리

키치너(Kitchener, 1984)는 기존의 윤리연구들을 검토하여 심리상담의 일반적인 네 가지 윤리 원칙을 제안하였다. 이 일반적인 윤리 원칙은 상담자와 내담자의 관계에서 가장 기초가 되는 윤리적 규범으로 자율성(autonomy), 무해성(nonmaleficence), 공정성(justice), 성실성(fidelity)이 지켜져야 한다는 것이다.

자율성이란 내담자가 타인에게 해를 끼치지 않는 선택과 행동을 취할 수 있는 권리를 말한다. 즉, 자율성은 다른 사람에게 해를 끼치지 않는 범위에서 자신의 행위를 결정할 수 있는 권리다. 예를 들어, 청소년 내담자가 대학진학을 선택해야 하는 상황에서 부모의 기대와 달리 자신이 원하는 진로를 결정하고자 할 때 상담자는 내담자의 결정을 존중해 주어야 한다. 하지만 내담자가 자신을 포함한 누군가에게 상해를 가하려고 하는 결정은 자율성의 원칙에 벗어나는 것으로 이러한 행위가 나타나지 않도록 사전에 조치해야 한다.

무해성은 상담자의 행위가 내담자에게 해가 되어서는 안 된다는 의미다. 즉, 상담자의 의도가 어떠한 것이든 그 결과로 내담자가 어려움에 빠지면 무해성의 원칙을 거스르는 것이다. 예를 들어, 청소년 내담자가 부주의한 행동으로 자주 물건을 잃어버리고 숙제도 잘하지 못하는 문제를 보일 때 상담자가 혼을 내어 내담자가 마음의 상처를 입었다면 무해성의 원칙에 어긋나는 것이다. 그래서 상담자는 자신의 개입방법이 내담자에게 해가 되지는 않는지 주의 깊게 살펴보고 상담자의 개입방법에 대해 내담자의 동의를 얻는 것이 필요하다. 상담은 내담자의 생활 적응능력, 문제해결 능력, 그리고 개인적 성장을 돕는 과정인 만큼 상담 과정에서 내담자는 존중되고 보호받아야 한다. 간혹 상담자는 상담을 진행하는 과정에서 내담자의 권리나 사생활을 침해하는 행동 및 언어적 표현을 의식하지 못할 수 있다. 이러한 경우 내담자와 상담자 간에 갈등이나 분쟁을 초래할 수 있기 때문에 상담자는 전문가로서 준수해야 할 윤리적 행동과 자제해야 할 비윤리적 행동을 분명하게 인식해야 한다.

공정성은 모든 내담자에게 균등한 기회를 주어야 한다는 의미이다. 내담자에 따라서 상담자가 제공하는 서비스가 달라지는 것은 공정성에 문제가 되는 것이다. 예를 들어, 고위직 관리자의 자녀가 상담에 의뢰되었을 때 다른 내담자에 비해 상담자가 이 내담자에게 더 많은 시간과 노력을 제공한다면 공정성의 원칙을 따르지 않는 것이다.

마지막으로 성실성은 상담자와 내담자와의 관계가 신뢰할 수 있는 관계여야 한다는 의미이다. 즉, 상담 과정에서 내담자와의 약속을 상담자가 철저히 지키는 등의 신뢰 관계가 있어야 한다는 의미이다. 예를 들어, 내담자와 약속한 시간에 상담자가 늦는 것, 이전 내담자와 대화했던 내용을 검토하지 못하여 내담자가 이전에 했던 말을 다시 하게 하는 것 등은 상담자가 성실성의 원칙을 지키지 못한 것이다.

따라서 상담자는 이러한 네 가지 일반적인 윤리 원칙을 잘 살펴보고 상담자와 내담자의 관계에서 윤리적으로 어긋한 행위는 없는지 항상 점검해야 한다.

내담자는 사전에 자신이 받게 될 상담에 대해 충분한 정보를 들은 후에 상담의 여부를 결정한다. 즉, 상담의 시작은 전적으로 상담에 대한 내담자의 기대와 의사결정에 달려 있다. 내담자에게 제공해야 하는 상담 정보의 수준에 대해서는 학자마다 약간의 의견 차이가 있다. 그러나 일반적으로 상담시작 전에 상담자가 내담자에게 상담과 관련하여 제공해야 할 정보들은 다음과 같다.

상담 과정에서의 합의된 상담목표, 상담목표 달성을 위한 상담전략과 상담기법, 상담 과정, 상담의 한계, 상담으로 얻게 되는 성과와 상담 과정에서의 위험 부담, 심리검사, 평가, 진단이 진행되는 방식과 이용범위, 상담요금, 상담에서의 비밀보장과 한계, 상담자의 자격과 훈련, 위기상황에서 상담자에게 연락하는 방법, 회기의 녹음이나 녹화와 관련한 상황, 기록에 대한 내담자의 접근 가능성, 상담자를 선택하고 거부할 수 있는 내담자의 권리 등이다.

특히 상담자는 내담자가 상담 이외의 다른 치료 방법을 선택할 수 있을 때 이에 대해 알려주어야 하며 또한 상담자의 기법이나 상담 접근의 그 효과성에 대해 경험적 증거 자료가 충분하지 않을 때도 사실을 알려주어야 한다. 내담자가 상담과 관련된 구체적인 정보들을 충분히 인식하고 상담을 결정한다면 상담

과정에서 발생할 수 있는 갈등과 분쟁이 최소화될 수 있다.

비윤리적 행동

- 내담자의 동의나 양해를 구하지 않고 내담자가 모르게 상담을 녹음하거나 녹화하는 것
- 청소년 내담자의 허락을 구하지 않고 상담 중에 나눈 이야기를 부모에게 하는 것
- 내담자와 상담실 밖에서 사적인 관계를 맺는 것
- 내담자를 껴안거나 접촉하는 것
- 상담자가 자신의 과거 문제나 경험에 관하여 과하게 이야기함으로써 초점을 상담자 자신에게 두는 것
- 상담자의 특정한 필요 때문에 내담자로 하여금 상담 횟수를 늘리도록 권유하는 것
- 내담자에게 도움이 되고 있지 못하다는 것을 알면서도 그 사실을 인정하고 싶지 않아서 다른 상담자에게 의뢰하지 않는 것
- 도움을 준다며 내담자를 속이고 있는 것
- 친한 친구나 친척을 내담자로 받아들이는 것
- 상담자의 가치관을 주입하여 내담자가 그에 따라 생각하고 행동하도록 유도하는 것
- 내담자의 허락을 받지 않고 그 사례로 다른 상담자에게 자문을 받는 것
- 내담자의 의존성을 조장하는 것
- 내담자에게 상담의 과정을 잘 알려주지 않거나 상담에 대한 신비감을 조장함으로써 상담자의 권위를 세우려 하고, 영향력을 크게 하려고 하는 것

4) 윤리적 의사결정 모델

상담자는 상담, 교육, 슈퍼비전, 연구 등 다양한 전문적 활동에서 윤리적 갈등상황을 겪는다. 상담자가 윤리적으로 행동하기 위해서는 윤리에 대한 지식과 기술뿐만 아니라 상담에 대한 지식과 기술이 필요하다. 상담자 윤리강령이 윤리적 기준을 제시하고 있지만 모든 상황에 대처할 수 있는 행동기준은 아니다. 따라서 윤리적 갈등이 발생하는 실제 상황에서 각각의 윤리적 기준이 충돌하는 경우가 많다.

상담자들이 자주 경험하는 윤리적 영역의 범주와 윤리적 갈등상황은 다음

과 같다(공윤정, 2008).

상담자는 윤리적 갈등 상황에 처해 있을 때 본인의 판단뿐 아니라 슈퍼바이저나 동료에게 자문을 구하는 것이 중요하다. 그러나 상담자가 전문가로서 윤리적 의사결정을 해야 하는 상황이 발생할 수 있다. 윤리적 가치가 충돌해 어떤 가치를 우선시하는 것이 옳은지에 대한 전문적 판단을 해야 하는 상황, 주어진 상황에 대한 학회의 윤리강령이 없어서 상담자가 판단을 내려야 하는 상황, 학회의 상담자 윤리강령과 상담자가 일하는 소속기관의 규칙이 다른 경우 등이다. 따라서 상담자의 윤리적 의사결정과 행동을 위한 윤리적 의사결정 모델들이 개발되었다. 대표적인 웰펠드(Welfeld, 2009)의 의사결정모델을 살펴보면 다음과 같다.

1단계, 2단계에서는 주어진 상황에 관련된 윤리적 쟁점이 있는지를 상담자가 민감하게 알아차려야 한다. 많은 경우 상담자가 주관적으로 느끼는 불편감은 윤리적 쟁점이 개입되어 있음을 알리는 첫 번째 신호가 된다. 예를 들어, 내담자가 상담자에게 자신의 가출 계획을 밝히며 부모님께 이 사실을 알린다면 상담자에게도 나타나지 않을 것이라고 위협할 수 있다. 상담자는 내담자와의 신뢰 관계를 유지하기 위해 보호자에게 알려야 할 것인지를 결정하기 전에 이 상황이 윤리적으로 다양한 쟁점이 관련된 것임을 파악하고 정확한 사회문화적 배경을 파악하여야 한다. 3단계에서 7단계까지는 주어진 상황과 관련된 윤리적·법적 기준을 확인하고 이러한 기준들을 주어진 상황에 적용해 보며 상담자가 행동 가능한 대안들을 설정해 보고 슈퍼바이저나 관련 전문가에게 자문을 구하는 단계다. 앞의 예와 같이 내담자의 가출을 부모에게 알릴 경우, 내담자와의 신뢰 관계를 잃게 됨으로써 상담 관계에 부정적인 영향을 줄 수 있다. 반면에 상담자가 내담자의 가출을 보호자에게 알리지 않는다면 내담자의 신변에 위협이 되는 상황들이 발생할 수 있으며 적절하게 대처할 수 있는 시기를 놓칠 수도 있다. 따라서 상담자는 자신의 결정에 따라 영향을 받게 될 사람, 도움을 주어야 할 사람이 누구인지를 정확하게 인식하고 이와 관련된 사람들에게 미칠 영향 등을 고려하여 결정해야 한다.

8단계와 9단계는 상담자가 독립적으로 의사결정을 하고 행동으로 실천한 후 그 결정의 근거와 행동을 기록하는 단계이다. 특히 상담자가 최종 의사결정을 하기 전에 자신의 감정을 관찰하고 그 감정이나 개인적인 선입견 혹은 이해관계가 의사결정에 어떻게 영향을 미치는지 고려해야 한다. 상담자가 결정을 내리고 실행에 옮긴 후에는 모든 책임은 상담자가 지게 된다.

코톤과 타비다스(Cottone & Tarvydas, 2006)는 상담자의 윤리적 의사결정에 있어서 다음과 같은 태도를 요구한다. 첫째, 반성적 태도로 자신의 가치나 개인적 문제, 상황과 관련된 다른 사람들의 입장을 이해해야 한다. 둘째, 상황과 관련된 다양한 쟁점, 사람, 관점 간의 균형을 유지하려는 태도를 가지고 있어야 한다. 셋째, 주어진 상황의 사회문화적 맥락에 대한 관심을 가지고 있어야 한다. 넷째, 내담자를 비롯하여 의사결정에 관련된 다양한 집단과 협조적인 관계를 유지해야 한다. 상담자의 윤리적 행동에 대한 판단과 결과에 대한 해석 및 수용은 그 행동이 일어나 사회문화적 맥락과 관련된다.

5) 윤리적 위반

상담자가 자신의 능력 밖의 문제를 상담에서 다루는 것은 비윤리적이다. 그렇다면 '상담자의 능력이란 무엇인가?', '그 능력을 어떻게 평가하고 측정할 수 있는가?', '학위나 전문가 자격증이 어느 정도 정확하고 타당한 능력평가의 기준이 되는가?', '전문가 자격증이나 훈련 이수증을 주는 것 이외에 다른 방안들은 없는가?', '전문가들은 자신들의 지식이나 기술을 향상하기 위하여 어떤 윤리적인 책임이 있는가?' 등에 대한 정확한 규정이 있어야 한다.

미국의 상담 관련 학회(American Association for Marriage and Family Therapy, American Psychologist Association, National Association of Social Workers)와 한국상담심리학회(한국상담심리학회 윤리강령 참조)에서는 자신의 능력 범위를 벗어난 문제에 관한 진단, 처방, 처치, 조언을 금하고 있다. 자신이 알고 있는 지식이나 경험을 벗어난 접근법을 사용할 때는 관련 전문가의 자문을 받거나 훈련을 받아야 한다. 즉, 상담자는 자신이 한 내담자와 상담을 어느 정도까지 진행할 수 있으며 어느 시점에서 다른 전문가에게 의뢰할 수 있는지를 정확하게 파악할 수 있어야 한다. 내담자의 문제를 다루는 데 자신이 없을 경우에는 언제 다른 상담자에게 의뢰할 것인가를 생각해야 한다. 상담자가 명심하여야 하는 것은 내담자에게 최선의 도움을 주는 것이다. 가장 적절한 상담자에게 내담자를 의뢰하는 것도 훌륭한 상담서비스가 된다는 것을 명심해야 한다(공윤정, 2008).

상담자는 윤리강령을 숙지하고 이를 준수해야 하며 동료 상담자도 윤리강령을 준수할 수 있도록 도와야 하는 윤리적 책임이 있다. 따라서 다른 상담자가 윤리강령을 위반했을 때 당사자가 윤리적 행동을 준수하도록 적극적으로 지원해 주어야 한다. 상담전문가들이 전문적 활동을 하는 과정에서 비윤리적인 행동을 했을 때는 이에 대한 징계가 관련 학회에서 이루어질 수 있다. 흔히 상담전문가의 비윤리적인 행동을 내담자나 동료가 알아차리고 이에 대한 처리를 관련 학회의 윤리위원회에 요청함으로써 징계가 이루어진다.

상담자가 윤리규정을 위반하였을 때 비윤리적인 행동을 인지한 상담자가 학회의 윤리위원회에 그 행동에 대한 처리를 요청하기 전에 다른 동료나 슈퍼바이저, 윤리위원회의 자문을 구함으로써 비공식적인 해결을 먼저 시도해볼 것을 권고하고 있다. 비공식적인 시도에도 불구하고 비윤리적인 행동이 수정되지 않을 때 관련자들은 이를 윤리위원회에 위임한다. 한국상담학회 관련 규정에서는 상담자의 윤리적 규정 위반에 대해 상담자에 대한 징계, 경고, 견책, 자격 정지 및 자격 박탈 순으로 제재의 범위를 설정하고 있다. 경고는 상담자로 하여금 관련인에게 사과할 수 있도록 요청하는 것이고 견책은 상담자가 일정 기간 개인 상담을 받도록 하는 것이다. 자격 정지 처분을 받으면 일정 기간 상담자로서의 자격이 박탈되어 상담 활동을 할 수 없게 되며, 자격의 영구박탈은 상담자의 자격이 평생 박탈되어 더 이상 전문가로서 활동할 수 없게 되는 것이다. 주로 학회의 윤리위원회를 통해 상담자의 비윤리적 행동에 대한 징계가 이루어지는 우리나라와는 달리 미국에서는 각 주의 면허위원회, 민사재판, 형사재판을 통해 상담자의 비윤리적인 행동에 대한 징계가 이루어진다. 특히 미국은 상담자 면허제도가 실시되고 있어서 상담자의 비윤리적인 행동에 관해 상담 면허에 대한 징계가 이루어진다.

사단법인 한국상담학회 윤리강령 발췌

사단법인 한국상담학회 윤리강령

전문

한국상담학회는 교육적, 학문적, 전문적 조직체이다. 상담자는 각 개인의 가치, 잠재력 및 고유성을 존중하며, 다양한 조력활동을 통하여 내담자의 전인적 발달을 촉진한다. 상담자는 내담자의 신체적, 정신적, 사회적, 영적 안녕을 유지·증진하는 데 헌신한다. 이러한 역할을 수행하는 과정에서 상담자는 내담자의 복지를 가장 우선시한다. 상담자는 내담자와의 관계에서 의사소통의 자유를 갖되, 그에 대한 책임을 지며 내담자의 성장과 사회공익을 위하여 최선을 다한다. 이를 위해 본 학회의 상담자는 다음의 윤리규준을 준수한다.

제1장 전문적 태도

제1조(전문적 능력)

① 상담자는 상담에 대한 지식, 실습, 교수, 임상, 연구를 통해 전문성을 발달시키기 위해 지속적으로 노력해야 한다.

② 상담자는 자신의 능력 및 기법의 한계를 인식하고, 전문적 기준에 위배되는 활동을 하지 않는다. 만일, 자신의 개인 문제 및 능력의 한계 때문에 도움을 주지 못하리라고 판단될 경우에는 내담자에게 동의를 구한 후, 다른 동료 전문가 및 관련 기관에 의뢰한다.

③ 상담자는 자신의 활동분야에 있어서 최신의 과학적이고 전문적인 정보와 지식을 유지하기 위해 지속적인 교육과 연수에 참여한다.

④ 상담자는 윤리적 책임이나 전문적 상담에 대해 의문이 생길 때 다른 상담자나 관련 전문가들에게 자문을 구하는 절차를 따른다.

⑤ 상담자는 정기적으로 전문가로서의 능력과 효율성에 대해 자기반성과 자기평가가 해야 하며, 필요한 경우 자신의 효율성을 증진시키기 위해 지도감독을 받아야 한다.

제2조(충실성)

① 상담자는 내담자를 보다 효과적으로 도울 수 있는 방법에 관하여 꾸준히 연구 노력하고, 내담자의 성

장촉진과 문제의 해결 및 예방을 위하여 최선을 다한다.

② 상담자는 자신의 능력의 한계나 개인적인 문제로 내담자를 적절하게 도와줄 수 없을 때에는 상담을 시작해서는 안 되며, 다른 전문가에게 의뢰하는 등의 적절한 방법으로 내담자를 돕는다.

③ 상담자는 자신의 질병, 사고, 이동, 또는 내담자의 질병, 사고, 이동이나 재정적 한계 등과 같은 요인에 의해 상담을 중단할 경우, 이에 대한 적절한 조치를 취해야 한다.

④ 상담자는 상담을 종결하는 데 있어서 어떤 이유보다도 우선적으로 내담자의 관점과 요구에 대해 고려해야 하며, 내담자가 다른 전문가를 필요로 할 경우에는 적절한 과정을 통해 의뢰한다.

⑤ 상담자는 자신의 기술이나 자료가 다른 사람들에 의해 오용될 가능성이 있거나, 개선의 여지가 없는 활동에 참여해서는 안 되며, 이런 일이 일어난 경우에는 이를 시정하여야 한다.

제2장 정보의 보호

제3조(비밀보장)

① 상담자는 사생활과 비밀유지에 대한 내담자의 권리를 최대한 존중해야 할 의무가 있다.

② 상담자는 내담자 또는 내담자의 법정대리인에게 비밀보장의 예외와 한계에 대해 설명해야 한다.

③ 상담자는 제7조 비밀보장의 한계를 제외하고는, 내담자의 서면 동의 없이는 제삼의 개인이나 단체에게 상담기록을 공개하거나 전달해서는 안 된다.

제4조(집단 및 가족상담의 비밀보장)

① 상담자는 특정 집단을 대상으로 집단상담을 시작할 때 비밀보장의 중요성과 한계를 명확하게 설명한다.

② 상담자는 집단 및 가족상담시 개인의 비밀보장에 대한 권리와 그 비밀보장을 유지해야 할 의무와 관련해 참여한 모든 사람으로부터 동의를 구한다.

③ 상담자는 자발적인 동의 능력이 불가능하거나 미성년인 내담자를 상담할 때, 부모 또는 대리인의 동의를 받고, 그들이 참여할 수 있음을 알린다.

제5조(전자 정보의 비밀보장)

① 상담자는 컴퓨터를 사용한 자료 보관의 장점과 한계를 알아야 한다.

② 상담자는 내담자의 기록이 전자 정보의 형태로 보존되어 제 삼자가 내담자의 동의 없이 접근할 가능성이 있을 때, 적절한 방법을 통해 내담자의 신상이 드러나지 않도록 조치를 취한다.

③ 상담자는 컴퓨터, 이메일, 팩시밀리, 전화, 음성메일, 자동응답기 그리고 다른 전자 테크놀로지를 사용해 정보를 전송할 때는 비밀이 유지될 수 있도록 사전에 주의를 기울인다.

제6조(상담기록)

① 상담자는 내담자에게 전문적인 서비스를 제공하기 위해 내담자에 대한 상담기록 및 보관을 본 학회의 윤리강령 및 시행세칙에 따라 시행한다. 또한 상담기록을 안전하게 보관하고 허가된 사람 이외에는 기록에 접근할 수 없도록 한다.

② 상담자는 상담내용의 녹음 혹은 녹화에 관해 내담자 또는 대리인의 동의를 구한다.

③ 상담자는 상담내용의 사례지도나 발표, 혹은 출판시내담자의 동의를 구한다.

④ 상담자는 내담자가 상담기록의 열람을 요구할 경우, 그 기록이 내담자에게 잘못 이해될 가능성이 없고 내담자에게 해가 되지 않으면 응하도록 한다. 다만 여러 명의 내담자를 상담하는 경우, 내담자 자신과 관련된 부분에 대해서만 공개할 수 있다. 다른 내담자와 관련된 사적인 정보는 제외하고 열람하

거나 복사하도록 한다.

⑤ 상담자는 상담과 관련된 기록을 보관하고 처리하는 데 있어서 비밀을 유지해야 하며, 이를 타인에게 공개할 때에는 내담자의 동의를 구한다. 내담자에게 해를 끼치지 않는 범위 내에서 공개해야 한다.

제7조(비밀보장의 한계)

① 상담자는 아래와 같은 내담자 개인 및 사회에 임박한 위험이 있다고 판단될 때 내담자에 관한 정보를 사회 당국 및 관련 당사자에게 제공해야 한다.

1. 내담자가 자신이나 타인의 생명 혹은 사회의 안전을 위협하는 경우
2. 내담자가 감염성이 있는 치명적인 질병이 있다는 확실한 정보를 가졌을 경우
3. 미성년인 내담자가 학대를 당하고 있는 경우
4. 내담자가 아동학대를 하는 경우
5. 법적으로 정보의 공개가 요구되는 경우

② 상담자는 만약 내담자에 대한 상담이 여러 전문가로 구성된 집단에 의한 지속적인 관찰을 포함하고 있다면, 그러한 집단의 존재와 구성을 내담자에게 알릴 의무가 있다.

③ 상담자는 내담자의 사적인 정보의 공개가 요구될 때 기본적인 정보만을 공개한다. 더 많은 사항을 공개하기 위해서는 사적인 정보의 공개에 앞서 내담자에게 알리고 동의를 얻어야 한다.

④ 상담자는 비밀보장의 예외 및 한계에 관한 타당성이 의심될 때에는 다른 전문가나 지도감독자 및 본 학회 윤리위원회의 자문을 구한다.

제3장 내담자의 복지

제8조(내담자 권리 보호)

① 상담자의 최우선적 책임은 내담자의 존엄성을 존중하고 내담자의 복지를 증진시키는 것이다.

② 상담자는 상담활동의 과정에서 소속 기관 및 비전문가와의 갈등이 있을 경우, 내담자의 복지를 우선적으로 고려하고 자신이 소속된 전문적 집단의 이익은 부차적인 것으로 간주한다.

③ 상담자는 내담자에게 전문적인 도움을 주는 것이 어렵다고 판단되면 상담자는 상담관계를 시작하지 말아야 하며, 이미 시작된 상담관계인 경우는 즉시 종결하여야 한다. 이 경우 상담자는 내담자에게 적절한 다른 대안을 제시해 주어야 한다.

④ 상담자는 내담자의 잠재력을 개발하여 건강한 삶을 영위하도록 도움을 주며, 어떤 방식으로도 해를 끼치지 않는다.

⑤ 상담자는 상담관계에서 오는 친밀성과 책임감을 인식하고, 전문가로서의 개인적 욕구충족을 위해서 내담자를 희생시켜서는 안 되며, 내담자로 하여금 의존적인 상담관계를 형성하지 않도록 노력하여야 한다.

제9조(내담자 다양성 존중)

① 상담자는 모든 인간의 기본적인 권리, 존엄성, 가치를 존중하며 연령이나 성별, 인종, 종교, 성적 선호, 장애 등의 어떤 이유로든 내담자를 차별하지 않는다.

② 상담자는 내담자의 발달단계와 문화에 적합한 방식으로 정보를 전달한다.

③ 상담자가 사용하는 언어를 내담자가 이해하는 데 어려움이 있을 때는 내담자가 명확하게 이해할 수 있도록 통역자나 번역자를 배치하여 필요한 서비스를 제공한다.

④ 상담자는 자신의 고유한 가치, 태도, 신념, 행위가 사회에서 어떻게 적용되는지를 인식하고 내담자에게 자신의 가치를 강요하지 않는다.

⑤ 상담자는 훈련이나 수련감독 실천에 다문화/다양성 역량 배양을 위한 내용을 적극적으로 포함시키고 수련생들이 이에 대한 인식, 지식, 기술을 습득할 수 있도록 적극적으로 훈련시킨다.

제4장 상담관계

제10조(정보제공 및 동의)

상담자는 상담을 제공할 때에, 내담자에게 상담관련 정보를 제공하고 이에 대한 동의를 받는다.

제11조(다중관계)

① 상담자는 내담자와의 친밀한 관계를 인식하고, 내담자에 대한 존중감을 유지하며 내담자를 이용하여 상담자 개인의 필요를 충족하고자 하는 활동 및 행동을 하지 않는다.

② 상담자는 객관성과 전문적인 판단에 영향을 미칠 수 있는 다중 관계를 피해야 한다. 상담자가 내담자를 지도하거나 평가를 해야 하는 경우라면 그 내담자를 다른 전문가에게 의뢰한다. 단, 내담자의 복지를 위해 상담자와 내담자가 사전 동의를 한 경우와 그에 대한 자문이나 감독이 병행될 때는, 상담관계를 맺을 수도 있다.

③ 상담자는 특별한 경우를 제외하고는, 내담자와 상담실 밖에서 사적인 관계를 맺지 않는다.

④ 상담자는 내담자와의 관계에서 상담료 이외의 어떠한 금전적, 물질적 거래관계도 맺지 않는다.

제12조(성적 관계)

① 상담자는 내담자 또는 내담자의 가족들과 성적 관계를 갖거나 어떤 형태의 친밀한 관계를 갖지 않는다.

② 상담자는 내담자 또는 내담자의 가족과 성적 관계를 맺었거나 유지하는 경우 상담 관계를 형성하지 않는다.

③ 상담자는 상담관계가 종결된 이후에도 최소 2년 내에는 내담자와 성적 관계를 맺지 않는다.

④ 상담자는 상담 종결 이후 2년이 지난 후에 내담자와 성적관계를 맺게 되는 경우에도 이 관계가 착취적이 아니라는 것을 철저하게 검증할 책임이 있다.

⑤ 상담자는 다른 상담자가 자신의 내담자와 성적관계를 맺는 것을 알았을 경우 묵과하지 않고 적절한 조치를 취한다.

제5장 사회적 책임

제13조(사회관계)

① 상담자는 사회윤리 및 자신이 속한 지역사회의 도덕적 기준을 존중하며, 사회공익과 자신이 종사하는 전문직의 올바른 이익을 위하여 최선을 다한다.

② 상담자는 경제적 이득이 없는 경우라 하더라도 전문적 활동에 헌신함으로써 사회에 봉사한다.

③ 상담자는 내담자의 재정 상태를 고려하여 상담료를 적정 수준으로 정하여야 한다. 정해진 상담료가 내담자의 재정 상태에 비추어 적정 수준을 벗어날 경우에는, 가능한 비용으로 적합한 상담 서비스를 받을 수 있도록 내담자를 돕는다.

④ 상담자는 수련생에게 적절한 훈련과 지도감독을 제공하고, 수련생이 이 과정을 책임 있고 유능하게 수행할 수 있도록 돕는다.

제14조(고용 기관과의 관계)

① 상담자는 자신이 재직하고 있는 상담기관의 설립 목적에 기여할 수 있는 활동을 할 책임이 있다.

② 상담자는 자신의 전문적 활동이 재직하고 있는 상담기관의 목적과 모순되고, 직무수행에서 갈등이 해소되지 않을 때는 상담기관과의 관계를 종결해야 한다.

③ 상담자는 자신이 재직하고 있는 상담기관의 관리자 및 동료들과의 관계를 통해서 상담업무, 비밀보장, 기록된 정보의 보관과 처리, 업무분장, 책임에 대해 상호간의 동의를 구해야 한다. 상담자가 재직하고 있는 상담기관과 비밀보장이나 정보의 보관과 처리 등 윤리적인 문제로 마찰이 생기는 경우 윤리위원회에 중재를 의뢰할 수 있다.

④ 상담자는 자신이 재직하고 있는 상담기관의 고용주에게 해를 끼칠 수 있는 상황 혹은 기관의 효율성에 제한을 줄 수 있는 상황에 대해 미리 통보를 하여야 한다.

⑤ 상담자는 해당 기관의 상담 활동에 적극적으로 종사하고 있지 않다면, 자신의 이름이 상업적인 광고나 홍보에 사용되지 않도록 해야 한다.

제15조(상담기관 운영)

① 상담기관 운영자는 상담 기관에 소속된 상담자의 증명서나 자격증은 그 중 최고 수준의 것으로 하고, 자격증의 유형, 주소, 연락처, 직무시간, 상담의 유형과 종류, 그와 관련된 다른 정보 등이 정확하게 기록된 목록을 작성해 두어야 한다.

② 상담기관 운영자는 자신과 현재 종사하고 있는 직원의 발전에 책임 의식을 가져야 하고, 직원들에게 상담 기관의 목표와 상담 프로그램에 대해 알려주어야 한다.

③ 상담기관 운영자는 고용, 승진, 인사, 연수 및 지도감독 시에 연령, 성별, 문화, 장애, 인종, 종교, 혹은 사회경제적 지위 등을 이유로 차별하지 않는다.

제16조(타 전문직과의 관계)

① 상담자는 상호 합의한 경우를 제외하고는 타 상담전문가로부터 도움을 받고 있는 내담자를 대상으로 상담을 하지 않는다.

② 상담자는 자신의 전문적 자격이 타 전문분야에서 오용되는 것에 적절하게 대처하며, 자신의 이익을 위해 타 전문직을 손상시키는 언어 및 행동을 삼간다.

③ 상담자는 자신의 상담 접근 방식과 차이가 있는 다른 전문가의 접근 방식 및 전통과 관례를 존중한다.

④ 상담자는 상담 전문가로서의 자신의 관점, 가치, 경험과 다른 학문 분야에 종사하는 동료의 관점, 가치, 경험을 활용하여 내담자의 복지에 영향을 미칠 수 있는 결정에 참여하고 기여한다.

제17조(홍보)

① 상담기관 운영자는 상담기관을 홍보하고자 할 때 일반인들에게 해당 상담기관의 전문적 활동, 상담분야, 관련 자격 등을 정확하게 알려주어야 한다.

② 상담기관 운영자는 내담자나 교육생을 모집하기 위해 개인상담소를 고용이나 기관가입의 장소로 이용하지 않는다.

제6장 상담연구

제18조(상담연구)

상담연구는 연구윤리규정에 준한다.

제19조(연구책임)

① 상담연구자는 연구의 결과가 상담의 이론과 실제에 바람직한 기여를 하도록 노력해야 하고, 연구로 인한 문제에 대해 책임을 져야 한다.

② 상담자는 연구참여자를 대상으로 하는 연구를 수행할 때 윤리규정, 법, 기관 규정, 과학적 기준에 합당한 방식으로 연구를 계획, 설계, 실행, 보고한다.

③ 상담자는 윤리적인 연구수행에 대한 궁극적인 책임이 연구책임자에게 있다는 것을 인식하고 연구 활동에 참여하는 모든 사람이 윤리적 책임을 공유하며 각자의 행동에 대해 책임을 진다는 사실을 주지시킨다.

④ 상담자는 연구참여 때문에 연구참여자의 삶에 혼란이 초래되는 것을 피하기 위해 합당한 사전 조치를 취한다.

⑤ 상담자는 연구 목적에 적합하다면 문화적인 고려를 통해 연구 절차를 구체화 하도록 한다.

제20조(연구참여자의 권리)

① 상담자는 피험자에게 연구의 필요성을 포함하여 연구에 관한 전반적인 사항에 대해 상세히 설명하여 동의를 얻어야 하며, 그들이 자발적으로 연구에 참여하도록 해야 한다.

② 상담자는 내담자를 포함시키는 연구를 수행할 때 사전동의 절차에서 내담자가 연구활동에 참여할 것인지에 대해 자유롭게 선택할 수 있다는 점을 명확하게 하고 동의를 받는다.

③ 상담자는 연구 과정에서 연구참여자에 대해 획득한 정보를 비밀로 유지한다.

④ 상담자는 자료가 수집된 후 연구에 대해 참여자들이 가질 수 있는 오해를 해소하기 위해 연구의 특성을 명확하게 설명한다.

⑤ 상담자는 학술 프로젝트나 연구가 완료되면 합당한 기간 내에 연구참여자의 신분을 확인할 수 있는 자료나 정보가 포함된 오디오, 비디오, 인쇄물과 같은 기록이나 문서를 파기하는 조치를 취한다.

제21조(연구결과의 보고)

① 연구결과를 발표할 때에는 그 결과와 관련된 모든 정보를 정확하게 서술해야 하며, 객관적이고 공정한 발표가 되게 하고, 연구결과가 다른 상담자의 연구를 위한 자료가 될 수 있도록 해야 한다.

② 상담자는 출판된 연구에서 중대한 오류를 발견하면, 정오표나 다른 적절한 출판 수단을 통해 그 오류를 수정하는 합당한 조치를 취한다.

③ 상담자는 모든 연구참여자의 신분을 보호하고 복지를 위해 자료를 각색·변형하고 결과에 대한 논의가 연구참여자에게 해를 끼치지 않도록 합당한 조치를 취한다.

④ 상담자는 연구대상자의 요구가 있을 경우 연구의 결과와 결론을 제공하고 연구대상자가 요구하는 연구의 오류를 바로잡을 수 있다.

⑤ 상담자는 다른 사람의 저작을 자신의 것처럼 표절하지 않는다. 또한 자신의 작품을 이중출판하거나 발표하지 않는다.

⑥ 상담자는 공동 저자, 감사의 글, 각주 달기 등의 적절한 방법을 통해 연구에 상당한 기여를 한 사람들에게 그런 기여에 합당하게 공로를 인정하고 표시한다.

제7장 심리검사

제22조(일반사항)

① 상담자는 내담자의 환경(사회적, 문화적, 상황적 특성 등)과 개별적 특성을 고려한 후, 내담자를 조력하기 위한 목적에 적합한 심리검사를 선택해야 한다.

② 심리검사를 실시할 때에는 자격이 있는 사람이 표준화된 절차에 따라 실시해야 하며, 그 과정을 경시해서는 안 된다. 또한 수련상담자는 지도감독자로부터 훈련받은 검사도구를 제대로 이용하는지의 여부를 평가받는다.

③ 상담자는 검사 채점과 해석을 수기로 하건, 컴퓨터를 사용하건, 혹은 다른 서비스를 사용하건 상관없이 내담자의 요구에 적합한 검사 도구를 적용, 채점, 해석, 활용한다.

④ 상담자는 검사 전에 검사의 특성과 목적, 잠재적인 결과, 수령자의 구체적인 결과의 사용에 대해 설명하고 내담자의 동의를 받는다. 이때 상담자는 내담자의 개인적·문화적 상황, 내담자의 결과 이해정도, 결과가 내담자에게 미치는 영향을 고려한다.

⑤ 상담자는 피검자의 복지, 명확한 이해, 검사 결과를 누가 수령할 것인지에 대한 결정에서 사전 합의를 고려한다.

제23조(검사 도구 선정과 실시 조건)

① 상담자가 검사 도구를 선정할 때 도구의 타당도, 신뢰도, 실용도, 객관도, 심리측정의 한계를 신중하게 고려한다.

② 상담자는 제삼자에게 내담자에 대한 검사를 의뢰할 때, 적절한 검사도구가 사용될 수 있도록 내담자에 대한 구체적인 의뢰 문제와 충분한 객관적인 자료를 제공한다.

③ 상담자는 문화적으로 다양한 집단을 위한 검사 도구를 선정할 경우, 그러한 내담자 집단에게 적절한 심리측정 특성이 결여된 검사 도구를 사용하지 않도록 합당한 노력을 한다.

④ 상담자는 검사도구의 표준화 과정에서 설정된 동일한 조건하에서 검사를 실시한다.

⑤ 상담자는 기술적 또는 다른 전자적 방법들이 검사 실시에 사용될 때, 실시 프로그램이 잘 기능하고 있는지 그리고 정확한 결과를 제공하는지에 대해 점검한다.

제24조(검사 채점 및 해석)

① 상담자는 개인 또는 집단검사 결과 발표에 정확하고 적절한 해석을 포함시킨다.

② 상담자는 검사 결과를 보고할 때, 검사 상황이나 피검사자의 규준 부적합으로 인한 타당도 및 신뢰도와 관련하여 발생하는 제한점을 명확히 한다.

③ 상담자는 연령, 피부색, 문화, 장애, 민족, 성, 인종, 언어 선호, 종교, 영성, 성적 지향, 사회경제적 지위가 검사 실시와 해석에 영향을 미친다는 것을 인식하고, 내담자와 관련된 다른 요인들을 고려하여 적절하게 검사 결과를 해석한다.

④ 상담자는 기술적인 자료가 불충분한 검사 도구의 경우 그 결과를 해석할 때 주의해야 한다. 그러한 도구를 사용하는 특정한 목적을 내담자에게 명확히 알린다.

⑤ 상담자는 내담자 혹은 심리검사를 수령할 기관에 심리검사결과가 올바로 통지되도록 해야 한다.

⑥ 상담자는 내담자 이외에는 내담자의 동의를 받은 제 삼자 또는 대리인에게 결과를 공개한다. 또한 이러한 자료는 자료를 해석할만한 전문성이 있다고 상담자가 인정하는 전문가에게 공개한다.

제25조(정신장애 진단)

① 상담자는 정신장애에 대해 적절한 진단을 하도록 특별하고 세심한 주의를 기울인다.

② 상담자는 치료의 초점, 치료 유형, 추수상담 권유 등의 내담자 보살핌을 결정하기 위해 사용되는 개인 상담을 포함한 검사 기술을 신중하게 선택하고 합당하게 사용한다.

③ 상담자는 정신장애를 진단할 때는 내담자의 문제를 규정하는 방식에 문화가 영향을 미친다는 것을 인식하고 내담자의 사회경제적·문화적 경험을 고려한다.

④ 상담자는 어떤 개인이나 집단들에 대해 오진을 내리고 정신병리화 하는 역사적·사회적 편견과 오류에 대해 충분히 이해하고 이러한 편견과 오류가 발생하지 않도록 특별한 주의를 기울인다.

⑤ 상담자는 심리검사의 결과가 내담자나 다른 사람들에게 해를 끼칠 수 있다고 판단되면 진단이나 보고를 해서는 안 된다.

제8장 윤리문제 해결

제26조(윤리위원회와의 협력)

① 상담자는 본 윤리강령 및 시행세칙을 숙지하고 이를 실천할 의무가 있다.

② 상담자는 본 학회의 윤리강령뿐만 아니라 상담관련 타 전문기관의 윤리 규준에 대해서도 충분히 이해하고 있어야 한다. 상담자에게 주어진 윤리적 책임에 대한 지식의 결여와 이해 부족이 상담자의 비윤리적 행위에 대한 면책사유가 되지 않는다.

제27조(윤리위반)

① 상담자는 다른 상담자의 윤리적인 문제를 알게 되었을 때, 윤리위원회에 제소할 수 있으며 윤리위원회는 본 윤리강령 및 시행세칙에 따라 적절한 조치를 취할 수 있다.

② 상담자는 윤리강령을 위반한 것으로 지목되는 사람에 대해 윤리위원회의 조사, 요청, 소송절차에 협력한다. 또한 자신이 연루된 사안의 조사에도 적극 협력해야 한다. 아울러 윤리문제에 대한 불만접수로부터 불만사항 처리가 완료될 때까지 본 학회와 윤리위원회에 협력하지 않는 것 자체가 본 윤리강령의 위반이며, 위반 시 징계 등 상응하는 조치를 취할 수 있다.

③ 상담자는 윤리적 책임이 법, 규정, 또는 다른 법적 권위자와 갈등이 생기면 본 학회윤리규정에 따른다는 것을 알리고 갈등을 해결하기 위한 조치를 취한다. 만약 갈등이 그러한 방법으로 해결되지 않으면, 법, 규정, 다른 법적 권위자의 요구 사항을 따른다.

④ 상담자는 명백한 윤리강령 위반이 비공식적인 방법으로 해결되지 않거나, 그 방법이 부적절하다면 윤리위원회에 위임한다.

⑤ 상담자는 그 주장이 그릇됨을 증명할 수 있는 사실을 무모하게 경시하거나 계획적으로 무시해서 생긴 윤리적 제소를 시작, 참여, 조장하지 않는다.

제9장 회원의 의무

제28조(회원의 의무)

본 학회의 정회원, 준회원 및 평생회원은 본 학회 회원의 자격을 부여 받기 이전이라 할지라도 본 윤리강령을 준수할 의무가 있다.

사단법인 한국상담심리학회 윤리강령 발췌

한국상담심리학회는 인간의 존엄성과 가치를 존중하고 다양한 심리적 조력활동을 통해 개인이 자기를 실현하는 삶을 살도록 돕는다. 본 학회는 이러한 목적을 구현하기 위하여 상담 심리사 자격제도를 운영한다. 본 학회에서 인증한 상담심리사(1급, 2급)와 상담심리사 수련과정에 있는 학회원은 전문가로서의 능력과 자질을 향상시키며 상담심리사의 역할을 하는 데 있어 내담자의 복지를 최우선 순위에 둔다. 상담심리사는 전문적인 상담 활동을 통해 내담자의 개인적인 성장을 넘어 국민의 심리적 안녕을 도모함으로써 사회적 공익에 기여한다. 이러한 책무를 다하기 위해 상담심리사는 전문성, 성실성, 사회적 책임, 인간 존중, 다양성 존중의 원칙을 따른다. 윤리강령의 준수는 내담자와 상담자 보호 및 상담자의 전문성 증진에 기여한다. 이를 위하여 상담심리사는 다음과 같은 윤리 강령을 숙지하고 준수할 것을 다짐한다.

1. 전문가로서의 태도

가. 전문적 능력

상담심리사는 자신의 능력의 한계를 인정하고 교육과 수련, 경험 등에 의해 준비된 역량의 범위 안에서 전문적인 서비스와 교육을 제공한다.

상담심리사는 자신이 가진 능력 이상의 것을 주장하거나 암시해서는 안 되며, 타인에 의해 능력이나 자격이 오도되었을 때에는 수정해야 할 의무가 있다.

상담심리사는 문화, 신념, 종교, 인종, 성적 지향, 성별 정체성, 신체적 또는 정신적 특성에 대한 자신의 편견을 자각하고, 이를 극복하기 위해 노력해야 한다. 특히 위와 같은 편견이 상담 과정을 방해할 우려가 있을 경우 자문, 사례지도 및 상담을 요청해야 한다.

상담심리사는 자신의 활동분야에 있어서 최신의 과학적이고 전문적인 정보와 지식을 유지하기 위해 지속적인 교육과 연수의 필요성을 인식하고 참여한다.

상담심리사는 자신의 전문적 능력에 대해 정확히 인식하고 정기적으로 전문인으로서의 능력과 효율성에 대해 자기점검 및 평가를 해야 한다. 상담자로서 직무를 수행하는 데 방해가 되는 개인적 문제나 능력의 한계를 인식하게 될 경우 지도감독이나 전문적 자문을 받을 책무가 있다.

나. 성실성

상담심리사는 자신의 신념체계, 가치, 제한점 등이 상담에 미칠 영향력을 자각해야 한다.

상담심리사는 내담자에게 상담의 목표와 이점, 한계와 위험성, 상담료 지불방법 등을 명확히 알린다.

상담심리사는 능력의 한계나 개인적인 문제로 내담자를 적절하게 도와줄 수 없을 때, 전문적 자문과 지원을 받는 등의 적절한 조치를 취한 뒤, 직무수행을 제한할지 아니면 완전히 중단할지 여부를 결정해야 한다.

상담심리사는 자신의 질병, 죽음, 이동, 퇴직으로 인한 상담의 갑작스런 중단가능성에 대비하고 있어야 하며, 또한 내담자의 이동이나 재정적 한계 등과 같은 요인에 의해 상담이 중단될 경우, 이에 대해 적절한 조치를 취해야 한다.

상담심리사는 내담자가 더 이상 도움을 필요로 하지 않거나, 상담을 지속하는 것이 더 이상 내담자에게 도움이 될 가능성이 없거나, 오히려 내담자에게 해가 될 것이 분명하다면 상담 관계를 종결해야 한다. 내담자가 다른 전문가를 필요로 할 경우에는 적절한 과정을 거쳐 의뢰하거나 관련 정보를 제공한다.

상담심리사는 개인의 이익을 위해 상담전문직의 가치와 품위를 훼손하는 행동을 해서는 안 된다.

상담심리사는 자신이 지도감독 내지 평가하거나 기타의 권위를 행사하는 대상, 즉 내담자, 학생, 수련생, 연구 참여자 및 피고용인을 물질적, 신체적, 업무상으로 착취하지 않는다.

상담심리사는 자신의 기술이나 자료가 다른 사람들에 의해 오용될 가능성이 있는 활동에 참여해서는 안 되며, 이런 일이 일어난 경우에는 이를 바로잡거나 최소화하는 조치를 취한다.

다. 자격관리

상담심리사는 자신의 자격급수와 상담경력을 정확히 알려야 하며, 자신의 자격을 과장하지 않는다.

상담심리사는 자신이 상담 관련 분야에서 취득한 최종 학위 및 전공을 정확히 명시하고, 그 이외의 분야에서 취득한 학위가 있더라도 그것을 마치 상담 관련 학위인 것처럼 알리지 않는다.

상담심리사는 자신의 전문자격을 유지하기 위하여 지속적인 교육, 연수를 받아야 한다. 만약 자격이 정지되었을 경우에는 이에 따른 책임을 지며 자격을 회복하기 위해 노력한다.

2. 사회적 책임

가. 사회와의 관계

상담심리사는 사회의 윤리와 도덕기준을 존중하고, 사회공익과 상담분야의 발전을 위해 최선을 다한다.

상담심리사는 필요시 무료 혹은 저가의 보수로 자신의 전문성을 제공하는 사회적 공헌 활동에 참여한다.

상담비용을 책정할 때 상담심리사들은 내담자의 재정상태를 고려하여야 한다. 책정된 상담료가 내담자에게 적절하지 않을 때에는, 대안적 서비스를 받을 수 있도록 돕는다.

상담심리사는 상담자 양성에 도움이 되는 다양한 전문적 활동에 참여한다.

나. 고용 기관과의 관계

상담심리사는 자신이 종사하는 기관의 목적과 방침에 공헌할 수 있는 활동을 할 책임이 있다. 기관의 목적과 방침이 상담자 윤리와 상충될 때에는 이를 해결하기 위해 노력해야 한다.

상담심리사는 근무기관의 관리자 및 동료들과 상담업무, 비밀보장, 직무에 대한 책임, 공적 자료와 개인자료의 구별, 기록된 정보의 보관과 처분에 관하여 상호 협의해야 한다. 상호 협의한 관계자들은 협의 내용을 문서화하고 공유한다.

상담심리사는 자신이 속한 기관의 효율성에 제한을 줄 수 있는 상황에 대해 미리 알려주어야 한다.

다. 상담 기관 운영자

상담기관 운영자는 기관 내에서 이루어지는 제반 상담활동을 관리 감독함에 있어, 내담자의 권리와 복지를 최우선으로 고려해야 한다.

상담기관 운영자는 방음, 편안함, 주의집중 등을 고려하여 상담 및 심리평가에 적합한 독립된 공간을 제공해야 한다.

상담기관 운영자는 상담심리사를 포함한 피고용인의 권리와 복지 보장 및 전문성 제고를 위해 최선의 노력을 다 할 책임이 있다.

상담기관 운영자는 업무에 적합한 전문성을 갖춘 상담심리사를 고용하고, 이들의 증명서, 자격증, 업무내용, 기타 상담자와 관련된 다른 정보 등을 정확하게 파악하고 관리하여야 한다.
상담기관 운영자는 직원들에게 기관의 목표와 활동에 대해 알려주어야 한다.
상담기관 운영자는 고용, 승진, 인사, 연수 및 지도 시에 성별, 장애, 나이, 성적 지향, 성별 정체성, 사회적 신분, 외모, 인종, 가족형태, 종교 등을 이유로 차별적인 행동을 해서는 안 된다.
상담기관 운영자는 고용을 빌미로 상담심리사가 원치 않는 유료 상담, 유료 교육, 내담자 모집을 강제해서는 안 된다.

라. 다른 전문직과의 관계

상담심리사는 함께 일하는 다른 전문적 집단의 특성을 존중하고, 상호 협력적 관계를 도모한다.
공적인 자리에서 개인 의견을 말할 경우, 상담심리사는 그것이 개인적 의견에 불과하며 상담심리사 전체의 견해나 입장이 아님을 분명히 해야 한다.
상담심리사는 내담자가 다른 정신건강 전문가의 서비스를 받고 있음을 알게 되면, 내담자로 하여금 상담 사실을 그 전문가에게 알리도록 권유하고, 긍정적이고 협력적인 치료관계를 맺도록 노력한다.
상담심리사는 내담자 의뢰나 소개와 관련한 비용을 수취하거나 요구하지 않는다.

마. 자문

자문이란 개인, 집단, 사회단체가 전문적인 조력자의 도움이 필요하여 요청한 자발적인 관계를 말한다. 상담심리사는 자문을 요청한 개인이나 기관의 문제 혹은 잠재된 문제를 규명하고 해결하는 데 도움을 준다.
상담심리사는 자신이 자문에 참여하는 개인 또는 기관에게 도움을 주는 데 필요한, 자질과 능력을 갖추었는지를 스스로 검토하고 자문에 임해야 한다.
상담심리사는 자문에 임할 때 자신의 가치관, 지식, 기술, 한계성이나 욕구에 대한 깊은 자각이 있어야 하고, 자문의 초점은 문제를 가진 사람이 아니라 풀어나가야 할 문제 자체에 두어야 한다.
자문 관계는 자문 대상자가 스스로 성장해 나가도록 격려하고 고양하는 것이어야 한다. 상담심리사는 이러한 역할을 일관성 있게 유지해야 하고, 자문 대상자가 스스로의 의사결정자가 되도록 도와주어야 한다.
상담활동에서 자문의 활용에 대해 홍보할 때는 학회의 윤리강령을 성실하게 준수해야 한다.

바. 홍보

상담심리사는 전문가로서의 자신의 자격과 상담경력에 대해 대중에게 정확하게 홍보해야 하며, 오해를 일으킬 수 있거나 거짓된 내용을 전달해서는 안 된다.
상담심리사는 일반인들에게 상담의 전문적 활동이나 상담 관련 정보, 기대되는 상담효과 등을 정확하게 알려주어야 한다.
상담심리사는 출판업자, 언론인, 혹은 후원사 등이 상담의 실제나 전문적인 활동과 관련된 잘못된 진술을 하는 경우 이를 시정하고 방지하도록 노력한다.
상담심리사가 워크숍이나 상담 프로그램을 홍보할 때는 참여자의 선택을 위해서 정확한 정보를 제공해야 한다.

상담심리사는 상담자의 품위를 훼손하지 않도록 책임의식을 가지고 홍보해야 한다.

상담심리사는 홍보에 활용하기 위하여 내담자에게 소감문 작성이나 사진 촬영 등을 강요하지 않는다.

상담심리사는 자신이 실제로 상담 및 자문 활동을 하지 않는 상담기관이 자신의 이름을 기관의 홍보에 사용하지 않도록 해야 한다.

3. 내담자의 복지와 권리에 대한 존중

가. 내담자 복지

상담심리사의 일차적 책임은 내담자의 복지를 증진하고 존엄성을 존중하는 것이다.

상담심리사는 내담자의 잠재력을 개발하여 건강한 삶을 영위하도록 도움을 주며, 어떤 방식으로도 해를 끼치지 않는다.

상담심리사는 상담관계에서 오는 친밀성과 책임감을 인식해야 한다. 상담심리사의 개인적 욕구충족을 위해서 내담자를 희생시켜서는 안 되며, 내담자로 하여금 의존적인 상담관계를 형성하지 않도록 노력해야 한다.

상담심리사는 직업 문제와 관련하여 내담자의 능력, 일반적인 기질, 흥미, 적성, 욕구, 환경 등을 고려하면서 내담자와 함께 노력하지만, 내담자의 일자리를 찾아주거나 근무처를 정해줄 의무가 있는 것은 아니다.

나. 내담자의 권리와 사전 동의

내담자는 상담 계획에 참여할 권리, 상담을 거부하거나 상담 개입방식의 변화를 거부할 권리, 그러한 거부에 따른 결과에 대해 고지 받을 권리, 자신의 상담 관련 정보를 요청할 권리 등이 있다.

상담심리사는 상담을 시작할 때 내담자가 충분한 설명을 듣고 선택할 수 있도록 적절한 정보를 제공해야 하고, 상담자와 내담자 모두의 권리와 책임에 대해서 알려줄 의무가 있다. 이러한 사전 동의 절차는 상담과정의 중요한 부분이며, 내담자와 논의하고 합의된 내용을 적절하게 문서화한다.

상담심리사가 내담자에게 설명해야 할 사전 동의 항목으로는 상담자의 자격과 경력, 상담 비용과 지불 방식, 치료기간과 종결 시기, 비밀보호 및 한계 등이 있다.

상담심리사는 내담자에게 상담 과정의 녹음과 녹화 가능성, 사례지도 및 교육에의 활용 가능성에 대해 설명하고, 내담자에게 동의 또는 거부할 권리가 있음을 알려야 한다.

내담자가 미성년자 혹은 자발적인 동의를 할 수 없는 경우, 상담심리사는 내담자의 최상의 복지를 고려하여, 보호자 또는 법정 대리인의 사전 동의를 구해야 한다.

상담심리사는 미성년인 내담자를 상담할 때, 필요하면 부모나 보호자가 상담에 참여 할 수 있음을 내담자에게 알린다. 이 경우, 상담자는 부모 혹은 보호자의 참여에 앞서 그 영향을 고려하고 내담자의 권익을 보호하도록 한다.

다. 다양성 존중

상담심리사는 모든 인간의 기본적인 권리, 존엄성, 가치를 존중하며 성별, 장애, 나이, 성적 지향, 성별 정체성, 사회적 신분, 외모, 인종, 가족형태, 종교 등을 이유로 내담자를 차별하지 않는다.

상담심리사는 내담자의 다양한 문화적 배경을 이해하려고 적극적으로 시도해야 하며, 상담심리사 자신의 고유한 문화적 정체성이 상담과정에 어떤 영향을 주는지 인식해야 한다.

상담심리사는 자신의 고유한 가치, 태도, 신념, 행위를 인식하고, 내담자에게 자신의 가치를 강요하지 않는다.

4. 상담관계

가. 다중 관계

상담심리사는 객관성과 전문적인 판단에 영향을 미칠 수 있는 다중 관계는 피해야 한다. 가까운 친구나 친인척, 지인 등 사적인 관계가 있는 사람을 내담자로 받아들이면 다중 관계가 되므로, 다른 전문가에게 의뢰하여 도움을 준다. 의도하지 않게 다중 관계가 시작된 경우에도 적절한 조치를 취해야 한다.

상담심리사는 상담 할 때에 내담자와 상담 이외의 다른 관계가 있다면, 특히 자신이 내담자의 상사이거나 지도교수 혹은 평가를 해야 하는 입장에 놓인 경우라면 그 내담자를 다른 전문가에게 의뢰한다.

상담심리사는 내담자와 상담실 밖에서 연애 관계나 기타 사적인 관계(소셜미디어나 다른 매체를 통한 관계 포함)를 맺거나 유지하지 않는다.

상담심리사는 내담자와의 관계에서 상담료 이외의 어떠한 금전적, 물질적 거래를 해서는 안 된다.

상담심리사는 내담자의 선물로 인해 발생할 수 있는 문제를 숙고해야 한다. 선물의 수령 여부를 결정함에 있어서 상담 관계에 미치는 영향, 선물의 의미, 내담자와 상담자의 동기, 현행법 위반 여부 등을 신중하게 고려해야 한다.

나. 성적 관계

상담심리사는 내담자 및 내담자의 보호자, 친척 또는 중요한 타인에게 자신의 지위를 이용하여 성희롱 또는 성추행을 포함한 성적 접촉을 해서는 안 된다.

상담심리사는 내담자 및 내담자의 보호자, 친척, 또는 중요한 타인과 성적 관계를 가져서는 안 된다.

상담심리사는 이전에 연애 관계 또는 성적인 관계를 가졌던 사람을 내담자로 받아들이지 않는다.

상담심리사는 상담관계가 종결된 이후 적어도 3년 동안은 내담자와 성적 관계를 맺지 않아야 한다. 그 후에라도 가능하면 내담자와 성적인 관계는 갖지 않는다.

다. 여러 명의 내담자와의 관계

상담심리사가 두 명 이상의 사람들에게 상담 서비스를 제공하는 경우 (예: 남편과 아내, 부모와 자녀), 누가 내담자이며 각각의 사람들과 어떤 관계를 맺어갈지를 명확히 하고 상담을 시작해야 한다. 만약에 상담심리사가 내담자들 사이에서 상충되는 역할을 해야 된다면, 상담심리사는 그 역할에 대해서 명확히 하거나, 조정하거나, 그 역할로부터 벗어나도록 한다.

라. 집단상담

상담심리사는 집단 목표에 부합하는 집단원들을 모집하여 집단상담이 원활히 진행되도록 한다.

상담심리사는 집단참여자를 물리적 피해나 심리적 외상으로부터 보호하기 위해 충분한 주의를 기울인다.

집단리더는 지위를 이용하여 집단원의 권리와 복지를 훼손하지 않는다. 또한, 집단 과정에서 집단원의 선택의 자유를 존중하고, 이들이 집단 압력으로부터 보호 받을 권리가 있음을 유념한다.

집단 리더는 다중관계가 될 수 있는 가까운 친구나 친인척, 지인 등을 집단원으로 받아들이지 않는다. 또한, 집단상담이 끝난 후 집단원과 사적인 관계를 맺거나 유지하지 않는다.

5. 정보의 보호 및 관리

가. 사생활과 비밀보호

상담심리사는 상담과정에서 알게 된 내담자의 민감 정보를 다룰 때 특별히 주의해야하고, 상담과 관련된 모든 정보의 관리에 있어 개인정보 보호와 관련된 법을 준수해야 한다.

상담심리사는 사생활과 비밀유지에 대한 내담자의 권리를 최대한 존중해야 할 의무가 있다.

내담자의 사생활 보호에 대한 권리는 존중되어야 하나, 때로 내담자나 내담자가 위임한 법정 대리인의 요청에 의해 제한될 수 있다.

내담자의 사생활 보호가 제한되는 경우라 하더라도, 상담심리사는 내담자의 사생활 침해를 최소화하기 위해 노력해야 하고, 문서 및 구두 보고 시 사생활에 관한 정보를 포함시켜야 할 경우 그 목적과 밀접한 관련이 있는 정보만을 포함시킨다.

상담심리사는 강의, 저술, 동료자문, 대중매체 인터뷰, 사적 대화 등의 상황에서 내담자의 신원확인이 가능한 정보나 비밀 정보를 공개하지 않는다.

상담심리사는 상담 기관에 소속된 모든 구성원과 관계자들에게도 내담자의 사생활과 비밀이 보호되도록 주지시켜야 한다.

나. 기록

상담기관이나 상담심리사는 상담의 기록, 보관 및 폐기에 관한 규정을 마련하고 준수해야 한다.

상담심리사는 법, 규정 혹은 제도적 절차에 따라, 상담기록을 일정기간 보관한다. 보관 기간이 경과된 기록은 파기해야 한다.

공공기관이나 교육기관 등은 각 기관에서 정한 기록 보관 연한을 따르고, 이에 해당하지 않는 경우에는 3년 이내 보관을 원칙으로 한다.

상담심리사는 상담의 녹음 및 기록에 관해 내담자의 동의를 구한다.

상담심리사는 면접기록, 심리검사자료, 편지, 녹음 파일, 동영상, 기타 기록 등 상담과 관련된 기록들이 내담자를 위해 보존된다는 것을 인식하며, 상담기록의 안전과 비밀보호에 책임을 진다.

상담심리사는 내담자가 합당한 선에서 기록물에 대한 열람을 요청할 경우, 열람할 수 있도록 한다. 단, 상담심리사는 기록물에 대한 열람이 내담자에게 해악을 끼친다고 사료될 경우 내담자의 기록 열람을 제한한다.

상담심리사는 내담자의 기록 열람에 대한 요청을 문서화하며, 기록의 열람을 제한할 경우, 그 이유를 명기한다.

복수의 내담자의 경우, 상담심리사는 각 개별 내담자에게 직접 해당되는 부분만을 공개하며, 다른 내담자의 정보에 관련된 부분은 노출되지 않도록 한다.

상담심리사는 기록과 자료에 대한 비밀보호가 자신의 죽음, 능력상실, 자격박탈 등의 경우에도 보호될 수 있도록 미리 계획을 세운다.

상담심리사는 상담과 관련된 기록을 보관하고 처리하는 데 있어서 비밀을 보호해야 하며, 이를 타인에게 공개할 때에는 내담자의 직접적인 동의를 받아야 한다.

다. 비밀보호의 한계

내담자의 생명이나 타인 및 사회의 안전을 위협하는 경우, 내담자의 동의 없이도 내담자에 대한 정보를 관련 전문인이나 사회에 알릴 수 있다.

내담자가 감염성이 있는 치명적인 질병이 있다는 확실한 정보를 가졌을 때, 상담심리사는, 그 질병에 위험한 수준으로 노출되어 있는 제3자(내담자와 관계 맺고 있는)에게 그러한 정보를 공개할 수 있다. 상담심리사는 제3자에게 이러한 정보를 공개하기 전에, 내담자가 자신의 질병에 대해서 그 사람에게 알렸는지, 아니면 스스로 알릴 의도가 있는지를 확인한다.

법원이 내담자의 동의 없이 상담심리사에게 상담관련 정보를 요구할 경우, 상담심리사는 내담자의 권익이 침해되지 않도록 법원과 조율하여야 한다.

상담심리사는 내담자 정보를 공개할 경우, 정보 공개 사실을 내담자에게 알려야 한다. 정보 공개가 불가피할 경우라도 최소한의 정보만을 공개한다.

여러 전문가로 구성된 팀이 개입하는 상담의 경우, 상담심리사는 팀의 존재와 구성을 내담자에게 알린다.

비밀보호의 예외 및 한계에 관한 타당성이 의심될 때에 상담심리사는 동료 전문가 및 학회의 자문을 구한다.

라. 집단상담과 가족상담

집단 상담을 할 경우, 상담심리사는 그 특정 집단에 대한 비밀 보장의 중요성과 한계를 명백히 설명한다.

가족상담에서 상담심리사는 각 가족 구성원의 사생활 보호에 대한 권리를 존중한다. 한 가족 구성원에 대한 정보는, 해당 구성원의 허락 없이는 다른 구성원에게 공개될 수 없다. 단, 미성년자 혹은 심신미약자가 포함된 경우, 이들에 대한 비밀보장은 위임된 보호자에 의해 제한될 수 있다.

마. 상담 외 목적을 위한 내담자 정보의 사용

교육이나 연구 또는 출판을 목적으로 상담관계로부터 얻어진 자료를 사용할 때에는 내담자의 동의를 구해야 하며, 각 개인의 익명성이 보장되도록 자료 변형 및 신상 정보의 삭제와 같은 적절한 조치를 취하여 내담자에게 피해를 주지 않도록 한다.

다른 전문가의 자문을 구할 경우, 상담심리사는 사전에 내담자의 동의를 구해야 하며, 적절한 조치를 통해 내담자의 사생활과 비밀을 보호하도록 노력한다.

바. 전자 정보의 관리 및 비밀보호

전자기기 및 매체를 활용하여 상담관련 정보를 기록·관리하는 경우, 상담심리사는 기록의 유출 또는 분실 가능성에 대해 경각심과 주의의무를 가져야 하며 내담자의 정보보호를 위해 적극적인 노력을 해야 한다.

내담자의 기록이 전산 시스템으로 관리되는 경우, 상담심리사는 접근 권한을 명확히 설정하여 내담자의 신상이 드러나지 않도록 조치를 취한다.

6. 심리평가

가. 기본 사항

심리평가의 목적은 심리검사를 활용하여 내담자의 자기이해 및 의사결정을 돕고 치료계획을 수립하는 데 있다.

상담심리사는 규정된 전문적 관계 안에서만 심리검사를 활용한 진단, 평가 및 개입을 한다.

심리평가에 대한 상담심리사의 결과해석, 소견 및 권고는 충분한 정보와 근거를 바탕으로 이루어져야 하며, 상담심리사는 이에 대한 내담자의 알권리를 존중한다.

상담심리사는 심리검사의 결과나 해석을 오용해서는 안 되며, 전문적 자격을 갖추지 않은 사람에 의한 심리검사의 개발, 출판, 배포, 사용에 대해서는 적절한 조치를 취한다.

상담심리사는 내담자 혹은 내담자의 법정대리인의 동의가 있는 경우에만 내담자의 개인정보가 포함된 심리평가 관련 자료를 공개한다. 단, 공개 대상은 자료를 해석할 만한 충분한 자격을 갖춘 전문가로 제한한다.

나. 검사를 사용하고 해석하는 능력

상담심리사는 심리평가를 수행함에 있어 평가 도구의 채점, 해석과 사용, 관리에 대한 책임이 있으며, 자신이 훈련받은 검사와 평가만을 수행해야 한다. 이는 온라인 검사의 경우에도 해당된다.

상담심리사는 검사도구의 타당도와 신뢰도, 검사도구의 개발과 사용 지침에 대해 이해하고 있어야 한다.

상담심리사는 검사의 실시, 채점 및 해석이 제공되는 온라인 검사의 경우에도 원 검사의 구성 및 해석에 대해 숙지하고 있어야 한다.

상담심리사는 수련생이 심리검사를 유능하게 수행할 수 있는지 지속적으로 감독해야 한다.

다. 사전 동의

상담심리사는 심리평가 전에 내담자 또는 내담자의 법정 대리인에게 사전 동의를 받아야 한다. 사전 동의를 구할 때에는 검사의 목적과 용도, 비용에 대해 내담자가 이해할 수 있도록 설명해야 한다.

상담심리사는 검사결과를 제공할 때 내담자 혹은 내담자가 사전 동의한 수령인에게 결과를 전달하고 적절한 해석을 제공해야 한다. 이는 집단으로 실시된 검사도 해당된다.

라. 검사의 선택 및 실시

상담심리사는 내담자에게 적절한 심리검사를 선택해야 하며 검사의 타당도와 신뢰도, 제한점 등을 고려한다.

상담심리사는 다문화 배경을 가진 내담자를 위한 심리검사 선택 시, 그의 사회문화적 맥락을 신중히 고려해야 한다.

상담심리사는 표준화된 조건에 따라 검사를 시행한다. 검사가 표준화된 조건에서 시행되지 않거나, 검사 수행 중 일반적이지 않은 행동 혹은 예외적인 상황이 발생할 경우, 그러한 내용을 기록해야 하고, 그 검사결과의 타당성을 의심하거나 무효 처리할 수 있다.

상담심리사는 신뢰할 수 있는 검사결과를 얻기 위해 검사지 및 검사도구가 노출되지 않도록 주의하고 그 내용을 언급하지 않을 책임이 있다.

마. 검사 결과의 해석과 진단

상담심리사는 검사 해석에 있어서 성별, 장애, 나이, 성적 지향, 성별 정체성, 사회적 신분, 외모, 인종, 가족형태, 종교 등의 영향을 고려하고, 다른 관련 요인들과 통합 비교하여 검사 결과를 해석한다.

상담심리사는 경험적으로 입증되지 않은 평가 도구를 사용할 경우, 그 도구를 사용하는 목적을 내담자에게 설명하고 결과 해석에 신중해야 한다.

상담심리사는 정신장애에 대한 평가를 하는 경우 각별한 주의를 기울여야 한다. 내담자를 위한 치료 방향, 치료 유형 및 후속조치를 결정하기 위해서 개인 면담 및 평가 방법을 신중하게 선택하고 사용한다.

상담심리사는 내담자의 문제가 그가 속한 문화의 영향을 받는다는 것을 인지하고, 정신장애 진단 시 사회경제 및 문화적 경험을 고려해야 한다.

상담심리사는 정신장애를 진단하는 것이 내담자나 다른 사람들에게 해가 된다고 판단할 경우, 진단 혹은 진단 결과의 보고를 유보할 수 있다. 상담자는 진단이 지니는 긍정적, 부정적 함의를 신중하게 고려한다.

바. 검사의 안전성

상담심리사는 공인된 검사의 전부 또는 일부를 발행자 허가 없이 사용, 재발행, 수정하지 않는다.

상담심리사는 실시한 지 오래된 검사 결과에 기초한 평가를 피하고, 시대에 뒤떨어진 검사 도구를 사용하지 않는다.

상담심리사는 심리검사의 요강, 도구, 자극, 또는 문항이 대중매체, 인터넷(온라인) 등을 통해 노출되지 않도록 해야 하며, 또한 특정한 반응에 대한 구체적인 해석이 대중적으로 공개되지 않도록 해야 한다.

7. 수련감독 및 상담자 교육

가. 수련감독과 내담자 복지

수련감독자는 수련생이 진행하는 상담을 지도·감독할 때, 내담자의 복지를 우선적으로 고려해야 한다.

수련감독자는 수련생이 내담자들에게 상담 서비스를 제공함에 있어서, 자신의 자격 요건을 명확히 알리도록 지도한다.

수련감독자는 사전 동의 및 비밀보장 등의 권리가 내담자에게 있음을 수련생에게 주지시킨다.

나. 수련감독자의 역량과 책임

수련감독자는 사례지도 방법과 기법들에 대한 교육과 훈련을 받음으로써, 사례지도 역량을 향상시키기 위해 노력한다.

수련감독자는 전자 매체를 통하여 전송되는 모든 사례지도 자료의 비밀 보장을 위해서 주의하고, 필요한 조치를 취한다.

수련감독자는 사례지도를 진행할 때, 학회에서 권고한 사례지도 형식과 시간을 준수해야 한다.

수련감독자는 사례지도를 시작하기 전에, 진행 과정에 대해 충분히 설명한 후 동의를 받음으로써, 수련생의 적극적 참여를 독려할 책임이 있다.

수련감독자는 수련생에게 그들이 준수해야 할 전문가적·윤리적 규준과 법적 책임을 숙지시킨다.

수련감독자는 지속적 평가를 통해 수련생의 한계를 파악하고, 그가 자신의 한계를 인식하고 보완할 수 있도록 돕는다.

자격 심사 추천을 하는 주 수련감독자는 수련생이 합당한 역량을 모두 갖추었다고 여겨질 때에만 훈련과정을 확인 및 추천한다.

다. 수련감독자와 수련생 관계

수련감독자는 수련생과 상호 존중하며 윤리적, 전문적, 개인적, 그리고 사회적 관계를 명료하게 정의하고 유지한다.

수련감독 관계의 변화나 확장이 있을 경우, 수련감독자는 그로 인한 문제가 발생하지 않도록 적절한 전문적 조치를 취한다.

수련감독자와 수련생은 성적 혹은 연애 관계를 갖지 않는다.

수련감독자와 수련생은 상호 성희롱 또는 성추행을 해서는 안 된다.

수련감독자는 가족, 친구, 동료 등 상대방에 대한 객관성을 유지하기 힘든 사람과 수련감독 관계를 맺지 않는 것을 원칙으로 한다.

라. 상담 교육자의 책임과 역할

상담 교육자는 상담과 관련된 자신의 지식과 능력 범위 안에서 교육을 제공하며, 상담 분야에서의 가장 새로운 정보와 지식을 활용한다.

상담 교육자는 교육과정에서 상담자의 다양성 인식 증진 및 다문화적 역량 향상을 도모한다.

상담 교육자는 교육생들이 상담이라는 전문직의 윤리적 책임과 규준을 숙지할 수 있도록 지도하고, 교육자 스스로 윤리적인 역할 모델이 될 수 있도록 노력한다.

상담 교육자는 자신이 속한 기관의 정책과 실제가 수련과정의 취지와 어긋난다면, 가능한 범위에서 그 상황을 개선하도록 노력한다.

상담 교육자는 수련중인 학회 회원의 상담료나 교육비를 책정할 때 특별한 배려를 함으로써 상담자 양성에 기여한다.

강의나 수업 중에 내담자, 학생, 혹은 수련생에 관한 정보나 이야기를 사례로 활용할 경우, 신상 정보를 충분히 변경하여 그 개인이 드러나지 않도록 보호한다.

상담 교육자는 교육생들이 훈련프로그램 중 상담자의 역할을 할 경우에도, 실제 상담자와 동일한 윤리적 의무와 책임이 있음을 인식하도록 지도한다.

상담 교육자는 평가대상이 되는 학생과 상담 관계를 맺지 않는다. 단 학교 현장에서 교육의 목적으로 이루어지는 집단 상담의 경우는 예외로 한다.

상담 교육자와 교육생은 성적 혹은 연애 관계를 갖지 않는다.

상담 교육자와 교육생은 상호 성희롱 또는 성추행을 해서는 안 된다.

8. 윤리문제 해결

가. 숙지의 의무

상담심리사는 본 윤리강령 및 적용 가능한 타 윤리강령을 숙지해야 할 의무가 있다. 본 윤리강령에 대해 모르고 있거나, 잘못 이해했다고 해도 비윤리적 행위가 정당화될 수는 없다.

상담심리사는 현행법이 윤리강령을 제한할 경우, 현행법을 우선적으로 적용한다. 만약 윤리강령이 현행법이 요구하는 것보다 엄격한 기준을 설정하고 있다면 윤리강령을 따라야 한다.
특정 상황이나 행위가 윤리강령에 위반되는지 불분명할 경우, 상담심리사는 윤리강령에 대해 지식이 있는 다른 상담심리사, 해당 권위자 및 상벌윤리 위원회의 자문을 구한다.
상담심리사는 사실이 아닌 일을 만들거나 과장해서 위반 사례로 신고하거나 이를 조장하지 않는다.

나. 윤리위반의 해결

상담심리사는 다른 상담심리사의 윤리강령 위반을 인지한 경우, 그 위반이 심각한 해를 끼치지 않는다면, 우선 해당 상담심리사에게 윤리문제가 있음을 인식시킨다.
명백한 윤리강령의 위반으로 개인이나 조직이 실질적인 해를 입거나 그럴 가능성이 있는 경우, 그리고 개별적인 시도로 해결되지 않는 경우, 상담심리사는 상벌윤리 위원회에 신고한다.
소속 기관 및 단체와 본 윤리강령 간에 갈등이 있을 경우, 상담심리사는 갈등의 본질을 명확히 하고, 소속 기관 및 단체에 윤리강령을 알려서 이를 준수하는 방향으로 해결책을 찾도록 한다.

다. 상벌윤리 위원회와의 협조

상담심리사는 상벌윤리 위원회의 업무에 협조한다. 상담심리사는 윤리강령을 위반한 것으로 신고된 사건 처리를 위한 상벌윤리 위원회의 조사, 요청, 기타절차에 협력한다.

9. 회원의 의무

본 학회의 모든 회원(정회원, 준회원)은 상담심리사 자격취득 여부와 상관없이 본 윤리강령을 준수할 의무가 있다. 윤리강령에 어긋나는 행위를 한 상담심리사는 윤리강령과 상담심리학회 회칙에서 정한 절차에 따라 징계를 받을 수 있다. 또한, 징계결과를 학회원, 다른 기관이나 개인에게 알릴 수 있다.

CHAPTER

13 청소년 상담현장과 프로그램 개발

1 프로그램의 이해

프로그램의 사전적 정의는 목록, 순서, 예정, 계획 등으로 볼 수 있다. 계획이란 추상적인 상태로 존재 또는 의미가 있는 어떤 목적이나 목표를 실현하기 위하여 무엇을 어떻게 준비해야 실천 수준으로 가능할 것인지에 대하여 구상하는 단계라고 할 수 있다. 목록은 이를 위해 필요한 인력, 예산, 자원, 실행기술 등이 실체화되어서 활동할 수 있는 지침 수준으로 구체화한 것으로 볼 수 있다. 순서는 목록에 포함되어 있는 자원들이 어떤 순서대로 투입되고 관리되어야 하는지의 의미로 좀 더 확장하면 프로그램의 전달체계의 의미를 가지고 있다고 할 수 있다. 다시 말해 프로그램이란 어떤 일을 수행하기 위하여 계획을 정리한 것으로 일이 진행되는 순서에 따라 일을 함께 진행하는 사람들이 실천해 나가는 것이다.

1) 청소년상담프로그램의 정의

청소년상담프로그램은 최근 공공기관, 상담센터, 학교 등에서의 상담 요구가 많아지면서 활용도가 높아졌다. 청소년상담프로그램은 집단을 이끌어가는 리더가 더 많은 내담자와 함께 작업할 수 있고, 집단 구성원에게는 집단과정에서 발생하는 독특한 학습의 이점을 제공한다. 가장 중요한 것은 내담자 중심으로 모든 여건을 고려해 보았을 때 내담자에게 가장 도움이 되는 방식을 채택하는 선택과정을 거쳐야 한다는 것이다. 이러한 의사결정을 내리기 위해서 먼저 상담프로그램의 정의 및 구성요소를 알아보고자 한다.

정의를 살펴보면, 먼저 이형득(1980)은 "청소년상담프로그램은 비교적 적은 수의 정상인들이 한두 사람 전문가의 지도 아래 집단 혹은 상호 관계성의 역할을 토대로 하여 신뢰할 만하고, 수용적인 분위기 속에서 개인의 태도와 행동의 변화 혹은 한층 높은 수준의 개인적 성장 및 인간관계 능력의 발달을 위해 노력하는 역동적인 대인관계의 과정이다"라고 하였다. 이장호와 김정희(1992)는 "청소년상담프로그램은 생활 과정상의 문제를 해결하고 보다 바람직한 성장, 발달을 위하여 전문적으로 훈련받은 상담자의 지도와 동료들의 역동적인 상호교류를 통해서 각자의 감정, 태도, 생각 및 행동양식 등을 탐색하고 이해하여 더욱 성숙된 수준으로 향상시키는 과정"이라고 하였다. 즉, 청소년상담프로그램은 따로 집단을 구성한 후 신뢰롭고 수용적인 분위기 속에서 집단리더와 집단구성원 간의 상호작용을 통해 각 개인이 성장해 가는 역동적인 대인관계라고 정의할 수 있다.

노상우, 송재홍, 천성문, 이영순, 이연순(1999)은 여러 학자들이 내린 청소년상담프로그램의 정의를 바탕으로 청소년상담프로그램의 과정에 포함될 공통 요소를 다음과 같이 제시하였다.

첫째, 청소년상담프로그램은 비교적 정상적인 범위의 적응수준에 속하는 소수의 사람들을 대상으로 한다.

둘째, 청소년상담프로그램의 목표는 개인의 태도와 행동의 변화 혹은 생활 과정에서 발생하는 문제의 해결을 통한 개인적 성장과 인간관계능력의 발달에 있다.

셋째, 청소년상담프로그램은 전문적인 훈련을 받은 한두 명의 상담자가 맡는다.

넷째, 청소년상담프로그램은 하나의 역동적인 대인관계의 과정으로써 청소년상담프로그램의 기초가 되는 역동적인 상호 교류이며, 이는 곧 집단 속에 있는 개개인 사이는 물론 개인 내부에서 끊임없이 유지되는 지속적인 상호작용의 관계를 말한다.

다섯째, 청소년상담프로그램은 신뢰할 만하고 수용적인 분위기 속에서 이루어져야 한다.

여섯째, 청소년상담프로그램은 구성원 각자의 대인관계에 관련된 감정과 반응양식, 특히 사회적 태도가 집중적으로 탐색되고 명료화되고 수정되며, 또한 그 결과가 확인되는 절차와 과정들로 이루어진다.

2) 프로그램의 과정과 구성

프로그램의 과정은 준비 및 계획단계, 실행단계, 종결단계의 3단계로 볼 수 있다. 첫 번째 준비 및 계획단계는 프로그램을 실행하기 이전에 필요한 ① 비전 및 전략 구성 ② 욕구/문제/과제의 규정 ③ 프로그램 기획 및 타당성 검토 ④ 목적 및 목표 규정 ⑤ 목표대상 선정 ⑥ 프로그램 내용 및 실행계획 ⑦ 자원투입계획(예산, 인력, 자원) ⑧ 평가계획 ⑨ 인증 ⑩ 홍보마케팅 및 참여로 구성된다.

두 번째 실행단계는 ① 프로그램 장(시간/공간/ 시설기자재) ② 프로그램 활동(수행) ③ 프로그램 관리 ④ 슈퍼비전 및 지원체계 ⑤ 수행근거 자료화 ⑥ 과정/형성평가 등으로 구성된다.

세 번째 종결단계에서는 ① 프로그램 종결관리 ② 프로그램 평가(단기성과) ③ 예산 정산 및 사후인증 ④ 기대효과 ⑤ 결과 활용 ⑥ 정책결정(총괄평가) 등으로 구성된다.

3) 프로그램 개발의 과정

(1) **준비단계**: 비전 및 전략, 전문가 관점정립, 아이디어/욕구/문제이해, 목표(욕구/문제)의 예측과 가설

(2) **문제인식 단계**: 선행정보 수집, 욕구조사, 문제를 인식하는 방법(인식의 전환, 경험적 상상력, 체계론적 관점, 인과론적 관점, 시계열 분석, 기타), 정보의 재구성

(3) **목표설정 단계**: 문제－해결과제의 규정, 목적－핵심성과의 규정, 목표의

규정, 핵심성공요인의 규정, 평가 기준의 개발

(4) **사업계획 단계**: 대상자의 규정, 실천계획의 구성, 실행인력의 구성, 예산 계획의 구성, 관리체계 구성, 평가의 준비, 사업계획의 검토

(1) 준비단계-비전 및 전략

① 관점의 정립

준비단계에서 가장 중요한 것은 비전과 전략일 것이다. 비전은 장기적 달성 목표 이상으로 현재의 환경과 한계를 극복하고 미래의 역할 및 사회적 가치에 대한 창의적이고 도전적인 계획이자 청사진이다. 따라서 비전은 자신감과 도전 의식을 고취시킬 수 있어야 하며 조직의 구성원 모두를 하나로 묶을 수 있는 보편성과 공유성을 가져야 한다.

비전에 따라 이를 달성하고자 하는 포괄적 의미의 전략적 목적들이 만들어 지게 된다. 전략이란 프로그램의 주요 목적과 목표들이 어떻게 달성되어야 할지를 보여주는 포괄적 지향 원칙이라고 할 수 있다. 비전과 전략은 프로그램과 직접적 연관이 없는 것으로 생각하기 쉽지만 프로그램의 성격을 규정짓는 본질적 의미이기 때문에 이를 규정하고 공유하는 과정이 상당히 어렵더라도 반드시 이루어져야 할 것이다.

② 전문가적 관점 정립

전문가적 관점의 정립은 프로그램 개발에 있어서 현실적으로 중요한 문제이다. 개별 실무자는 자신이 속한 기관의 비전과 전략에 동의해야 한다. 자신 스스로도 자신의 신념과 문화 복지 가치에 따른 관점이 정립되어 있지 않다면 책무성 있는 프로그램의 수행이 쉽지 않을 수 있다. 예를 들어, 거시적 관점이라면 사회구조적 관계 속에서 실무자의 운동성과 지향점을 중심으로 한 프로그램의 개발이 이루어질 것이며 미시적 관점이라면 전문기술과 실천을 중요시하는 개별화된 프로그램의 개발이 이루어지게 될 것이다. 그러나 공통적으로 중요한 것은 수혜자 중심의 가치를 내면화하는 것이라고 할 수 있다.

다른 측면으로 프로그램의 개발은 단순히 프로그램의 목적과 목표 달성에

만 관심을 가지는 것이 아니라 실무자의 능력개발, 즉 전문적 학습과 성장이 보이지 않는 목표로 설정되어야만 한다. 따라서 실무자는 자신이 프로그램의 개발, 수행, 평가의 과정을 통하여 성찰하게 되고, 전문적으로 발전하게 되는 지향점도 또한 명확하게 가지고 있어야 한다.

③ 아이디어/ 욕구/ 문제의 이해

사회문제 또는 욕구를 개인적 관점, 가족적 관점, 사회적 관점에서 어느 것을 강조하는가에 따라 프로그램의 내용은 달라진다. 즉, 문제인식과 규정방법 → 문제/욕구수준의 차이 → 프로그램이 달라짐의 과정을 거치게 되는 것이다. 따라서 누구를 위해서, 무엇을 달성하기 위해, 어떤 방법을 통해 이러한 과제들을 해결할지를 염두에 두고 프로그램 개발을 해야 한다. 창조적이고 새로운 아이디어를 기본으로 프로그램 개발이 이루어질 수 있으며, 기존의 당면과제나 사회적 문제를 해결하기 위하여 개발될 수 있다. 또한 중심대상이 가지고 있는 욕구가 무엇인가에 따라 욕구를 해결하고자 하는 프로그램의 개발이 이루어질 수 있다.

④ 목표(욕구/ 문제)의 예측과 가설

욕구와 문제가 무엇인지 그동안의 경험이나 사전 탐색조사, 정보의 수집 등을 통해 정리해야 한다. 이에 따라 욕구나 문제에 대한 가설이 필요하며, 이를 추후의 욕구조사를 통하여 확인하게 된다.

욕구조사나 문제를 보다 정확하게 확인하기 위해서는 이론 또는 경험을 기반으로 필요한 욕구에 대한 보다 세부적인 예측과정이 필요하다. 이는 프로그램의 정확성을 높이며 이론적 기반을 조성할 수 있는 근간이 된다.

(2) 문제인식 단계

문헌정보, 기존사업평가서, 사업계획서, 사례연구, 인적 자원을 통한 정보수집, 인터넷을 활용한 방법, 사회조사 등 다양한 방법의 정보 수집을 해야 하며 수집된 정보를 토대로 경험적 상상력을 통한 재구성을 통하여 해결해야 할 과제를 체계적으로 정리하고 규정해야 한다. 이는 곧 프로그램의 목적과 목표가 되는 것이다.

① 문제의 인식방법

◆ 경험적 상상력

경험적 상상력은 프로그램의 개발에 있어서 가장 현장 중심적인 문제인식의 인식방법이다. 실무자의 현장 경험으로부터 나오는 고민과 문제의식이 승화되어야 실무현장의 문제를 해결할 수 있는 프로그램의 개발이 가능하게 된다. 프로그램의 개발은 이렇게 경험하는 현장에서 발생하는 여러 사건이나 상황에 대하여 '왜'라는 생각을 가지는 것부터 시작하게 된다. 이것이 경험적 상상력의 출발이다. 또한 이러한 문제의식 또는 의심으로부터 제한 없이 수많은 상상력을 동원한 대안을 탐색해 나가는 것이 바로 경험적 상상력의 본질이다. 대안의 형식과 방법에는 절대 제한을 두어서는 안 된다. 다양하고 최대한의 대안이 도출되어야 한다.

◆ 체계론적 관점

시스템 이론(System Theory)에서 다루는 문제인식의 폭을 좀 더 확장한 것으로 생태주의적 가치를 부여한 것이 체계론적 접근 방법이다. 전제조건은 개인, 가족에서부터 종교, 문화, 사상에 이르기까지 전 단계의 영역들은 그 자체로 서로간의 상호작용을 밀접하게 하고 있다. 그러나 이 구조는 하나의 거대한 생명을 가진 것과 같은 공동체적 구조이다. 개인과 개인, 개인과 가족, 개인과 집단, 개인과 국가·제도, 개인과 사상·종교문화(관습)·자연의 상호작용, 그리고 여타 간의 상호작용은 둘만의 관계가 아니라 체계 전체에 커다란 영향을 미치며 그 영향력과 상호작용을 충분하게 인지하지 못한다면 문제에 대한 체계적인 인식은 요원한 것이 될 것이다. 문제인식은 미시적(micro) 입장, 중간적(mezzo) 입장, 거시적(macro) 입장에 따라 볼 수 있다. 미시적 입장은 개인, 소집단, 가족 중심의 이해와 입장에서 접근하는 것이며 중간적 입장은 우리 동네, 지역사회, 공동체 등의 개인이나 가족보다는 큰 조직체를 중심으로 이해하는 것이다. 그리고 거시적 입장은 사회, 국가, 제도를 중심으로 이해하려는 시도이다.

청소년 문제를 사례로 한다면 어떤 시각에서 보느냐에 따라 문제해결의 접근방식이나 대안이 달라질 것이다. 예를 들어, 성매매를 하고 있는 청소년이라는 현상을 관찰하고 "왜 이 청소년은 성매매를 하였는가?"라는 의문을 가졌다. 이 의문에 대하여 어느 관점을 가지고 있는가에 따라 해결대안과 프로그램은 달라지게 된다. 우리는 여러 가지 의견이 표현됨에 있어서 보여지는 표현 이외에 보이지 않는 의식적 영향력과 생각의 토대가 있음을 알 수 있을 것이다. 이것을 바로 가치판단이라고 할 수 있다. 연구자가 가지고 있는 가치관은 결국 그 연구의 결과에 영향력 있게 좌우한다. 따라서 다양한 가치체계 중에서 어떠한 가치를 중심으로 나의 연구를 수행해 가야 하는지에 대해 늘 고민하고 성찰하여 자신만의 올바른 가치관을 정립해 나가야 할 것이다.

◆ 인과론적 관점

인과관계란 원인과 결과의 관계라고 볼 수 있다. 우리가 현상으로 관찰하는 많은 결과들이 어떠한 원인에서 발생되었는가를 추적하는 것은 매우 의미 있는 것이며 문제인식에 있어서 핵심과정인 동시에 가설을 생성해내는 토대가 되는 것이다. 체계적 문제인식과 역사고찰적 문제인식을 통틀어 접근하게 되는 경우가 많기 때문에 인과관계에 대한 설명을 하고자 한다. 인과관계에서 원인과 결과 이 둘 사이에 존재하는 매개체와 보이지 않는 영향력의 관계들에 대한 이해는 매우 중요하다. 인과관계의 주요한 특성은 결과는 원인보다 먼저 발생할 수도 없고 원인과 결과는 경험적 또는 논리적으로 상관관계가 있어야 하며 원인과 결과의 관계는 다른 어떤 조건의 변화(발생이나 소멸 등)에 따라서도 영향 받지 않아야 한다는 세 가지 특성이 있다. 특히 제3의 변수에 의한 영향력을 통제해야만 적합한 인과관계의 분석이 가능한 경우가 많이 있다.

(3) 목표설정 단계

① 문제 해결과제의 규정

프로그램의 수행이 필요하다는 인식을 설득하기 위한 원인, 배경 등을 근거와 자료를 가지고 설정해야 한다. 인식된 문제를 구조화하고, 구조화에 대응하는 여러 가지 실천대안을 경험적 상상력을 토대로 체계론적/인과론적/시계열적 관점에서 정리하는 것이다.

② 목적-핵심성과의 규정

목적은 프로그램을 통하여 궁극적으로 달성하고자 하는 바에 대한 규정이다. 다양한 대안 중에서 가장 중요하고 기관의 비전과 가치, 인력 및 시설, 예산 동원, 수혜자에서의 접근성 등의 여러 조건을 고려하여 가장 우선적인 지향점인 핵심성과를 규정해야 한다.

③ 목표의 규정

목표는 구체적이고 실현가능해야 하며 목표들이 모아지면 목적을 달성할 수 있어야 한다. 따라서 목적을 달성하기 위하여 구체적으로 실현되어야 할 방법과 내용, 달성될 계량화 목표수치 등을 목표에 포함하여야 하며 이는 곧 프로그램의 효과성 평가기준이 된다.

목표는 어떻게 규정하는가에 따라 여러 가지 방식이 있다. 성과목표를 중심으로 결과성과목표, 산출성과목표, 품질성과 목표를 규정할 수도 있으며 단기목표, 중기목표, 장기목표로 규정할 수도 있다. 또한 상위 목표와 하위목표와 같은 방식을 취할 수도 있다.

◆ 성과목표

목적과 목표의 중요성에 대해서는 프레임(J. D. Frame)의 글에서 잘 나타나 있다. 성과는 프로그램을 통해 달성하고자 하는 바로 목적과 목표이다. 프로젝트(사업, 프로그램) 관리에 관심을 가진 사람들은 구체적인 목표를 규정하고 성취할 수 있도록 하는 방법을 수십 년에 걸쳐 발전시켜왔다. 목표관리의 기본원리를 철저하게 파악하는 것은 프로젝트 관리를 좀 더 원활하게 만든다.

◆ 단기, 중장기 목표의 규정

문제의 관점을 시계열적 인식으로 규정하는 것이 단기, 중장기 목표의 규정이다.

– 단기목표의 규정

단기의 목표들은 참가자가 프로그램에 참여함으로 경험하게 되는 첫 번째 이익들이나 변화, 직접적인 영향력 또는 바로 나타날 수 있는 효과들로 구성된다. 대체로 이러한 단기목표들은 참가자의 지식, 태도 또는 기술의 변화나 제공되는 프로그램의 횟수와 같은 양적인 영역들이다. 이것은 프로그램을 통하여 얻고자 하는 최종적인 결과들이 아니다. 따라서 단기목표들은 매우 구체적이어야 하며 프로그램의 진행과정이나 내용과 직접적 연관이 있어야 한다.

- 중기 목표

중기적 목표들은 참가자가 프로그램의 단기적 목표달성을 경험함으로써 얻게 되는 새로운 지식의 습득이나 프로그램의 효과로부터 파생된 영향력으로 인해 나타나게 되는 참가자 행동이나 태도의 변화이다.

- 장기목표

장기적 목표들은 프로그램이 참가자를 위하여 달성하고자 하는 궁극적인 것이라고 할 수 있다. 이는 참가자 또는 그들의 상태나 상황이 프로그램을 제공(참여)함으로써 달성하고자 하였던 의미 있는 변화 이상으로 가치가 있었다는 것을 뜻한다.

예) 다음 프로그램에 따라 규정해 보시오.

정보화 관련 구직을 희망하는 10대 중퇴 청소년 20명의 자활프로그램

- 기본 프로그램

10시간의 정보화 분야의 취업관련 정보제공, 100시간의 웹마스터 과정교육, 10회의 취업알선 제공을 목표로 함.

◆ 산출목표의 규정

산출목표는 제공된 강의 시수, 가르친 학생수, 인쇄된 팜플렛의 양, 또는 서비스를 제공받은 참가자의 수와 같은 프로그램 활동을 통해 얻게 되는 모든 생산물이며, 다른 의미로는 서비스의 단위들이다(Hatry, J, R.et al., 1996: XV). 따라서 어떤 내용의 프로그램과 실천 활동을 얼마만큼의 양으로 할 것인지를 규정하는 것이 산출목표의 규정이라고 할 수 있다.

산출목표를 통해 비용의 효율적 사용에 대한 보고가 가능하게 되는데, 내담

자의 수 및 그들에게 제공된 서비스 단위들과 관련 활동 단위들의 총량 등을 프로그램과 관련된 비용(투입)과 대비하는 비용효과 분석을 통하여 단위 비용을 산출하여 효율성을 측정하게 된다.

(4) 사업계획 단계

◆ 대상자의 규정

사업의 대상자를 명확하게 하는 것은 사업 내용과 집중력을 향상시켜 효과성과 효율성을 높이게 된다. 일반대상은 서비스대상이 속해 있는 커다란 인구집단 또는 지역의 일반인구집단을 의미한다. 위기대상은 일반대상 중에서 어떤 문제나 욕구를 가지고 있거나 잠재되어 있다고 추정(파악)되는 인구집단을 의미한다. 표적대상은 위기대상 중 문제, 욕구가 표출되거나 노출되어 있는 집단으로 예산이 확보된다면 반드시 문제를 해결해 주어야 할 대상이다. 참가자 수는 프로그램 직·간접적인 혜택을 받거나 참여하게 되는 대상을 의미한다.

◆ 실천계획의 구성

실천계획은 프로그램의 핵심이며 실제로 프로그램을 진행하는 과정에 대한 구체적인 매뉴얼이라고 볼 수 있다. 따라서 아주 구체적이고 표현하기 좋은 형태로 표나 그림을 이용하여 구성하는 것이 좋다. 따라서 실천계획은 전체 프로그램의 내용 흐름과 일정을 알 수 있는 계획도면과 구체적인 프로그램 내용을 알 수 있는 세부계획으로 나눌 수 있다. 세부계획은 각 목표단위별 요구되는 프로그램으로 구성되는데 각 프로그램 및 하위프로그램의 명칭, 일정, 진행과정 및 구체적인 내용, 담당인력, 준비사항 등이 포함되는 것이 일반적이다.

◆ 실행인력의 구성

실행인력은 프로그램을 직접 수행할 수행 인력과 이를 간접적으로 지원 또는 지도 감독할 지도인력, 자원봉사자나 보조직원과 같은 보조 인력으로 구성하는 것이 일반적이다. 여러 프로그램이 통합되어 있는 경우 각 단위 프로그램별로 담당자를 지정하는 것이 좋으며 할당시간과 역할을 구체적으로 명시해 주어야 한다. 할당시간은 해당 인력이 실제로 해당 사업을 실행하기 위하여 투입되는 시간을 의미한다. 이는 정식직원인 경우 간접비에 포함되며 아르바이트나 외부강사인 경우 직접비에 포함된다. 역할의 경우 담당인력이 가지고 있는 자격증, 그동안의 경력, 유사사업 수행경험을 포함하며 실제로 프로그램상에 어떤 역할을 구체적으로 어떻게 수행해야 할지를 정리한다.

◆ 예산계획의 구성

예산은 인건비, 사업비, 관리비, 기타 등의 여러 항목으로 구분하여 직접비와 간접비별로 각 항목별 산출 근거와 내용을 아주 구체적으로 기록해야 한다.

외부에 제출하는 사업계획서의 경우 인건비는 직접비에는 신청사업과 관련한 신규직원(계약직 등)과 강사 등의 비용을 포함하며 간접비는 신청 사업과 관련해서 사업수행 기관의 정규직원 및 비용 자문위원등의 비용을 포함하게 된다. 사업비는 실제 프로그램의 운영을 위하여 소요되는 비용으로 프로그램에 소요되는 필요물품의 구입, 식비, 진행비, 교통비, 대여비 등의 내용이 프로그램의 상황에 따라 포함하게 된다. 관리비는 사업비를 제외하고 프로그램의 진행을 위하여 비용으로 전화비나 차량유지비 등으로 지출한다. 직접비는 신규장비, 물품 등 신청사업을 위해 직접 현금으로 새롭게 지출되는 경비로 해당되는 경비로 해당 프로그램에만 투입되는 경비를 말한다. 간접비는 신청 사업에 기관(시설)의 기존 장비, 물품을 활용하여 투입되는 비용이다.

◆ 구조화된 대상의 평가

프로그램을 포함하여 프로그램의 체계론적 주요 구성요소들을 대상으로 평가를 수행하는 것이다. 여기에는 프로그램, 참가자, 상담사, 기관의 관계를 중심으로 분석하지만 이에 더하여 지역사회와의 관계, 국가 및 제도, 이데올로기적 측면에 따라 프로그램의 영향력을 분석할 수 있다. 체계론적으로 다루기 때문에 프로그램의 정치적 요소나 지역사회의 파급효과 등에 대한 관심을 상대적으로 많이 가지고 있다고 할 수 있지만, 프로그램 자체의 평가에는 미흡한 측면이 많다.

◆ 프로그램 진행과정별 평가

앞서 살펴보았던 프로그램의 진행 과정에 따라서도 프로그램을 평가할 수 있다. 앞부분을 참고한다면 준비 및 계획단계의 열 가지 요소, 실행단계의 여섯 가지 요소, 종결단계의 여섯 가지 요소, 환류단계의 네 가지 요소들을 모두 또는 일부를 적절하게 정의된 평가 기준을 이용하여 평가할 수 있다. 즉, 프로그램의 진행과정별로 정보를 얻게 되므로 질적 평가나 양적 평가 모두 활용가능성이 높다.

◆ 평가기준별 평가

효율성, 효과성, 노력성, 대응성, 품질, 전문성 등의 평가 기준들을 평가하고자 하는 해당 프로그램에 적합하고 유용하게 적용될 수 있도록 선별하여 평가를 수행할 수 있다. 이 경우 각 평가 기준들을 프로그램의 평가에 적용할 수 있도록 구체적인 조작적 정의의 과정이 필요하다. 가장 중요한 핵심은 프로그램의 목표와 특성, 대상에 따라 다른 기준이 적용될 수 있기 때문에 평가자의 프로그램의 구조에 대한 이해가 더욱 많이 요구된다고 할 수 있다.

◆ 프로그램 기획 지향점에 따른 평가

기획에서와 같이 프로그램 기획의 지향점이 무엇인가에 따라서 다양한 평가방법이 있다. 목적달성을 확인하는 데 초점을 둘 수도 있으며 의사소통 혹은 성장과 학습에 중점을 둘 수 있다. 다른 한편으로는 예산의 사용에 대한 영역이나 실적이 중심이 될 수 있다. 어떤 방식이든 기획의도를 기준으로 평가 기준이 제시되어야만 가능하다.

◆ 과정에 따른 분류

- 과정평가

프로그램의 제시된 지침, 목표에 따라 진행되고 있는가를 진행과정 중에 평가하며, 프로그램 수정 및 보완을 주 목적으로 하는 평가이다.

- 효과평가(Impact evaluation)

프로그램의 목표 달성 정도, 의도된 방향의 변화를 이끌어 내었는가를 평가한다. 프로그램의 조작적 정의, 성과측정 기준의 세밀화, 목표에서의 진척정도에 대한 측정을 한다.

- 총체적 평가

과정과 결과, 그리고 효과에 대한 총괄적 평가로 총괄평가와 같은 유사개념이라고 할 수 있다.

◆ 목적에 따른 분류

과정(형성) 평가, 종결평가 대부분의 프로그램은 과정평가이나 접근을 종결평가형식으로 하는 문제점이 있다.

- 총괄평가(summative evaluation)-

결과, 산출, 영향 평가 등이 포함되며 프로그램의 운영이 끝날 때의 평가로 새로운 정책 결정의 정보가 되고 프로그램의 지속 또는 종결 등을 결정한다. 시스템 이론상에서 성과와 산출을 평가한다.

- 형성평가(formative evaluation)

중간, 과정 평가의 의미로 프로그램 운영 도중에 이루어지며 프로그램의 수정 및 보완을 위한 것이다. 프로그램이 원래의 목적과 목표에 따라 진행되는지, 예측하지 못한 돌발상황의 발생이나 문제가 있는지, 보다 나은 프로그램이 되기 위한 방안 마련 등을 위한 것이다.

◆ 분석 방법에 따른 분류

- 기술적 방법이 도입된 평가

기술(description)은 사실과 현상의 있는 그대로의 서술과 묘사 또는 제시함을 뜻하는 것이다. 프로그램 전체 과정에서 확인된 사실을 열거하거나, 상호작용이나 과정을 묘사하거나, 프로그램 투입자 간(또는 통제집단, 실험집단)의 기술 통계적 분석, 프로그램의 전달체계 등에 대한 기술을 한다.

- 인과적 방법이 도입된 평가

이용자 만족도 조사와 같이 프로그램의 효과성 측정을 목적으로 한 평가로 프로그램의 결과들 중 어떠한 원인에 의하여 목적이 달성되었는지를 분석하는 것으로 계량적 분석이 전제되지 않으면 효과성을 증명하기가 어렵다.

- 처방적 방법이 도입된 평가

기술적 · 인과적 방법이 도입되어 평가된 결과와 정보 등을 토대로 미래예측 및 가치 판단을 추가하여 향후의 특정 프로그램의 방향 및 내용 변화에 주된 관심을 둔 평가이다.

- 기타 평가의 방법
  - 평가주체: 내부평가, 외부평가
  - 평가시기: 사전 · 사후평가, 사후평가
  - 주관적 평가, 객관적 평가
  - 직접 지원체계 및 간접지원체계의 평가

(5) 평가의 기준

사업평가 또는 프로그램의 평가는 좁은 의미에서의 효과성을 분석하는 것이며 일반적으로 효과성, 효율성, 노력(투입) 및 예상치 못한 결과들을 포함시키는 것으로 본다.

- 노력성: 프로그램 수행 및 목표달성을 위해 필요한 인적, 물적 자원 등을 기준이상으로 투입하였는가에 대한 관심이라고 할 수 있다.
- 효과성: 프로그램이 이루고자 하는 목적과 목표가 실제로 달성된 정도를 측정하는 것이다. 목적과 목표에 따라 결정된 달성목표가 중요하게 된다. 이를 측정하는 것이 성과 평가이기도 하다. 프로그램의 계획에서부터 계량화되어야 효과성의 평가가 유리하다.
- 효율성: 투입과 산출의 비율을 나타내는 것으로 효율성은 산출/투입=효과/비용으로 비용효과성(cost-benefit analysis)으로 측정될 수 있다.
- 대응성: 청소년들의 욕구나 문제에 적절하게 대처하였는가에 대한 진단이다. 사전에 체계적인 욕구의 분석이 전제되어야 한다.
- 형평성: 필요한 대상에게 적절하게 프로그램의 기회나 혜택이 분배되는지와 같은 분배에 가치의 실현에 초점을 둔다.
- 적법성: 프로그램이 적법하게 진행되는지를 가치와 목적에 따라 진행되는지에 대하여 진단하는 것이다.
- 접근성: 프로그램의 참여나 활동에 있어서 청소년들의 접근이나 이용이 특정대상에게 제한되어 있거나 왜곡 또는 차별이 있는지를 진단하는 것이다.
- 품질: 프로그램에 참여한 청소년들이 느끼는 프로그램의 수준, 질적인 부

분에 대한 평가이다.

- **예상치 못한 결과:** 계획단계에서 예상치 못한 긍정적·부정적 효과 또는 변화, 돌출상황이 무엇인지에 대하여 진단하는 것이다.

2 청소년상담프로그램의 장점과 제한점

1) 청소년상담프로그램의 장점

청소년상담프로그램이 모두에게 적용되는 만병통치약은 아니지만 많은 경우 좋은 효과를 제공한다. 노상우 등(1992)은 청소년상담프로그램의 장점으로 경제성, 개인상담에 비하여 실제 생활에 더욱 근접한 사회장면을 제공하는 현실성, 수용적이고 촉진적인 분위기, 서로 다른 배경과 다양한 성격, 경험이 다른 성원들이 함께 함으로써 참여자에게 풍부한 학습 경험을 제공하는 점 등을 제시하였다. 이와 같이 제시된 청소년상담프로그램의 장점을 정리하면 다음과 같다.

(1) 경제적 효율성

청소년상담프로그램은 목적이 비슷한 내담자들이 함께 상담에 참여하기 때문에 개인 상담에 비해 더 많은 내담자를 한번에 만나 효율적으로 서비스를 제공할 수 있다. 이러한 측면 때문에 시간적 제약이 있거나 예산이 한정되어 있는 경우 또는 상담자 수가 내담자 수에 비해 적은 기관에서는 청소년상담프로그램이 경제적일 수 있다. 그러나 상담자는 이러한 청소년상담프로그램의 경제성과 함께 내담자가 청소년상담프로그램에 적합한지를 항상 체크해볼 필요가 있다.

(2) 문제에 대한 공통적 경험 공유

문제를 겪고 있는 경우 많은 사람들이 문제가 본인에게만 힘들다고 생각하는 경향이 있다. 특히 인지적 특성을 지닌 청소년들은 자신이 겪고 있는 경험이 자기만 겪는 독특한 경험이라고 생각한다. 이에 대해 개입하기 위해서는 그 경험이 일반적이라는 것을 알려주는 정상화 기법을 제공하는 것이 필요한데, 청소년상담프로그램에서는 자연스럽게 자신과 비슷한 생각, 경험을 다른 사람도 경험하고 있음을 알게 된다. 이처럼 집단을 통해 집단구성원들은 서로의 생각, 느낌, 경험을 공유하면서 안정감을 느끼며 자신의 문제를 왜곡 없이 바라볼 수 있는 심리적 준비를 할 수 있게 된다.

(3) 객관적 자기 탐색과 통찰의 기회 제공

청소년상담프로그램에서 집단성원은 상호 문제해결책, 개인의 경험, 다양한 정보 등을 공유하며 이 과정을 통해 다양한 관점과 자원을 습득할 수 있게 된다. 또한 다른 집단성원으로부터 자신에 대한 피드백을 받게 되는데, 집단의 피드백은 한 명의 사적인 피드백보다 훨씬 강력하며 그 정확성을 부정하기 어렵다. 이와 같이 청소년상담프로그램은 집단성원에게 다양한 관점과 자원을 습득하고 동시에 자신에 대한 피드백을 받는 기회를 제공함으로써 자신을 객관적으로 돌아보고 통찰에 이르는 기회를 제공한다.

(4) 사회적 관계 속에서 학습 기회 제공

집단성원은 집단 안에서 작은 사회를 경험하게 된다. 집단성원은 집단 안에서 끊임없이 사회적 상호작용을 하며 다양한 감정을 느끼고 그에 대한 상대방의 반응을 느낀다. 그 과정에서 다른 집단성원이 하는 반응을 관찰하고 모방하면서 문제에 대처하는 적절한 방법을 학습하게 된다. 특히 집단 운영을 위하여 공동으로 규칙을 정하고 이를 준수하는 과정을 통해 집단 성원은사회의 규칙을 습득하게 된다. 따라서 사회 규율에 익숙하지 않은 성원에게는 안전한 분위기 속에서 규칙을 습득해 나갈 수 있는 기회를 제공한다. 즉, 집단 내 개인들 간의 끊임없는 상호 교류를 통해 개별 성원이 개인적인 문제를 해결하게 된다.

청소년기는 또래의 영향이 크고 소속감을 얻기를 원하는 시기이다. 따라서 청소년기는 혼자 자신의 이야기를 하는 개인 상담보다 다른 또래와 함께 상담할 때 쉽게 이야기를 하기도 한다. 또한 청소년은 권위자에게 적대적인반면 한편으로는 권위자의 인정을 받고 싶어 한다. 이러한 특성은 청소년상담프로그램에서 지도자의 인정과 수용을 받으며 권위자나 성인과의 효과적인 상호작용기술을 학습할 수 있다. 집단 내에서 청소년들은 자기 또래들과 의사소통하는 법을 배울 수 있고, 집단지도자와 구성원들에게서 배울 만한 점들을 본받고, 안전한 분위기 속에서 새로운 행동을 실험해 볼 수 있다(이장호 · 김정희, 1992).

청소년에게 개인 상담만으로 접근하는 것보다 청소년상담프로그램으로 개입하는 것이 더 나은 점은 다음과 같다(Carrell, 2005).

① 청소년상담프로그램은 자기만의 피해의식을 깰 수 있다. 청소년들은 종종 자신 이외에는 누구도 이러한 감정을 가져보지 못했을 것이며 자기가 해본 경험은 아무도 못 했을 것이라고 생각한다. 이때 비슷한 감정과 생각을 본인 이외에 다른 또래도 가지고 있음을 알게 되는 순간 청소년들은 힘을 얻게 된다.

② 청소년상담프로그램은 10대들에게 자신의 힘과 독립성을 발휘하게 하므로 10대들이 원하는 어른의 상을 제공해 준다. 청소년과 신뢰를 형성한 청소년상담프로그램 지도자가 제공하는 안전한 구조 속에서 청소년들은 독립적인 행동을 실천해 보며 자유를 느낄 수 있다.

③ 청소년상담프로그램은 개별상담에서 느끼게 되는 성인과의 불편한 관계를 완화한다. 집단이 주는 힘의 균형은 개인 상담에서 나타날 수 있는 불신과 불안을 완화시킨다.

④ 청소년상담프로그램 과정에서 청소년들의 자기애적인 태도를 지닌다. 청소년기는 자기중심적이며 타인에 대한 배려가 적은 때이다. 그러나 청소년상담프로그램은 이 같은 자기중심적인 태도에 제한점을 둘 수 있다. 청소년상담프로그램에서는 자신의 무대를 타인들과 오래 공유하는 것을 꺼리는 동시에 자기중심적인 청소년들을 무시하게 된다. 이러한 상황이 자기중심적인 청소년의 행동을 변화시킨다.

⑤ 청소년상담프로그램은 10대 청소년들이 새롭게 터득한 사회기술을 연습할 수 있는 공간을 마련해 준다. 집단 환경은 청소년들이 새로운 사회기술을 배우는 장(場)이 된다. 집단에서 상담자는 또래들 간의 상호작용을 관찰할 수 있으며 이러한 상호작용이 일어날 때 필요하다면 즉시 개입

할 수 있다. 이 과정을 통해 타인에게 자신을 주장하는 방법, 지루함, 분노 등을 다루는 방법 등과 같은 기술을 청소년상담프로그램에서 연습할 수 있다.

청소년들은 청소년상담프로그램을 통하여 정서적, 태도적, 행동적, 기술적, 환경적 특성들의 변화를 가져올 수 있으며, 구성원들 간에 서로의 관심사나 감정들을 터놓고 이야기할 수 있고, 소속감과 동료 의식을 발전시킬 수 있으며, 다양한 성격의 소유자들과 접할 수 있는 기회를 가질 수 있다. 또한 청소년상담프로그램에서 참여자인 동시에 지도자로서의 위치와 역할을 고루 나눌 수 있다(김수정 · 손경숙, 2007).

2) 청소년상담프로그램의 제한점

청소년상담프로그램은 여러 가지 장점이 있으나 모든 내담자에게 청소년상담프로그램이 효과적이라고 말하는 것은 적절하지 않다. 따라서 상담자는 내담자의 개인적, 상황적 요인을 검토하여 청소년상담프로그램과 개인 상담을 적절히 연계할 필요가 있다. 이를 위하여 청소년상담프로그램의 제한점을 살펴봄으로써 효과적인 의사결정을 할 수 있도록 한다.

피터슨과 니센홀즈(Peterson & Nisenholz)에 따르면 청소년상담프로그램의 단점은 첫째, 집단에서 상담자가 상황을 제대로 통제할 수 없으며, 둘째, 개인상담에 비하여 비밀유지가 어렵다. 셋째, 구성원의 자유에 대한 욕구와 집단의 구조화에 대한 필요성 간의 균형 유지가 어렵다. 넷째, 집단성원이 부당한 집단압력에 희생될 우려가 있다. 다섯째, 청소년상담프로그램이 적합하지 않은 개인이나 상황이 있을 수 있다(이미나 외, 2021).

이현림, 김순미, 천미숙(2007)이 셸저와 스톤(Shertzer & Stone, 1980)을 인용하며 밝힌 청소년상담프로그램의 제한점은 다음과 같다. 첫째, 내담자 중에는 청소년상담프로그램 전에 개별적인 도움을 받아야 할 경우도 있다. 처음에 일대일의 상담 과정의 경험 없이는 집단환경에 들어갈 수 없거나 안정감을 느끼지 못하는 내담자가 있다. 그러므로 기본적인 문제들을 해결한 후 자신의 문제가 집단과정의 목표에 적합하면 집단에 들어갈 수 있게 된다. 둘째, 청소년상담프로그램에서 상담자의 역할은 더 많이 분산되므로 복잡하다. 상담자는 각 내담자의 문제를 동시에 집중하고, 집단구성원 간의 상호작용에 반응하고, 집단 역동을 살펴야 한다. 셋째, 집단은 '집단과정'의 문제에 집착하게 되어, 집단성원의 개인적인 문제는 등한시하게 될지도 모른다. 넷째, 어떤 내담자는 집단에 대한 신뢰감을 발전시키는 것이 어려울 수도 있다. 그러므로 수용되지 못할 감정, 태도, 가치관과 행동 등을 논의의 대상으로 제기하지 못할 수도 있다. 다섯째, 내담자 문제의 어떤 유형이 개인 상담보다 청소년상담프로그램에 더 적합한가에 대한 논란이 아직도 계속되며, 이에 대한 정보가 부족하다.

학자들이 제시한 청소년상담프로그램의 제한점을 살펴보면 크게 청소년상담프로그램에 참여하는 성원의 개인적 특성과 청소년상담프로그램 운영상의 특성으로 나누어 볼 수 있다. 먼저 참여 성원의 개인적 특성은 성원이 집단을 전혀 신뢰하지 못하거나 대인관계의 어려움이 있는 경우 등은 청소년상담프로그램이 적절하지 않을 수 있다. 다음으로 청소년상담프로그램 운영상의 제한점으로는 상담자가 집단의 역동을 통제하기 어렵거나, 집단 특성상 비밀보장의 한계, 개인의 개별화된 욕구를 모두 수용하기 어려운 점 등이 있다.

3) 청소년상담프로그램자의 자질 및 특성

집단원들의 인간적 성장과정에서 차지하는 청소년상담프로그램자의 비중이나 그 중요성은 오래전부터 인식되어 왔다. 최근 상담 성과를 가져오는 요인에 대한 연구들은 상담자 요인이 성과의 차이를 만들어내는 중요한 요인임을 밝히기 시작하였다(Wampold, 2007). 기존의 연구들이 주목했던 처치의 종류에 따라 상담의 성과가 달라지는 것이 아니라 상담자가 상담 성과의 차이를 만들어내는 중요한 요인이라고 결론 내리고 있다. 더불어 지금까지 간과되었던 상담자 요인의 효과에 대한 탐색을 위해서는 유능한 상담자의 특성이 무엇인가를 확인하는 작업에 대한 관심이 고조되고 있다. 이에 앞서 많은 학자들은 청소년상담프로그램의 성과를 가져오는 청소년상담프로그램자의 특성 및 자질을 임상적인 경험을 통하여 제시해왔다.

청소년상담프로그램 전문가들은 다른 영역의 상담자들보다 자기개방에 대한 두려움이나 꺼림이 적다. 이는 청소년상담프로그램 자체가 여러 사람에게 개방된 형태이며 상담자 자신을 도구로 활용해야 하는 경우가 많으므로 상담 장면에서 자신을 더 개방해야 하기 때문인 것으로 보인다. 이들은 다양성에 대한 호감을 가지고 있거나 다양성을 추구하는 것으로 나타났다. 또한 높은 위험 감수 경향도 발견되었다.

이들은 인간에 대한 깊은 신뢰와 높은 수용력, 깊은 공감 능력, 깊이 있는 진정성을 가지고 있었고 청소년상담프로그램 진행 시간이나 숫자, 진행방식 등에 대한 유연함과 융통성을 가지고 있었다. 이들 대부분은 자신이 재미있는 사람이라고 생각하지 않았지만 청소년상담프로그램에서 무거움과 아픔을 생산적으로 처리하는 융통성을 가지고 있었다. 이들은 다양하고 강렬한 감정에 대한 두려움이 상대적으로 적은 것으로 나타났다.

청소년상담프로그램 전문가의 특성으로 가장 두드러진 점은 집단 역동을 깊이 이해하고 활용하는 능력을 가지고 있다는 점이다. 상담자가 성숙해 감에 따라 집단 역동을 보는 눈이 세밀해지고 중요하게 다루는 집단 역동이 바뀌며 어려운 관계를 형성하는 기술을 가지고 있다는 공통점이 있지만 청소년상담프로그램 전문가들은 그러한 관계 기술 위에 집단성원 전체와 관계를 맺는 기술, 집단성원 간의 관계를 촉진하는 한 차원 높은 관계 기술을 가지고 있는 것으로 나타났다.

청소년상담프로그램 전문가들도 발달 초기에는 청소년상담프로그램이 어려웠으나 시간이 지날수록 청소년상담프로그램 진행에 편안함과 가벼움을 가지게 되었으며 집단목표와 개인의 목표를 자유롭게 조절하게 된다고 했다. 이들은 청소년상담프로그램을 조직, 사회, 민족문제의 해결책으로 확장해 나가며 저항을 존중하고 이를 중요한 요소로 취급하였다. 이들은 효과적인 청소년상담프로그램을 위해서 개인에 관한 빠르고 정확한 이해를 강조했다. 인지적 측면에서 이들은 유능성을 가지고 있는 것으로 확인되었다. 즉, 이들은 많은 정보량을 처리할 수 있는 능력이 있으며, 정보 간의 통합과 변별적 적용, 우수한 기억력을 가지고 있는 것으로 나타났다. 청소년상담프로그램 전문가들은 궁극적으로 개별화를 향해 나가게 되는데 이를 위해 자신의 능력에 대한 현실적인 기대와 개별화되고 특화된 기술을 가지며 자신의 상담이론을 구축하는 등의 전문적 특성을 가지는 것으로 나타났다.

청소년상담프로그램자들은 앞서 언급했던 청소년상담프로그램자들의 공통적인 자질과 더불어 청소년상담프로그램자로서 요구되는 자질을 가져야 한다. 이에 대해 청소년 발달 및 심리에 대한 이해, 권위에 대해 민감한 청소년에 대한 힘의 활용, 청소년상담프로그램의 효율적 운영을 위한 역할극 및 매체의 활용 능력, 상담에서의 개방 능력, 자기의 활용, 청소년들의 역설적 요구에 대한 부응 등으로 살펴보고자 한다.

(1) 청소년 발달 및 심리에 대한 이해

청소년상담프로그램자는 청소년이라는 대상에 대한 다양한 이해를 가지고 있어야 한다. 청소년의 발달적 특성을 잘 이해하고 이를 청소년상담프로그램에 접목할 수 있어야 한다. 또한 청소년의 신체, 인지, 정체감, 도덕성, 관계적 특성 등 청소년 발달 특성에 대해서도 잘 알고 활용할 수 있어야 한다. 청소년 이해의 역량은 청소년상담프로그램자로서의 역량을 높이는 매우 중요한 요인으로 작용한다.

(2) 권위적이지 않은 힘

청소년들은 권위적이거나 위에서 내려지는 일방적 지시나 규범에 대해 상당한 반감을 가지고 있다. 많은 경우 청소년 집단성원들은 청소년상담프로그램자들에 대한 권위적 대상에 대한 전이감정을 가지고 대한다. 적절한 효과를 가져 올 수 있도록 청소년상담프로그램자들은 권위적이지 않은 힘을 사용하여야 한다. 이는 집단성원들로 하여금 청소년상담프로그램자를 존중할 기회를 제공하는 것이다.

(3) 역할극 및 다양한 매체 활용 능력

청소년상담프로그램자는 언어적 상호작용에만 의존하여 청소년상담프로그램을 운영하는 것보다는 역할극 등 다양한 매체를 활용하여 청소년상담프로그램을 진행해야 한다. 청소년들은 언어 중심의 청소년상담프로그램보다 구조적 활동 중에서도 몸을 활용하거나 다양한 매체인 미술, 음악, 드라마 등을 활용한 청소년상담프로그램에 더 몰입하는 경향이 있다. 역할극은 높은 관심을 지속시키고, 집단성원 다수를 참가시키며, '지금-여기'에서 몰입하도록 하는 훌륭한 방식이다. 역할극을 통해 집단성원들은 문제해결력이 촉진되고, 감정의 정화와 어떻게 자기를 효과적으로 표현하는지를 배울 수 있다. 특히 청소년상담프로그램 초기에는 청소년상담프로그램자의 활발한 개입과 구성이 필요하다. 따라서 청소년상담프로그램자들은 역할극이나 다양한 매체를 활용할 수 있는 능력을 적극적으로 개발해야 한다.

(4) 개방 능력 및 상담에서 자기의 활용

청소년상담프로그램자들이 자신의 경험과 생각을 적절히 드러낸다면 청소년들과 좋은 관계를 맺는 데 도움이 될 수 있다. 청소년상담자가 자신을 상담자라는 위치에 놓고 청소년들과 다른 위치에 서 있으면 청소년상담프로그램의 효과는 대부분 부정적일 가능성이 높다. 정직함과 직접적인 반응으로 집단 성원들에게 개별적 신뢰를 얻어야 하며 동등한 위치에서 자신을 개방할 수 있어야 한다.

(5) 역설적 요구에 대한 이해 및 부응

청소년기는 역설(paradox)의 시기이다. 그들은 친밀감을 원하면서도 거부하는 모습을 보인다. 통제를 거부하면서 지시나 조직적인 것을 원한다. 제한을 거부하고 시험해 보면서도 제한을 돌봄의 표시로 여긴다. 청소년들은 매우 자기중심적이며, 자기의식적이고, 자신의 세계에 몰두해 있으나, 자신의 지평을 넓힘으로써 밖으로 나와 사회의 요구에 직면해야 한다. 미래를 생각하느라 지치는 한편 현재에 충실하고 인생을 즐기고 싶은 강한 충동도 가지고 있다. 청소년기는 질풍노도의 시기이며 빠르게 변모하는 시기이다. 외로움과 고립감이 두드러지는 시기이다. 청소년상담프로그램자는 역설적인 청소년들의 요구에 대한 이해를 가져야 하고, 이에 대해 적절하게 부응할 수 있어야 한다.

4) 청소년상담프로그램의 발달단계

일반적으로 집단은 예측할 수 있는 방식으로만 발달하지 않는다. 실제 청소년상담프로그램에서는 집단의 발달단계 간에 중복되는 부분이 많을 뿐 아니라 이미 높은 수준의 단계까지 발달한 집단이라 하더라도 그 이후에는 더 이상 발달하지 않거나 이전의 단계로 회귀하는 현상까지도 나타난다. 이와 유사하게 집단에서 갈등 해소와 같은 특정한 목적이 성취되었다고 해서 새로운 갈등이 더 이상 발생하지 않는 것도 아니다. 청소년상담프로그램은 밀물과 썰물이 반복되듯이 진행되기 때문에 집단지도자는 집단의 방향에 영향을 주는 요인들에 대해 지속적으로 관심을 가지고 주시하고 있어야 한다.

집단지도자가 집단의 발달 과정에 대한 전형적인 패턴을 안다면 집단을 전체적으로 조망할 수 있는 능력을 가지게 될 것이다. 집단 내에서 발생할 수 있는 문제들을 예측하고 그러한 문제에 대해 적절한 시기에 효과적으로 개입할 수 있게 될 것이다. 또한 집단성원들로 하여금 그들의 자원을 활용하여 각 단계에서 그들이 접하는 과제들을 성공적으로 수행하도록 도울 수 있다(Corey, 2009).

청소년상담프로그램에서 집단의 발달 과정은 두 사람 혹은 그 이상의 사람들이 상호 간에 영향을 미치면서 공통목표를 향하여 함께 움직여 나가고 있는 변화 혹은 발달의 과정을 말한다. 이러한 집단의 발달 과정은 일련의 연속선상에 있기 때문에 독립적인 단계로 구분하는 것은 어렵지만 집단을 이해하고 효과적으로 발달시키기 위해서 학자들은 몇 개의 단계로 구분하여 그 특징들을 살펴보고 있다.

집단의 단계는 대체로 4~6개의 단계로 이루어지는 것을 알 수 있다. 많은 학자들은 집단 발달 과정에 집단의 시작단계와 과도기단계, 작업단계, 종결단계가 나타난다는 것에 동의하고 있다. 4개의 단계보다 더 많은 단계를 제시한 연구들을 살펴보면 생산성 단계, 친밀단계 등을 작업단계에서 분리하여 더 높은 수준의 작업단계로 제시한 경우가 있다. 또한 종결단계에 덧붙여 추수단계를 설정한 경우도 있다(정원식 · 박성수 · 김창대, 1999). 이 중 가장 세분화된 단계로 집단의 과정을 설명한 6단계를 구체적으로 살펴보면 다음과 같다.

(1) 집단준비단계

집단지도자는 집단의 목적, 구성 및 형식 그리고 필요한 정보에 대해 문서로 작성하여 구성원들에게 미리 알려주며 집단구성원을 선별해야 한다. 또한 조력자(co-leader)가 있을 때에는 그와 협력 관계를 맺고 집단구성원들끼리 미리 알고 있으며, 집단 규범을 소개할 수 있는 사전집단을 준비한다.

집단준비단계에서 사전모임에 대한 여러 필요성을 이야기하지만 상담현장에서 집단사전모임이 이루어지는 경우는 매우 드물다. 그러나 청소년상담프로그램의 성과를 위해서는 사전모임을 가져야 하고 만약의 경우 면대면의 사전모임이 현실적으로 어렵다면 전화상으로도 개별적 준비모임을 가지는 것이 효과적이다.

(2) 초기단계

초기단계는 일종의 오리엔테이션과 탐색이 이루어지는 시기로 집단 성원들끼리는 '집단에 속할 것인가, 배제될 것인가?'와 '이 집단이 얼마나 안전하고 신뢰할 만한 것인가?'의 두 가지 주제가 주로 탐색된다. 이 시기는 침묵이 많고 집단성원들이 서로 어색하게 느끼며 혼란스러워하는 단계이다. 집단지도자는 집단참여자로서 모델을 제시하고 집단성원으로 하여금 집단의 목표와 개인의 목표를 정하도록 도와주며 집단성원들이 자신에게 지나치게 의존하지 않도록 집단지도자 역할의 한계에 대해서도 분명히 선을 그어야 한다. 초기단계는 이렇게 집단의 안정성에 대한 탐색과 전체적인 구조화가 함께 이루어지는 단계이다.

청소년상담프로그램 초기에는 비밀유지, 집단 규범, 집단 규칙, 집단에 참여하는 방법, 피드백을 주고받는 방법, 집단 밖에서의 적용을 위한 제언 등을 문제로 다루고 이를 분명히 해야 한다. 통제의 분위기에 익숙한 청소년들은 집단지도자의 말에 귀기울이지 않을 수도 있다. 한편 집단지도자를 시험할 수도 있는데 집단지도자가 어떻게 반응하는가에 따라 집단에 대한 신뢰 여부를 결정한다. 성급히 판단하지 않고 비방어적으로 그들의 시험을 받아들인다면 그들의 수용을 얻을 수 있으며 집단과정은 진일보할 수 있다.

이 시기에 집단지도자들에게 가장 어려운 것 중에 하나는 비자발적, 저항적인 청소년과 작업하는 것이라고 할 수 있다. 이들과의 작업을 효과적으로 해나가기 위해서 몇 가지 방법을 기억해야 한다. 앞서 청소년상담프로그램 준비단계에서 언급한 것처럼 비자발적 집단성원은 상담의 전이나 청소년상담프로그램의 회기 진행 후에 개별적으로 만날 수도 있다. 또한 집단 안에서나 개별 자문시간에 강제로 집단에 참여하게 된 것에 대한 반응을 표현할 기회를 주는 것이 필요하다. 과거에 치료 경험이 있는지 알아보고 집단에 대한 구체적 정보를 제공할 필요가 있다. 무엇보다 중요한 것은 이들의 저항에 대항하는 것보다는 수용하는 것이다. 개별적으로 만나고 상담의 3회기 정도 초대한 후에도 떠나기를 원하면 떠나게 하는 것이 좋다. 강제적인 참여는 부정적인 태도를 낳고 다음에 이어질 수도 있는 상담의 가능성 자체를 박탈하기 때문이다. 냉소와 침묵으로 대처하는 비자발적인 청소년에게 방어적이지 않으면서 정직하고 확고하면서도 따뜻한 직면으로 대응해야 한다.

(3) 과도적 단계

과도적 단계는 저항이 다루어지는 단계로 주로 집단성원의 불안감이나 방어적 태도가 두드러지며 집단 내에서 힘과 통제력을 놓고 갈등이 일어난다. 청소년상담프로그램자는 집단성원들의 불안감을 표현하게 하고 갈등 자체를 건강한 것으로 인식하는 긍정적이고 개방적인 태도를 가지게 함으로써 그들의 힘으로 갈등을 건설적으로 해결할 수 있도록 돕는다. 이를 위해 집단지도자는 집단성원들이 자신에게 하는 도전과 저항에 대해 솔직하고도 개방적인 태도로 접근하는 모범도 보여주어야 한다. 청소년상담프로그램의 이러한 개방적 태도는 집단을 작업적 단계로 나아가게 만들기 위해 매우 중요하다.

(4) 작업단계

작업단계는 집단에 대한 응집력이 생기고 생산적인 활동이 이루어지는 시기이다. 작업단계는 과도기 단계의 갈등과 저항을 효과적으로 처리한 집단에서 나타난다. 작업단계는 명확한 구분을 가지고 나눌 수 있는 것이 아니며 때에 따라서는 집단의 발달단계 곳곳에서 나타나기도 한다. 집단이 도적단계에 들어갔다고 해서 모든 집단원이 반드시 최적의 기능을 발휘하는 것은 아니다. 갈등과 저항 그리고 불신감이 제대로 표현되고 집단성원들이 집단의 진전을 방해하는 문제점을 직면하여 고치겠다는 각오를 가질 때 작업단계에 돌입할 수 있다(Corey, 2000).

집단발달과정에서 작업단계는 가장 핵심적인 단계로서 응집성이 강하게 일어나고 친밀감이 형성되는 중요한 시기이다. 또한 문제해결과 행동변화 등 생산적인 작업이 이루어지는 단계라고 볼 수 있다.

작업단계의 주된 특징은 신뢰와 응집력이 높고, 집단 내의 의사소통이 개방적이며 자신이 경험한 것을 정확히 표현한다. 집단성원들 모두가 지도력을 가지고 있으며 그런 점에서 집단성원들은 직접적으로 자유롭게 상호작용한다. 또한 용기를 내어 다른 사람에게 알리려고 한다. 집단성원들은 더 잘 이해하고 싶은 개인적 문제들을 집단에 내어놓는다. 집단성원들 간의 갈등이 무엇인지 잘 알고 있으며 그것을 직접적이고 효과적으로 다룬다. 피드백을 자유롭게 주고받으며 충분히 숙고한다. 직면은 다른 사람들을 평가하는 것이 아닌 차원에서 이루어져야 한다. 집단성원들은 집단 밖에서 행동의 변화를 가져오려고 노력한다. 집단성원들은 변화하려는 자신의 시도가 지지받는다고 느끼며 과감히 새로운 행동을 시도하려 한다. 자신들이 변하려고만 하면 얼마든지 변화할 수 있다는 점에서 집단성원들은 희망을 가지게 된다. 이 단계에 집단지도자는 집단의 응집력을 강화하고 맞닥뜨림과 공감 같은 적절한 반응에 대해 모범을 보이며 집단 전체와 개인이 보이는 패턴에도 관심을 가지고 자신이 관찰한 것을 개방한다. 또한 집단지도자는 집단에서 치료적 요인에 항상 주목하고 이러한 요인들을 최대한 활용해야 한다.

(5) 종결단계

종결단계는 종결과 헤어짐에 대한 감정을 다루고 지금까지 청소년상담프로그램이 집단성원 각자에게 주었던 영향을 평가하며 서로에 대한 피드백과 해결되지 않은 주제를 마무리하고 앞으로 개인의 성장을 위해 어떻게 살 것인가를 정리하는 단계이다. 종결단계의 특징은 다양한 감정이 공존한다는 점이다. 집단성원들은 슬픔에 빠지기도 하고 동시에 혼란과 기쁨도 느낀다. 상담이 끝나는 것을 심리적 경험으로 이해하기, 경험 요약하기, 이별 받아들이기, 마지막으로 새로운 시작에 대한 궁극적 자유를 경험하는 일 등이 포함된다.

(6) 추수작업

추수작업은 지금까지 해온 청소년상담프로그램의 효과를 재검토하고 집단이 부정적인 영향은 없었는지, 집단이 일상생활에 어떤 긍정적 영향이 있는지, 집단의 효과가 지속되고 있는지 등을 점검하는 단계이다.

5) 청소년상담프로그램의 치료적 요인

치료적 요인이란 청소년상담프로그램에서 상담목표가 집단 성원의 문제를 해결하는 것이든 특정한 행동의 변화나 개인의 성장을 촉진하는 것이든 간에 집단 성원에게 긍정적으로 작용하는 요인이다. 청소년상담프로그램의 역동적 과정 속에서 집단지도자와 집단성원 간의 상호작용에 의해 집단성원들은 인지적, 정서적, 행동적 변화를 통해 성장하고 변화한다. 이러한 집단성원의 변화와 성장에 영향을 주는 요인은 집단지도자나 연구자에게 지속적인 관심을 받아왔다.

상담자와 내담자 간 일대일의 관계가 중심이 된 개인 상담과는 달리 청소년상담프로그램에서는 집단에 참여하고 있는 집단성원들의 상호작용이 주된 관심의 대상이 되어왔다. 즉, 집단연구자들과 집단지도자들의 관심은 집단 상담 동안 일어나는 집단성원 – 지도자, 집단성원 – 집단성원, 집단성원 – 집단 간의 상호작용 과정을 통해 집단 성원이 어떤 도움을 받느냐 하는 것이다. 집단에서 집단성원의 치료적 변화 경험은 다양하고 복잡한 상호작용적 특징에 의해 일어나며 이러한 특징을 치료적 요인(therapeutic factor)으로 정의하고 있다(Yalom, 1995).

치료적 요인이란 집단성원의 성장과 변화의 조건에 관계되는 제 요인 중의 하나이다. 즉, 치료적 요인은 집단성원의 조건 개선에 기여하는 요소로서 집단지도자, 집단성원, 다른 집단성원, 집단활동의 상호작용을 통하여 집단성원의 개선과 변화 및 성장을 촉진하는 기제라고 할 수 있다.

청소년상담프로그램 및 치료 분야에서 치료요인을 밝히고자 하는 관심이 증대되면서 연구자들은 치료요인의 분류체계를 개발하고자 시도하였다(Yalom, 1995). 청소년상담프로그램에서 치료적 요인에 대한 이해는 상담 과정에서 집단지도자가 성과를 위해 촉진해야 할 것에 대한 지표를 제시하고, 변화 과정 속에서 어떤 역할을 하는지에 대한 설명을 제공한다.

치료적 요인의 대표적인 학자인 얄롬(Yalom, 1995)의 개념을 간략히 정리해 보면 다음과 같다.

(1) 이타주의

다른 사람을 돕는 것은 스스로의 자존심을 높여주며 난관이 닥쳤을 때 스스로 극복할 수 있는 힘을 길러준다. 다른 사람에게 도움이 된다는 경험 자체는 의기소침한 집단성원들에게 흔치 않은 경험이고 이는 자신의 존재감과 활력을 더해줄 수 있다.

(2) 집단응집력

응집력이란 함께 있다는 느낌에 대한 적절한 수준으로 여러 다른 치료적 요인을 촉진시키기 위한 전제조건이며 다른 사람들에게 받아들여진다는 느낌이다.

(3) 보편성

자신의 문제가 혼자만의 고통이나 어려움이 아니라 다른 사람들도 비슷한 환경이나 문제를 가지고 있다는 것을 깨닫는 것이다. 이는 자기에 대한 불필요한 방어를 풀게 해주며 수치심이나 무가치한 느낌을 줄여준다. 또한 자존심을 증가시켜 주며 스스로를 받아들이도록 도와준다.

(4) 대인관계 학습

다른 집단원들로부터 피드백을 받는 대인관계 투입 요인과 다른 사람과 관계하는데 좀 더 적절한 방법을 시도하는 대인관계 산출 요인을 합쳐서 대인관계 학습요인이라고 명명하였다. 방어 없이 집단성원들이 행동할 수 있도록 집단이 운영된다면 집단성원들은 가장 생생하게 자신의 문제를 집단에 내보이게 되고 청소년상담프로그램자는 미시사회에서 보여지는 부적응적인 대인관계행동을 알아내어 치료적으로 활용할 수 있다.

(5) 모방행동

청소년상담프로그램에서 집단성원들은 흔히 청소년상담프로그램자 또는 자신과 유사한 문제를 가진 다른 내담자에 대한 작업을 관찰함으로써 도움을 받는다. 모방행동이 지속되지 않는다 해도 새로운 행동을 실험함으로써 현재의 자기 모습이 바람직하지 않음을 알아차릴 수 있게 된다.

(6) 정보교환

청소년상담프로그램자나 다른 집단성원들이 제공하는 충고, 제안, 직접적인 지도 등이 포함되며 청소년상담프로그램자가 제시하는 정신건강에 관한 교수적 강의도 이에 속한다. 문제해결 중심의 집단에서 특정한 이슈에 대한 정보를 제공받는 것 자체가 도움이 될 수 있다.

(7) 정화(catharsis)

정화는 청소년상담프로그램과정에서 중요한 필수적 요소이다. 정서의 개방적 표현은 청소년상담프로그램과정에 절대적으로 필요하고 정서표현이 없다면 청소년상담프로그램은 메마른 학술적 연습으로 전락할 수도 있다. 그러나 정화는 청소년상담프로그램의 한 부분일 뿐 그것만으로 충분하지 않으며 인지적 학습과 같은 다른 요인에 의해 보완이 되어야 한다.

(8) 일차 가족집단의 교정적 발달 반복

내담자들은 가족 내에서 만족스럽지 못한 경험을 가지고 청소년상담프로그램을 받으러 온다. 이들은 집단 내에서 초년기 가족경험에 따라 집단성원과 지도자에게 예전에 부모 형제와 상호작용했던 것처럼 행동한다. 중요한 점은 집단에서는 초년기 가족갈등이 다시 살아나지만 교정적으로 일어난다는 점이다. 집단에서 자신의 경직되고 완고한 역할을 끊임없이 도전함으로써 새로운 행동을 시험해 보고 먼 과거 이후 풀리지 않았던 문제를 해결해 가는 것이다.

(9) 사회화 기술 발달

내담자들은 자신의 부적응적 사회행동에 관한 정보를 얻을 수 있다. 자신도 모르는 사이에 사회적 관계에 손상을 주었던 여러 가지 사회적 습성들에 대해 알 수 있다. 특히 친밀한 인간관계가 부족한 집단성원들에게는 인간관계에 대한 피드백을 접할 수 있는 기회가 될 수 있다.

(10) 희망의 주입

희망을 심어주고 그것을 유지하는 일은 모든 상담에서 매우 중요하다. 이것은 내담자가 계속해서 상담을 받음으로써 다른 치료적 요인들이 효과를 낼 수 있게 한다. 또한 상담 방법에 신뢰를 가지는 일 자체가 치료적으로 효과적일 수 있다. 집단지도자들은 집단의 효용성에 대한 내담자의 믿음과 확신을 증가시킴으로써 희망 심어주기라는 요인을 부각시킨다.

(11) 실존적 요인들

청소년상담프로그램을 통해 집단성원들은 자신들이 타인들로부터 받을 수 있는 지도와 도움에 한계가 있다는 점, 자신들의 삶을 영위하는 데 궁극적인 책임들은 자신들만의 것이라는 점, 그리고 아무리 절친한 사이라 할지라도 타인과는 함께 할 수 없는 어떤 부분이 있다는 점을 깨닫게 된다.

6) 청소년상담프로그램의 치료적 요인

청소년상담프로그램에서 치료적 요인은 성인을 대상으로 한 치료적 요인에 대한 연구결과들과 조금 다른 측면이 있다. 청소년들이 가장 도움이 된다고 선택한 치료적 요인은 카타르시스, 대인관계 학습에 대한 요인들이다. 세부적으로 보면 이들은 자신이 억제하던 것을 털어놓는 것, 자신의 감정을 표현하는 것 등을 통해서 도움을 받는다고 느끼고 있다. 또한 자신에 대한 다른 사람의 의견을 듣는 것, 즉 피드백을 경험하는 것이 중요한 치료적 요인으로 나타났다. 한편 청소년들이 가장 적게 도움이 된다고 지각한 치료적 요인은 통찰력이다. 이처럼 역동적 관점에서 깊이 있는 자기이해를 기반으로 하는 통찰을 청소년 집단에서 요구하는 것은 재때로 비효과적일 수 있다. 치료적 요인에 대한 연구들을 전체적으로 검토해 보면 자기이해 및 대인관계학습이 중요한 요인이라는 점에서 성인 대상의 상담프로그램과는 상당한 차이를 보인다고 할 수 있다.

3 청소년상담프로그램의 개발과정

청소년 대상 기관에서 이루어지는 청소년상담프로그램을 살펴보면 대부분 비구조화청소년상담프로그램보다는 구조화 청소년상담프로그램이 많이 이루어지고 있다. 이러한 이유로는 첫째, 청소년들이 위협적으로 느끼는 비구조화 청소년상담프로그램보다는 구조화 청소년상담프로그램이 적절하다는 점에 대해 많은 전문가들이 인정하였고, 둘째, 구조화 청소년상담프로그램은 절차와 방법이 매뉴얼화 되어 있어 청소년상담프로그램에서 지도자 변인의 영향력을 최대한 줄일 수 있을 것이라는 기대를 하기 때문이며, 셋째, 다양한 청소년 문제를 해결하는 노력의 일환으로 여러 가지 청소년 수련 활동 프로그램들이 도입되었고, 그 과정에서 구조화된 청소년상담프로그램이 청소년수련 프로그램과 동일한 의미로 청소년 관련 기관에 보급되었기 때문이다.

청소년상담프로그램이 구조화되어 이루어지기 위해서는 사용범위가 적합한 프로그램을 선정하고 활용해야 하는데 청소년 관련 현장에서 청소년상담프로그램을 활용하는 과정을 살펴보면 첫째, 상담자가 직접 프로그램을 개발, 실시하는 경우와 둘째, 프로그램 실시 대상과 목표를 고려하여 이미 개발된 프로그램을 사용하거나 상황에 맞추어 수정, 보완하여 활용하는 경우로 나누어 볼 수 있다. 이에 청소년상담프로그램의 효과성을 높일 수 있는 프로그램 개발 절차와 이미 개발된 프로그램을 활용할 경우 고려해야 할 사항에 대해 살펴보고자 한다.

1) 청소년상담프로그램 개발

먼저 청소년상담프로그램의 정의를 살펴보면, 김창대(2009)는 개인의 심리사회적 성숙과 정신적 건강을 촉진하는 목적을 가지고 있다는 점과 '프로그램'이 특정 목적을 달성하기 위해 고안된 활동의 조직된 집합체라는 점을 고려해 볼 때 청소년상담프로그램이란 개인의 심리·사회적 문제의 해결이나 성장이라는 특정한 목적을 달성하기 위해 고안된 하위 활동의 조직된 집합체라 하였다.

좋은 프로그램을 개발하기 위해서는 목적에 합당한 계획을 수립하고 그 목적을 달성하기 위해 필요한 활동을 구체적이고 체계적으로 조직하고 편성하는 것이 필요하다(이숙영, 2001). 이에 선행연구들을 토대로 김창대(2009)가 제안한 4단계의 프로그램의 개발과 평가 절차를 살펴보고자 한다.

(1) 목표수립단계

이 단계에서는 프로그램을 기획하고, 지역사회나 청소년의 요구를 조사하며, 요구조사의 결과에 따라 원래의 계획안 및 프로그램의 목표를 수정, 재정립한다.

(2) 프로그램의 구성단계

프로그램의 목적 및 내용에 대해 이론적으로 검토하고 청소년상담프로그램에 포함될 활동을 수집, 정리하며 각 활동의 효과, 수용성, 흥미 등의 측면을 잠정적으로 평가하여 그 평가결과에 따라 활동, 내용, 전략을 선정한다. 또한 이 단계에서는 경험적 검증과정 없이 인상, 지각 등에 의해 선정한 각 요소활동에 대해 경험적으로 확인하는 작업이 필요하다.

(3) 예비연구와 장기적 효과를 제고하는 단계

일차로 구성된 프로그램을 소수의 대상에게 실시한 후 다양한 측면에서 평가를 실시하고 필요한 경우 프로그램의 활동, 내용, 전략 등을 수정할 때 필요한 자료를 수집한다.

(4) 실시단계

예비연구를 통해 수정, 완성된 프로그램을 실시하는 단계이다. 이 단계에서 프로그램이 완성되기는 하지만 이후 프로그램에 대한 평가는 계속 진행하며 그 결과를 토대로 프로그램은 지속적으로 수정된다.

2) 청소년상담프로그램 선정 시 고려사항

효과적인 청소년상담프로그램을 활용하기 위해서는 상담자가 목적에 부합하는 프로그램을 개발하거나 이미 개발된 프로그램 중 청소년상담프로그램의 운영 목적에 적합한 프로그램을 선정해야 한다. 이를 위하여 청소년상담프로그램가는 다음의 사항을 점검할 필요가 있다.

(1) 청소년상담프로그램의 목적과 문제 영역

청소년상담프로그램가는 자신이 운영하려는 청소년상담프로그램의 목적과 선택할 프로그램의 개발 목적 및 문제 영역이 일치하는지를 살펴보아야 한다. 청소년상담프로그램 대부분의 목적과 문제 영역을 살펴보면 자아존중감 향상, 분노 조절, 불안감소, 인터넷중독, 학습능력 향상, 학업중단, 사회성 향상, 대인관계기술 증진, 자기표현 향상, 이성문제, 자살 등이 있다.

(2) 청소년상담프로그램 대상의 적합성: 연령, 능력, 특성

효과적인 청소년상담프로그램을 선택하여 활용하기 위해서는 해당 프로그램이 계획한 청소년상담프로그램의 대상에 적합해야 한다. 대상 연령이 적합한지, 대상의 능력을 고려해 볼 때 프로그램 활동이 적절한지, 장애 여부 등 청소

년상담프로그램 대상의 여러 특성들을 고려할 필요가 있다. 예를 들어, 중학생 연령의 청소년 대상 프로그램을 동일한 연령의 장기 가출 청소년에게 실시할 때는 구성된 활동 내용이 적절한지를 검토할 필요가 있다. 통상 가출 청소년은 학업중단의 기간이 길어 글로 쓰는 활동이 많으면 쉽게 지루해하며 가출생활에 따른 기본생활습관 형성이 안 되어 있어 주의집중이 어려운 경우가 많다. 따라서 동일한 연령이라 하여도 그들의 능력과 장애, 처한 상황 등을 고려하여 프로그램을 선정하고 활용하도록 해야 한다.

(3) 청소년상담프로그램 실시 여건

청소년을 대상으로 청소년상담프로그램을 할 경우 청소년상담프로그램을 실시하는 장소, 청소년이 처한 상황 등에 따라 총 청소년상담프로그램의 기간, 한 회기의 시간 등을 고려해야 한다. 처벌 대신 청소년상담프로그램을 실시하는 경우에는 청소년들이 처한 시간 수에 따라 프로그램 회기 수를 결정해야 하며, 학교 수업시간에 청소년상담프로그램을 해야 하는 상황에는 한 회기의 시간이 수업시간과 동일해야 한다. 따라서 청소년상담프로그램이 이루어지는 이유, 시간 등을 고려하여 해당 여건에 적합한 프로그램을 활용하도록 한다.

(4) 프로그램의 이론, 활동요소 선정 배경, 활동 구성 검토를 통한 프로그램 수정

청소년상담프로그램의 효과성을 높이기 위해서는 목적, 대상, 여건 등을 고려하여 가장 적합한 프로그램을 선정하여 개발된 내용을 가능한 한 그대로 활용하는 것이 좋다. 그러나 현장에서 청소년상담프로그램을 실시할 때에는 현실적인 상황으로 인해 프로그램 회기의 단축 또는 연장, 한 회기의 시간 조정 등 프로그램을 수정해야 하는 경우가 있다. 이러한 경우 먼저 프로그램 개발의 이론적 근거와 그에 따라 구성한 활동들을 검토하여 프로그램을 사용할 때각 활동 간의 연결, 집단 상담의 진행단계에 적합한 활동들로 재구성하였는지 검토해야 한다.

때때로 청소년상담프로그램의 초보상담자 중에는 이러한 프로그램의 이론 및 상담의 진행단계에 대한 고려 없이 몇 개의 프로그램에서 활동자료들을 대략 구성한 후 청소년상담프로그램을 운영하는 경우가 있다. 그러나 앞서 청소년상담프로그램 개발 부분에서 살펴보았듯이 각 프로그램의 활동들은 목적을 달성하기 위해 조직화되어 있다. 따라서 프로그램 활용 시 수정을 해야 할 때에는 프로그램의 이론, 활동 선정 배경, 활동 간의 구성 등을 고려하여 청소년상담프로그램의 도입에서 종결까지 일관적인 흐름을 가지고 진행될 수 있도록 한다.

(5) 프로그램의 효과성 연구 결과 검토

효과적인 청소년상담프로그램을 선택하는 가장 좋은 방법은 효과성 연구결과가 좋은 프로그램을 선택하는 것이다. 해당 프로그램에 대한 효과성 연구를 바탕으로 세부항목별로 특히 효과가 좋았던 점과 상대적으로 효과성이 낮았던 점들을 살펴보고, 계획된 청소년상담프로그램에 보다 더 적합한 프로그램을 선택하도록 한다.

3) 청소년상담프로그램의 시연

청소년상담프로그램 시연 과정을 이해하고자 할 때 청소년상담프로그램자가 청소년상담프로그램 과정에 대해 어떻게 판단하며 어떤 의도를 가지고 특정 기법을 사용하는지를 이해하는 것이 필요하다. 청소년상담프로그램 시연 과정에서는 상담자의 눈에 보이는 행동만을 확인할 수 있을 뿐 그 이면에 있는 상담자의 의도를 파악하기가 쉽지 않다. 또한 상담 과정의 전반적인 흐름을 이해하기가 쉽지 않다. 여기에서는 상담 과정을 보다 잘 이해할 수 있도록 상담 과정 이해를 돕는 상담자의 기법인 초점 확립·유지·변경·심화, 중단시키기, 유도하기를 다음과 같이 살펴보고자 한다.

(1) 초점(focus) 확립, 유지, 변경, 심화

집단에서 논의의 초점(focus)을 확인하는 것은 집단과정의 맥(脈)을 이해하는 데 중요한 과정이다. 청소년상담프로그램자는 회기 과정에서 어떤 주제, 활동 또는 사람에 초점을 맞추고, 초점을 유지하고 변화시켜 나간다. 이러한 초점 맞추기 과정은 청소년상담프로그램자가 집단을 운영하는 데 중요한 요소이며 집단 상담자의 집단 운영을 이해하는 데 핵심적인 요소이다(Jacobs, Masson, & Harvill, 2002). 초점이란 청소년상담프로그램자가 집단에서 무슨 일이 일어나고 있는지를 언급하거나 주제를 제안함으로써 집단원 전체가 특정 주제(또는 활동이나 사람)에 집중하도록 돕는 것을 말한다. 초점은 집단 상담자에 의해서 확립되며 유지, 변경되고 심화된다.

① 초점 확립

초점을 확립하는 방법은 다양하다. 청소년상담프로그램자는 앞으로 논의될 주제나 활동을 집단성원들에게 이야기함으로써 초점을 확립할 수 있다.

또한 청소년상담프로그램자는 집단성원들에게 뭔가를 쓰거나 그리게 하는 구조화된 활동을 통해 초점에 집중하도록 한다. 부모라는 주제에 집중하기를 원하는 청소년상담프로그램자는 부모와 관련된 주제가 담긴 문장을 완성하는 검사를 활용하여 집단성원에게 주제에 초점을 맞추도록 할 수 있다.

집단성원들에게 자료를 제시하거나 그림을 보여줌으로써 특정 주제에 초점 맞추도록 도울 수 있고 그림을 그리거나 특정 주제를 상상하게 함으로써 초점을 확립할 수 있다.

② 초점 유지

초점 유지는 하나의 주제(또는 활동이나 사람)에 대해서 지속적으로 집중할 수 있도록 하는 것을 의미한다. 대부분의 집단성원들은 청소년상담프로그램자의 도움 없이 초점을 명확하게 이어가거나 적절하게 지속하지 못하고 표류할 수 있다. 따라서 청소년상담프로그램자는 집단의 초점을 유지하는 방법을 아는 것이 중요하다. 집단성원들이 특정 주제에 초점을 맞추지 못하고 혼란스럽게 표류하고 있다면 상담자는 주제를 옮기는 집단성원의 말에 대해서 제지하거나 직접적으로 이야기함으로써 초점을 유지할 수 있다.

초점을 유지하는 데 있어서 언제 초점을 유지할지, 그리고 얼마나 오래 초점을 유지할지에 대해 이해하는 것이 필요하다. 언제 초점을 유지하고 언제 변경할지를 정하기 위해 다음의 질문을 생각해 보는 것이 필요하다.

- 이 주제나 한 사람에게 초점을 맞추는 것이 집단의 목적과 관련있는가?
- 집단성원들이 주제에 대해 흥미를 보이는가?
- 그 주제에 대해 초점을 유지하는 것이 너무 오래 지속되고 있는가?
- 이전에 그 주제를 논의한 적이 있는가?
- 초점이 된 사람에게 주의가 집중되는 것이 그 사람과 집단원 전체에게 이익이 되는가?
- 누가 이야기하고 있고, 지금의 화자가 얼마 동안 이야기하고 있는가?

얼마나 오랫동안 초점을 유지해야 하는지는 집단의 목적, 현재 몇 번째 회기인지, 이전 회기에서 어떤 일이 있었는지, 그리고 현재 회기에 얼마나 많은 시간이 남아있는지 등에 좌우된다. 진행되는 논의가 집단의 목적에 맞지 않는다면 초점을 변경시켜야 하며 회기의 초반이라면 다양한 논의가 진행될 수 있도록 초점을 바꿀 필요가 있다. 이전 회기에 유사한 내용으로 이야기가 된 주제라면 초점을 바꾸는 것이 집단에 활력을 가져다줄 것이고 많지 않은 시간이 남았다면 초점을 유지하여 한 주제로 마무리하는 것이 좋을 것이다.

③ 초점 변경

초점 변경은 초점을 맞춘 주제, 활동 그리고 사람을 다른 주제, 활동, 사람으로 초점을 바꾸는 것을 의미한다. 청소년상담프로그램자는 필요하다고 생각될 때 초점을 의식적으로 바꾸어야 한다. 상담자는 다음과 같은 경우에 초점을 변경한다.

- 초점이 어느 한 사람에게 너무 오랫동안 유지되고 있다.
- 초점이 한 가지 주제에 너무 오랫동안 유지되고 있다.
- 초점이 집단의 목적에 맞지 않다.
- 남은 시간이 변화의 필요를 알려주고 있다.
- 집단이 다시 활발해지기 위해서는 집단원들의 변화가 필요로 한다고 느낀다.

- 상담자가 집단에 다른 집단원을 끌어들이고자 한다.
- 상담자가 새로운 주제나 활동을 소개하고자 한다.

④ 초점 심화

집단 상담자는 초점을 유지하거나 변경하는 것뿐만 아니라 심화시키는 것이 필요하다. 집단의 초점이 심화되어야만 집단성원들은 자신들의 감정과 생각을 깊이 이해하고 성찰할 수 있기 때문이다. 따라서 상담자는 집단성원들이 의미 있고 생산적인 수준에 이를 수 있도록 초점을 심화해 나가야 한다. 하지만 많은 집단에서 집단성원들은 자신들의 주제가 비껴가거나 너무 깊게 파고들지 않기를 바란다. 그러므로 상담자는 집단성원의 저항을 피하면서 초점을 심화시키는 것이 필요하다. 또한 상담자는 집단의 논의를 의미 있는 깊이까지 심화시키는 것이 상담자의 책임이라는 사실을 기억해야 한다.

상담자는 다음의 방법을 통해서 초점을 심화시킬 수 있다.

- 생각을 자극하거나 도전적인 질문을 한다.
- 집단원들이 좀 더 개인적인 수준에서 공유하도록 한다.
- 어떤 한 집단원과 좀 더 강렬한 방법으로 작업한다.
- 좀 더 심도 있고, 개인적인 주제를 다루는 강렬한 활동을 실시한다.
- 집단을 방해하고 있는 역동을 집단원들이 직면하게 한다.

(2) 중단시키기(cutting off)

효과적으로 집단을 지도하기 위해서 집단지도자는 필요할 때 집단성원들을 중단시킬 수 있어야 한다. 중단시키기 기법은 청소년상담프로그램의 초점을 이해하는 데 중요한 정보를 제공한다. 집단지도자의 기술 중 가장 어려운 기술 중 하나가 중단시키기(cutting off)라고 한다. 지도자들이 집단원들의 감정을 상하게 하거나 화나게 하는 것을 두려워하기 때문이다. 하지만 집단이 효율적으로 진행되기 위해서는 집단지도자가 불필요한 집단성원의 말을 멈추게 할 수 있어야 한다.

어떤 집단에서는 두서없이 말하거나 요지를 파악하지 못하거나 깊은 수준에서 주제를 탐색하지 못하는 집단성원에게 집중하는 경우가 생긴다. 이런 상황을 상담자가 감지하지 못하고 집단성원의 말을 중단시키지 않는다면 집단의 에너지 수준이 떨어지고 집단성원의 동기가 낮아지게 된다. 따라서 두서없이 말하는 집단성원이 있다면 청소년상담프로그램자는 집단성원의 말을 중단시킬 필요가 있다. 하지만 집단성원의 말을 중단시키고 다른 사람에게 초점을 옮기기보다는 그 사람과 계속 작업을 해나가는 것이 도움이 된다. 중단시키는 방법에는 여러가지가 있을 수 있다. 먼저 청소년상담프로그램자는 부드러운 질문을 통해 중단시킬 수 있다.

중단시켜야 할 집단성원에게 빈 의자 기법과 같은 심상 활동을 사용하여 좀 더 초점 맞추어 이야기하도록 돕거나 다른 집단성원들과 직접 마주 보고 이야기하게 함으로써 초점을 심화시키도록 도울 수 있다.

중단시켜야 할 집단성원에게 집단원들이 피드백을 주도록 할 수 있다.

(3) 유도하기(drawing out)

청소년상담프로그램을 원활하게 하기 위해서 청소년상담프로그램지도자는 집단성원들이 자신의 감정이나 생각을 자유롭게 드러낼 수 있도록 이끌어내야 한다. 집단성원들이 자신의 감정과 생각을 자연스럽게 드러낼 때 그들이 좀 더 집단 과정에 몰입하게 되고 그들 스스로 초점 맞출 다양한 주제를 찾아낼 수 있게 된다.

특히 초기단계에서 집단지도자는 모든 집단성원들이 집단과정에서 한 마디씩이라도 말하도록 유도해야 한다. 청소년상담프로그램에서 말하는 것을 불안해하는 사람은 청소년상담프로그램에서 말을 하지 않으면 않을수록 말하기 어려워하고 청소년상담프로그램의 과정에 참여하기 힘들어 하기에 초기에, 특히 첫 회기에서 이야기하도록 하는 것이 원활한 집단 운영에 도움이 된다.

특히 집단성원이 더 깊이 있게 이야기하도록 유도하는 것이 중요한데, 이런 과정이 집단성원들이 서로를 더 깊이 이해하고 자신을 더 깊이 개방하도록 하기 때문이다. 어떤 집단성원들은 많은 이야기는 하지만 자신의 감정을 드러내지 않음으로써 집단에 몰입하지 않고 자신의 문제를 비껴 나가고자 한다. 이들에게 자신의 감정을 깊이 있게 드러낼 수 있도록 유도하는 것이 필요하다.

대부분의 상담자들은 집단성원이 침묵할 때 유도하기 기법을 사용한다. 침묵하는 것이 항상 잘못된 것만은 아니다. 자연스러운 집단의 과정에서 나온 침묵은 집단이 좀 더 생산적이 되도록 돕는다. 따라서 상담자는 침묵의 이유에 대해서 명확히 이해하여 좀 더 깊이 있게 청소년상담프로그램이 운영되도록 하는 것이 필요하다.

적극적으로 말하기를 원하는 집단성원들조차 때때로 다른 집단성원들이 자신을 어떻게 생각할까 두려워하면서 말하지 않는 경우가 있다. 사람들이 자신을 비웃거나 혐오스러워 하면서 외면하거나 이상하다고 생각할까 봐 걱정한다. 이런 집단성원을 유도하는 것이 매우 중요한데, 왜냐하면 자신을 드러냈을 때 실제로 집단이 어떻게 반응하는지를 직접 볼 수 있는 기회를 주기 때문이다. 하지만 이 과정에서 상담지도자가 신중하지 않으면 집단성원이 비난받았다고 느낄 수 있기에 신중히 반응하는 것이 필요하다.

찾아보기

ㅇ

ㅈ

ㅊ

참고문헌

책

강진령 (2021). 상담과 심리치료 이론과 실제. 서울: 학지사
권남희, 이혜경, 진은설 (2020). 청소년심리 및 상담. 학지사
권석만 (2015). 현대 성격심리학. 학지사.
김기헌 (2012). 한국 아동.청소년 종합통계체계 구축 연구. 한국청소년정책연구원.
김기헌, 오병돈, 이경숙 (2013). 청소년자살예방 정책연구. 서울: 한국청소년정책연구원
김봉환 (2006). 학교진로상담. 학지사.
김봉환 (2013). 상담과 심리치료란 무엇인가. 학지사.
김춘경, 이수연, 이윤주, 정종진, 최웅용 (2010). 상담의 이론과 실제. 학지사
김춘경, 이수연, 이윤주, 정종진, 최웅용 (2016). 상담학 사전. 학지사
노상우, 송재홍, 천성문, 이영순, 이연순 (1999). 아동, 청소년을 위한 집단상담. 서울: 문음사
박영신, 김의철 (2004). 한국의 청소년문화와 부모자녀관계. 교육과학사.
박윤수 (1994). 현대임상심리요법의 기초. 서울: 경성기획.
박재황, 남상인, 김창대, 김택호 (1993). 청소년상담교육과정 개발연구. 서울: 청소년대화의 광장
연문희, 강진령 (2009). 학교상담 학생생활지도. 양서원.
오윤선 (2007). 청소년의 이해와 상담. 서울: 예영 B&P.
오윤선 (2010). 청소년세대진단과 이상행동치료. 서울: 예영 B&P.
오윤선, 김미숙 (2022). 청소년심리 및 상담. 양서원
윤순임 (2011). 현대상담 심리치료의 이론과 실제. 중앙적성출판사.
이미나, 박경화, 김영환 (2021). 청소년심리 및 상담. 지식공동체.
이영호 (2002). 대인관계 치료. 학지사.
이장호, 김정희(1992). 집단상담의 원리와 실제. 경기:법문사.
이장호 (2010). 상담심리학. 서울: 박영사.

이재규 (2013). 소방심리학. 동화기술.
이재창, 남승규, 우석봉, 박준호 (2014). 심리학. 학지사.
이종각 (2003). 교육열 올바로 보기. 원미사.
이종승 (1984). 교육연구법. 서울: 배영사.
이창호, 양미진, 이희우, 이은경 (2005). 청소년의 심리내적 요인과 환경적 요인이 정신건강에 미치는 영향. 한국청소년상담복지개발원, 14(1), 63-76.
이현림, 송병국, 박완성, 어윤경 (2013). 새롭게 보는 진로상담. 교육과학사.
이형득 (1980). 집단상담의 실제. 서울 :중앙적성출판사.
이형득 (1992). 청소년상담자론. 서울: 한국청소년상담원.
이형득, 설기문 (1999). 조력기술훈련의 실제. 형설.
전찬열 (2013). 직업과 취업. 영민.
정원식, 박성수, 김창대 (1999). 카운슬링의 원리. 교육과학사.
천성문, 박충선, 제석봉 (2009). 목회자를 위한 상담심리학. 학지사.
천성문, 이영순, 박명숙, 이동훈, 함경애 (2021). 상담심리학의 이론과 실제. 서울: 학지사.
천정웅, 장근영, 이채식, 김윤나. (2017). 청소년문화론. 양서원.
최윤정 (2012). 뭐가 되려고 그러니?. 바람의 아이들.
한상철 (2009). 청소년학개론. 학지사.
Corey, G (2009). Theory and practice of counseling and psychotherapy. Belmont, CA: Thomson Brooks/Cole.
Mayeroff, M. (1990). On caring. New york: HarperPerenial.

논문

강선희, 정남운 (2002). 내현적 자기애 척도의 개발 및 타당화 연구. 한국심리학회지.
고제원, 이규호, 이민희 (2010). 비행청소년의 범죄유형별 PAI 프로파일. 연세법학연구
고제원 (2013). PAI 프로파일 상에 나타난 소년범죄자의 특성. 연세법학연구.
공윤정, 박한샘 (2008). 아동의 진로발달과 영향 요인. 진로교육연구.
권영배, 이종연 (2010). 학업상담 프로그램 연구동향. 학습자중심교과교육연구.
김길임, 심희옥 (2002). 일상적 스트레스와 또래 괴롭힘의 가해와 피해경험 : 학년과 성별 비교. 한국아동학회.

김동민, 박현지, 김지훈 (2005). 청소년 정신병질 유형분류 : 1차적 정신병질과 2차적 정신병질. 한국청소년상담복지개발원.

김동일, 최선주, 김우리, 백선희, 김명찬 (2014). 미래교육 패러다임을 위한 '디자인' 개념 탐색. 아시아교육연구.

김성기, 유천성, 김형석 (2015). 원예치료프로그램이 소년원 학생의 자아존중감에 미치는 영향에 관한 연구. 한국교정학회.

김미숙 (2019). 청소년의 정서조절이 정부신뢰와 진로설계에 미치는 영향: 사회신뢰의 매개효과– 학교급별 비교–. 청소년복지연구.

김병숙, 김수정, 안윤정 (2009). 실업자의 심리적·신체적 반응 단계별 주요 증후군 분석. 한국진로교육학회.

김수정·손경숙 (2007). 가출청소년의 정서조절능력증진을 위한 집단상담 프로그램 개발 및 효과검증.

김영근, 김수임, 강민철 (2011). 대학생의 성인애착유형, 부모애착, 진로결정 자기효능감 및 진로미결정의 관계: 조절된 매개모형을 중심으로. 상담학연구.

김유자, 백용매 (2000). 정상청소년과 비행청소년의 부모양육태도와 자아개념 및 우울과의 관계. 동서정신과학.

김인규(2004). 상담구조화 내용 및 방법에 대한 고찰. 아시아교육연구, 5(2), 119–136.

김준경 (2008). 부모와 또래에 대한 애착이 교정시설 보호청소년의 위험행위와 비행에 미치는 영향. 한국가족복지학.

김중술, 이명원, 신민섭 (2003). 자기개념 위협에 따른 편집성향자들의 주의편향 및 귀인양식에 미치는 영향. 한국임상심리학회.

김창군, 임계령 (2010). 학교폭력의 발생원인과 대처방안. 연세법학연구.

김창대 (2009). 인간변화를 촉진하는 다섯 가지 조건에 관한 가설: 상담이론의 관점에서. 서울: 서강대학교 학생생활상담연구소.

김충기, 양종국 (2002). 비행청소년의 비행 위험요인 및 보호요인과 재비행간의 관계. 한국청소년상담복지개발원.

김현욱, 안세근 (2012). 동화를 활용한 양성평등 교육 프로그램개발. 동화와 번역.

김홍순, 김청송 (2011). 청소년상담에서 내담자의 상담에 대한 기대, 상담자의 자기개방 및 상담 협력 간의 관계. 청소년학연구, 18(7), 235–255.

김효연(2015). 아동, 청소년의 정치적 참여와 선거원연령. 고려대학교 대학원 박사학위 논문.

기광도 (2006). 경기침체와 형사사법간의 관계. 형사정책연구.

기광도 (2010). 알코올-범죄관계에 대한 이론적 논의. 연세법학연구.

남영옥 (2001). 청소년의 인터넷 중독 및 사이버 성중독의 심리사회적 변인과 문제행동 연구. 한국사회복지학.

노상우 (1992). 청소년 유해환경과 교육학적 대응. 교육연구.

박지선, 천성문 (2007). 청소년애착의 국내 연구동향과 과제. 경성대학교 인문과학연구소.

서수균, 권석만 (2002). 자존감 및 자기애 성향과 공격성의 관계. 한국심리학회지.

송종국, 강효정, 정현철, 김현배, 손원일(2011). 청소년들의 골격성숙도, 신체구성과 건강 관련 체력의 변화. 한국발육발달학회지, 19(4), 261-270.

안권순, 한기홍, 최은구 (2006). 인터넷 중독과 충동성이 대학생들의 학교생활적응과의 관계. 청소년학연구.

양종국, 김충기 (2002). 비행청소년의 비행 위험요인 및 보호요인과 재비행간의 관계. 한국청소년상담복지개발원.

연성진, 민수홍 (2004). 가출청소년의 비행예방에 관한 연구. 한국형사정책연구원.

오욱환 (2002). 지능에 대한 교육사회학적 이해와 비판적 논의. 교육학연구.

오종은, 변인정 (2013). 시설 미혼모의 스트레스 완화를 위한 촉각중심 집단미술치료 사례연구. 한국예술치료학회지.

유성경 (2000). 적응유연성 발달을 통한 청소년 비행의 예방 및 개입. 한국심리학회지.

유성경 (2000). 청소년 상담연구와 상담실천의 통합. 한국심리학회지.

유성경, 이동혁 (2000). 상담연구의 주제 및 연구 대상 분석 : 학위논문 및 학회지 논문을 중심으로. 한국청소년상담복지개발원.

유현실 (2009). 진로상담 : 진로상담의 성과준거에 관한 델파이 연구. 상담학연구.

윤옥경 (2002). 미국 프로그램에 있어 성 인지적 접근(gender-specific approach)의 도입배경과 프로그램 사례. 한국교정학회소식.

이명신, 정소영, 임채영 (2010). 대학생의 데이트폭력 편견이 데이트폭력 가해행동에 미치는 영향: 폭력허용도와 관계갈등의 매개효과를 중심으로. 마르크스연구주의.

이석형 (2006). 청소년비행에 영향을 미치는 위험요인. 사회복지개발연구.

이성식, 전신현 (2001). 가부장적 가정과 여자청소년의 비행. 한국사회학.

이성진, 윤경희 (2009). 한국인의 발달과업. 대학민국학술원논문집.

이종화 (2011). 흥사단이 청소년해외봉사활동을 해야 할까?. 기러기, 47(5).

이춘재, 곽금주 (2000). 집단따돌림 경험 유형에 따른 자기개념과 사회적지지, 한국심리학회지, 13(1), 65-80.

이현림, 김순미, 천미숙 (2007). 대학생의 진로장벽 지각, 진로스트레스, 진로발달 및 진로준비행동에 관한 구조적 관계 분석. 진로교육연구, 21(4), 59~80.

이훈구, 김인경, 박윤창 (2000). 경제불황이 20대 미취업 실업자에 미치는 심리적 영향. 한국심리학회지, 6(2), 87-102.

차타순(2002). 자기애적 성격성향과 청소년 비행성향간의 관계. 한국청소년상담복지개발원, 10(1), 71-86.

한영희, 조아미(2008). 무단결석 청소년의 생활과 진로. 미래청소년학회, 5(3), 29-54.

그 외

국가법령정보센터 https://www.law.go.kr/

한국상담학회 https://counselors.or.kr/

한국상담심리학회 https://krcpa.or.kr/user/

백현옥

현 송원대학교 상담심리학과 교수

한국모래상자치료학회 이사

한국에니어그램학회 청소년위원장

한국푸드아트테라피학회 자격관리위원장

한국청소년상담학회 전문상담사

광주광역시서구청소년학교밖청소년지원센터장

청소년 심리 및 상담

초판발행 2022년 12월 30일

지은이 백현옥
펴낸이 노 현

편 집 전채린
기획/마케팅 이후근
표지디자인 BEN STORY
제 작 고철민·조영환

펴낸곳 ㈜ 피와이메이트
서울특별시 금천구 가산디지털2로 53, 210호(가산동, 한라시그마밸리)
등록 2014. 2. 12. 제2018-000080호
전 화 02)733-6771
f a x 02)736-4818
e-mail pys@pybook.co.kr
homepage www.pybook.co.kr
ISBN 979-11-6519-359-1 93180

정 가 22,000원